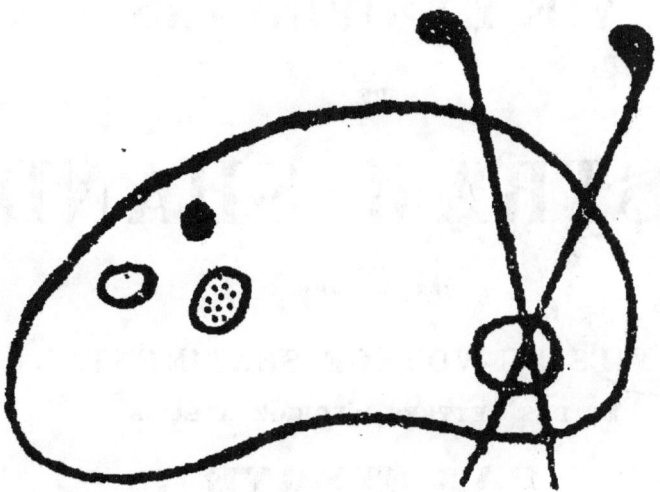

Début d'une série de documents en couleur

VIE ET OPINIONS

DE

TRISTRAM SHANDY

GENTILHOMME

SUIVIES DU VOYAGE SENTIMENTAL

ET DES LETTRES D'YORICK A ÉLISA

PAR STERNE

TRADUCTIONS NOUVELLES
PAR M. LÉON DE WAILLY

TOME PREMIER

PARIS

G. CHARPENTIER, ÉDITEUR

13, RUE DE GRENELLE-SAINT-GERMAIN, 13

—

1882

Extrait du Catalogue de la BIBLIOTHÈQUE-CHARPENTIER
13, RUE DE GRENELLE-SAINT-GERMAIN, 13, PARIS
à **3 fr. 50** le volume.

CHOIX DE CONTES, ROMANS, NOUVELLES

PAUL ARÈNE
La Gueuse parfumée. | Au bon Soleil.

THÉODORE DE BANVILLE
Contes féeriques. | Contes pour les femmes.
Esquisses parisiennes.

LUCIEN BIART | DANIEL D'ARC
Laborde et Cⁱᵉ. | Le Péché d'une Vierge.

MAXIME DU CAMP | DUBUT DE LAFOREST
Mémoires d'un Suicidé. | Les Dames de Lamète.

FERDINAND FABRE
Le Roman d'un peintre. | Le Chevrier.

HENRI MOREL | EUGÈNE MOUTON (MÉRINOS)
Mademoiselle Lacour. | Contes.

ERNEST D'HERVILLY
Mesdames les Parisiennes. | Histoires divertissantes.
Contes pour les grandes personnes.

NADAR | IVAN TOURGUÉNEFF
Sous l'incendie. | Pères et enfants.

ANDRÉ THEURIET
Mademoiselle Guignon. | La fortune d'Angèle.
Madame Heurteloup.

JULES SANDEAU
Marianna. | Le docteur Herbeau.
Mademoiselle de la Seiglière.

QUATRELLES | PIERRE NINOUS
A coups de fusil. | Cœur de neige.

HENRI ROCHEFORT
L'Évadé. | Le Palefrenier.

Paris. — Imp. E. Capiomont et V. Renault, rue des Poitevins, 6.

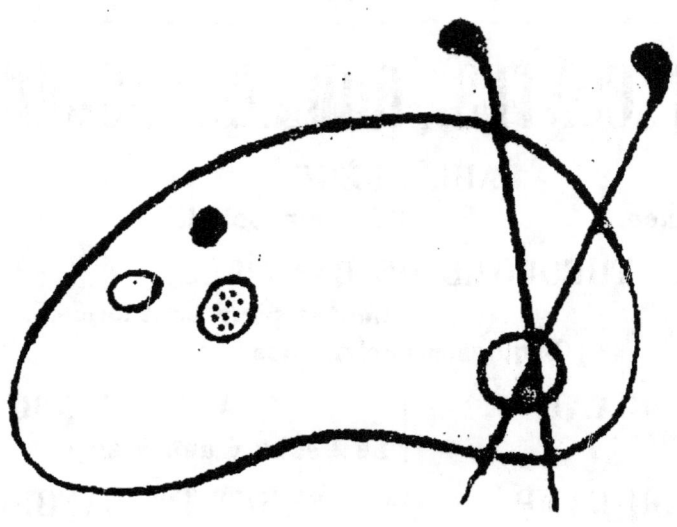

Fin d'une série de documents en couleur

OEUVRES
DE STERNE

I

Paris. — Imp. E. CAPIOMONT et V. RENAULT, rue des Poitevins, 6.

VIE ET OPINIONS

DE

TRISTRAM SHANDY

GENTILHOMME

SUIVIES DU VOYAGE SENTIMENTAL

ET DES LETTRES D'YORICK A ÉLIZA

PAR STERNE

TRADUCTIONS NOUVELLES
PAR M. LÉON DE WAILLY

TOME PREMIER

PARIS

G. CHARPENTIER, ÉDITEUR

13, RUE DE GRENELLE-SAINT-GERMAIN, 13

VIE

DE LAURENCE STERNE

PAR SIR WALTER SCOTT.

Laurence Sterne est du petit nombre des auteurs qui ont anticipé sur les travaux des biographes, et laissé au monde ce qu'ils désiraient qu'on connût de leur famille et de leur vie. Ce n'est toutefois qu'une esquisse légère, adressée à sa fille, et qui s'arrête court, juste au moment où l'intérêt du lecteur devient le plus vif; car elle est fort succincte dans tout ce qui regarde l'histoire personnelle de l'auteur.

« Roger Sterne [1] (dit le récit), petit-fils de l'archevêque Sterne, et lieutenant au régiment de Handaside, épousa Agnès Hebert, veuve d'un capitaine de bonne maison. Son nom de famille était (je crois) Nuttle ; — pourtant, réflexion faite, c'était le nom de son beau-père, qui était un fameux vivandier en Flandre durant les guerres de la reine Anne, où mon père épousa la fille de sa femme (N. B. il était son débiteur), ce qui eut lieu le 25 septembre 1711, vieux style. — Ce Nuttle eut de ma grand'mère un fils, — un bel homme, mais un mauvais garnement ! — Ce qu'il devint, je l'ignore. — La famille (s'il en reste) demeure maintenant à Clonmel, dans le midi de l'Irlande : c'est dans cette ville que je naquis le 24 novembre 1713, peu de jours après que ma mère fut arrivée de Dunkerque. Ma naissance fut de mauvais augure pour mon père, qui, le jour de notre arrivée, fut licencié avec beaucoup d'autres braves officiers, et lancé au hasard dans le

[1] Sterne descendait d'une famille de ce nom dans le Suffolk, dont un membre s'établit dans le Nottinghamshire.

monde avec une femme et deux enfants, — dont l'aîné était Mary. Elle était née à Lille ; dans la Flandre française, le 10 juillet 1712, nouveau style. — Cette enfant fut la plus malheureuse : — elle épousa, à Dublin, un nommé Weemans, qui la traita abominablement, — dépensa tout ce qu'il avait, fit banqueroute, et laissa ma pauvre sœur se tirer d'embarras : ce qu'elle n'eut à faire que pendant peu de mois, car elle alla demeurer chez une personne de ses amies à la campagne, et y mourut de chagrin. C'était une fort belle femme, d'une charmante tournure, et qui méritait un meilleur sort. — Son régiment étant licencié, mon père quitta l'Irlande avec sa famille aussitôt que je fus transportable, et alla à Elvington près d'York, à la maison patrimoniale, où vivait sa mère. Elle était fille de sir Roger Jaques, et héritière. Nous y séjournâmes environ dix mois, au bout desquels le régiment fut reformé, et notre ménage décampa avec armes et bagages pour Dublin. Un mois après notre arrivée, mon père nous laissa, ayant reçu l'ordre d'aller à Exeter, où, par un rude hiver, ma mère et ses deux enfants le suivirent, voyageant par terre de Liverpool à Plymouth. (Triste description de ce voyage, qu'il n'est pas nécessaire de transcrire ici.) — Au bout de douze mois nous fûmes tous renvoyés à Dublin. — Ma mère, avec trois de nous (car elle était accouchée, à Plymouth, d'un garçon, Joram), s'embarqua à Bristol pour l'Irlande, et fut bien près de périr, par suite d'une voie d'eau qui se déclara dans le bâtiment. — Enfin, après bien des périls et des efforts, nous arrivâmes à Dublin. — Là, mon père prit une grande maison, la meubla, et en un an et demi dépensa beaucoup d'argent. Dans l'année 1719, tout se détraqua de nouveau. Le régiment, avec maint autre, reçut l'ordre d'aller à l'île de Wight, afin de s'embarquer pour l'Espagne, pour l'expédition de Vigo. Nous accompagnâmes le régiment, et fûmes poussés à Milford-Haven ; mais nous débarquâmes à Bristol ; de là, nous retournâmes par terre à Plymouth, puis à l'île de Wight, — où, je m'en souviens, nous demeurâmes campés quelque temps avant l'embarquement des troupes. — (Dans cette expédition, de Bristol au Hampshire, nous perdîmes, de la petite vérole, le pauvre Joram, — un joli enfant de quatre ans. — Ma mère, ma sœur et moi, nous restâmes à l'île de Wight pendant l'expédition de Vigo, et jusqu'à ce que le régiment fût de retour à Vicklow, en Irlande, où mon père nous fit venir. — Durant notre séjour à l'île de Wight, la perte du pauvre Joram fut compensée par la naissance d'une fille, Anne, née le 23 septembre 1719. — Cette jolie fleur fut moissonnée à l'âge de trois ans, dans la caserne de Dublin. Elle était, je me le rappelle bien, d'une constitution frêle et délicate, et faite pour ne pas durer longtemps, — comme la plupart des enfants de mon père. Nous nous embarquâmes pour Dublin, et nous aurions tous péri dans une violente tempête, si, sur les instances de ma mère, le capitaine n'avait consenti à retourner au pays de Galles, où nous demeurâmes un mois; et enfin nous arrivâmes à Dublin, et nous nous rendîmes par terre à Wicklow, où était mon père, qui, depuis plusieurs semaines, nous croyait perdus. Nous vécûmes dans la caserne de Wicklow une année (1720), pendant laquelle naquit Devijeher (ainsi nommé d'après le colonel de ce nom); de là, nous décampâmes pour passer une demi-année à environ sept milles de Wicklow, avec M. Featherston, un ecclésiastique, qui, étant parent de ma mère, nous invita à son presbytère, à Animo. Ce fut durant notre séjour dans cette paroisse que j'eus ce merveilleux bonheur, en tombant dans la chute d'eau d'un moulin pendant qu'il allait, d'en être retiré sain et sauf; l'histoire est incroyable, mais connue pour vraie dans toute cette partie de l'Irlande, où des centaines de gens du commun affluèrent pour me voir. De là, nous suivîmes le régiment à Dublin, où nous restâmes une année à la caserne. Cette année-là (1721) j'appris à écrire, etc. L'année 22, le régiment fut envoyé à Carrickfergus, au nord de l'Irlande. Nous décampâmes tous; mais nous n'allâmes pas plus loin que Drogheda; de là, nous fûmes envoyés à Mullendar, à quarante milles à l'ouest, où, par une faveur de la Providence, nous tombâmes sur un bon parent, un descendant collatéral de l'archevêque Sterne, qui nous prit tous dans son château, et nous hébergea avec bonté pendant un an; puis, nous envoya au régiment à Carrickfergus, comblés de marques d'amitié, etc. Nous eûmes tous un fort triste et fort ennuyeux voyage (en mars), et nous arrivâmes en six ou sept jours à

Carrickfergus. — Le petit Devijeher y mourut; il avait trois ans; il avait été laissé en nourrice dans une ferme près de Wicklow, mais il nous avait été ramené par mon père l'été suivant. — Un autre enfant vint remplir la place, Suzanne. Elle aussi prit les devants dans ce pénible voyage. L'automne de cette année-là, ou le printemps d'après (j'oublie lequel), mon père obtint de son colonel la permission de me mettre à l'école, — ce qu'il fit près de Halifax, sous un maître habile, chez qui je restai quelque temps, jusqu'à ce que, Dieu prenant soin de moi, mon cousin Sterne d'Elvington devînt pour moi un père et m'envoyât à l'université, etc., etc. Pour suivre le fil de notre histoire, le régiment de mon père reçut l'ordre, l'année d'après, d'aller à Londonderry, où il me vint au monde une autre sœur, Catherine, encore vivante, mais bien malheureusement devenue étrangère à moi par la méchanceté de mon oncle, et par sa propre folie. De cette garnison, le régiment fut envoyé à la défense de Gibraltar, qui était assiégé, et où mon père eut le corps percé de part en part dans un duel avec le capitaine Philips (la querelle avait commencé au sujet d'une oie!); à grand'peine il survécut, mais avec une constitution ruinée qui n'était plus en état de résister aux fatigues qu'elle eut à subir; car il fut envoyé à la Jamaïque, où bientôt il fut attaqué de la fièvre du pays, qui commença par lui ôter ses facultés, et le faire tomber en enfance; alors il passa un ou deux mois à se promener continuellement sans se plaindre, jusqu'au moment où il s'assit dans un fauteuil et rendit le dernier soupir, ce qui eut lieu à Port-Antonio, au nord de l'île. Mon père était un petit homme vif, adroit au dernier degré à tous les exercices, supportant très-patiemment la fatigue et les désappointements, dont il plut à Dieu de lui donner pleine mesure. Il était un peu prompt et pétulant de caractère, mais aimable et bienveillant, dénué de tout calcul, et si innocent dans ses intentions, qu'il ne suspectait celles de personne; en sorte que vous auriez pu le duper dix fois par jour, si neuf n'avaient pas suffi pour y réussir. Mon pauvre père mourut en mars 1731. Je restai à Halifax jusque vers les derniers jours de cette année, et je ne puis passer sous silence l'anecdote suivante sur mon maître et sur moi : — Il avait fait blanchir à neuf le plafond de la classe; on y avait laissé l'échelle. Un jour de malheur, j'y montai et j'écrivis avec un pinceau, en grandes lettres capitales : LAU. STERNE ; méfait pour lequel le sous-maître me fouetta cruellement. Mon maître en fut très-mécontent, et dit devant moi que ce nom ne serait jamais effacé, attendu que j'étais un enfant de génie, et qu'il était sûr que je ferais mon chemin. Cette expression me fit oublier les étrivières que j'avais reçues. Dans l'année 32, mon cousin m'envoya à l'université, où je restai quelque temps. C'est là que je contractai avec M. H. une amitié qui a été durable de part et d'autre. Puis je vins à York, et mon oncle me procura le bénéfice de Sutton ; et à York je fis connaissance avec votre mère, et lui fis la cour pendant deux ans : — elle avouait m'aimer, mais elle ne se trouvait pas assez riche, ou me trouvait trop pauvre pour nous unir. Elle alla chez sa sœur, à S—, et je lui écrivis souvent. Je crois qu'elle était alors à moitié décidée à m'épouser, mais qu'elle ne voulait pas le dire. A son retour, elle fut attaquée d'une phthisie ; — et un soir que j'étais assis auprès d'elle, le cœur presque brisé de la voir si malade, elle dit : « Mon cher Laurey, je ne pourrai jamais être à vous, car je crois vraiment que je n'ai pas longtemps à vivre ; mais je vous ai laissé jusqu'au dernier shilling de ma fortune. » Là-dessus, elle me montra son testament. Cette générosité m'anéantit. Il plut à Dieu qu'elle se rétablit, et je l'épousai dans l'année 1741 Mon oncle[1] et moi étions alors dans de fort bons termes, car il me fit nommer prébendier d'York ; — mais il se querella depuis avec moi, parce que je ne voulais pas écrire d'articles dans les journaux. — S'il était un homme de parti, je ne l'étais pas, et je détestais cette sale besogne, que je regardais comme au-dessous de moi. A dater de cette époque, il devint mon plus cruel ennemi. Par ma femme, j'obtins le bénéfice de Stillington. Un de ses amis dans le Sud lui avait promis que, si elle épousait un ecclésiastique dans le Yorkshire, quand le bénéfice viendrait à vaquer, il lui en ferait la galanterie. Je demeurai près de vingt ans à Sutton, desservant les deux endroits. J'avais alors une très-bonne santé. Les livres, la pein-

---

[1] Jacques Sterne, prébendier de Durham, York, etc., mort le 9 juin 1759.

ture, le violon et la chasse étaient mes amusements. Quant au squire de la paroisse, je ne puis pas dire que nous étions sur un pied très-amical; mais à Stillington la famille des C— nous témoignait toutes sortes de bontés. C'était réellement bien agréable d'être à un mille et demi d'une aimable famille qui a toujours été pour nous pleine de cordialité. En 1760, je pris une maison à York pour votre mère et vous, et j'allai à Londres publier mes deux premiers volumes de *Shandy*. Cette année-là, lord Falconbridge me fit présent de la cure de Coxwould, retraite charmante en comparaison de Sutton. En 62, j'allai en France avant que la paix fût conclue, et vous me suivîtes l'une et l'autre. Je vous laissai en France, et deux ans après j'allai en Italie pour rétablir ma santé; et quand je vins vous retrouver, je tâchai d'engager votre mère à revenir en Angleterre avec moi. Elle et vous, vous êtes enfin venues, et j'ai eu la joie inexprimable de voir ma fille telle, à tous égards, que je la désirais.

« *J'ai écrit ces particularités relatives à ma famille et à moi, pour ma Lydia, en cas qu'elle ait par la suite la curiosité ou un plus tendre motif de les connaître.* »

A ces renseignements, un autre écrivain a ajouté ce court récit de sa mort : —

« Comme M. Sterne, dans ce qui précède, a rendu compte des événements de sa vie jusqu'à peu de mois avant sa mort, il reste seulement à dire qu'il quitta York à la fin de l'année 1767, et vint à Londres pour publier le *Voyage sentimental* qu'il avait écrit l'été précédent à sa résidence favorite de Coxwould. Sa santé déclinait depuis quelque temps, mais il continuait de visiter ses amis, et conservait sa verve habituelle. En février 1768, il commença à sentir les approches de la mort; et, avec l'intérêt d'un homme de bien et la sollicitude d'un parent affectionné, il consacra toute son attention au bonheur futur de sa fille. Ses lettres, à cette époque, font tant d'honneur à son caractère, qu'il est à déplorer que l'on ait fait voir le jour à quelques autres de la collection. Après une courte lutte contre sa maladie, sa constitution, affaiblie et usée, succomba, le 18 mars 1768, dans Bond-Street, où il logeait. Il fut enterré dans le nouveau cimetière appartenant à la paroisse de Saint-George, Hanover-Square, le 22 du même mois, sans aucun éclat ; et il a dû depuis à des étrangers un monument fort indigne de sa mémoire, sur lequel sont inscrites les lignes suivantes : —

> Near to this place
> Lies the body of
> The reverend LAURENCE STERNE, A. M.
> Died september 13, 1768.
> Aged 53 years.

> Près de cet endroit
> Gît le corps du
> Révérend LAURENCE STERNE, maître ès arts,
> Mort le 13 septembre 1768,
> A l'âge de 53 ans [1].

A ces notices, nous ne pouvons ajouter que peu de circonstances. L'archevêque d'York, cité comme bisaïeul de l'auteur, était le docteur Richard Sterne, qui mourut en juin 1683. La famille était venue de Suffolk dans le Nottinghamshire, et est désignée par Guillam comme portant d'or au chevron entre trois croix fleurées de sable. Le cimier est ce *starling* au naturel qui pourrait encourir la censure d'un zélé héraut d'armes. C'est un jeu de mots sur *estourneau*, qui est le terme français pour *starling*, comme approchant du nom propre Sterne. Ceci peut s'appeler argot dans la langue héraldique, mais la plume d'Yorick l'a rendu immortel.

Sterne fut élevé au collège de Jésus, à Cambridge, et y prit le degré de maître ès arts en 1740. Son protecteur et patron, au début de sa vie, fut son oncle, le docteur Jacques Sterne, qui était prébendier de Durham, chanoine résident, grand chantre et prébendier d'York, et autres bonnes places. Le docteur Sterne était un whig ardent et le zélé partisan de la dynastie de Hanovre. La politique de cette époque étant extrêmement violente, il se trouva engagé dans beaucoup de controverses, particulièrement contre le docteur Richard Burton, chirurgien-accoucheur, qu'il avait fait arrêter, comme coupable de haute trahison, lors des affaires de 1745. Laurence Sterne, dans le mémoire qui précède cette notice, se représente comme en querelle avec son oncle, parce qu'il n'avait

---

[1] Il n'est pas nécessaire de faire observer que cette date est erronée.

pas voulu l'aider de sa plume dans des controverses de ce genre. Néanmoins, il y a lieu de croire qu'il adopta, jusqu'à un certain point, les inimitiés de son parent, puisqu'il a voué le docteur Burton à une fâcheuse immortalité sous le nom du docteur Slop.

Lors de son installation dans l'Yorkshire, Sterne a représenté son temps comme fort occupé par les livres, la musique et la peinture. Les livres semblent lui avoir été fournis en grande partie par la bibliothèque de Skelton Castle, demeure de son intime ami et parent John Hall Stevenson, auteur du spirituel et indécent recueil intitulé : *Crazy tales*, où se trouve une description fort comique de son antique résidence, sous le nom de Crazy Castle. Cette bibliothèque avait la même teinte d'antiquité que le château lui-même, et contenait sans aucun doute beaucoup de ce fatras de vieille littérature, dans lequel l'esprit laborieux et ingénieux de Sterne réussit à trouver une mine. Jusqu'en 1759, Sterne n'avait fait imprimer que deux Sermons ; mais cette année il surprit le monde par la publication des deux premiers volumes de *Tristram Shandy*. Sterne se dépeint lui-même dans une lettre à un de ses amis, comme « las d'employer son cerveau au bénéfice des autres — sacrifice insensé que j'ai fait pendant plusieurs années à un ingrat. » — Ce passage fait probablement allusion à sa querelle avec son oncle ; et comme il dit avoir pris une petite maison à York pour l'éducation de sa fille, il est vraisemblable qu'il comptait sur sa plume pour l'aider, quoique, dans une lettre à un docteur anonyme qui l'avait accusé d'écrire pour avoir *nummum in loculo*, il déclare ne point écrire pour se nourrir, mais pour s'illustrer. *Tristram*, toutefois, procura à l'auteur gloire et profit. Ce brillant génie, mêlé à tant d'originalité réelle ou feinte, l'ébahissement des lecteurs, qui ne pouvaient concevoir le but et l'objet de cette publication, ainsi que l'ingénuité de ceux qui essayèrent de découvrir l'intention de passages qui réellement n'en avaient aucune, donnèrent au livre un retentissement extraordinaire. Mais les applaudissements du public ne furent pas sans mélange de critiques. Sterne n'était pas dans de bons termes avec ses frères du clergé : il avait trop d'esprit et s'en servait avec trop peu de ménagements, trop de vivacité et trop peu de respect de son habit et de son caractère, pour se soumettre aux formalités, et même aux convenances de l'état ecclésiastique ; et de plus il avait, dans l'entraînement de sa gaieté, affublé quelques-uns de ses graves confrères d'épithètes et de rôles ridicules, qui, pour être spirituels à coup sûr et probablement applicables, n'en inspiraient pas moins de ressentiment. En effet, de demander à quelqu'un de pardonner une insulte en considération de l'esprit avec lequel le coup a été porté, bien que les plaisants aient souvent l'air de s'y attendre, est aussi raisonnable que d'engager un blessé à admirer les plumes coloriées sur lesquelles a volé le dard dont il a été percé. Le tumulte fut bruyant de part et d'autre ; mais au milieu des salves d'applaudissements et des cris de censure, la publicité de *Tristram* se répandit de plus en plus, et la réputation de Sterne grandit en proportion. L'auteur triompha donc, et défia les critiques.

« On m'attaquera et on me jettera la pierre, » dit-il dans une de ses lettres, « soit de la cave, soit du grenier, n'importe ce que j'écrive ; et d'ailleurs, je dois m'attendre à avoir contre moi des centaines de gens qui ne rient pas, ou qui ne veulent pas rire — c'est assez que je divise le monde — du moins, je m'en tiendrai satisfait. »

Dans une autre occasion il dit : —

« Si mes ennemis savaient que par cette rage d'injures et de malveillance ils ont servi efficacement mes intérêts et ceux de mes ouvrages, ils resteraient tranquilles ; mais ç'a été le sort de gens supérieurs à moi, qui ont trouvé que le chemin de la renommée est comme le chemin du ciel, hérissé de tribulations ; et jusqu'à ce que j'aie l'honneur d'être aussi maltraité que l'ont été Swift et Rabelais, je dois rester humble, car je n'ai pas rempli à moitié la mesure de leurs persécutions. »

L'auteur alla jouir à Londres de sa réputation, et il y obtint toute l'attention que le public accorde aux gens connus. Il se vante d'avoir eu coup sur coup quatorze invitations à dîner, et reçut cette hospitalité comme un tribut, tandis que ses contemporains voyaient cette dissipation sous un jour fort différent. « Tout homme qui a un nom ou qui a les moyens de plaire, » dit Johnson, « sera invité à Londres de tous côtés. Le sieur Sterne, m'a-t-on dit, a eu des engagements pour trois mois. » Les sentiments de moralité de Johnson et son respect pour le clergé le portaient à parler de Sterne avec mépris; mais quand Goldsmith ajouta « et un fort lourd personnage, » il répliqua avec son emphatique : « Non pas, monsieur. »

Les deux premiers volumes de *Tristram* servirent d'introducteurs — rôles singuliers pour eux assurément — à deux volumes de Sermons, que le simple nom du révérend Laurence Sterne (avant qu'il fût connu comme père de ce fantasque et capricieux enfant de l'imagination) n'aurait jamais recommandés à l'attention, mais qui furent recherchés et lus avec avidité sous celui d'Yorick. Ils soutinrent la réputation d'esprit, de talent et d'excentricité qu'avait l'auteur.

Les troisième et quatrième volumes de *Tristram* parurent en 1761, et les cinquième et sixième en 1762. Ces deux publications furent aussi populaires que celle des deux premiers volumes. Les septième et huitième, qui furent donnés en 1765, n'attirèrent pas autant l'attention. La nouveauté était usée en grande partie, et quoiqu'ils contiennent quelques-uns des plus beaux passages qui soient jamais sortis de la plume de l'auteur, ni l'oncle Toby ni son fidèle serviteur ne suffirent pour attirer la faveur du public au même degré qu'auparavant. Ainsi, la popularité de ce singulier ouvrage fut pendant quelque temps entravée par le style particulier et affecté qui avait d'abord séduit par sa nouveauté, mais qui cessa de plaire quand il ne fut plus nouveau. Quatre autres volumes de Sermons parurent en 1766, et en 1767 le neuvième et dernier volume de *Tristram Shandy*. « Je n'en publierai qu'un cette année, » dit-il, « et l'année prochaine je commencerai un nouvel ouvrage en quatre volumes, lesquels finis, je continuerai *Tristram* avec une nouvelle ardeur. »

Le nouvel ouvrage était indubitablement son *Voyage Sentimental*, pour lequel, d'après le témoignage de La Fleur, Sterne avait amassé beaucoup plus de matériaux qu'il n'en devait paraître au jour. La santé de l'auteur était alors devenue extrêmement faible; et son voyage en Italie avait pour but de le guérir, s'il était possible, de la phthisie dont il était atteint. Le remède fut sans succès; cependant Sterne vécut assez pour arriver en Angleterre, et il eut le temps de préparer pour la presse la première partie du *Voyage Sentimental*, qui fut publiée en 1768. .

C'est ici qu'il convient d'insérer les renseignements sur Sterne et son valet La Fleur, qui se trouvent dans l'intéressant recueil d'anecdotes de M. Davis, et qu'il a intitulé *Olio*.

« La Fleur était né en Bourgogne. Tout enfant il conçut un violent désir de voir le monde; et à l'âge de huit ans il s'enfuit de chez ses parents. Son air prévenant fut partout son passe-port, et tous ses besoins furent aisément satisfaits — du lait, du pain et un lit de paille chez les paysans, étaient tout ce qu'il lui fallait pour la nuit, et le matin son désir était de se remettre en route. Il continua cette vie errante jusqu'à l'âge de dix ans; alors, un jour qu'il était sur le Pont-Neuf à Paris, considérant d'un air émerveillé les objets qui l'entouraient, il fut accosté par un tambour qui l'enrôla facilement. Pendant six ans La Fleur battit du tambour dans l'armée française; deux années de plus lui auraient donné droit à son congé, mais il préféra le prendre par anticipation, et, changeant d'habit avec un paysan, il s'évada sans peine. A l'aide de ses anciens expédients, il gagna Montreuil, où il se présenta lui-même à Varenne, qui heureusement se prit de fantaisie pour lui. Le peu dont il avait besoin lui fut donné de bon cœur; et comme ce que nous semons, nous désirons le voir fleurir, ce digne aubergiste promit de lui procurer un maître; et trouvant que le meilleur n'était pas au-dessus de ce que La Fleur méritait, il promit de le recommander à un *milord anglais*. Par bonheur il put tenir aussi bien que promettre, et il le présenta à Sterne aussi mal peigné qu'un poulain, mais plein de santé et d'enjouement. Voici ce qu'il y a de vrai dans le petit tableau que Sterne a fait des amours de La Fleur. — Il était épris à Montreuil d'une très-jolie fille, l'aînée de deux sœurs, qui, si elle était encore en vie, dit-il, ressemblait à la Marie de Moulins : il l'épousa, et quelque preuve d'affection que ce pût être, ce n'en était pas une de prudence, car il n'en fut pas d'un iota plus riche ou plus heureux qu'auparavant. Elle était couturière, et le travail le plus assidu ne lui procurait pas plus de six sous par jour. Voyant qu'elle contribuait peu à les soutenir, il s'en sépara, après avoir eu d'elle une fille, et se mit en service. Enfin, avec l'argent qu'il avait amassé comme domestique, il revint trouver sa femme, et ils prirent un cabaret, rue Royale, à Calais. — Sa chance y fut mauvaise — la guerre éclata ; et la perte des marins anglais qui montaient les paquebots, et qui formaient son principal achalandage, réduisit tellement ses petites affaires, qu'il fut de nouveau obligé de quitter sa femme, et de lui confier le soin de diriger le petit commerce qui ne suffisait pas à les faire vivre tous les deux. Il revint en mars 1783, mais sa femme avait disparu. Une troupe ambulante de comédiens, qui passait par la ville, l'avait décidée à quitter sa maison, et depuis lors il n'avait eu d'elle aucunes nouvelles directes ni indirectes. Depuis la perte de sa femme, disent nos renseignements, il est fréquemment venu en Angleterre (il est extrêmement partial pour les Anglais), tantôt comme sergent, tantôt comme exprès. Où il fallait du zèle et de l'activité, La Fleur n'était jamais en défaut. »

Outre les renseignements de La Fleur sur lui-même (continue M. Davis), l'auteur de ce qui précède obtint de lui plusieurs petits détails relatifs à son maître, aussi bien qu'aux personnages qu'il a décrits : j'en donnerai quelques-uns mot pour mot, attendu qu'ils perdraient à être abrégés.

« Il y avait des moments, » dit La Fleur, « où mon maître paraissait plongé dans l'abattement le plus profond — alors il réclamait si rarement mes services, que parfois, dans mon appréhension, je forçais sa porte pour lui suggérer ce que je croyais propre à distraire sa mélancolie. Il avait coutume de sourire à mon zèle bien intentionné, et je pouvais voir qu'il était heureux d'être secouru. Dans d'autres, il semblait avoir reçu une nouvelle âme — Il se lançait dans la légèreté naturelle à mon pays, » dit La Fleur, « et criait assez gaiement : Vive la bagatelle ! Ce fut dans un de ces moments qu'il fit connaissance avec la grisette du magasin de gants — elle vint ensuite le voir chez lui, sur quoi La Fleur ne fit pas une seule remarque ; mais en nommant la femme de chambre, autre visiteuse, il s'écria : C'était vraiment dommage — elle était si jolie et si petite ! »

La dame désignée par l'initiale L., était la marquise Lamberti ; c'est au crédit de cette dame qu'il fut redevable de son passe-port, qu'il commençait à être sérieusement mal à l'aise de ne point avoir. Le comte de B. (Breteuil), malgré le Shakspeare, ne se serait pas donné beaucoup de peine pour lui, à ce que pense La Fleur. Choiseul était ministre à cette époque.

« *La pauvre Marie*

n'était point, hélas! une fiction. — Quand nous arrivâmes près d'elle, » dit La Fleur, « elle était à quatre pattes sur la route comme un enfant, et se jetait de la poussière sur la tête — et pourtant il y en avait peu de plus charmantes. Quand Sterne l'eut abordée affectueusement, et l'eut relevée en la prenant dans ses bras, elle revint à elle, et retrouva un peu de tranquillité d'esprit — elle lui raconta l'histoire de ses malheurs et le couvrit de larmes — mon maître sanglotait. Je la vis se dégager doucement des bras de monsieur, et elle lui chanta le cantique à la Vierge; mon pauvre maître cacha sa figure dans ses mains, et marcha à côté d'elle jusqu'à la chaumière où elle demeurait; là il parla avec chaleur à la vieille femme. »

« Chaque jour, » dit La Fleur, « tant que nous restâmes là, je leur portai à boire et à manger de l'hôtel, et quand nous partîmes de Moulins, mon maître donna sa bénédiction et quelque argent à la mère. » — « Combien, » ajouta-t-il, « je ne sais pas — il donnait toujours plus que ses moyens ne lui permettaient.

Sterne dans ses voyages fut souvent à court d'argent. Les remises étaient interrompues par la guerre, et il avait mal calculé ses dépenses; il avait compté les postes, sans songer à la misère qui devait s'adresser à lui sur la route.

« A bien des relais mon maître s'est tourné vers moi les larmes aux yeux. — Ces pauvres gens me font peine, La Fleur; comment les secourrai-je?... — Il écrivait beaucoup, et jusqu'à une heure avancée. » Je parlai à La Fleur de la quantité peu considérable de ses publications : il témoigna une grande surprise. « Je sais, » dit-il, « qu'à notre retour de cette excursion, il y avait une grande malle toute remplie de papiers. » — « Savez-vous à quoi ils avaient trait, La Fleur? » — « Oui, c'étaient toutes sortes de remarques sur les mœurs des différentes nations qu'il visitait; et en Italie il était profondément occupé à faire les recherches les plus laborieuses sur les différents gouvernements des villes, et sur les particularités caractéristiques des Italiens des divers États. »

A cet effet, il lisait beaucoup — car les collections des patrons de la littérature lui étaient ouvertes; il observait davantage. Tout singulier que cela peut paraître, Sterne s'efforça en vain de parler l'italien. — Le valet l'apprit dans leur voyage; mais le maître, après s'y être appliqué de temps à autre, finit par y renoncer en désespoir de cause. — « Je m'en étonnai d'autant plus, » dit La Fleur, « qu'il devait savoir le latin. »

L'assertion, sanctionnée par Johnson, que Sterne était licencieux et dissolu en conversation, est ainsi contredite par le témoignage de La Fleur : « Sa conversation avec les femmes, » dit-il, « était des plus intéressantes; habituellement il les laissait sérieuses, s'il ne les avait pas trouvées telles. »

L'âne mort

n'était point une invention. L'affligé était aussi simple et aussi touchant que Sterne l'a représenté. La Fleur se rappelait parfaitement cette circonstance.

Les moines

n'obtinrent jamais de Sterne aucune sympathie particulière. La Fleur se souvenait de l'avoir vu sollicité par plusieurs, et à tous sa réponse était la même. — Mon père, je suis occupé. Je suis pauvre comme vous.

En mars 1768, Laurence Sterne, épuisé par une longue maladie débilitante, expira à son logement de Bond-Street, à Londres. Il y eut, dans la manière dont il mourut, quelque chose de singulièrement semblable aux particularités données par mistress Quickly sur la mort de Falstaff, le pendant d'Yorick pour sa gaieté intarissable, quoique différent sous d'autres rapports. Au moment où la vie se retirait rapidement et où le malade était gisant sur son lit, totalement épuisé, il se plaignit de froid aux pieds et demanda à sa garde-malade de les lui réchauffer. Elle le fit, et il en parut soulagé. Il se plaignit que le froid montait plus haut; et tandis que la garde était en train de lui frotter les chevilles et les jambes, il expira sans un gémissement. Il est à remarquer aussi que sa mort eut lieu en grande partie comme il l'avait lui-même désiré; et que les derniers devoirs lui furent rendus, non dans sa propre maison et par la main affectueuse de parents, mais dans une auberge et par des étrangers.

Nous sommes bien au fait des traits de Sterne et de son extérieur, auxquels il fait lui-même de fréquentes allusions. Il était grand et maigre; il avait l'apparence d'un phthisique et des couleurs de poitrinaire. Ses traits, quoique susceptibles d'exprimer avec un effet tout particulier les émotions sentimentales dont il était souvent affecté, avaient aussi un caractère de malice, de *humour* et d'ironie, propre au bel esprit et au satirique, et assez semblable à celui qui prédomine dans les portraits de Voltaire. Sa conversation était animée et spirituelle; mais Johnson se plaignait qu'elle fût entachée d'une licence qui convenait mieux à la société du maître de Crazy Castle qu'à celle du grand moraliste. On a dit, et probablement avec vérité, que son humeur était variable et inégale, conséquence naturelle d'un tempérament irritable et d'une mauvaise santé continuelle. Mais nous ne croirons pas facilement que le parent de l'oncle Toby pût être un homme dur et habituellement maussade. Les lettres de Sterne à ses amis, et surtout à sa fille, respirent la plus vive tendresse; et ses ressources, quelles qu'elles fussent, paraissent avoir toujours été aux ordres de ceux qu'il aimait.

Si nous considérons la réputation de Sterne comme principalement fondée sur *Tristram Shandy*, il est exposé à deux graves accusations : — celles d'indécence et d'affectation. Quant au premier grief, Sterne y était lui-même particulièrement sensible, et avait coutume de justifier son humeur en la représentant comme une simple infraction au décorum, qui n'était d'aucune conséquence dangereuse pour la morale Nous tenons de source certaine l'anecdote suivante : — Peu de temps après que *Tristram* eut paru, Sterne demanda à une dame riche et de qualité du Yorkshire, si elle avait lu son livre. « Non, monsieur Sterne, fut la réponse; et à vous parler franchement, j'ai ouï dire que ce n'est pas une lecture convenable pour une femme. » — « Ma chère bonne dame, » répliqua l'auteur, « ne vous laissez pas abuser par de tels contes ; l'ouvrage est comme votre jeune héritier que voici » (montrant un enfant de trois ans, qui se roulait sur le tapis en jaquette blanche), « il montre de temps en temps une bonne partie de ce qu'on cache ordinairement ; mais tout cela c'est dans une parfaite innocence ! » Cette spirituelle excuse peut être admise sous ce point de vue ; car on ne peut dire que l'humeur licencieuse de *Tristram Shandy* s'adresse aux passions, ou soit de nature à corrompre la société. Mais elle pèche contre le goût, si on accorde qu'elle soit sans danger pour la morale. Une poignée de boue n'est ni un brandon ni une pierre ; mais la lancer en jouant dénote une grossièreté d'esprit, et un manque complet de bonnes manières.

Quoi qu'il en soit, Sterne commença et finit en bravant la censure du monde sous ce rapport. Un passage remarquable d'une de ses lettres montre combien parfois il est disposé à traiter légèrement cette accusation ; et, ce qui est assez singulier, son plan pour la tourner en ridicule semble avoir été sérieux.

« Crébillon (le fils) a fait avec moi une convention qui, s'il n'est pas trop paresseux, ne sera pas un mauvais persiflage. Aussitôt que j'arriverai à Toulouse, il s'est engagé à m'écrire une lettre de reproches sur les indécences de *T. Shandy* — à quoi je dois répondre par une récrimination sur les libertés de ses propres ouvrages. Le tout sera imprimé ensemble — Crébillon contre Sterne — Sterne contre Crébillon. — L'argent de la vente du manuscrit sera partagé également : c'est là de la bonne politique suisse. »

De même les plus grands admirateurs de Sterne doivent convenir que son style est éminemment affecté, et cela à un degré que même son esprit et son pathétique ne suffisent pas à racheter. Le style de Rabelais, qu'il a pris pour modèle, est jusqu'au dernier excès vagabond, digressif et entremêlé des plus grandes absurdités. Mais Rabelais était jusqu'à un certain point forcé d'endosser cet habit d'arlequin afin d'avoir, comme les bouffons patentés, sous le couvert de sa folie, la permission de lancer ses satires contre l'Église et l'État. Sterne prit la manière de son maître, simplement comme un moyen d'attirer l'attention, et de faire ouvrir de grands yeux au pubric; aussi ses extravagances, comme celles d'un fou simulé, sont froides et forcées, même au milieu de son essor le plus irrégulier. Un homme peut, de nos jours, en toute impunité, être aussi sage, aussi spirituel et même aussi satirique qu'il lui est donné de l'être, sans pour cela prendre comme excuse le bonnet et les clochettes de l'ancien bouffon; et le choix volontaire que fit Sterne d'un tel déguisement doit s'expliquer comme une pure affectation, et être rangé dans la catégorie de ses pages noires ou marbrées, et autres ruses dénuées de sens, uniquement employées *ad captandum vulgus*. Toute popularité basée de la sorte porte en elle les germes de sa destruction; car l'excentricité dans la composition, comme les modes fantasques en fait d'habillements, quelque attrayante qu'elle soit à sa première apparition, est sûre d'être parodiée par de stupides imitateurs, de passer bientôt de mode, et conséquemment de tomber dans l'oubli.

Si nous nous mettons à examiner de plus près le genre de composition que Sterne crut devoir adopter, nous trouvons un guide sûr dans l'ingénieux docteur Ferriar de Manchester, qui, avec une singulière patience, a suivi notre auteur jusque dans les sources cachées auxquelles il emprunta la plus grande partie de son savoir, et beaucoup de ses expressions les plus frappantes et les plus originales. Rabelais (qu'on lit bien moins qu'on n'en parle), le sémillant mais licencieux recueil intitulé *le Moyen de parvenir* et *le Baron de Fœneste* de d'Aubigné, avec beaucoup d'autres auteurs oubliés du seizième siècle, furent successivement mis à contribution. L'ouvrage devenu célèbre depuis, de Burton sur la mélancolie[1] (que l'essai du docteur Ferriar éleva en un instant au double de son prix chez les libraires) procura à Sterne une masse infinie de citations, dont il garnit ses pages sans scrupule, comme s'il les eût recueillies dans le cours étendu de ses lectures. Le style du même auteur, ainsi que celui de l'évêque Hall, fournirent à l'auteur de *Tristram* beaucoup de ces expressions, comparaisons et *illustrations* bizarres qui pas-

---

[1] Burton's *Anatomy of Melancholy*, 1624. (*N. du Traducteur.*)

sèrent longtemps pour les effusions naturelles de son esprit excentrique. Pour preuve de cette charge accablante, nous devons renvoyer le lecteur à l'essai bien connu du docteur Ferriar, et aux *illustrations* (comme il les appelle avec délicatesse) *des écrits de Sterne*, où il est démontré clairement que celui dont la manière et le style avaient été si longtemps crus originaux, était, de fait, le plus déterminé plagiaire qui eût jamais filouté ses prédécesseurs afin de garnir ses propres pages. Il faut convenir, en même temps, que Sterne choisit les matériaux de sa mosaïque avec tant d'art, les place si bien, et les polit si merveilleusement, que dans la plupart des cas on est disposé à lui pardonner le manque d'originalité, en considération du talent exquis avec lequel il transforme les matériaux qu'il emprunte.

Un des vols les plus singuliers de Sterne, eu égard à la teneur du passage volé, c'est sa déclamation contre les pirates littéraires de son espèce.

« Ferons-nous, » dit Sterne, « toujours de nouveaux livres, comme les apothicaires font de nouvelles médecines en versant simplement d'un vase dans un autre ? Devons-nous à jamais tordre et détordre la même corde — être à jamais dans la même ornière, aller à jamais du même pas ? »

Les paroles de Burton sont : —

« Comme des apothicaires, nous faisons de nouveaux mélanges, nous versons chaque jour d'un vase dans un autre ; et, de même que les Romains volaient toutes les cités du monde pour embellir leur Rome mal située, nous écrémons l'esprit des autres, nous cueillons les plus belles fleurs de leurs jardins cultivés pour embellir nos terrains stériles ; nous tissons la même toile, tordons et retordons sans cesse la même corde. »

Nous ne pouvons nous empêcher de nous étonner du sang-froid avec lequel Sterne pouvait transporter dans son propre ouvrage une tirade si éloquente contre le métier même qu'il faisait.

On a dit beaucoup de choses sur le droit qu'a un écrivain de profiter des travaux de ses prédécesseurs, et certes, généralement parlant, celui qui ravive l'esprit et le savoir d'un autre siècle, et lui donne une forme qui doit plaire au sien, rend service à ses contemporains ; mais se parer du langage et des phrases mêmes de vieux auteurs, et donner comme siens leur esprit et leur savoir, était d'autant plus indigne de Sterne, qu'il avait assez de talent original, s'il avait voulu le mettre en œuvre, pour se dispenser de pareils larcins littéraires.

Tristram Shandy n'est point un récit, mais un assemblage de scènes, de dialogues et de portraits comiques ou touchants, entremêlés de beaucoup d'esprit et de beaucoup de savoir original ou emprunté. Il ressemble, dans ses irrégularités, à une salle gothique bâtie par la fantaisie de quelque amateur de collections pour contenir les divers débris d'antiquités que ses peines ont accumulés, et ayant aussi peu de proportion dans ses parties qu'il y a peu de rapports entre les pièces d'armures rouillées dont elle est décorée. A ce point de vue, la principale figure est M. Shandy l'aîné, dont le caractère est modelé, à beaucoup d'égards, sur celui de Martinus Scriblerus. L'histoire de Martin, dans l'idée du fameux club de beaux-esprits qui la commença, était une satire sur la manière ordinaire d'acquérir de l'instruction et de la science. Sterne, au contraire, n'avait point d'objet particulier de ridicule. Son unique affaire était de créer un personnage auquel il pût coudre la grande quantité de lectures extraordinaires et de vieux savoir qu'il avait amassée. Il supposa donc dans M. Shandy un homme d'une tournure d'esprit active et métaphysique, mais en même temps bizarre, que des connaissances trop nombreuses et trop diverses avaient conduit à deux doigts de la folie, et qui agissait, dans les circonstances ordinaires de la vie, d'après les absurdes théories adoptées par les pédants des siècles passés. Il a un admirable contraste dans sa femme, bon portrait d'une brave dame de la véritable école *poco-curante*, qui n'entravait jamais la marche du *dada* de son mari (pour employer une expression que Sterne a rendue classique), et dont il ne pouvait obtenir la moindre admiration pour a grâce et la dextérité avec lesquelles il le maniait.

Yorick, le vif, spirituel, sensible et imprévoyant ecclésiastique, est la personnification bien connue de Sterne lui-même, et sans aucun doute, comme tout portrait de soi fait par un maître de l'art, avait une grande ressemblance avec l'original.

Cependant il y a des teintes de simplicité semées dans le caractère d'Yorick qui n'existaient pas dans celui de Sterne. Nous ne pouvons croire que les plaisanteries du dernier fussent si exemptes de maligne préméditation, et que ses satires fussent entièrement inspirées par de l'honnêteté d'âme et un pur enjouement de caractère. Il faut convenir, en outre, que Sterne aurait plus vraisemblablement volé un passage à Stevinus, s'il en avait pu trouver un à sa convenance, qu'il n'aurait laissé un de ses manuscrits dans le volume avec l'insouciante négligence d'Yorick. Néanmoins, nous reconnaissons avec plaisir la ressemblance générale qui existe entre l'auteur et l'enfant de son imagination, et nous pardonnons volontiers au pinceau qui, dans cette tâche délicate de se peindre soi-même, a adouci quelques traits et en a embelli d'autres.

L'oncle Toby et son fidèle écuyer, les plus délicieux caractères de l'ouvrage, et peut-être de tout autre, sont dessinés avec une vigueur si heureuse et ont un tel cachet, qu'ils sont plus que suffisants pour faire pardonner complétement à l'auteur ses péculats littéraires, son inconvenance et son affectation, et même pour l'autoriser à quitter le tribunal de la critique, non-seulement avec son pardon, mais avec des applaudissements et des récompenses, comme un homme qui a relevé et honoré l'humanité, et a présenté à ses lecteurs un tableau si frappant de bonté et de bienveillance mêlées de courage, de galanterie et de simplicité, que leurs cœurs doivent s'échauffer toutes les fois qu'il leur revient à la mémoire. Sterne, en effet, pourrait hardiment alléguer en sa faveur que les passages qu'il a empruntés étaient de peu de valeur en comparaison de ceux qui sont sa propriété exclusive, et que les premiers auraient pu être écrits par nombre de personnes, tandis que dans sa propre manière il est seul et inimitable. Il est peut-être permis de taxer d'un peu d'extravagance les amusements favoris de l'oncle Toby. Cependant, en Angleterre, où l'on pense et agit sans se soucier beaucoup des risées ou censures de ses voisins, il n'y a pas d'impossibilité ni peut-être de grande invraisemblance à supposer qu'un original emploie une aide mécanique, telle que le boulingrin de mon oncle Toby, afin d'encourager et d'assister son imagination dans la tâche, agéable mais illusoire, de bâtir des châteaux en l'air. Les hommes ont été appelés de grands enfants, et parmi les vieux hochets et inventions dont ils s'amusent, celle de mon oncle, avec les plaisirs duquel nous sommes si disposés à sympathiser, ne paraît pas si peu naturelle, en y réfléchissant, qu'elle peut le sembler à la première vue.

Il est bien connu (par les travaux du docteur Ferriar) que le docteur Slop, avec tous ses instruments d'accoucheur, peut être identifié avec le docteur Burton d'York, qui publia un traité d'accouchement en 1751. Cette personne, comme nous l'avons indiqué ailleurs, était dans de mauvais termes avec l'oncle de Sterne ; et, quoiqu'il existât des dissensions et de la malveillance entre l'oncle et le neveu, ce dernier n'en paraît pas moins avoir conservé de l'aversion contre l'ennemi du premier. Mais Sterne, n'étant pas homme politique, avait pardonné au jacobite, et ne poursuit le docteur de ses railleries que comme charlatan et comme catholique.

Il est inutile de nous arrêter plus longtemps sur un ouvrage si généralement connu. Le style employé par Sterne est bizarre d'ornements, mais en même temps vigoureux et mâle, et plein de cette animation et de cette force qui ne peuvent venir que d'une connaissance intime des anciens prosateurs anglais. Dans le talent de sonder et d'analyser les sentiments les plus fins du cœur, il n'a jamais été égalé, et on peut à la fois le citer comme un des écrivains les plus affectés et un des plus simples, — comme un des plus grands plagiaires et un des talents les plus originaux que l'Angleterre ait produits.

ŒUVRES
DE STERNE

VIE ET OPINIONS

DE

TRISTRAM SHANDY

GENTLEMAN

LIVRE PREMIER

CHAPITRE PREMIER.

Je voudrais que mon père ou ma mère, ou même tous les deux, car ils y étaient également tenus par devoir, eussent songé à ce qu'ils faisaient quand ils me firent : s'ils avaient dûment considéré quelle était l'importance de l'opération qu'ils accomplissaient : — que non-seulement la production d'un être raisonnable y était intéressée, mais que peut-être bien l'heureuse conformation et constitution de son corps, qui sait ? son génie, et jusqu'à la tournure de son esprit ; et, pour ce qu'ils en savaient du contraire, même la fortune de toute sa maison, se décideraient d'après les humeurs et dispositions qui dominaient alors ; — s'ils avaient dûment pesé et considéré tout cela, et qu'ils eussent agi en conséquence, — je suis réellement persuadé que j'aurais fait dans le monde une tout autre figure que celle sous laquelle le lecteur va me voir. — Croyez-moi, bonnes gens, ce n'est point une chose si insignifiante que beaucoup d'entre vous peuvent le penser; — vous avez tous, je présume, entendu parler des esprits animaux, et de la manière dont ils sont transfusés du père au fils, etc., etc., — et de beaucoup de choses à ce propos; — eh bien, vous pouvez m'en croire sur parole, les neuf dixièmes de la raison d'un homme ou de sa déraison, de ses succès ou de ses bévues en ce monde, dépendent de leur mouvement et activité, ainsi que des différentes directions que vous leur donnez : de sorte qu'une fois lancés, bien ou mal, peu importe, — ils partent à grand bruit comme des fous, et à force de repasser sur les mêmes pas ils ont bientôt fait la route aussi plate et aussi unie qu'une allée de jardin, et, une fois qu'ils y sont habitués, le diable lui-même souvent ne serait pas capable de les en chasser.

Dites-moi, mon cher, demanda ma mère, *n'avez-vous pas oublié de monter la pendule?* ——— *Bon Dieu!* s'écria mon père, qui, tout en faisant cette exclamation, prit soin de modérer sa voix, ——— *jamais femme, depuis la création du monde, a-t-elle interrompu un homme par une si sotte question?* Que disait votre père, je vous prie? ——— Rien.

CHAPITRE II.

———Alors, positivement, je ne vois dans cette question ni bien ni mal. ——— Alors, permettez-moi de vous dire, monsieur, que c'était au moins une question très-inopportune, attendu qu'elle dispersa et dissipa les esprits animaux, dont l'affaire était d'escorter l'*Homunculus*, et de le mener par la main, sain et sauf, à l'endroit destiné pour sa réception.

L'*Homunculus*, monsieur, tout mesquin et burlesque qu'il peut paraître, en ce siècle léger, aux yeux de la sottise ou des préjugés, — est, aux yeux de la raison dans les investigations scientifiques, reconnu — pour un être entouré de droits protecteurs.———— Les philosophes les plus minutieux, qui, par parenthèse, ont les plus vastes intelligences (leurs âmes étant à l'inverse de leurs recherches), nous démontrent incontestablement que l'*Homunculus* est créé par la même main, — engendré suivant la même loi de nature, — doué des mêmes puissances et facultés locomotives que nous : — qu'il se compose, comme nous, de peau, de poils, de graisse, de chair, de veines, d'artères, de ligaments, de nerfs, de cartilages, d'os, de moelle, de cervelle, de glandes, de génitoires, d'humeurs et d'articulations ; — que c'est un être aussi actif, et, dans toute l'étendue du mot, autant et aussi véritablement notre semblable que my lord le chancelier d'Angleterre. — On peut lui faire du bien, — on peut lui faire du tort, — il peut en obtenir le redressement ; en un mot, il a tous les titres et droits de l'humanité, que Cicéron, Puffendorf et les meilleurs moralistes reconnaissent provenir de cet état et de cette relation.

Or, cher monsieur, s'il lui était survenu quelque accident en route, seul comme il était ! — ou que, par suite de la frayeur qu'il en aurait eue, frayeur naturelle à un si jeune voyageur, mon petit gentleman fût arrivé au terme de son voyage dans un épuisement déplorable ; — sa force et sa virilité musculaires réduites à un fil ; — ses propres esprits animaux dans un bouleversement inexprimable, — et que, dans ce fâcheux désordre de ses nerfs, il fût tombé en proie à des saisissements soudains, ou à une série de rêves et d'idées tristes pendant neuf longs, longs mois de suite, — je tremble de penser aux mille faiblesses de corps et d'âme dont c'eût été jeter les fondements, faiblesses auxquelles aucune habileté de médecin ou de philosophe n'aurait jamais pu ensuite complétement remédier.

CHAPITRE III.

C'est à mon oncle, M. Toby Shandy, que je suis redevable de l'anecdote précédente. Mon père, qui était très-fort en philosophie naturelle, et très-enclin à des raisonnements serrés sur les plus petites choses, s'était souvent et douloureusement plaint à lui du tort qui m'avait été fait ; mais une fois plus particulièrement, mon oncle Toby s'en souvenait bien, observant une inexplicable obliquité (comme il l'appelait) dans ma manière de faire aller mon sabot, et justifiant les principes d'après lesquels je m'y étais pris, — le vieux gentleman secoua la tête, et, d'un ton qui n'exprimait pas à moitié autant le reproche que le chagrin, il dit que son cœur avait toujours prédit (et il en avait la preuve ici et dans mille autres observations qu'il avait faites sur moi) que je ne penserais ni n'agirais comme l'enfant d'aucun autre homme :—*Mais, hélas !* continua-t-il en secouant la tête une seconde fois, et en essuyant une larme qui coulait le long de sa joue, *les infortunes de mon Tristram ont commencé neuf mois avant qu'il vînt au monde !*

— Ma mère, qui était assise à côté de lui, leva les yeux; — mais elle ne sut pas plus que son derrière ce que mon père voulait dire; — mais mon oncle, M. Toby Shandy, qui avait été souvent mis au fait de l'affaire, — le comprit très-bien.

CHAPITRE IV.

Je sais qu'il y a dans le monde des lecteurs, ainsi que beaucoup d'autres braves gens ne lisant pas du tout, — qui se sentent mal à l'aise, si vous ne les mettez pas entièrement, d'un bout à l'autre, dans le secret de tout ce qui vous concerne.

C'est par pure condescendance pour cette humeur, et par la répugnance naturelle que j'ai à désappointer qui que ce soit sur terre, que j'ai déjà été si minutieux. Comme ma vie et mes opinions paraissent destinées à faire quelque bruit dans le monde, et, si mes conjectures sont justes, à prendre dans tous les rangs, professions et dénominations d'hommes quelconques, — à n'être pas moins lues que le *Progrès du pèlerin* lui-même [1], — et, en fin de compte, à devenir précisément ce que Montaigne craignait que ne devinssent ses *Essais*, c'est-à-dire un de ces livres qui traînent sur les fenêtres de parloir; — je trouve nécessaire de consulter un peu chacun à son tour : je dois donc demander pardon de suivre encore un moment la même voie ; et je suis enchanté pour cette raison d'avoir commencé mon histoire ainsi que je l'ai fait, et d'être en

[1] Par John Bunyan. (*Note du traducteur.*)

état de continuer en reprenant chaque chose *ab ovo*, comme dit Horace.

Horace, je le sais, ne recommande pas cette manière en général ; mais ce gentleman ne parle que d'un poëme épique ou d'une tragédie — (j'oublie lequel) ; — d'ailleurs, si cela n'était pas, je demanderais pardon à M. Horace ; — car, en écrivant ce que j'ai entrepris, je ne m'astreindrai ni à ses règles, ni à celles d'aucun autre homme au monde.

Quant à ceux, pourtant, qui ne se soucient pas de rétrograder autant pour approfondir ces choses, je ne puis leur donner un meilleur conseil que de sauter le reste de ce chapitre ; car je déclare à l'avance que je ne l'écris que pour les esprits curieux et inquisitifs.

——— Fermez la porte. ——— Je fus engendré dans la nuit du premier dimanche au premier lundi du mois de mars, l'an de Notre-Seigneur 1718. Je suis certain du fait. — Mais d'être arrivé à pouvoir rendre un compte si exact d'une chose qui eut lieu avant ma naissance, je le dois à une autre petite anecdote connue seulement dans notre famille, mais rendue publique aujourd'hui pour plus d'éclaircissement de ce point.

Il faut que vous sachiez que mon père, qui avait jadis trafiqué avec la Turquie, mais qui avait quitté les affaires depuis quelques années, pour se retirer et mourir sur son domaine patrimonial dans le comté de ———, était, je crois, un des hommes les plus réguliers qu'il y ait jamais eu dans tout ce qu'il faisait, qu'il s'agit d'une affaire ou d'un amusement. Pour donner un petit échantillon de son extrême exactitude, dont il était véritablement esclave, il s'était fait une règle depuis nombre d'années,—le premier dimanche soir de chaque mois, et cela tout le long de l'année, aussi ponctuellement qu'arrivait ce dimanche soir, — de monter de ses propres mains une grande pendule que nous avions sur le palier de l'escalier de derrière ; — et comme, à l'époque dont j'ai parlé, il devait avoir de cinquante à soixante ans, il avait aussi reporté peu à peu à la même période certaines autres petites occupations de famille, afin, disait-il souvent à mon oncle Toby, de se débarrasser de tout à la fois, et de n'en être plus tourmenté et tracassé le reste du mois.

Il n'y avait à cela qu'un malheur qui, en grande partie, tomba sur moi, et dont les effets, je le crains, me suivront jusqu'au tombeau ; c'est que par une fâcheuse association d'idées qui n'ont aucune liaison au monde, il finit par arriver que ma pauvre mère ne pouvait jamais entendre monter ladite pendule sans que le souvenir de certaines autres choses lui vînt infailliblement en tête — et *vice versâ :*
——— étrange combinaison d'idées que le clairvoyant Locke, qui, certes, comprenait la nature de ces choses mieux que la plupart des hommes, affirme avoir produit plus d'actions tortues que toutes les autres sources de préjugés quelconques.

Mais ceci n'est qu'une parenthèse.

Or, il appert, d'après un mémorandum du livre de poche de mon père, qui est en ce moment sur la table, « que le jour de l'Annonciation, qui était le 25 du même mois dont je date ma conception, ——— mon père partit pour Londres, avec mon frère aîné Bobby, qu'il allait mettre à l'école de Westminster ; » et comme il appert d'après la même autorité « qu'il ne vint rejoindre sa femme et sa famille que dans la *seconde semaine* du mois de mai suivant, » — cela donne presque à la chose un caractère de certitude. Quoi qu'il en soit, ce qui suit au commencement du prochain chapitre ôte toute possibilité de doute.

—— Mais, je vous prie, monsieur, que faisait votre père en décembre, janvier et février ? — Eh ! madame, — pendant tout ce temps-là il souffrait d'une sciatique.

CHAPITRE V.

Le cinquième jour de novembre 1718, ce qui, par rapport à l'époque fixée plus haut, était aussi près de neuf mois de calendrier qu'aucun mari pouvait raisonnablement s'y attendre, moi, Tristram Shandy, gentleman, je fus introduit dans ce monde ignoble et désastreux. ——
Je voudrais être né dans la lune, ou dans toute autre planète (excepté Jupiter et Saturne, attendu que je n'ai jamais pu supporter le froid) ; car je ne me serais pas trouvé plus mal dans aucune d'elles (pourtant je ne répondrais pas de Vénus) que dans cette vile et sale planète où nous sommes, — et qu'en conscience, révérence parler, je tiens pour faite des restes et rognures des autres ; —— non pas que cette planète ne soit assez bien, pourvu qu'on y naisse avec un grand titre et de grands biens, ou que, de manière ou d'autre, on parvienne à être appelé à des charges et emplois publics qui donnent de la considération ou du pouvoir ; —— mais ce n'est point mon cas, —— et donc chacun parle de la foire selon le marché qu'il y a fait ; —— c'est pourquoi j'affirme de nouveau que c'est un des plus vils mondes qui aient jamais été créés ; — car je puis dire en toute vérité que, depuis la première heure que j'y

ai respiré jusqu'à celle-ci, où je puis respirer à peine, à cause d'un asthme que j'ai attrapé en Flandre en patinant contre le vent, — j'ai été le jouet continuel de ce que le monde appelle la Fortune ; et quoique je lui doive la justice de dire qu'elle ne m'a jamais fait sentir le poids d'aucun grand et signalé malheur, — cependant, de la meilleure humeur du monde, j'atteste qu'à tous les relais de ma vie, qu'à tous les détours et recoins où elle a pu à son aise me tomber dessus, la désobligeante duchesse m'a accablé d'une grêle de mésaventures et de traverses aussi déplorables que jamais petit *héros* en ait essuyé.

CHAPITRE VI.

Au commencement du dernier chapitre, je vous ai dit exactement *quand* j'étais né ; mais je ne vous ai pas dit *comment*. Non, je réservais à cette particularité tout un chapitre à part ; — d'ailleurs, monsieur, comme vous et moi sommes en quelque sorte parfaitement étrangers l'un à l'autre, il n'aurait pas été convenable que je vous eusse initié tout d'un coup à trop de circonstances à moi relatives. — Il faut que vous ayez un peu de patience. J'ai entrepris, vous voyez, d'écrire non-seulement ma vie, mais mes opinions aussi, dans l'espoir et l'attente que, apprenant par l'une mon caractère et l'espèce de mortel que je suis, vous en goûteriez mieux les autres. A mesure que nous ferons route ensemble, cette légère connaissance qui commence entre nous se changera en familiarité ; et celle-ci, à moins qu'il n'y ait de la faute de l'un de nous, se terminera en amitié. — *O diem præclarum !* — Alors rien de ce qui me touche ne sera jugé futile de sa nature ou ennuyeux dans mon récit. C'est pourquoi, mon cher ami et compagnon, si vous me trouvez quelque peu économe de ma narration au début du voyage, — résignez-vous, — laissez-moi continuer et raconter mon histoire à ma manière ; — et si de temps en temps j'ai l'air de m'amuser en route, — ou que parfois, chemin faisant, je me coiffe d'un bonnet de fou à clochettes, pour un ou deux instants, — ne vous enfuyez pas, — mais plutôt ayez l'obligeance de me croire un peu plus de sagesse qu'il n'en paraît à l'extérieur ; et, tout en avançant, riez avec moi, ou de moi, — en un mot, faites ce qu'il vous plaira, — seulement ne vous fâchez pas.

CHAPITRE VII.

Dans le village qu'habitaient mon père et ma mère, habitait aussi une maigre, roide, importante, bonne vieille matrone de sage-femme, qui, à l'aide d'un peu de simple bon sens et de quelques années de plein exercice de sa profession, pendant tout lequel elle s'était peu fiée à ses propres efforts et beaucoup à ceux de dame Nature, — avait dans sa partie acquis un assez haut degré de réputation dans le monde : — par lequel mot *monde* ai-je besoin en cet endroit de prévenir votre *Worship*[1] que je ne veux pas donner à entendre plus d'un petit cercle décrit sur le cercle du grand monde, de quatre milles anglais de diamètre ou environ, et dont la chaumière où demeurait la

---

[1] Titre que l'on donne principalement aux magistrats. (*Note du traducteur.*)

bonne vieille femme est supposée être le centre? — A ce qu'il paraît, elle était restée veuve, dans une grande misère, avec trois ou quatre petits enfants, dans sa quarante-septième année ; et comme elle était à cette époque une personne d'un maintien décent, — de manières graves, une femme, en outre, parlant peu, et avec cela un objet de compassion, dont la misère, toute silencieuse, invoquait d'autant plus haut une assistance amie, — la femme du ministre de la paroisse fut touchée de pitié ; elle avait souvent déploré un inconvénient auquel le troupeau de son mari était exposé depuis plusieurs années, en tant qu'il n'y avait pas moyen de se procurer, quelque urgent que pût être le cas, aucune espèce de sage-femme, sans faire moins de six à sept longs milles à cheval : lesquels susdits sept longs milles par de sombres nuits et d'affreux chemins, le pays tout alentour n'étant que terre glaise, équivalaient presque à quatorze ; et, par le fait, c'était quelquefois à peu près comme si l'on n'avait pas eu du tout de sage-femme. Il lui vint donc en tête que ce serait rendre un service aussi opportun à toute la paroisse qu'à la pauvre créature elle-même, de lui faire donner une teinture des plus simples principes de cette profession, afin qu'elle pût l'exercer. Comme personne dans l'endroit n'était plus en état qu'elle d'exécuter le plan qu'elle avait conçu, la dame s'en chargea fort charitablement ; et ayant une grande influence sur la partie femelle de la paroisse, elle ne trouva aucune difficulté à l'effectuer au gré de tous ses désirs. A la vérité, le ministre unit son crédit à celui de sa femme dans toute cette affaire ; et afin de faire les choses en règle et de donner à la pauvre âme un titre aussi valable pour pratiquer de par la loi, que sa femme lui en avait donné un de par la science, — il paya de bon cœur lui-même les droits du brevet, montant en tout à la somme de dix-huit shillings et quatre pence; de sorte que, grâce à eux deux, la bonne femme fut pleinement mise en possession réelle et corporelle de son office, avec *tous les droits, appartenances et dépendances généralement quelconques dudit.*

Ces derniers mots, il faut que vous le sachiez, n'étaient point conformes à l'ancienne rédaction des pouvoirs, licences et facultés qui jusqu'ici avaient été concédés en pareil cas; mais ils étaient conformes à une jolie formule de l'invention de Didius, qui, ayant une propension particulière à mettre en pièces et à refaire à neuf toute espèce d'instruments de ce genre, non-seulement rencontra cet amendement délicat, mais enjôla dans le voisinage nombre de matrones à vieux brevet, et leur fit reprendre derechef leurs licences, afin d'y insérer sa marotte.

J'avoue que je n'ai jamais pu envier à Didius ces sortes de conceptions; — mais chacun son goût. — Le docteur Kunastrokius, ce grand homme, à ses heures de loisir, ne prenait-il pas le plus grand plaisir imaginable à peigner la queue des ânes et à arracher avec ses dents les crins blanchis, quoiqu'il eût toujours des pinces dans sa poche? Et même, si vous en venez là, monsieur, est-ce que les hommes les plus sages dans tous les siècles, sans en excepter Salomon lui-même, n'ont pas eu leurs DADAS, — leurs chevaux fougueux, — leurs monnaies et leurs pétoncles, leurs tambours et leurs trompettes, leurs violons, leurs palettes, leurs vers-coquins et leurs papillons? — Et tant qu'un homme suit paisiblement et tranquillement la grande route sur son DADA, et qu'il ne force ni vous ni moi à monter derrière lui, — je vous prie, monsieur, qu'avons-nous à y voir, vous ou moi?

CHAPITRE VIII.

— *De gustibus non est disputandum;* — c'est-à-dire, il n'y a pas à discuter contre les DADAS, et, pour ma part, je le fais rarement; je n'y aurais non plus aucune grâce, quand je serais leur ennemi au fond; car, comme il m'arrive à certains intervalles et changements de lune, d'être à la fois joueur de violon et peintre, selon que la mouche me pique, — sachez que j'ai moi-même une couple de bonnes bêtes sur lesquelles tour à tour (et il m'est bien égal qu'on le sache) je sors fréquemment et prends l'air; — parfois même, ceci soit dit à ma honte, je fais sur elles des voyages un peu plus longs que ne le jugerait tout à fait convenable un homme sage. Mais la vérité est — que je ne suis point un homme sage; — et puis, je suis un mortel de si peu de conséquence dans le monde, que ce que je fais n'importe guère : de sorte qu'il est rare que je me tracasse aucunement à ce sujet; et cela ne trouble pas beaucoup mon repos de voir de grands lords et d'éminents personnages, — tels, par exemple, que my lord A, B, C, D, E, F, G, H, I, J, K, L, M, N, O, P, Q, et ainsi de suite, tous à la file, montés sur leurs différents chevaux; — quelques-uns avec de grands étriers, allant d'un pas plus grave et plus modéré; ——— d'autres, au contraire, emmitouflés jusqu'au menton, et le fouet en travers de la bouche, détalant et courant ventre à terre, comme autant de petits diables bigarrés, à califourchon sur une hypothèque, — et comme si quelques-uns avaient résolu de se casser le cou. — Tant mieux, — me dis-je ; — car, en mettant la chose au pis, le monde trouvera moyen de se passer parfaitement d'eux ; et quant au reste, — eh bien ! — Dieu les conduise, — qu'ils continuent même d'aller sans opposition de ma part ; car si leurs seigneuries étaient désarçonnées cette nuit même, — il y a dix à parier contre un que beaucoup d'entre eux seraient plus mal montés de moitié avant demain matin.

On ne peut donc dire d'aucun de ces cas qu'ils influent sur mon repos. — Mais il en est un qui me déconcerte ; c'est quand je vois un homme né pour de grandes actions, et, ce qui est encore plus à son honneur, dont la nature incline toujours vers les bonnes ; — quand je considère un homme tel que vous, my lord, dont la conduite et les principes sont aussi généreux et aussi nobles que le sang, et dont, pour cette raison, un monde corrompu ne saurait se passer un seul moment ; — quand je vois, my lord, un tel homme en selle, ne fût-ce qu'une minute au delà du temps que lui a prescrit mon amour pour mon pays, et que désire mon zèle pour sa gloire : — alors, my lord, je cesse d'être philosophe, et, dans le premier transport d'une honnête impatience, je souhaite le DADA et toute sa confrérie au diable.

My Lord,

« Je maintiens que ceci est une dédicace, malgré sa sin-
« gularité sous le triple et essentiel rapport du sujet, de
« la forme et de la place : je vous prie donc de l'accepter

« comme telle, et de me permettre de la déposer, avec la
« plus respectueuse humilité, aux pieds de Votre Seigneu-
« rie, — quand vous serez dessus, — ce qui ne dépend
« que de vous; et c'est, my lord, toutes les fois qu'il y a
« lieu, et j'ajouterai, pour les meilleurs résultats aussi.

« J'ai l'honneur d'être,
« My Lord,
« de Votre Seigneurie le plus obéissant,
« le plus dévoué
« et le plus humble serviteur,

« Tristram Shandy. »

CHAPITRE IX.

Je déclare solennellement à tout le genre humain, que la dédicace ci-dessus n'a été faite pour aucun prince, prélat, pape ou potentat, — duc, marquis, comte, vicomte ou baron de ce royaume ou d'aucun autre de la chrétienté; — elle n'a pas non plus encore été colportée, ni offerte en public ou en particulier, directement ou indirectement, à aucun individu ou personnage, grand ou petit; mais, en conscience, c'est une dédicace vraiment vierge, qui n'a passé par les mains d'aucun être vivant.

Si j'insiste particulièrement sur ce point, c'est simplement pour écarter toute attaque ou objection qui pourrait s'élever contre ma dédicace par suite de la manière dont je me propose d'en tirer parti; — qui est de la mettre loyalement en vente publique; ce que je fais maintenant.

— Chaque auteur a une manière à lui de présenter avantageusement ses faits ; — pour ma part, comme je hais de marchander et de batailler pour quelques guinées dans un passage obscur, j'ai résolu en moi-même, dès le principe, de traiter rondement et ouvertement cette affaire avec les Grands, et d'essayer si je ne m'en trouverai pas mieux.

Si donc il est aucun duc, marquis, comte, vicomte ou baron, dans les États de Sa Majesté, qui ait besoin d'une dédicace nette et distinguée, et à qui la mienne aille (car, soit dit en passant, je ne m'en déferai que si elle lui va jusqu'à un certain point), — elle est tout à son service pour cinquante guinées; ce qui, j'en suis sûr, est vingt guinées de moins que n'en devrait demander tout homme de talent.

My lord, si vous l'examinez de nouveau, vous verrez qu'elle est loin d'être un portrait grossièrement flatté, comme le sont certaines dédicaces. L'idée, Votre Seigneurie le voit, en est bonne, — le coloris transparent, — le dessin pas mauvais; — ou, pour parler plus en homme de science et mesurer mon morceau sur l'échelle du peintre, divisée en 20, — je crois, my lord, que les contours répondront à 12, — la composition à 9, — le coloris à 6, — l'expression à 13 et demi, — et l'idée, — s'il m'est permis, my lord, de comprendre ma propre *idée*, et en supposant la perfection absolue en ce genre représentée par 20, — je pense qu'elle ne peut pas être bien loin de 19. Outre tout cela, — le tableau est harmonieux, et les touches foncées du DADA (qui est une figure secondaire, et une sorte d'arrière-plan) donnent une grande vigueur aux lumières principales de votre propre figure, et la font saillir merveilleusement; — et en outre, il y a un air d'originalité dans le tout ensemble.

Veuillez bien, my lord, ordonner que la somme soit payée dans les mains de M. Dodsley, au profit de l'auteur; et dans la prochaine édition on aura soin de supprimer ce chapitre, et de placer les titres, distinctions, armes et bonnes actions de Votre Seigneurie en tête du chapitre précédent, qui tout entier, à partir des mots *de gustibus non est disputandum,* ainsi que tout ce qui dans ce livre a rapport aux DADAS, mais rien de plus, sera dédié à Votre Seigneurie. — Le reste, je le dédie à la LUNE, qui, par parenthèse, de tous les patrons ou patronnes auxquels je puis penser, est le plus capable de pousser mon livre et de faire courir le monde comme un fou après lui.

Brillante déesse,

Si tu n'es pas trop occupée des affaires de Candide et de mademoiselle Cunégonde, — prends aussi Tristram Shandy sous ta protection.

CHAPITRE X.

Savoir le degré de petit mérite qu'était en droit de revendiquer la bonne action faite en faveur de la sage-femme, ou à qui ce droit appartenait réellement, — ne semble pas, à première vue, essentiel à cette histoire; toujours est-il certain que la dame épouse du ministre s'appropria le tout à cette époque; et pourtant, sur ma vie, je ne puis m'empêcher de penser que quoique le ministre lui-même n'eût pas eu la bonne fortune d'en avoir le premier l'idée, — néanmoins, comme il y concourut de tout cœur du moment qu'elle lui fut exposée, et que d'aussi bon cœur il donna son argent pour la mettre à exécution, il avait droit à une part, — sinon à une moitié de tout l'honneur qui devait en revenir.

Il plut alors au monde d'en décider autrement.

Posez le livre, et je vous accorderai une demi-journée pour former une conjecture vraisemblable sur les fondements de cette conduite.

Qu'on sache donc qu'environ cinq ans avant la date du brevet de la sage-femme, dont nous avons eu un compte si circonstancié, — le ministre à qui nous avons affaire avait fait jaser sur lui le pays par une infraction au décorum qu'il avait commise contre lui-même, son rang et ses fonctions : — c'était de ne jamais se montrer mieux ou autrement monté que sur une maigre et chétive haridelle, valant environ une livre quinze shillings; lequel cheval, pour abréger toute description, était le vrai frère de Rossinante, autant que la ressemblance pouvait leur donner de parenté; car il ne s'en fallait pas de l'épaisseur d'un cheveu qu'il ne se rapportât en tout au portrait que nous en avons, — excepté que je ne me rappelle pas qu'il soit dit nulle part que Rossinante fût poussif, et excepté aussi que Rossinante, comme c'est le bonheur de la plupart des chevaux espagnols, gras ou maigres, — était indubitablement un cheval de tous points.

Je sais fort bien que le cheval du héros était un cheval d'une conduite chaste, ce qui peut avoir donné lieu à l'opinion contraire; mais il n'est pas moins certain en même temps que la continence de Rossinante (comme on peut le démontrer par l'aventure des voituriers yanguais) ne provenait d'aucun défaut corporel, ni d'aucune autre cause

que de la modération et du cours régulier de son sang.
— Et permettez-moi de vous dire, madame, qu'il y a dans le monde beaucoup de très-bonne chasteté en faveur de laquelle vous ne pourriez rien dire de plus, quand il s'agirait de votre vie.

Quoi qu'il en soit, comme mon désir est de rendre une exacte justice à chaque créature qui paraîtra en scène dans cet ouvrage dramatique, — je ne pouvais supprimer cette distinction favorable au cheval de don Quichotte; — sur tous les autres points, le cheval du ministre, dis-je, en était le second tome ; car c'était une rosse aussi maigre, aussi efflanquée et aussi chétive que l'Humilité même en aurait pu monter.

Dans l'opinion çà et là de quelques hommes de faible jugement, il eût été grandement au pouvoir du ministre de relever la tournure de son cheval, — car il était possesseur d'une très-belle selle, piquée, rembourrée sur le siége de peluche verte, garnie d'un double rang de clous à tête d'argent, et d'une magnifique paire de brillants étriers de cuivre, avec une housse parfaitement assortie de drap gris superfin, bordé de galon noir, que terminait une frange de soie d'un noir foncé, poudré d'or : le tout acheté par lui dans l'orgueil et la fleur de sa vie, ainsi qu'une magnifique bride estampée, ornée de tous points comme il fallait. ——— Mais, ne se souciant pas de ridiculiser sa bête, il avait accroché tout cela derrière la porte de son cabinet; et, en place, il l'avait sérieusement harnachée avec une bride et une selle telles qu'un coursier de cette tournure et de cette valeur en pouvait bien et dûment mériter.

Lors de ses diverses excursions dans sa paroisse et de

ses visites de voisin aux propriétaires des environs, — vous comprendrez aisément que le ministre, ainsi équipé, en devait entendre et voir assez pour empêcher sa philosophie de se rouiller. A parler franchement, il ne pouvait entrer dans un village sans attirer l'attention des vieux et des jeunes. — Le travail s'arrêtait lorsqu'il passait, — le seau restait suspendu au milieu du puits, — le rouet oubliait de tourner, — même la fossette et la balle empoisonnée [1] se tenaient bouche béante jusqu'à ce qu'il fût hors de vue, et, comme son allure n'était pas des plus vives, il avait en général tout le temps de faire ses observations, — d'entendre les gémissements des gens graves, — et le rire des cœurs légers : toutes choses qu'il supportait avec une parfaite tranquillité. — Son caractère était — d'aimer la plaisanterie au fond de l'âme, — et comme il sentait bien en quoi il prêtait au ridicule, il disait qu'il ne pouvait en vouloir aux autres de le voir sous un jour où il se voyait si clairement lui-même ; de sorte qu'avec ses amis, qui savaient que son faible n'était pas l'amour de l'argent, et qui conséquemment s'en faisaient moins de scrupule de le railler de l'extravagance de son humeur, — au lieu de donner la vraie raison, - il aimait mieux faire chorus et rire de lui-même ; et comme il n'avait pas une once de chair sur ses propres os, et qu'il était tout aussi fluet que sa bête, — il insistait souvent sur ce que le cheval était assez bon pour le cavalier ; — que les deux ne faisaient qu'un, comme les Centaures. Dans d'autres moments et dans une autre disposition d'humeur, quand ses esprits

---

[1] *Shuffle cap*, jeu qui, comme son nom l'indique, consiste à mêler des casquettes, et celle qui est touchée par la balle est placée contre un mur et sert de but. (*Note du traducteur.*)

étaient au-dessus de la tentation d'une méchante saillie, — il disait qu'il se sentait tomber rapidement en consomption ; et, avec un grand sérieux, il prétendait qu'il ne pouvait supporter la vue d'un cheval gras sans un battement de cœur et une sensible altération du pouls, et qu'il avait fait choix du cheval maigre qu'il montait, non-seulement pour soutenir son courage, mais pour s'en donner.

D'autres fois, il donnait cinquante raisons comiques et justes pour monter une rosse débonnaire et poussive, préférablement à un cheval qui eût de l'ardeur ; — car sur une telle rosse il pouvait se tenir machinalement, et méditer aussi agréablement *de vanitate mundi et fugâ sœculi*, que s'il eût eu devant lui une tête de mort ; — du pas lent dont il allait, il pouvait consacrer son temps à toute autre occupation — avec autant de profit que dans son cabinet ; — il pouvait coudre un argument à son sermon, — ou un trou dans sa culotte, aussi sûrement ici que là ; — un trot rapide et une lente argumentation étaient, comme l'esprit et le jugement, deux allures incompatibles. — Mais, sur son coursier, il pouvait unir et concilier toutes choses : — il pouvait céder à ses inspirations, — il pouvait céder à ses accès de toux, — et, en cas que la nature l'y invitât, il pouvait aussi céder au sommeil. — Bref, le ministre, dans de telles rencontres, donnait toutes les raisons possibles, excepté la véritable, — et la raison véritable, il ne la taisait que par pure délicatesse, parce qu'il pensait qu'elle lui faisait honneur.

Mais voici la vérité sur cette histoire : dans les premières années de la vie de ce gentleman, et vers le temps où la superbe selle et la superbe bride furent achetées par lui, ç'avait été son humeur ou sa vanité, ou appelez-

le comme vous voudrez, — de se jeter à l'autre extrême.
— Dans le pays qu'il habitait, on disait de lui qu'il adorait les beaux chevaux, et généralement il en avait un des meilleurs de toute la paroisse, dans son écurie, toujours prêt à être sellé ; et comme la sage-femme la plus proche, ainsi que je vous l'ai dit, ne demeurait pas à moins de sept milles du village, et que les routes étaient indignes, — il en résulta qu'il se passait rarement une semaine sans qu'on vînt piteusement supplier le pauvre gentleman de prêter sa bête ; et, comme il n'avait point le cœur dur et que le dernier cas était toujours le plus pressant et le plus alarmant, — il avait beau adorer sa bête, il n'avait jamais le cœur de la refuser : la conséquence ordinaire était que son cheval revenait ou les pieds écorchés, ou avec des éparvins, ou les jambes enflées ; — ou avec un tremblement nerveux, ou poussif ; bref, qu'une chose ou une autre lui était arrivée qui ne lui laissait que la peau sur les os : en sorte qu'il avait tous les neuf ou dix mois à se défaire d'un mauvais cheval, — et à le remplacer par un bon.

A combien la perte de tels échanges pouvait monter, *communibus annis*, je le laisse à déterminer à un jury spécial de perdants au même trafic ; — mais qu'elle soit ce qu'elle voudra, l'honnête gentleman la supporta bien des années sans murmure. Enfin ces sortes d'accidents se répétèrent tant de fois, qu'il jugea nécessaire de prendre la chose en considération ; et, en pesant et calculant le tout dans son esprit, il vit que non-seulement cette dépense n'était en proportion avec aucune autre, mais qu'elle était par elle-même un article si lourd, qu'elle lui interdisait tout autre acte de générosité dans sa paroisse ;

outre cela, il réfléchit qu'avec la moitié de la somme qui courait ainsi la pretantaine, il pourrait faire dix fois autant de bien ; — et ce qui eut plus de poids sur lui que toutes les autres considérations réunies, ce fut qu'il emprisonnait par là sa charité dans un seul canal particulier, et où, s'imaginait-il, elle était le moins essentielle, à savoir la partie enceinte et accouchante de la paroisse ; ne réservant rien pour les impotents, — rien pour les gens âgés, — rien pour ces nombreux séjours de dénûment qu'il était à toute heure appelé à visiter, et où la pauvreté, la maladie et l'affliction habitaient ensemble.

Pour ces raisons, il résolut de discontinuer cette dépense, et il ne se présentait que deux moyens possibles de s'en tirer complétement : — c'était, ou de se faire une loi irrévocable de ne jamais plus prêter sa monture sous aucun prétexte, — ou bien de consentir à monter le dernier de ces pauvres diables dans l'état où on le lui avait mis, avec toutes ses souffrances et infirmités, jusqu'à son dernier jour.

Comme il se défiait de sa fermeté dans le premier cas, — il adopta gaiement le second, — et quoiqu'il eût fort bien pu, comme j'ai dit, l'expliquer à son honneur, — c'est par cette raison même qu'il crut au-dessous de lui de le faire, aimant mieux supporter le mépris de ses ennemis et les risées de ses amis, que d'endurer la souffrance de raconter une histoire qui aurait l'air d'être son panégyrique.

J'ai la plus haute idée de la délicatesse raffinée de sentiments de ce révérend gentleman, d'après ce seul trait de son caractère ; il vaut, je pense, tous les honnêtes raffinements de l'incomparable chevalier de la Manche.

que, soit dit en passant, j'aime mieux, avec toutes ses folies, que le plus grand héros de l'antiquité, et que je ferais certes beaucoup plus de chemin pour aller voir.

Mais ce n'est pas là la morale de mon histoire ; la chose que j'avais en vue, c'était de montrer l'humeur du monde dans l'ensemble de cette affaire. — Car, il faut que vous le sachiez, aussi longtemps que cette explication aurait pu être avantageuse au ministre, — du diable si pas une âme la découvrit; — je suppose que ses ennemis ne le voulurent pas et que ses amis ne le purent pas. — Mais dès qu'il se mit en mouvement dans l'intérêt de la sage-femme, et qu'il fit la dépense du brevet pour l'établir, — le secret se révéla tout entier, chacun des chevaux qu'on lui avait ruinés, et même deux de plus qu'il n'en avait perdu, on les connut et on se les rappela distinctement avec toutes les circonstances de leur perte. — L'histoire courut comme un feu grégeois : — « Le ministre venait d'être saisi d'un retour d'orgueil ; il allait encore une fois dans sa vie être bien monté ; et s'il en était ainsi, il était aussi clair que le soleil en plein midi qu'il économiserait dix fois la valeur du brevet dès la première année : — en sorte que chacun pouvait juger de ses vues dans cet acte de charité. »

Quelles étaient ses vues en ceci, et dans tous les autres actes de sa vie, — ou plutôt quelles étaient les opinions qui flottaient dans le cerveau des autres à ce sujet ? C'était une pensée qui flottait trop dans le sien, et qui trop souvent troublait son repos, quand il aurait dû être profondément endormi.

Il y a environ dix ans, ce gentleman eut le bonheur d'être mis complètement à l'aise à cet égard, — car il y

a juste autant qu'il quitta sa paroisse — et le monde aussi ;
— et il n'a plus de compte à rendre qu'à un juge dont il
n'aura aucun motif de se plaindre.

Mais il y a une fatalité attachée aux actions de certains
hommes : qu'ils les règlent comme ils voudront, elles
passent à travers un certain milieu — qui les tord, les
réfracte, les détourne tellement de leur vraie direction,
— que, avec tous les titres que peut donner la droiture
de cœur, les auteurs de ces actions n'en sont pas moins
forcés de vivre et de mourir sans obtenir de louanges.

Ce gentleman fut un affligeant exemple de cette vérité.
— Mais pour savoir par quel moyen cela arriva, — et
pour que cette connaissance vous profite, il faut absolument que vous lisiez les deux chapitres suivants, où vous
trouverez une esquisse de sa vie et de sa conversation ;
elle portera sa morale avec elle. — Après cela, si rien ne
nous arrête en chemin, nous continuerons l'histoire de
la sage-femme.

CHAPITRE XI.

Yorick était le nom de cet ecclésiastique, et ce qu'il y
a de fort remarquable (comme on le voit d'après une
très-ancienne histoire de la famille, rédigée sur un fort
vélin, et encore parfaitement conservée), ce nom s'écrivait
exactement ainsi depuis près de ——————— j'étais sur le point
de dire neuf cents ans ; — mais je ne voudrais pas ébranler mon crédit en disant une vérité improbable, quoique
incontestable en elle-même : — je me contenterai donc
de dire simplement, — qu'il s'écrivait exactement ainsi,

sans la moindre variation ou transposition d'une seule lettre, depuis je ne sais combien de temps ; ce qui est plus que je ne me hasarderais à dire d'une moitié des plus grands noms du royaume, qui, dans le cours des ans, ont généralement subi autant de vicissitudes et de changements que leurs possesseurs. — Faut-il l'attribuer à l'orgueil, ou à la honte de leurs propriétaires respectifs ? — De bonne foi, je pense tantôt l'un, tantôt l'autre, selon que me pousse la tentation. Mais c'est une chose coupable, et qui un jour nous mêlera et nous confondra tellement tous ensemble, que pas un de nous ne sera en état de se lever et de jurer « que c'était bien son bisaïeul qui fit telle ou telle chose. »

Ce mal avait été suffisamment paré par le soin prudent de la famille Yorick, — et par leur religieuse conservation des archives que je cite, lesquelles nous informent en outre que la famille était originairement d'extraction danoise, et avait été transplantée en Angleterre fort anciennement, sous le règne de Horwendillus, roi de Danemark, à la cour duquel, à ce qu'il paraît, un ancêtre de ce M. Yorick, et dont celui-ci descendait en ligne directe, avait occupé jusqu'à sa mort une charge considérable. De quelle nature était cette charge, les archives ne le disent pas ; — elles ajoutent simplement que depuis près de deux siècles elle a été supprimée, comme complétement inutile, non-seulement dans cette cour, mais dans toute autre cour du monde chrétien.

Il m'est souvent venu en tête que cette charge ne pouvait être que celle de premier bouffon du roi ; — et que l'Yorick de Hamlet, dans notre Shakespeare, dont la plupart des pièces, vous le savez, sont fondées sur des faits authentiques, — était certainement l'homme en question.

Je n'ai pas le temps de consulter l'histoire de Danemark de Saxo Grammaticus pour m'assurer de la chose ; — mais, si vous en avez le loisir et qu'il vous soit facile de vous procurer le livre, vous pouvez tout aussi bien le faire vous-même.

J'ai tout juste eu le temps, dans mes courses en Danemark avec le fils aîné de M. Noddy, que j'accompagnai en 1741 comme gouverneur, traversant avec lui d'un train prodigieux la plus grande partie de l'Europe, duquel voyage original accompli par nous deux une narration des plus délicieuses sera donnée dans le cours de cet ouvrage ; — j'ai tout juste eu le temps de vérifier une observation faite par un homme qui avait longtemps séjourné dans le pays ; — à savoir, « que la nature n'était pas très-prodigue, et n'était pas non plus très-avare dans la distribution de talents et de capacité qu'elle faisait à ses habitants ; — mais qu'en mère sage, elle était modérée dans sa bonté pour eux ; gardant une si égale mesure dans la répartition de ses faveurs, qu'ils étaient, sous ce rapport, à peu près de niveau l'un avec l'autre : de sorte que vous rencontrerez dans ce royaume peu d'esprits très-distingués, mais, dans tous les rangs de la nation, une grande masse de bonne et simple intelligence pratique dont chacun a sa part ; » ce qui me semble fort juste.

Chez nous, vous voyez, le cas est tout à fait différent : — nous ne sommes que hauts et bas sous ce rapport ; — vous êtes un grand génie ; — ou il y a à parier cinquante contre un, monsieur, que vous êtes une grande buse et un lourdaud ; — non pas qu'il y ait manque total de degrés intermédiaires ; — non, nous n'en sommes pas à ce point d'irrégularité ; — mais les deux extrêmes sont plus communs et plus prononcés dans cette île inconstante, où la Nature dans ses dons et dispositions de ce genre est plus qu'ailleurs fantasque et capricieuse : la Fortune elle-même ne l'étant pas davantage dans le legs qu'elle fait de ses biens et effets mobiliers.

C'est là tout ce qui ébranla jamais ma foi relativement à l'extraction d'Yorick, qui, d'après ce que je me rappelle et ce que j'ai pu me procurer de renseignements sur lui, ne paraissait pas avoir une seule goutte de sang danois dans tout le corps ; du reste, en neuf cents ans tout avait bien pu s'évaporer ; — je ne veux pas argumenter là-dessus un seul instant avec vous ; car n'importe comment cela était arrivé, le fait est que — au lieu de cette froideur flegmatique et de cette exacte régularité de jugements et d'humeurs que vous auriez attendues dans un homme de cette origine, — c'était, au contraire, un composé de mercure et de sublimé ; — un être aussi irrégulier dans toutes ses déclinaisons, — avec autant de vie, de fantaisie et de gaieté de cœur en lui, que le plus doux climat en aurait pu engendrer et réunir. Avec toutes ces voiles, le pauvre Yorick ne portait pas une once de lest ; il n'avait pas le moindre usage du monde, et à l'âge de vingt-six ans il savait à peu près aussi bien y faire route, qu'une tapageuse et confiante fille de treize : en sorte qu'au départ la fraîche brise de ses esprits, comme vous pouvez imaginer, le poussait dix fois par jour dans les cordages de quelqu'un ; et comme les gens graves et d'une marche plus lente étaient le plus souvent sur son chemin, — vous pouvez imaginer aussi que c'était avec eux qu'il avait généralement le malheur de s'empêtrer le plus. Autant que je sache, il pouvait y avoir un mélange de malheureux esprits au fond d'un tel fracas : ——— car, à dire vrai, Yorick avait de sa nature un dégoût et une répugnance invincibles pour la gravité ; — non pas pour la gravité en elle-même ; — car au besoin il était le plus grave et le plus sérieux des mortels, et cela des jours et des semaines de suite ; — mais c'était l'affectation de la gravité dont il était ennemi, et à laquelle il avait déclaré une guerre ouverte, seulement quand elle paraissait servir de manteau à l'ignorance ou à la sottise; et alors, toutes les fois qu'elle se trouvait sur son chemin, quelque abritée et protégée qu'elle fût, il lui faisait rarement quartier.

Quelquefois, dans son langage étourdi, il disait que la Gravité était une fieffée coquine, et il ajoutait — de la plus dangereuse espèce aussi, — à cause de son astuce, et qu'il croyait réellement que plus de gens honnêtes et de bonne foi avaient été escroqués par elle de leurs biens et argent en une année, qu'en sept ans par le vol dans les poches et dans les boutiques. — Les caractères mis à nu par la gaieté du cœur étaient, disait-il, sans danger, — sauf pour eux-mêmes ; — tandis que l'essence même de la gravité, c'était le calcul, et par conséquent la tromperie : — c'était un artifice étudié pour se faire honneur dans le monde de plus de sens et de savoir qu'on n'en avait; et avec toutes ses prétentions, — elle ne valait pas mieux, et souvent elle valait bien moins, que ce qu'en avait dit jamais un bel esprit français qui l'avait définie ; — *un maintien mystérieux du corps pour couvrir les défauts de l'esprit;* — laquelle définition de la gravité, à ce que disait Yorick avec une grande imprudence, méritait d'être écrite en lettres d'or.

Mais, à ne rien cacher, c'était un homme sans pratique ni usage du monde ; et il n'était pas moins inconsidéré et malavisé sur tout autre sujet d'entretien auquel la politique a coutume d'imprimer de la retenue. Yorick n'avait qu'une seule impression, celle qui naissait de la nature du fait en question ; cette impression, il la traduisait d'ordinaire en bon anglais, sans périphrase ; — et trop souvent sans beaucoup tenir compte de la personne, du temps ni du lieu ; — en sorte que lorsqu'il était fait mention d'un pitoyable ou indigne procédé, ——— il ne prenait jamais le temps d'examiner quel était le héros de la pièce, ——— quel était son rang, — ou jusqu'à quel point l'offensé avait le pouvoir de lui nuire par la suite ; — mais si c'était une vilaine action, — sans plus s'inquiéter, — l'homme était un vilain drôle, etc. — Et comme ordinairement la fatalité voulait que ses commentaires se terminassent par un bon mot, ou fussent animés tout du long par le comique ou la bouffonnerie de l'expression, l'indiscrétion d'Yorick avait des ailes. En un mot, comme il évitait rarement, quoique sans jamais courir après, les occasions de dire la première chose qui lui venait, et cela sans beaucoup de cérémonie, — il n'avait dans la vie que trop de tentations de répandre autour de lui son esprit et sa gaieté, — ses sarcasmes et ses plaisanteries. ——— Tout cela ne tombait pas à terre.

Quelles en furent les conséquences, et quelle fut la catastrophe dont Yorick fut victime, vous le lirez dans le chapitre suivant.

CHAPITRE XII.

Le prêteur et l'emprunteur ne diffèrent pas plus l'un de l'autre comme longueur de bourse, que ne font le railleur et le raillé comme longueur de mémoire. Mais la comparaison entre eux court, comme disent les scholiastes, sur ses quatre pieds (ce qui, par parenthèse, est un ou deux de plus qu'il n'est donné à quelques-unes des meilleures comparaisons d'Homère) : en ce sens que tous deux tirent sur vous, l'un pour une somme, l'autre pour un ridicule, et qu'ils n'y pensent plus. L'intérêt, néanmoins, continue de courir dans les deux cas ; — les payements périodiques ou accidentels qui s'en font servent tout juste à entretenir la mémoire de l'affaire, jusqu'à ce qu'enfin, à quelque heure maudite, — crac, arrive à chacun son créancier, qui, en demandant sur-le-champ le principal avec tous les intérêts jusqu'à ce jour, leur fait sentir à l'un et à l'autre toute l'étendue de leurs obligations.

Comme le lecteur (car je hais vos si) a une pleine connaissance de la nature humaine, je n'ai pas besoin d'en dire davantage pour le convaincre que mon héros ne pouvait pas continuer de ce train sans faire quelque légère expérience de ces memento accidentels. A parler franchement, il s'était, tout en badinant, engagé dans une multitude de semblables menues dettes, que, malgré les fréquents avis d'Eugène, il négligeait trop, croyant que parce que pas une d'elles n'avait été contractée à mauvaise intention, — mais, au contraire, par honnêteté d'âme et par enjouement d'humeur, elles seraient toutes rayées naturellement.

Eugène ne voulut jamais admettre cela, et lui disait souvent qu'un jour ou l'autre il aurait certainement un compte à régler, et souvent il ajoutait avec un accent de douloureuse appréhension, — jusqu'à la plus minime fraction. A quoi Yorick, avec son habituelle insouciance de cœur, répondait aussi souvent par un bah ! — et si la question avait été soulevée dans les champs, — par un saut, un bond et une cabriole ; mais s'ils étaient amicalement côte à côte au coin de la cheminée, où l'accusé était emprisonné entre une table et deux fauteuils, et ne pouvait pas si promptement échapper par la tangente, — Eugène alors le sermonnait tout à son aise, dans des termes qui, bien qu'un peu mieux coordonnés, revenaient à ceci : —

Crois-moi, cher Yorick, cet imprudent badinage te jettera tôt ou tard dans des embarras et difficultés dont ensuite tout l'esprit du monde ne pourra pas te dépêtrer. — Dans ces saillies, je le vois, il arrive trop souvent que la personne dont on rit se considère comme offensée, et se croit tous les droits que donne une pareille position ; et quand tu l'envisages aussi sous ce jour, et que tu comptes ses amis, toute sa maison, ses parents et alliés, — et qu'avec eux tu passes en revue les nombreuses recrues qui s'enrôleront sous ses drapeaux par sentiment du danger commun, ce n'est pas un calcul extravagant de dire que pour chaque dizaine de plaisanteries — tu t'es fait une centaine d'ennemis ; et jusqu'à ce qu'à force de continuer, tu aies soulevé un essaim de guêpes autour de tes oreilles, et que tu sois à moitié mort de leurs piqûres, tu ne seras jamais convaincu que c'est la vérité.

Je ne soupçonne jamais l'homme que j'estime d'être

stimulé à ces saillies par le moindre fiel ou intention malveillante; — je les crois et les sais vraiment honnêtes et enjouées; — mais considère, mon cher garçon, que les sots ne peuvent faire cette distinction, — et que les méchants ne le veulent pas; et tu ne sais pas ce que c'est que de provoquer les uns, ou de plaisanter les autres.

——— Toutes les fois qu'ils se ligueront pour se défendre mutuellement, compte qu'ils te feront la guerre, mon cher ami, de manière à t'en dégoûter profondément, et de la vie aussi.

La vengeance, de quelque coin empoisonné, lancera sur toi une histoire déshonorante, que ne réfuteront ni innocence du cœur ni intégrité de conduite. ——— La fortune de ta maison chancellera, — ta bonne réputation, qui t'a ouvert la route jusqu'à elle, saignera de ses deux flancs; — ta bonne foi sera mise en question, — tes œuvres seront calomniées, — ton esprit oublié, — ton savoir foulé aux pieds. Pour en venir à la dernière scène de ta tragédie, la *Cruauté* et la *Lâcheté*, brigands jumeaux, soudoyées et poussées dans l'ombre par la *Méchanceté*, s'attaqueront à la fois à tes infirmités et à tes erreurs; ——— les meilleurs d'entre nous, mon cher garçon, sont à découvert de ce côté, ——— et crois-moi, ——— crois-moi, Yorick, *une fois que pour satisfaire un appétit particulier, on a résolu de sacrifier une créature innocente et sans défense, il est facile de ramasser assez de branches dans chaque taillis où elle a erré, pour faire le feu nécessaire à l'offrande* [1].

Yorick ne s'entendait presque jamais faire cette triste

---

[1] Baconiana. (*Note du traducteur.*)

prophétie de sa destinée sans qu'une larme lui échappât de l'œil, accompagnée d'un regard annonçant qu'il était résolu désormais à mener son bidet avec plus de prudence. — Mais, hélas ! il était trop tard ! — une grande confédération, avec *** et *** à la tête, s'était formée avant la première prédiction qui en avait été faite. — Le plan entier d'attaque, juste comme avait pronostiqué Eugène, fut mis à exécution tout d'un coup, — avec si peu d'humanité du côté des alliés, — et dans Yorick si peu de soupçon de ce qui se tramait contre lui, — que lorsqu'il pensait, le brave et honnête homme, que son avancement était certainement en pleine maturité, — ils l'avaient coupé dans sa racine, et alors il tomba comme nombre de dignes gens étaient tombés avant lui.

Yorick, néanmoins, combattit quelque temps avec toute la bravoure imaginable ; enfin, accablé par le nombre et épuisé par les calamités de la guerre, — mais plus encore par l'indigne manière dont on la faisait, — il jeta l'épée ; et quoique en apparence il conservât son courage jusqu'au bout, cependant il mourut, à ce qu'on croit généralement, le cœur tout à fait brisé.

Eugène inclinait à partager cette opinion, à cause de ce qui suit : —

Peu d'heures avant que Yorick rendît son dernier soupir, Eugène entra pour lui donner un dernier regard et un dernier adieu. Lorsqu'il tira le rideau d'Yorick et lui demanda comment il se sentait, Yorick, le regardant en face, lui prit la main, — et après l'avoir remercié de toutes les marques d'amitié qu'il avait reçues de lui, amitié qui devait, dit-il, les réunir un jour, — il le remercia encore à plusieurs reprises, — et lui dit qu'il était sur le point d'échapper pour toujours à ses ennemis. — J'espère que non, répondit Eugène, les joues baignées de larmes, et du ton le plus tendre dont jamais homme ait parlé, — j'espère que non, Yorick, dit-il. —— Yorick répliqua par un regard au ciel et un doux serrement de main, et ce fut tout ; — mais Eugène en eut le cœur fendu. — Allons, allons, Yorick, dit Eugène, en s'essuyant les yeux et s'efforçant d'être homme, — mon cher garçon, du courage, — que toute ton énergie et ta fermeté ne t'abandonnent pas dans cette crise où tu as le plus besoin d'elles : — qui sait les ressources qui restent, et ce que le pouvoir de Dieu peut encore faire pour toi? — Yorick mit sa main sur son cœur, et secoua doucement la tête. — Pour ma part, continua Eugène tout en pleurant amèrement, — je déclare, Yorick, que je ne sais comment me séparer de toi ; et je serais bien heureux de me flatter de l'espoir, ajouta Eugène égayant sa voix, qu'il reste encore assez de toi pour faire un évêque, et que je puis vivre pour le voir. — Je te conjure, Eugène, dit Yorick, ôtant comme il put son bonnet de nuit avec sa main gauche, — sa droite restant étroitement serrée dans celle d'Eugène, — je te conjure de regarder ma tête. — Je n'y vois aucun mal, repartit Eugène. Hélas! alors, mon ami, reprit Yorick, permets-moi de te dire qu'elle est si meurtrie et si déformée par les coups que*** et *** et quelques autres m'ont si honteusement portés dans l'ombre, que je pourrais dire avec Sancho Pança que si je me rétablissais et « qu'il me tombât du ciel une grêle de mitres sur la tête, il n'y en aurait pas une qui m'irait. » — Le dernier souffle d'Yorick était suspendu à ses lèvres tremblantes, prêt à partir comme il disait cela : — et pourtant ce fut encore dit d'une sorte de ton cervantesque ; — et pendant qu'il parlait, Eugène put voir un rayon de flamme légère luire un instant dans ses yeux, — faible image de ces éclairs d'esprit qui (comme le dit Shakespeare de son ancêtre) avaient coutume de mettre toute la table en rumeur !

Eugène fut convaincu par là que le cœur de son ami était brisé : il lui serra la main, — et puis il sortit doucement de la chambre tout en pleurant. Yorick suivit Eugène des yeux jusqu'à la porte, — puis il les referma, — et ne les rouvrit plus jamais.

Il repose enterré dans le coin de son cimetière, dans la paroisse de ——, sous une simple dalle de marbre que son ami Eugène, avec la permission de ses exécuteurs testamentaires, fit mettre sur son tombeau, sans autre inscription que ces trois mots, qui lui servent à la fois d'épitaphe et d'élégie : —

Hélas ! pauvre Yorick !

Dix fois par jour l'ombre d'Yorick a la consolation d'entendre son inscription funéraire lue avec une variété de tons plaintifs qui dénotent une pitié et une estime générales pour lui : — un sentier traversant le cimetière tout à côté de son tombeau, — il n'est pas un passant qui ne s'arrête pour y jeter un coup d'œil, et qui ne soupire, tout en reprenant sa marche :

HÉLAS ! PAUVRE YORICK !

CHAPITRE XIII.

Il y a si longtemps que les lecteurs de cette rapsodie ont quitté la sage-femme, qu'il est grandement l'heure d'en reparler, ne fût-ce que pour leur rappeler que la créature est encore au monde ; et cette fois, autant que je puis juger de mon plan pour le moment, je vais la leur présenter tout de bon ; mais comme un nouveau sujet peut se lever sur mes pas, et qu'il peut survenir entre les lecteurs et moi bien des affaires inattendues, qui demandent à être expédiées promptement, — il était bon de prendre soin que la pauvre femme ne se perdît pas pendant ce temps-là ; — car lorsque nous en aurons besoin, il n'y aura pas moyen de nous en passer.

Je crois vous avoir dit que cette bonne femme n'était pas une personne d'une médiocre considération et conséquence dans tout notre village et dans la commune ; — que sa réputation s'était répandue jusqu'à la dernière extrémité et circonférence de ce cercle d'importance que tout être vivant, qu'il ait ou non une chemise sur le dos, — a autour de lui ; — et ce cercle, par parenthèse, toutes les fois qu'il est dit que telle personne est d'un grand poids ou importance dans le monde, — je prie l'imagination de votre *Worship* de l'agrandir ou de le resserrer, en raison composée du rang, de la profession, du savoir, des talents, de la hauteur et de la profondeur (en mesurant dans les deux sens), du personnage amené devant vous.

Dans le cas présent, si je me souviens bien, je l'ai fixé à environ quatre ou cinq milles; ce qui non-seulement comprenait toute la paroisse, mais s'étendait à deux ou trois des hameaux adjacents sur les confins de la paroisse voisine, ce qui ne laissait pas que d'être considérable. Je dois ajouter qu'elle était, en outre, très-bien vue dans un grand manoir, et dans quelques autres maisons et fermes çà et là, à deux ou trois milles, comme j'ai dit, de la fumée de sa propre cheminée. — Mais je dois ici, une fois pour toutes, vous informer que tout ceci sera plus exactement tracé et expliqué dans une carte qui est en ce moment aux mains du graveur, et qui, avec beaucoup d'autres pièces et développements de cet ouvrage, sera ajoutée à la fin du vingtième volume, — non pour enfler l'ouvrage, — j'ai horreur d'une telle pensée ; — mais par voie de commentaire, scholie, illustration et clef de tous les passages, incidents ou allusions qui seront jugés soit n'être susceptibles que d'une interprétation individuelle, soit avoir un sens obscur ou douteux, après que ma vie et mes opinions auront été lues (n'oubliez pas ici la signification du mot) dans le monde entier : ——— ce que, de vous à moi et en dépit de messieurs les faiseurs de revues de la Grande-Bretagne, et de tout ce que leurs *Worships* entreprendront d'écrire ou de dire contre, — je suis déterminé à réaliser. — Je n'ai pas besoin de dire à votre *Worship* que tout ceci est confidentiel.

CHAPITRE XIV.

En examinant le contrat de mariage de ma mère, pour me fixer, ainsi que le lecteur, sur un point nécessaire à éclaircir avant que nous puissions aller plus avant dans cette histoire, — j'ai eu le bonheur de tomber précisément sur la chose dont j'avais besoin, au bout seulement d'un jour et demi de lecture rapide ; cela aurait pu me tenir un mois ; — ce qui montre clairement que lorsqu'un homme se met à écrire une histoire, — quand ce ne serait que l'histoire de Jack Hickathrift ou du petit Poucet, il ne sait pas plus que ses talons quels obstacles et maudits empêchements il va rencontrer sur sa route, — ou bien ce qu'une excursion ou l'autre lui aura fait voir de pays avant que tout soit terminé. Si un historiographe pouvait mener son histoire, comme un muletier mène sa mule, — droit devant lui ; — par exemple, de Rome jusqu'à Lorette, sans tourner une seule fois la tête ni à droite ni à gauche, ——— il pourrait se hasarder à vous prédire à une heure près quand il toucherait au terme de son voyage ; mais la chose, moralement parlant, est impossible ; car, pour peu qu'il ait de sang dans les veines, il aura cinquante occasions de dévier de la ligne droite avec telle ou telle société chemin faisant, et il ne pourra en aucune façon les éviter. Il aura des vues et perspectives à lui qui solliciteront continuellement ses yeux, et il ne saurait pas plus s'empêcher de s'arrêter pour les regarder qu'il ne saurait voler ; il aura de plus une foule

De relations à concilier,
D'anecdotes à recueillir,
D'inscriptions à déchiffrer,
D'histoires à coudre,
De traditions à éplucher,
De personnages à visiter,
De panégyriques à placarder à cette porte-ci,
De pasquinades à celle-là ; —— toutes choses dont l'homme et sa mule sont exempts. En résumé, il y a à chaque relais des archives à consulter, et des rôles, registres, documents et généalogies interminables, que la justice à tout bout de champ le rappelle et l'arrête pour lire. — Bref, c'est à n'en pas finir ;—— car, pour ma part, je déclare y avoir passé six semaines, en y mettant toute la promptitude possible, — et je ne suis pas encore né ; — j'ai tout juste été en état, et pas davantage, de vous dire quand cela est arrivé, mais non pas comment ; — de sorte que vous voyez que la chose est encore loin d'être terminée.

Ces retards imprévus, dont j'avoue que je n'avais aucun soupçon quand je me suis mis en route, — mais qui, j'en suis convaincu maintenant, augmenteront plutôt qu'ils ne diminueront à mesure que j'avancerai, m'ont suggéré une idée que j'ai résolu de suivre;——et c'est, — de ne pas me presser ; — mais d'aller à loisir, écrivant et publiant chaque année deux volumes de ma vie ; — ce que, si on me laisse aller tranquillement, et si je puis obtenir de mon libraire un marché passable, je continuerai de faire tant que je vivrai.

CHAPITRE XV.

L'article du contrat de mariage de ma mère, que j'ai dit aux lecteurs m'être donné la peine de chercher, et que, maintenant que je l'ai trouvé, je crois devoir mettre sous leurs yeux, — est rédigé d'une manière tellement plus complète dans l'acte même que je ne puis avoir la prétention de le faire, que ce serait une barbarie de ne pas le donner de la main de l'homme de loi ; — le voici : —

« **Item, il est attesté par le présent acte,** que ledit Walter Shandy, négociant, en considération dudit futur mariage, destiné, avec la grâce de Dieu, à être bien et dûment célébré et consommé entre ledit Walter Shandy et Élisabeth Mollineux susnommée, et de diverses autres bonnes et valables causes et considérations spéciales et déterminantes, — accorde, stipule, concède, consent, arrête, accepte et convient pleinement avec John Dixon et James Turner, esquires, tuteurs susnommés, etc., etc. — **Savoir,** — que, dans le cas où, ci-après, il arriverait, adviendrait, surviendrait, ou autrement dit viendrait à échoir, — que ledit Walter Shandy, négociant, quittât le commerce avant les temps et époque où ladite Élisabeth Mollineux aura, selon le cours de la nature, ou autrement, cessé de concevoir et de mettre au monde des enfants ; et où, en conséquence de ce que ledit Walter Shandy aura ainsi quitté le commerce, il voudra, nonobstant et contre les libres volonté, consentement et bon plaisir de ladite Élisabeth Mollineux, — partir de la ville de Londres, afin de se retirer et d'habiter sur son domaine de Shandy-Hall, dans le comté de ———— ou autres résidences de campagne, castel, château, maison seigneuriale, mésuage ou manoir, actuellement achetés ou à acheter par suite, ou sur toute autre partie ou parcelle desdits ; — qu'alors et aussi souvent que ladite Élisabeth Mollineux se trouvera être enceinte d'enfant ou enfants séparément et légitimement procréés ou à procréer dans le sein de ladite Élisabeth Mollineux, elle étant en puissance de mari, — lui, ledit Walter Shandy, devra, à ses propres coûts et dépens, et de son propre argent personnel, sur bon et raisonnable avis, qui est ici convenu être dans les six semaines du terme définitif, ou époque de la délivrance supposée et supputée de ladite Élisabeth Mollineux, — payer, ou faire payer la somme de cent vingt livres de bon et valable argent, à John Dixon et James Turner, esquires, ou à leurs ayants cause, — Dans la foi et confiance, et pour l'usage ou les usages, intention, fin et but suivants : — *A savoir*, — que ladite somme de cent vingt livres devra être payée aux mains de ladite Élisabeth Mollineux, ou sinon entre celles d'eux lesdits tuteurs, pour être employée à bien et dûment louer une voiture, avec des chevaux en bon état et suffisants, pour porter et transporter la personne de ladite Élisabeth Mollineux, et l'enfant ou les enfants dont elle sera alors et là grosse et enceinte, — dans la ville de Londres ; et, en outre, à payer et défrayer tous les autres coûts, frais et dépenses accidentels quelconques, — pour, pendant et concernant sesdites futures couches et délivrance, dans ladite ville et faubourgs d'icelle ; et que ladite Élisabeth

Mollineux pourra, de temps en temps, et à toutes époque ou époques ici convenues et consenties, — paisiblement et tranquillement louer lesdits voiture et chevaux, et avoir libre entrée, sortie et rentrée, tout le temps de son voyage, dans et de ladite voiture, conformément aux teneur, vraie intention et sens de ces présentes, sans aucun obstacle, procès, trouble, perturbation, molestation, décharge, empêchement, forfaiture, éviction, vexation, interruption ou embarras quelconques, — et que de plus il sera loisible à et pour ladite Élisabeth Mollineux, de temps en temps, et toutes et autant de fois qu'elle sera bien et dûment avancée dans sadite grossesse, jusqu'au temps ci-dessus stipulé et convenu, — de vivre et résider dans tels lieu ou lieux, et dans telles famille ou familles, et avec tels parents, amis, et autres personnes dans ladite ville de Londres, qu'elle, à ses propres volonté et bon plaisir, nonobstant son présent état de femme en puissance de mari, et comme si elle était femme seule et non mariée, le jugera à propos. — **Item, il est attesté par le présent acte,** que, pour mettre plus efficacement ladite convention à exécution, ledit Walter Shandy, négociant, ici octroie, cède, vend, concède et transporte auxdits John Dixon et James Turner, esquires, à leurs héritiers, exécuteurs testamentaires et ayants cause, présentement en possession, en vertu d'un acte de cession et vente pour une année, à eux lesdits John Dixon et James Turner, esquires, par lui ledit Walter Shandy, négociant, faites d'icelle; lesquelles susdites cession et vente pour une année portent la date du jour immédiatement avant la date de ces présentes, et par la force et vertu du statut sur le transfert des usages en possession, — tout le manoir et seigneurie de Shandy, dans le comté de ———, avec tous les droits, dépendances et appartenances desdits ; et tout et partie des mésuages, maisons, bâtiments, granges, écuries, vergers, jardins, derrières, masures, clos, arrière-cours, *cottages*, terres, prés, pâtures, pâturages, marais, communaux, bois, taillis, puisards, pêcheries, eaux et cours d'eau ; — ensemble et avec les rentes, réversions, redevances, annuités, censes, biens de chevaliers, vues de cautions, aubaines, recours, mines, carrières, biens et effets mobiliers de criminels et fugitifs, de suicides et contumaces, *déodands* [1], libres garennes, et tous autres droits régaliens et seigneuriaux, pouvoirs et juridictions, priviléges et hoiries quelconques, ——— Et aussi la collation, donation, présentation et libre disposition du rectorat ou bénéfice du susdit Shandy, et de tout et partie des décimes, dîmes et glèbes. » —

En trois mots, — ma mère devait accoucher (si bon lui semblait) à Londres.

Mais, afin de prévenir de la part de ma mère toutes les tricheries auxquelles un article de cette nature dans un contrat de mariage ouvre trop évidemment la porte, et auxquelles on n'aurait jamais pensé sans mon oncle Toby Shandy, — une clause fut ajoutée pour la sûreté de mon père, ainsi conçue : « Que, en cas que ma mère, dans la suite, à aucune époque, occasionnât à mon père le dérangement et la dépense d'un voyage à Londres, par de fausses alertes et sur de faux indices, — pour chaque cas semblable,

---

[1] Tout ce qui, ayant causé la mort d'un homme, est confisqué au nom de Dieu. (*Note du traducteur.*)

elle perdrait tous les droits et titres que lui assurait la convention la fois suivante ; — mais pas davantage, — et ainsi de suite, *toties quoties,* d'une manière aussi efficace que si pareille convention n'eût jamais été faite entre eux. »
— Ceci, par parenthèse, n'avait rien que de raisonnable ; — et cependant, tout raisonnable que cela était, j'ai toujours trouvé dur que tout le poids de cet article soit tombé entièrement sur moi, comme il advint.

Mais j'étais créé et mis au monde pour les infortunes ; — car ma pauvre mère, que ce fût du vent ou de l'eau, ou un composé de tous les deux, — ou ni l'un ni l'autre ; — ou que ce fût purement et simplement en elle une enflure imaginaire ; — ou que l'ardent désir qu'elle en avait eût à ce point égaré son jugement ; — bref, qu'elle fût trompeuse ou trompée en cette affaire, il ne me convient nullement de le décider. Le fait est que dans les derniers jours de septembre 1717, l'année d'avant ma naissance, ma mère ayant emmené mon père à Londres bien contre son gré, — il insista péremptoirement sur la clause ; — en sorte que je fus condamné par contrat de mariage à avoir le nez aussi écrasé, aussi aplati que si la destinée ne m'en avait pas fait du tout.

Comment cet événement eut lieu, — et quelle série de cruels désappointements m'ont assailli aux différentes époques de ma vie, par suite de la simple perte ou plutôt compression de ce seul et unique membre, — je l'exposerai au lecteur en temps et lieu.

CHAPITRE XVI.

Mon père, comme chacun peut naturellement l'imaginer, revint avec ma mère à la campagne, d'assez mauvaise humeur. Les vingt ou vingt-cinq premiers milles, il ne fit que se tracasser et se tourmenter, et ma mère avec lui, au sujet de cette maudite dépense, dont on aurait pu, dit-il, épargner jusqu'au dernier shilling. — Puis, ce qui le vexait plus que tout le reste, c'était cette impatientante époque de l'année, — la fin de septembre, ainsi que je vous l'ai dit, où le fruit de ses espaliers et principalement ses prunes de reine-Claude, dont il était fort curieux, étaient justement bons à cueillir. — « On l'aurait fait aller à Londres pour quelque niaiserie dans tout autre mois de l'année, qu'il n'aurait pas dit trois paroles. »

Pendant les deux autres postes, il ne fut question que du coup douloureux que lui avait porté la perte d'un fils sur lequel, à ce qu'il paraît, il avait pleinement compté dans son esprit, et qu'il avait noté dans son livre de poche comme un second appui pour sa vieillesse, au cas que Bobby vînt à lui manquer. « Ce désappointement, dit-il, était dix fois plus fort pour un homme sage que tout l'argent que le voyage, etc., lui avaient coûté ensemble ! — foin des cent vingt livres ! — il s'en souciait comme d'un fétu.

De Stilton tout le long de la route jusqu'à Grantham, rien dans toute cette affaire ne l'impatienta autant que les condoléances de ses amis, et la sotte figure que sa femme et lui feraient à l'église le premier dimanche ; — et dans la violence satirique de son esprit, aiguisé par la vexation, il en fit des descriptions si comiques et si irritantes, — et il se plaça, lui et sa chère côte, dans de telles attitudes et sous tant d'aspects tourmentants en face de toute la congrégation, — que ma mère a déclaré que ces deux postes furent vraiment tragi-comiques, et qu'elle ne fit que rire et pleurer tout à la fois d'un bout à l'autre du chemin.

De Grantham jusqu'à ce qu'ils eussent passé la Trent, mon père perdit toute espèce de patience à l'idée de l'indigne tour qu'il s'imaginait que ma mère lui avait joué en cette affaire. — « Certainement, » se répétait-il à tout instant, « cette femme ne pouvait pas se tromper ; — si elle l'a pu, — quelle faiblesse ! » — mot tourmentant, qui mit son imagination sur les épines, et qui, avant qu'il en fût quitte, fit avec lui le diable et ses cent coups ; — car aussitôt que le mot *faiblesse* fut prononcé et frappa en plein sur son cerveau, le voilà qui se mit à calculer combien il y avait d'espèces de faiblesses : — qu'il y avait la faiblesse du corps, — aussi bien que la faiblesse de l'esprit, — et alors il ne fit qu'argumenter en lui-même, une ou deux postes de suite, pour savoir jusqu'à quel point la cause de toutes ces vexations pouvait ou non venir de lui.

Bref, il eut, par suite de cette seule affaire, tant de petits sujets de chagrin, qui tous fermentaient successivement dans son esprit à mesure qu'ils y naissaient, que ma mère, quel que fût son voyage en allant, n'en eut qu'un fort pénible au retour. ——— En un mot, comme elle s'en plaignait à mon oncle Toby, il aurait épuisé la patience de tout être vivant.

CHAPITRE XVII.

Quoique mon père, comme je vous ai dit, ne fût pas de la meilleure humeur du monde en revenant chez lui, — car il pesta et grogna tout le long du chemin, — cependant il eut la complaisance de garder pour lui le pire de l'histoire : — à savoir la résolution où il était de prendre sa revanche, et de se prévaloir de la clause que mon oncle Toby avait fait insérer dans le contrat de mariage ; et ce n'est que la nuit même où je fus engendré, c'est-à-dire treize mois après, que ma mère, pour la première fois, eut vent de son dessein. Mon père, qui, vous vous en souvenez, avait été un peu contrarié et impatienté, — en prit occasion, comme ils étaient ensuite à causer gravement au lit, s'entretenant de ce qui devait arriver, — pour lui faire savoir qu'elle eût à s'accommoder de son mieux à l'accord passé entre eux dans leur acte de mariage, c'est-à-dire à accoucher de son prochain enfant à la campagne, pour compenser le voyage de l'année précédente.

Mon père était un homme rempli de bonnes qualités, — mais il entrait dans la composition de son caractère, et cela à forte dose, un ingrédient qui pouvait ou non en augmenter le nombre. — Cet ingrédient est connu sous le nom de persévérance quand la cause est juste, — et d'obstination quand elle ne l'est pas. Ma mère savait si bien cela, qu'elle savait aussi que c'était peine perdue de faire aucune remontrance : — elle prit donc le parti de rester tranquille, et de s'en tirer le mieux qu'elle pourrait.

CHAPITRE XVIII.

Comme il avait été convenu ou plutôt décidé cette nuit-là que ma mère accoucherait de moi à la campagne, elle prit ses mesures en conséquence. A cet effet, lorsqu'elle fut grosse de trois jours ou environ, elle commença à jeter les yeux sur la sage-femme dont vous m'avez si souvent entendu parler; et avant la fin de la semaine, comme il n'y avait pas moyen d'avoir le fameux docteur Maningham, elle avait pris une détermination définitive, — quoiqu'il y eût un savant opérateur qui n'était pas à plus de huit milles de nous, et qui, de plus, avait précisément écrit un livre à cinq shillings sur l'art d'accoucher, dans lequel il avait exposé non-seulement les bévues des sages-femmes, — mais avait ajouté aussi nombre de perfectionnements curieux pour l'extraction plus prompte des fœtus qui se présentent mal, et autres cas de danger qui nous barrent l'entrée du monde ; malgré tout cela, dis-je, ma mère prit la détermination formelle de ne confier sa vie, et la mienne en même temps, à aucune autre main que celle de cette vieille femme. — Or, j'aime ceci : — quand on ne peut pas se procurer la chose même qu'on désire, ——— ne jamais se contenter de celle qui est la meilleure immédiatement après. Non; cela est pitoyable au delà de toute expression. — Il n'y a pas plus d'une semaine, à compter du présent jour où je suis occupé à écrire ce livre pour l'édification du monde, — lequel jour est le 9 mars 1759, — que ma chère, chère Jenny, me voyant prendre un air sérieux pendant qu'elle marchandait une soie à vingt-cinq shillings l'aune, — dit au marchand qu'elle était fâchée de lui avoir donné tant de peine, — et aussitôt alla acheter une étoffe d'une aune de large à dix pence l'aune. — Ce sont deux exemples d'une même grandeur d'âme; seulement ce qui diminuait un peu le mérite de ma mère, c'est qu'elle ne put pas s'héroïser en se jetant dans un extrême aussi violent et aussi hasardeux qu'une femme dans sa situation aurait pu le désirer, attendu que la vieille sage-femme avait réellement quelques droits à la confiance, — autant, du moins, que le succès pouvait lui en donner; ayant dans le cours d'un exercice de près de vingt années, mis au monde tous les enfants de la paroisse sans aucun malheur ou accident qu'on pût justement mettre sur son compte.

Ces faits, malgré leur importance, ne dissipaient pas complétement certains scrupules et inquiétudes qui pesaient sur l'esprit de mon père relativement à ce choix. Sans parler des instigations naturelles de l'humanité et de la justice — ni des angoisses de l'amour paternel et conjugal, qui le poussaient également à laisser aussi peu que possible au hasard dans un cas de cette espèce ; — il se sentait particulièrement intéressé à ce que tout allât bien dans le cas présent ; — à cause de l'accumulation de chagrins auxquels il serait en butte s'il arrivait aucun mal à la mère ou à l'enfant quand elle accoucherait à Shandy-Hall. — Il savait que le monde jugeait sur l'événement, et ajouterait à son affliction d'un tel malheur, en jetant sur lui tout le blâme. — « Hélas ! bon Dieu ! — si mistress Shandy (pauvre dame !) avait pu seulement, comme elle le désirait, aller faire ses couches à Londres et revenir ; — ce qu'elle avait, dit-on, demandé et imploré à deux genoux, — et ce qui, à mon avis, vu la fortune qu'elle avait apportée à M. Shandy, — n'était pas une si grande grâce à lui faire, la pauvre dame et son enfant seraient tous deux en vie à l'heure qu'il est. »

Il n'y avait pas à répondre à cette exclamation, mon père le savait; et cependant ce n'était pas simplement pour se mettre à couvert, — ce n'était pas non plus entièrement par sollicitude pour sa progéniture et pour sa femme qu'il paraissait si excessivement inquiet à cet égard; — mon père avait des vues étendues, — et il croyait en outre sa responsabilité gravement compromise au point de vue du bien public, effrayé qu'il était du mauvais parti qu'on pourrait tirer d'un fait malencontreux.

Il savait fort bien que tous les écrivains possibles qui avaient traité ce sujet, avaient unanimement reconnu et déploré, depuis le commencement du règne d'Élisabeth jusqu'au temps présent, que le torrent des hommes et de l'argent, par tel ou tel motif frivole, — se portât avec violence vers la métropole, — au point de devenir dangereux pour nos droits civils; — quoique, par parenthèse, — un *torrent* ne fût pas l'image qui lui plût le mieux; — une *maladie* était ici sa métaphore favorite, et il la poussait jusqu'à l'allégorie complète, en soutenant qu'elle était identiquement la même dans le corps national que dans le corps humain, où le sang et les esprits animaux montaient plus rapidement à la tête qu'ils n'en pouvaient redescendre; — et qu'il devait s'ensuivre une suppression de circulation qui était mortelle dans les deux cas.

Il redoutait peu, disait-il, pour nos libertés la politique française et les invasions françaises; — et il ne nous

croyait pas non plus si fort menacés de consomption par
la masse de matière corrompue et d'humeurs ulcérées que
renfermait notre constitution, qu'il espérait ne pas être si
mauvaise qu'on se l'imaginait ; — mais il craignait sincèrement que, dans quelque violente crise, nous ne fussions
tout d'un coup emportés par une attaque d'apoplexie ; —
et alors il disait : *Le Seigneur ait pitié de nous tous !*

Mon père ne pouvait jamais donner l'histoire de
cette maladie, — sans indiquer en même temps le remède.

« Si j'étais un prince absolu, disait-il en remontant sa
culotte des deux mains, comme il se levait de son fauteuil,
j'établirais à toutes les avenues de ma métropole des juges
capables qui auraient à prendre connaissance des affaires
de chaque fou qui y viendrait ; — et si, après un loyal et
candide examen, elles ne paraissaient pas d'une importance suffisante pour qu'il dût quitter sa maison et venir
avec armes et bagages, traînant derrière lui sa femme, ses
enfants, les fils de son fermier, etc., etc., on les renverrait
tous de constable en constable, comme des vagabonds
qu'ils seraient, au lieu de leur résidence légale. De cette
manière, je prendrais soin que ma métropole ne chance-
lât pas sous son propre poids ; — que la tête ne fût plus
trop grosse pour le corps ; — que les extrémités, qui
maintenant dépérissent garrottées, reçussent une portion
convenable de nourriture, et recouvrassent avec elle leur
force et leur beauté naturelles. — Je voudrais prendre des
mesures efficaces pour faire rire et chanter les prairies et
les champs de mes États, — faire refleurir la bonne chère
et l'hospitalité, — et remettre par là assez de poids et d'influence aux mains des squires de mon royaume, pour

contre-balancer ce que je vois que ma Noblesse leur enlève aujourd'hui.

« Pourquoi, demandait-il avec quelque émotion, en se promenant par la chambre, pourquoi y a-t-il si peu de palais et de maisons de campagne dans tant de délicieuses provinces de France? D'où vient que le peu de châteaux qui y restent sont si démantelés, — si nus, et dans un tel état de ruine et de désolation?———C'est, monsieur, disait-il, parce que dans ce royaume personne n'a d'intérêt de localité à défendre ; — il n'est si petit intérêt d'aucune sorte qu'y ait aucun homme d'aucun lieu, qui ne se concentre à la cour et dans les regards du grand monarque; et c'est aux rayons de sa face ou à l'ombre des nuages qui l'obscurcissent, que tout Français vit ou meurt. »

Une autre raison politique qui portait mon père à se tenir si fort en garde contre le moindre accident lors des couches de ma mère à la campagne, —— était que tout fait semblable jetterait infailliblement un nouveau contrepoids dans le plateau le plus léger, mais déjà trop lourd, de chaque ménage de la *gentry* de son rang, ou des rangs supérieurs ; — ce qui, avec toutes les autres usurpations de droit que commettait à toute heure cette partie de la constitution, — finirait par devenir fatal au système monarchique du gouvernement domestique établi par Dieu lors de la première création des choses.

Sur ce point, il était entièrement de l'avis de sir Robert Filmer, à savoir que les plans et institutions des plus grandes monarchies dans la partie orientale du monde avaient été originairement calqués sur l'admirable modèle et prototype de ce pouvoir domestique et paternel, — qui pendant un siècle et plus, disait-il, avait peu à peu dégénéré en un gouvernement mixte, — dont la forme, toute désirable qu'elle était dans les grandes combinaisons des espèces, — avait beaucoup d'inconvénients dans les petites, — et ne produisait guère, à ce qu'il pouvait voir, que chagrins et confusion.

Pour toutes ces raisons, privées et publiques, réunies, — mon père voulait absolument avoir un accoucheur ; — ma mère n'en voulait absolument pas. Mon père la pria et la supplia de renoncer pour une fois à sa prérogative, et de le laisser choisir pour elle ; ma mère, au contraire, insista sur le privilége qu'elle avait de choisir pour elle-même, — et prétendit n'avoir pas d'autre assistance que celle de la vieille femme. — Que pouvait faire mon père ? Il était au bout de son latin ; — il le reprit avec elle sur tous les tons ; — présenta ses arguments sous toutes les formes ; — traita la question en chrétien, — en païen, — en père, — en patriote, — en homme : — à tout cela, ma mère ne répondit qu'en femme. C'était la mener un peu rudement ; — car, comme elle ne pouvait, dans ce combat, se retrancher derrière une si grande variété de rôles, — la partie n'était pas égale ; — c'était sept contre un. — Que pouvait faire ma mère ? Heureusement elle avait en elle-même (sans cela elle aurait eu certainement le dessous) un petit renfort de tourment tout personnel qui la soutint, et la mit en état, dans sa dispute avec mon père, de balancer tellement la victoire, — que des deux côtés on chanta le *Te Deum*. Le résumé fut que ma mère aurait la vieille femme, — et l'opérateur la permission de boire une bouteille de vin avec mon père et mon oncle Toby Shandy dans le parloir de derrière, — ce pour quoi il lui serait compté cinq guinées.

Avant de finir ce chapitre, je dois demander à faire mes réserves auprès de ma belle lectrice, — et l'avertir — de ne pas tenir pour absolument accordé, sur un ou deux mots qui me sont échappés par mégarde, — « que je suis un homme marié. » — J'avoue que la tendre apostrophe de ma chère, chère Jenny, — ainsi que plusieurs autres indices de science conjugale, semés çà et là, auraient assez naturellement pu égarer le juge le plus candide du monde, et l'amener à de telles conclusions contre moi. — Tout ce que je demande en ce cas, madame, c'est une stricte justice, et que vous nous en rendiez assez à tous deux, — pour ne rien préjuger, et ne pas prendre de moi une pareille opinion, jusqu'à ce que vous ayez de meilleures preuves qu'on n'en peut, j'en suis convaincu, apporter présentement contre moi. — Non que je puisse être assez vain ou déraisonnable, madame, pour vouloir vous en faire conclure que ma chère, chère Jenny, est ma maîtresse ; — non, — ce serait flatter mon caractère sous un rapport tout opposé, et lui donner un air de liberté auquel il n'a peut-être aucune espèce de droit. Tout ce que je soutiens, c'est l'impossibilité complète que, d'ici à quelques volumes, ni vous, ni l'esprit le plus pénétrant de la terre, puissiez savoir réellement ce qu'il en est. — Il n'est pas impossible que ma chère, chère Jenny, toute tendre qu'est l'apostrophe, soit ma fille. — Considérez — je suis né dans l'année dix-huit. — Il n'y a rien non plus de contraire à la nature ou à la raison, dans la supposition que ma chère Jenny est mon amie. — Amie ! — Mon amie ! — Certes, madame, une amitié entre les deux sexes peut subsister, et se soutenir sans ——— Fi ! monsieur Shandy ! — sans autre aliment, madame, que ce tendre et délicieux sentiment qui se mêle toujours à l'amitié, lorsqu'il y a différence de sexe. Veuillez, je vous prie, étudier les parties pures et sentimentales des meilleurs romans français ; — vous serez réellement, madame, étonnée de voir avec quelle variété de chastes expressions ils assaisonnent le délicieux sentiment dont j'ai l'honneur de parler.

CHAPITRE XIX.

J'entreprendrais plutôt de résoudre le problème le plus difficile en géométrie, que de prétendre expliquer comment un homme d'autant de bon sens que mon père, — savant, comme on a dû le remarquer, et même raffiné en philosophie, — versé aussi dans la politique, — et (ainsi qu'on le verra) nullement ignorant en polémique, — avait pu se mettre en tête une idée tellement en dehors de la voie commune, — que je crains bien que le lecteur, quand j'en viendrai à la lui dire, s'il est tant soit peu colère, ne jette à l'instant le livre de côté; qu'il n'en rie de tout son cœur, s'il est gai ; — et que, s'il est d'une humeur grave et sombre, il ne la condamne à première vue, comme fantasque et extravagante. Cette idée avait rapport au choix et à l'imposition des noms de baptême, qu'il croyait être d'une bien autre conséquence que les esprits superficiels n'étaient capables de le concevoir.

Son opinion sur cette matière était qu'il existait une étrange espèce d'influence magique que les noms bons ou mauvais, comme il les appelait, exerçaient irrésistiblement sur nos caractères et sur notre conduite.

Le héros de Cervantes ne raisonnait pas avec plus de sérieux, — ni avec plus de foi ; — et il n'avait pas plus à dire sur le pouvoir qu'il attribuait à la nécromancie de ravaler ses hauts faits, — ou au nom de Dulcinée, de répandre sur eux du lustre, que n'en avait mon père sur les noms de Trismégiste ou d'Archimède d'une part, — ou de Nyky et Simkin de l'autre. Combien de Césars et de Pompées, disait-il, par la seule inspiration des noms, s'étaient rendus dignes de les porter ! Et combien il y a de gens, ajoutait-il, qui auraient pu parfaitement réussir dans le monde, si, en les *nicodémisant !* on n'avait pas totalement déprimé et réduit leur caractère et leur esprit à rien.

Je vois clairement, monsieur, dans vos regards (ou ailleurs, suivant le cas), disait mon père, — que vous ne souscrivez pas volontiers à mon opinion, — qui, ajoutait-il, pour ceux qui ne l'ont pas soigneusement approfondie, — a, je l'avoue, plutôt l'air d'une fantaisie que d'un raisonnement solide ; — et pourtant, mon cher monsieur, si je puis présumer connaître votre caractère, je suis moralement convaincu que je hasarderais peu en vous soumettant le cas, non comme à une partie intéressée dans la discussion, — mais comme à un juge, et en m'en rapportant à votre bon sens et à votre candide examen de l'affaire. — Vous êtes une personne aussi exempte que la plupart des hommes de tous les préjugés étroits de l'éducation ; — et, si j'ose pénétrer en vous plus avant, — d'une trop haute générosité dans l'esprit pour écraser une opinion, simplement parce qu'elle manque de partisans. Votre fils, — votre cher fils, — dont le naturel plein de douceur et de franchise vous donne de si belles espérances ; — votre Billy, monsieur ! — auriez-vous, pour rien au monde, voulu le nommer Judas? — Je vous le demande, mon cher monsieur, disait-il en vous mettant la main sur la poitrine du ton le plus poli, — et dans ce doux et irrésistible *piano* de la voix que la nature de l'*argumentum ad hominem* réclame absolument, — je vous le demande, monsieur, si un *juif* de parrain avait proposé ce nom pour votre enfant, et vous avait en même temps offert sa bourse, auriez-vous accepté pour lui une telle souillure?—O mon Dieu ! disait-il en levant les yeux, si je connais bien votre caractère, monsieur, — vous en êtes incapable ; — vous auriez foulé l'offre aux pieds ; — vous auriez jeté avec horreur la tentation à la tête du tentateur.

La grandeur d'âme de cette action que j'admire, et ce généreux mépris de l'argent que vous montrez dans toute cette affaire, sont réellement nobles ; — et ce qui surtout les rend tels, c'en est le principe ; — c'est l'influence de l'amour paternel sur votre conviction de la vérité de cette hypothèse, que si votre fils avait été nommé Judas, — l'idée de trahison sordide qui est si inséparable du nom, l'aurait accompagné dans la vie comme son ombre, et aurait fini par en faire un avare et un coquin, en dépit, monsieur, de votre exemple.

Je n'ai jamais connu personne qui pût répondre à cet argument. —— Mais c'est qu'aussi, à dire la vérité sur lui, — mon père était certainement irrésistible, tant dans ses discours que dans ses discussions ; — il était né orateur ; θεοδίδακτος. La persuasion voltigeait sur ses lèvres, et les éléments de la logique et de la rhétorique étaient tellement bien mêlés en lui, et de plus il avait tant d'adresse à deviner les faiblesses et passions de son interlocuteur, — que la NATURE aurait pu se lever et dire : —

« Cet homme est éloquent. » — Bref, soit qu'il fût du côté faible ou du côté fort de la question, il était dangereux, dans les deux cas, de l'attaquer : — et pourtant, chose étrange, il n'avait jamais lu Cicéron, ni Quintilien *De oratore*, ni Isocrate, ni Aristote, ni Longin, parmi les anciens ; — ni Vossius, ni Skioppius, ni Ramus, ni Farnaby, parmi les modernes ; et, ce qu'il y a de plus étonnant, il n'avait pas, de toute sa vie, fait jaillir en son esprit la moindre lueur ou étincelle de subtilité, par une seule leçon sur Crackenthorp ou Burgersdicius, ou aucun logicien ou commentateur hollandais ; — il ne savait pas seulement en quoi consistait la différence entre un argument *ad ignorantiam* et un argument *ad hominem* : en sorte que je me souviens bien que lorsqu'il vint avec moi pour me faire inscrire au collége de Jésus, à***, — ce fut un juste étonnement pour mon digne professeur, et deux ou trois autres membres de cette savante société, — qu'un homme qui ne savait pas même le nom de ses outils fût en état de s'en servir de la sorte.

S'en servir du mieux qu'il pouvait, était pourtant ce à quoi mon père était continuellement obligé ; — car il avait à défendre un millier de petites idées comico-sceptiques, — dont la plupart, je le crois réellement, ne s'étaient d'abord introduites que sur le pied de purs caprices, et de vive la bagatelle, et, comme telles, il s'en amusait une demi-heure ou à peu près, et quand il avait aiguisé dessus son esprit, il les renvoyait à un autre jour.

Je mentionne ce fait, non pas seulement par forme d'hypothèse ou de conjecture sur les progrès et installation de toutes les opinions bizarres de mon père, — mais pour prémunir le lecteur éclairé contre l'imprudent accueil fait à de tels hôtes qui, après quelques années de libre et paisible entrée dans nos cerveaux, — y prennent à la fin une sorte d'établissement, — fermentant quelquefois comme de la levûre ; — mais plus généralement, à la façon de la douce passion d'aimer, commençant par badiner, — et finissant par le plus grand sérieux.

Si c'était l'effet de la singularité des idées de mon père, — ou si son jugement avait fini par devenir la dupe de son esprit ; — jusqu'à quel point, dans beaucoup de ses idées, il pouvait, malgré sa bizarrerie, avoir parfaitement raison : — les lecteurs, quand ils en seront là, décideront. Tout ce que je soutiens ici, c'est que dans celle relative à l'influence des noms de baptême, de quelque manière qu'elle eût pris pied, il était sérieux ; — il ne se démentait jamais ; — il était systématique, et, comme tous les raisonneurs systématiques, il remuait ciel et terre, et tordait et torturait chaque chose dans la nature pour appuyer son hypothèse. En un mot, je le répète, — il était sérieux ; et, en conséquence, il perdait toute patience quand il voyait des gens, principalement de condition, qui auraient dû être plus éclairés, — aussi insouciants et aussi indifférents quant au nom qu'ils donnaient à leur enfant, — et plus encore, que lorsqu'ils avaient à choisir entre Ponto et Cupidon pour leur petit chien.

Cela avait mauvaise mine, disait-il ; — et de plus cela avait ce grave inconvénient, — qu'une fois qu'un nom vil avait été donné injustement ou injudicieusement, ce n'était pas comme la réputation d'un homme, qui peut être lavée des calomnies dont on l'a noircie, — et, quel que jour, sinon du vivant de l'homme, au moins après sa mort, — de manière ou d'autre, obtenir justice dans ce monde ; ce tort-ci, disait-il, était irréparable ; — et même il doutait qu'un acte du parlement y pût quelque chose ; — Il savait aussi bien que vous que la puissance législative s'étendait jusque sur les noms de famille ; mais pour de très-fortes raisons qu'il pouvait donner, elle ne s'était jamais aventurée, disait-il, à faire un pas au delà.

Il était à remarquer que quoique mon père, en conséquence de cette opinion, eût, comme je vous ai dit, les préférences et répugnances les plus prononcées pour certains noms, — il y en avait nombre d'autres qui, à ses yeux, pesaient d'un poids si égal dans la balance, qu'ils lui étaient absolument indifférents. Jack, Dick et Tom étaient de cette classe : ceux-là, mon père les appelait des noms neutres ; — affirmant d'eux, sans épigramme, qu'il y avait eu, depuis le commencement du monde, autant de coquins et de sots que de sages et braves gens qui les avaient indistinctement portés ; — de sorte que, tels que des forces égales agissant l'une contre l'autre dans des directions contraires, il les regardait comme ayant mutuellement détruit leur effet : raison pour laquelle il déclarait souvent qu'il ne donnerait pas un noyau de cerise pour choisir entre eux. Bob, qui était le nom de mon frère, était un autre de ces prénoms neutres qui n'avaient guère d'influence en aucun sens ; et comme, quand on le lui avait donné, mon père se trouvait être à Epsom, — il remerciait fréquemment le ciel qu'il ne fût pas pire. André était pour lui comme une quantité négative en algèbre ; — c'était, disait-il, pis que rien. William était assez haut placé dans son opinion : — en revanche, Numps y était très-bas : — et Nick, disait-il, était le *diable*.

Mais entre tous les noms de l'univers, il avait l'aversion

la plus invincible pour *Tristram*; il n'était rien au monde dont il eût une si basse et si méprisable opinion, persuadé qu'il n'était pas possible qu'un tel nom produisît, *in rerum naturâ*, rien qui ne fût vil et pitoyable; en sorte qu'au milieu de la discussion sur ce sujet, où, par parenthèse, il était souvent engagé, — il s'interrompait quelquefois par un soudain et chaleureux *epiphonema*, ou plutôt *erotesis*, montait d'une tierce et parfois de toute une quinte le ton de la conversation, — et demandait catégoriquement à son antagoniste, s'il prendrait sur lui d'avancer qu'il se souvînt — ou eût lu, — ou même eût entendu dire que jamais homme appelé Tristram eût accompli rien de grand ou de digne d'être cité. — Non, — disait-il, *Tristram !* — la chose est impossible.

Que manquait-il à mon père que d'avoir écrit un livre pour répandre cette idée dans le monde? que gagne un subtil esprit spéculatif à être seul de son opinion, — s'il ne la divulgue pas à son gré? — ce fut précisément ce que fit mon père : — car dans l'année seize, c'est-à-dire deux ans avant ma naissance, il se donna beaucoup de peine pour écrire toute une dissertation expresse sur ce seul mot *Tristram*, démontrant au monde, avec beaucoup de candeur et de modestie, les motifs de sa grande horreur pour ce nom.

Quand il rapprochera cette anecdote du titre de l'ouvrage, — le lecteur bienveillant ne plaindra-t-il pas mon père du fond de l'âme? Voir un homme méthodique et rangé, et, malgré ses singularités, inoffensif dans ses idées, — le jouet de tant de contrariétés ! ————jeter les yeux sur la scène et apercevoir tous ses petits systèmes et désirs renversés et détruits ! voir une série d'événements fondre perpétuellement sur lui, et cela d'une manière aussi critique et aussi cruelle que s'ils avaient été préparés et dirigés contre lui, purement pour insulter à ses spéculations ! —— En un mot, contempler un tel homme dans sa vieillesse, si peu faite pour les soucis, en proie dix fois par jour au chagrin ! — dix fois par jour appelant l'enfant de ses prières *Tristram !* Triste dissyllabe, qui à ses oreilles était à l'unisson de *nigaud*, ou de tel autre nom injurieux ! — Par ses cendres ! je le jure, — si jamais esprit malfaisant se fit un amusement ou une occupation de traverser les desseins d'un mortel, — ce dut être ici ; — et s'il n'était pas nécessaire que je fusse né avant d'être baptisé, je voudrais sur-le-champ raconter cette histoire au lecteur.

CHAPITRE XX.

—— Comment avez-vous pu, madame, être si inattentive en lisant le dernier chapitre ? Je vous y ai dit que ma mère n'était pas papiste. —— Papiste ! vous ne m'avez rien dit de pareil, monsieur. — Madame, permettez-moi de vous répéter que je vous l'ai dit aussi clairement, du moins, que des mots pouvaient, par induction directe, vous dire une pareille chose. — Alors, monsieur, il faut que j'aie passé une page. — Non, madame, vous n'avez pas passé un mot. — Alors j'ai dormi, monsieur. — Mon amour-propre, madame, ne saurait vous laisser ce refuge. — Alors, je déclare que je n'en sais pas le premier mot. — C'est là précisément, madame, le reproche que j'ai à vous faire ; et comme punition, j'exige que vous reveniez sur vos pas à l'instant même, c'est-à-dire, dès que vous aurez atteint le point suivant, et que vous relisiez tout le chapitre. J'ai imposé cette pénitence à cette dame, non pas par badinage ni par cruauté, mais par le meilleur des motifs : je ne lui en ferai donc aucune excuse quand elle reviendra. — C'est pour réprimer un goût vicieux qui s'est glissé chez des milliers d'autres qu'elle, — le goût de lire tout droit devant soi, plutôt en quête des aventures que de la profonde érudition et expérience qu'un livre de cette trempe, s'il était lu comme il doit l'être, communiquerait infailliblement. — On devrait accoutumer l'esprit à faire de sages réflexions, et à tirer des conclusions curieuses chemin faisant, habitude qui faisait affirmer à Pline le Jeune, « qu'il n'avait jamais lu de livre si mauvais qu'il n'en retirât quelque profit. » Les histoires de la Grèce et de Rome, lues sans cette disposition et sans l'application de cette méthode, sont moins utiles, je le proteste, que l'histoire de Parismus et Parismenus, ou celle des sept champions d'Angleterre lus de la sorte.

———— Mais voici, ma belle dame. Avez-vous relu tout le chapitre, madame, comme je vous en ai priée ?— Vous l'avez lu, et vous n'avez pas, à cette seconde lecture, remarqué le passage qui admet l'induction[1] ?————Pas un

---

[1] Les rituels romains ordonnent, en cas de danger, le baptême de l'enfant avant qu'il soit né ; — mais sous cette condition, qu'une partie quelconque du corps de l'enfant sera vue par celui qui baptise. ————Mais les docteurs de Sorbonne, par une délibération tenue entre eux le 10 avril 1733, — ont étendu les pouvoirs des sages-femmes, en décidant que quand même il ne paraîtrait aucune partie du corps de l'enfant, — le baptême lui sera néanmoins administré par injection,

mot qui y ressemble ! Alors, madame, veuillez bien peser l'avant-dernière ligne du chapitre, où je prends sur moi de dire, « qu'il était *nécessaire* que je fusse né avant d'être baptisé. » Si ma mère, madame, eût été papiste, il n'y avait pas moyen de tirer cette conséquence.

—*par le moyen d'une petite canule.*——Il est bien étrange que saint Thomas d'Aquin, qui avait une tête si bien organisée pour nouer et dénouer les nœuds de la théologie scolastique, — après s'être donné tant de peine, — ait dû finir par abandonner ce point, comme une seconde *chose impossible*. — « Infantes in maternis uteris exsistentes (dit saint Thomas), baptizari possunt *nullo modo*. » — O Thomas ! Thomas !

Si le lecteur a la curiosité de lire la question relative au baptême *par injection*, telle qu'elle a été présentée aux docteurs de la Sorbonne, avec leur consultation à ce sujet, la voici :

MÉMOIRE PRÉSENTÉ A MESSIEURS LES DOCTEURS EN SORBONNE[*].

Un chirurgien accoucheur représente à messieurs les docteurs de Sorbonne, qu'il y a des cas, quoique très-rares, où une mère ne sçauroit accoucher, et même où l'enfant est tellement renfermé dans le sein de sa mère, qu'il ne fait paroître aucune partie de son corps, ce qui serait un cas, suivant les rituels, de lui conférer, du moins sous condition, le baptême. Le chirurgien, qui consulte, prétend, par le moyen d'une petite canule, de pouvoir baptiser immédiatement l'enfant, sans faire aucun tort à la mère. — Il demande si ce moyen, qu'il vient de proposer, est permis et légitime, et s'il peut s'en servir dans le cas qu'il vient d'exposer.

RÉPONSE.

Le conseil estime que la question proposée souffre de grandes difficultés. Les théologiens posent d'un côté pour principe, que le baptême, qui est une naissance spirituelle, suppose une première naissance; il faut être né dans le monde pour renaître en Jésus-Christ, comme ils l'enseignent. Saint Thomas, 3 part., quæst. 88, artic. 11, *suit cette doctrine comme une vérité constante : L'on ne peut, dit ce saint docteur, baptiser les enfants qui sont dans le sein de leurs mères, et saint Thomas est fondé sur ce que les enfants ne sont point nés et ne peuvent être comptés parmi les autres hommes,*

---

[*] Voir Deventer, Paris, édit. in-4°, 1754, p. 366.

C'est un malheur terrible pour le livre de votre serviteur, mais plus terrible encore pour la république des lettres ; — et mon propre malheur disparaît entièrement devant cette considération, — que cette ignoble démangeaison d'aventures nouvelles en toute chose soit entrée

d'où il conclut qu'ils ne peuvent être l'objet d'une action extérieure pour recevoir, par leur ministère, les sacrements nécessaires au salut. Pueri in maternis uteris exsistentes nondùm prodierunt in lucem ut cum aliis hominibus vitam ducant ; unde non possunt subjici actioni humanæ, ut per eorum ministerium sacramenta recipiant ad salutem. *Les rituels ordonnent dans la pratique ce que les théologiens ont établi sur les mêmes matières, et ils défendent tous d'une manière uniforme, de baptiser les enfants qui sont renfermés dans le sein de leurs mères, s'ils ne font paroître quelque partie de leur corps. Le concours des théologiens et des rituels, qui sont les règles des diocèses, paroît former une autorité qui termine la question présente ; cependant le conseil de conscience considérant d'un côté, que le raisonnement des théologiens est uniquement fondé sur une raison de convenance, et que la défense des rituels suppose que l'on ne peut baptiser immédiatement les enfants ainsi renfermés dans le sein de leurs mères, ce qui est contre la supposition présente ; et d'un autre côté, considérant que les mêmes théologiens enseignent, que l'on peut risquer les sacrements que Jésus-Christ a établis comme des moyens faciles, mais nécessaires pour sanctifier les hommes ; et d'ailleurs estimant, que les enfants renfermés dans le sein de leurs mères pourroient être capables de salut, parce qu'ils sont capables de damnation ; — Pour ces considérations, et eu égard à l'exposé suivant lequel on assure avoir trouvé un moyen certain de baptiser ces enfants ainsi renfermés, sans faire aucun tort à la mère, le conseil estime que l'on pourroit se servir du moyen proposé, dans la confiance qu'il a, que Dieu n'a point laissé ces sortes d'enfants sans aucun secours, et supposant, comme il est exposé, que le moyen dont il s'agit est propre à leur procurer le baptême ; cependant, comme il s'agiroit, en autorisant la pratique proposée, de changer une règle universellement établie, le conseil croit que celui qui consulte doit s'adresser à son évêque, et à qui il appartient de juger de l'utilité et du danger du moyen proposé, et comme, sous le bon plaisir de l'évêque, le conseil estime qu'il faudroit recourir au pape, qui a le droit d'expliquer les règles de l'Église, et d'y déroger dans le cas où la loi ne sauroit obliger, quelque sage et quelque utile que pa-*

si avant dans nos habitudes et dans notre humeur, — et que nous soyons si complétement occupés de satisfaire à cet égard l'avidité de notre concupiscence, — qu'il n'y ait que les parties grossières et charnelles d'une composition que l'on goûte. — La science présentée avec finesse et à demi-mots subtils s'envole par le haut, comme un esprit, ——— la pesante morale s'échappe par le bas ; et

puisse la manière de baptiser dont il s'agit, le conseil ne pourroit l'approuver sans le concours de ces deux autorités. On conseille au moins à celui qui consulte, de s'adresser à son évêque, et de lui faire part de la présente décision, afin que, si le prélat entre dans les raisons sur lesquelles les docteurs soussignés s'appuient, il puisse être autorisé, dans le cas de nécessité, où il risqueroit trop d'attendre que la permission fût demandée et accordée, d'employer le moyen qu'il propose si avantageux au salut de l'enfant. Au reste, le conseil, en estimant que l'on pourroit s'en servir, croit cependant que si les enfants dont il s'agit venoient au monde, contre l'espérance de ceux qui se seroient servis du même moyen, il seroit nécessaire de les baptiser sous condition ; et en cela le conseil se conforme à tous les rituels, qui, en autorisant le baptême d'un enfant qui fait paroître quelque partie de son corps, enjoignent néanmoins, et ordonnent de le baptiser sous condition, s'il vient heureusement au monde.

Délibéré en Sorbonne, le 10 avril 1733.

A. LEMOYNE,
L. DE ROMIGNY,
DE MARCILLY.

M. Tristram Shandy fait ses compliments à MM. Lemoyne, de Romigny et de Marcilly ; il espère qu'ils ont passé une bonne nuit après une consultation si fatigante. — Il désirerait de savoir si ce ne serait pas un moyen encore plus court et plus sûr, après la cérémonie du mariage et avant celle de la consommation, de baptiser tous les *Homunculi* à la fois, du même coup, par *injection* ; sauf, comme ci-dessus, dans le cas où les *Homunculi* prospéreraient, et viendraient ensuite au monde sains et saufs, à les rebaptiser tous en détail (sous condition) ; — et pourvu, en second lieu, que la chose pût se faire, ce que M. Shandy croit possible, par le moyen d'une petite canule, et sans faire aucun tort au père.

l'une et l'autre sont tout aussi perdues pour le monde, que si elles étaient restées au fond de l'écritoire.

Je souhaite que notre lecteur n'ait pas laissé passer beaucoup d'endroits aussi bons et aussi curieux que celui où nous avons pris sur le fait notre lectrice. Je souhaite que cet exemple produise son effet, — et que toutes les bonnes gens, tant mâles que femelles, apprennent à penser aussi bien qu'à lire.

CHAPITRE XXI.

— Je voudrais bien savoir pourquoi tout ce bruit et toutes ces allées et venues en haut, dit mon père s'adressant après une heure et demie de silence à mon oncle Toby, — qui, il faut que vous le sachiez, était assis à l'autre coin du feu, fumant tout le temps sa pipe sociale, dans une muette contemplation d'une culotte neuve de peluche noire qu'il avait ce jour-là : — que font-ils, frère ? — dit mon père, — c'est à peine si nous pouvons nous entendre.

Je pense, repartit mon oncle Toby, ôtant sa pipe de sa bouche, et la frappant deux ou trois fois sur l'ongle de son pouce gauche tout en commençant sa phrase, — je pense, dit-il ; — mais pour bien entrer dans les idées de mon oncle Toby à ce sujet, il faut d'abord vous faire entrer un peu dans son caractère, dont je vais vous donner les contours, et après cela le dialogue entre lui et mon père continuera tout aussi bien.

Je vous prie, quel était le nom de l'homme, — car

j'écris si vite que je n'ai le temps de le chercher ni dans ma mémoire ni ailleurs, — qui fit le premier l'observation « que notre air et notre climat étaient d'une grande inconstance ? » Quel qu'il fût, c'était une bonne et juste observation. Mais le corollaire qu'on en tira, à savoir, « que c'est ce qui nous a valu une telle variété de caractères bizarres et fantasques, » — il n'était pas de lui ; — il fut trouvé par un autre homme, au moins un siècle et demi plus tard. Quant à cette autre découverte, — « que ce copieux magasin de matériaux originaux est la véritable et naturelle cause de la supériorité de nos comédies sur celles de la France, et sur toutes celles qui ont été ou pourront être composées sur le continent, » — elle ne fut pleinement faite que vers le milieu du règne du roi Guillaume, — où le grand Dryden, en écrivant une de ses longues préfaces (si je ne me trompe), eut le bonheur de mettre le doigt dessus. A la vérité, vers la fin du règne de la reine Anne, le grand Addison commença à se faire le patron de cette idée, et en donna au monde une explication plus complète dans un ou deux de ses Spectateurs ; — mais la découverte ne lui appartenait pas. — Puis, quatrièmement et finalement, l'observation, que cette étrange irrégularité dans notre climat, qui produit une si étrange irrégularité dans nos caractères, — nous dédommage par là jusqu'à un certain point, en nous fournissant de quoi nous égayer quand le temps ne nous permet pas de sortir, — cette observation est de moi, — et je l'ai fait jaillir de mon cerveau aujourd'hui même, jour très-pluvieux, ce 26 mars 1759, entre neuf et dix heures du matin.

C'est ainsi, — c'est ainsi, mes collaborateurs et associés

dans cette grande moisson de savoir, qui mûrit à présent sous nos yeux, c'est ainsi qu'avec la lenteur d'un accroissement accidentel, nos connaissances physiques, métaphysiques, physiologiques, polémiques, nautiques, mathématiques, énigmatiques, techniques, biographiques, dramatiques, chimiques et *obstétriques*, avec cinquante autres de leurs branches (la plupart finissant comme celles-ci en *iques*), se sont depuis ces deux derniers siècles et plus, élevées graduellement vers cette ἀκμή de leur perfection, dont il n'est guère possible que nous soyons bien loin, si nous pouvons baser une conjecture sur les progrès des sept dernières années.

Quand cela arrivera, il est à espérer que cela mettra fin à toute espèce d'écrits quelconques ; — le manque de toute espèce d'écrits mettra fin à toute espèce de lectures, — ce qui, avec le temps, — *comme la guerre engendre la pauvreté, et la pauvreté la paix,* — doit naturellement mettre fin à toute espèce de savoir, — et alors ———— nous aurons tous à recommencer de nouveau ; ou, en d'autres termes, nous serons exactement au point d'où nous étions partis.

———— Heureux, trois fois heureux temps ! je voudrais seulement que l'époque de ma conception, ainsi que le mode et la manière, eût été un peu changée, ———— et qu'elle eût pu être retardée, sans inconvénient pour mon père ni ma mère, de quelque vingt ou vingt-cinq années, époque où un homme aurait eu quelque chance dans le monde littéraire. ————

Mais j'oublie mon oncle Toby, que nous avons laissé tout ce temps faisant tomber les cendres de sa pipe.

Son humeur était de cette espèce particulière qui fait

honneur à notre atmosphère ; et je ne me serais fait aucun scrupule de le ranger parmi les productions du premier ordre en ce genre, si elle n'avait pas laissé voir des traits trop prononcés d'une ressemblance de famille, qui prouvait que la singularité de son caractère provenait plutôt du sang que de l'air ou de l'eau, ou de toute autre de leurs modifications ou combinaisons quelconques : aussi, je me suis souvent étonné que mon père, quoiqu'il eût, je suppose, ses raisons pour cela, lorsque pendant mon enfance il observa certains signes d'excentricité dans ma manière d'être, — n'eût jamais tâché de se les expliquer de cette sorte ; car tous les Shandy étaient d'un caractère original, depuis le premier jusqu'au dernier : — j'entends les mâles — car les femelles n'avaient aucune espèce de caractère, — excepté pourtant ma grand'tante Dinah, qui, il y a environ soixante ans, étant mariée, avait eu un enfant de son cocher, ce qui faisait souvent dire à mon père, conformément à son hypothèse sur les noms de baptême, qu'elle pouvait remercier ses parrains et marraines.

Il semblera fort étrange, ———— et j'aimerais autant jeter une énigme devant les pas du lecteur, ce que je n'ai pas d'intérêt à faire, que de lui donner à deviner comment se il put qu'un événement de ce genre, après tant d'années, fût destiné à rompre la paix et l'union qui, à cela près, régnaient si cordialement entre mon père et mon oncle Toby. On aurait cru que toute la violence de ce malheur se serait amortie et épuisée dans la famille de prime abord, — comme c'est généralement le cas. — Mais, dans notre famille, rien ne nous arrive comme aux autres. Peut-être à l'époque où cela eut lieu avait-elle quelque autre chose qui l'affligeait ; or, comme les afflictions sont envoyées ici-bas pour notre bien, et que celle-ci n'avait jamais fait aucune espèce de bien aux Shandy, elle pouvait bien attendre qu'une époque et des circonstances convenables lui fournissent l'occasion de s'acquitter de son office. —— Observez que je ne décide rien à cet égard. —— Ma méthode est toujours d'indiquer aux curieux différents points d'investigation, pour qu'ils remontent aux sources premières des événements que je raconte ; — non comme un pédantesque Fescu, — ni dans la manière tranchante de Tacite, qui s'alambique lui et son lecteur ; — mais avec l'officieuse humilité d'un cœur qui s'est voué à secourir uniquement les esprits curieux :— c'est pour eux que j'écris, — et par eux que je serai lu, — si on peut supposer qu'un livre tel que celui-ci soit lu aussi longtemps — jusqu'à la fin du monde.

Pourquoi donc cette cause de chagrin fut réservée à mon père et à mon oncle, je le laisse indécis. Mais comment et dans quelle direction elle se développa au point de devenir entre eux une cause de mécontentement, lorsqu'elle eut commencé à s'opérer, c'est ce que je suis en état d'expliquer avec une grande exactitude, et voici le fait :

Mon oncle, M. Toby Shandy, madame, était un gentleman qui, outre toutes les vertus qui constituent ordinairement le caractère d'un homme d'honneur et de rectitude, — en possédait, à un degré très-éminent, une qui est rarement mise, si elle l'est jamais, dans le catalogue : c'était une extrême pudeur, une incomparable modestie de nature ; — cependant je corrige le mot nature, par cette raison qu'il ne m'est pas permis de préjuger un point dont il va bientôt être question, à savoir si sa modestie était naturelle ou acquise. —— De quelque manière qu'elle fût venue à mon oncle Toby, ce n'en était pas moins de la modestie dans le vrai sens du mot; et cela, madame, non pas sous le rapport des termes, car il était assez malheureux pour ne les avoir pas très-choisis, — mais sous celui des choses ; —— et cette espèce de modestie le dominait tellement, et s'élevait en lui à un degré tel qu'elle égalait presque, si tant est que la chose soit possible, la modestie même d'une femme, cette délicatesse féminine, madame, cette propreté intérieure d'esprit et d'imagination qui fait tant respecter votre sexe du nôtre.

Vous vous figurerez, madame, que mon oncle Toby avait puisé toute cette modestie à sa source même ; — qu'il avait passé une grande partie de son temps dans le commerce des femmes, et qu'il devait à une connaissance approfondie de votre sexe, et à la force de l'imitation que de si beaux exemples rendent irrésistible, d'avoir acquis cette aimable disposition.

Je voudrais pouvoir le dire ; mais à l'exception de sa belle-sœur, femme de mon père et ma mère, —— mon oncle Toby avait à peine échangé trois paroles avec le beau sexe en autant d'années. — Non ; il la devait, madame, à un coup. —— Un coup! —— Oui, à un coup d'une pierre qu'un boulet avait fait éclater du parapet d'un ouvrage à cornes au siége de Namur, et qui était venu frapper mon oncle Toby en plein dans l'aine. — Comment en avait-il pu résulter cet effet ? — L'histoire, madame, en est longue et intéressante ; mais ce serait entasser pêle-mêle tous les faits que de vous la donner ici.

―――― Je la reserve pour un épisode, et chaque circonstance y relative sera fidèlement mise sous vos yeux, en son lieu et place : — jusque-là, il n'est pas en mon pouvoir d'éclaircir davantage ce sujet, ou d'en dire plus que je n'en ai déjà dit, à savoir, — que mon oncle Toby était un gentleman d'une modestie incomparable, qui, se trouvant quelque peu subtilisée et raréfiée par la chaleur continue d'un certain orgueil de famille,―――ces deux principes agissaient tellement sur lui qu'il ne pouvait entendre sans l'émotion la plus grande faire allusion à l'aventure de ma tante Dinah. ―――― Le moindre mot à ce sujet suffisait pour lui faire monter le sang à la face ; — mais quand mon père s'étendait sur cette histoire dans des sociétés mélangées, ce à quoi l'obligeait fréquemment l'éclaircissement de son hypothèse, — cette malheureuse flétrissure d'une des plus belles branches de sa famille faisait saigner l'honneur et la modestie de mon oncle Toby ; et souvent il prenait mon père à part, dans le plus grand trouble imaginable, pour lui faire des reproches, et lui dire qu'il lui donnerait tout au monde, pourvu qu'il laissât cette histoire en repos

Mon père avait, je crois, pour mon oncle Toby l'amour le plus tendre et le plus vrai que jamais frère ait eu pour son frère, et tout ce qu'un frère pouvait raisonnablement désirer de son frère, il l'aurait fait pour mettre à l'aise le cœur de mon oncle Toby sur ce point ou sur tout autre. Mais ceci était hors de son pouvoir.

―――― Mon père, comme je vous ai dit, était un philosophe dans l'âme, — spéculatif, — systématique ; — et l'aventure de ma tante Dinah était un fait aussi important pour lui que la rétrogradation des planètes pour Copernic : — les écarts de Vénus dans son orbite fortifièrent le système de Copernic, appelé ainsi d'après son nom ; et les écarts de ma tante Dinah dans son orbite rendirent le même service au système de mon père, qui, d'après son nom aussi, par la suite sera à jamais appelé le système de Shandy.

Dans tout autre déshonneur de famille, mon père aurait été, je pense, aussi délicat et aussi chatouilleux que qui que ce soit ;——— et ni lui ni, je présume, Copernic n'auraient divulgué l'affaire dans l'un et l'autre cas, et n'en auraient jamais dit le moindre mot au monde, sans ce qu'ils croyaient devoir à la vérité. — *Amicus Plato*, disait mon père, expliquant au fur et à mesure les mots à mon oncle Toby, *Amicus Plato*, — c'est-à dire Dinah était ma tante ;— *sed magis amica veritas*, ——— mais la Vérité est ma sœur.

Cette contrariété d'humeurs entre mon père et mon oncle était la source de mainte querelle fraternelle. L'un ne pouvait supporter qu'on fît mention d'une anecdote qui était déshonorante pour la famille ; ——— et l'autre ne laissait guère passer un seul jour sans y faire quelque allusion.

Pour Dieu, s'écriait mon oncle Toby, — et pour moi, et pour nous tous, mon cher frère Shandy, de grâce, laissez cette histoire de notre tante et ses cendres dormir en paix. — Comment pouvez-vous, — comment pouvez-vous avoir si peu de sympathie et de pitié pour la réputation de notre famille ?——— Qu'est-ce que la réputation d'une famille auprès d'une hypothèse ? répliquait mon père.——— Et même, si vous en venez là,—qu'est-ce que la vie d'une famille ?——— La vie d'une famille ! — disait mon oncle Toby, se rejetant en arrière dans son fauteuil, et levant les mains, les yeux et une jambe. ——— Oui, la vie, ——— répétait mon père, maintenant son dire, combien y en a-t-il de milliers chaque année qui se perdent (dans tous les pays civilisés, du moins) ——— et qui ne pèsent pas plus que de l'air, lorsqu'elles sont mises en balance avec une hypothèse ! Dans mon simple sentiment des choses, répondait mon oncle Toby, ——— chaque fait pareil est un véritable meurtre, le commette qui voudra. ——— C'est là votre méprise, répliquait mon père ; ——— car *in foro scientiæ*, il n'y a pas de meurtre ; ——— ce n'est que la mort, frère.

Mon oncle Toby n'essayait jamais de répondre à cet argument qu'en sifflant une demi-douzaine de mesures de *Lillibullero* [1].——— Il faut que vous sachiez que c'était le canal habituel par où ses passions s'évaporaient, quand

---

[1] LILLIBULLERO, AIR SIFFLÉ PAR MON ONCLE TOBY.

La ballade [*] sur cet air fut écrite en 1685, à l'occasion de la nomination à la lieutenance d'Irlande, par le roi Jacques II, du *général Talbot*, nouvellement créé comte de Tyrconnel, enragé papiste, qui s'était fait bien venir de son bigot de maître par l'arbitraire dont il avait usé envers les protestants l'année précédente, lorsqu'il n'était que lieutenant général, et dont la conduite subséquente justifia pleinement l'attente du roi et leurs craintes.

Cette sotte ballade, qui traitait les papistes, et surtout les Irlandais, d'une manière fort ridicule, avait pour refrain ces mots qu'on dit irlandais : « *Lero, lero, lillibullero* ; » et fit sur l'armée (du roi) une impression plus puissante que celle des Philippiques de Démosthènes ou de Cicéron. Toute l'armée, et enfin le peuple des villes et des campagnes, la chantaient continuellement. Peut-être jamais chose si futile n'eut un si grand effet ; car elle ne contribua pas peu à la révolution de 1688[**].

Lillibullero et *Bullen-a-lah* ont été, dit-on, les mots d'ordre des papistes irlandais, lors du massacre des protestants en 1641.

[*] Voir *Percy's Reliques of ancient english poetry*, vol. II, pag. 358.
[**] Voir *Bishop Burnet's History of his own times*; et *King's State of the Protestants in Ireland*, 1691, in-4º. (*Note de l'auteur.*)

quelque chose le choquait ou le surprenait ; —————— mais surtout quand on avançait quelque chose qu'il jugeait absurde.

Comme pas un de nos logiciens, ni de leurs commentateurs, autant qu'il m'en souvienne, n'ont cru devoir donner un nom à ce genre particulier d'argument, — je prends ici la liberté de le faire moi-même pour deux raisons : premièrement, afin que pour prévenir toute confusion dans les discussions, il soit à jamais aussi distinct de toute autre espèce d'argument, que l'*Argumentum ad verecundiam, ex absurdo, a fortiori,* ou tout autre argument quelconque ; — et secondement, afin qu'il puisse être dit par les enfants de mes enfants, quand ma tête reposera dans la tombe,————— que la tête de leur savant grand-père s'était jadis occupée avec autant de fruit que celle des autres ; — qu'il avait inventé un nom, — et l'avait généreusement jeté dans le trésor de l'*Ars logica*, comme l'un des arguments les plus incontestables de toute la science ; et si le but de la discussion est plutôt d'imposer silence que de convaincre, — ils pourront ajouter, s'il leur plaît, — comme un des meilleurs arguments aussi.

J'ordonne donc et enjoins, par ces présentes, qu'il soit connu et distingué par les nom et titre d'*Argumentum fistulatorium*, et non par aucun autre ; — et que dorénavant il soit classé avec l'*Argumentum baculinum* et l'*Argumentum ad crumenam*, et traité à tout jamais dans le même chapitre.

Quant à l'*Argumentum tripodium*, qui n'est jamais employé que par la femme contre l'homme, — et l'*Argumentum ad rem*, qui, au contraire, n'est employé que par l'homme contre la femme, — comme ces deux-là en conscience suffisent pour une leçon, — et, de plus, comme l'un est la meilleure réponse possible à l'autre, — laissons-les rester seuls, et être traités dans un lieu à part.

CHAPITRE XXII.

Le savant évêque Hall, je veux dire le fameux docteur Joseph Hall, qui était évêque d'Exeter sous le règne de Jacques Ier, nous dit dans une de ses Décades, à la fin de son *Art divin de la Méditation* imprimé à Londres, en 1610, par John Beal, demeurant Aldersgate-Street, « qu'il est abominable de se louer soi-même : » — et je suis réellement de cet avis.

Et pourtant, d'un autre côté, quand une chose est exécutée de main de maître, et qu'il n'est pas probable que le public le découvre, — je pense qu'il est tout aussi abominable qu'un homme en perde l'honneur et sorte du monde avec sa pensée pourrissant dans sa tête.

C'est là précisément ma situation.

Car dans cette longue digression où le hasard m'a amené, comme dans toutes mes digressions (une seule exceptée), il y a un coup de maître d'habileté digressive, dont le mérite a été tout le temps, je le crains, méconnu de mon lecteur, — non par manque de pénétration ; — mais parce que c'est une qualité qu'il est rare qu'on cherche ou qu'on espère dans une digression ;— et c'est que, bien que mes digressions soient toutes franches, comme vous voyez, — et que je m'écarte de mon sujet aussi loin et aussi souvent qu'aucun écrivain de la Grande-Bretagne, — cependant je prends constamment soin d'arranger les choses de façon à ce que ma principale affaire ne chôme pas en mon absence.

J'étais, par exemple, sur le point de vous donner les grandes lignes du très-original caractère de mon oncle Toby, — quand ma tante Dinah et le cocher sont venus à la traverse, et nous ont fait courir la pretentaine à quelques millions de milles dans le cœur même du système planétaire : malgré cela, vous voyez que le dessin du caractère de mon oncle Toby a toujours continué d'aller tout doucement ; — non pas les grands contours, — c'était impossible, — mais de légères touches et de faibles indications ont été jetées çà et là chemin faisant, de sorte que vous avez fait maintenant beaucoup plus ample connaissance avec mon oncle Toby.

Par cette combinaison, la machine de mon ouvrage est d'une espèce à part : j'y ai introduit et concilié deux mouvements contraires, qu'on croyait incompatibles. En un mot, mon ouvrage est digressif, et il est progressif aussi, — et cela en même temps.

C'est là, monsieur, une histoire fort différente de celle du mouvement de la terre autour de son axe dans sa rotation diurne, avec son progrès dans son orbite elliptique qui amène l'année et constitue cette variété et vicissitude de saisons dont nous jouissons ; — quoique j'avoue que c'est ce qui m'en a suggéré la pensée, — comme je crois que les plus grandes de nos améliorations et découvertes tant vantées sont venues d'idées aussi insignifiantes.

Les digressions sont incontestablement la lumière ; —

elles sont la vie, l'âme de la lecture ! — supprimez-les de ce livre, par exemple, — vous pourriez aussi bien supprimer le livre avec elles ; — un froid hiver régnerait à jamais sur chaque page : rendez-les à l'écrivain ; — il va d'un pas de fiancé, — il sourit à tout le monde ; il apporte la variété, et tient l'appétit en éveil.

Toute l'adresse est de les bien employer et assaisonner, de manière à ce qu'elles ne soient pas seulement avantageuses au lecteur, mais aussi à l'auteur, dont l'embarras en cette circonstance est vraiment digne de pitié : car s'il commence une digression, — à dater de ce moment, je remarque que tout son ouvrage reste là comme une souche ; — et s'il fait marcher son sujet principal, c'en est fait de sa digression.

—————C'est de pauvre ouvrage.—Aussi depuis le commencement de celui-ci, vous voyez, j'en ai construit le corps principal et les parties accessoires avec tant d'intersections, et j'ai tellement compliqué et entrelacé les mouvements digressifs et progressifs, une roue dans l'autre, que toute la machine, en général, n'a pas cessé d'aller ; — et, qui plus est, elle ne cessera pas d'aller d'ici à quarante ans, s'il plaît à la source de la santé de me verser aussi longtemps la vie et le courage.

CHAPITRE XXIII.

J'ai en moi une forte propension à commencer ce chapitre très-absurdement, et je veux m'en passer la fantaisie ; — je pars donc ainsi :

Si la vitre de Momus avait été adaptée à la poitrine humaine, conformément à la correction proposée par ce critique espiègle,————premièrement, il en serait certainement résulté cette ridicule conséquence, — que les plus sages et les plus graves d'entre nous tous, de façon ou d'autre, auraient eu à payer chaque jour de leur vie l'impôt des fenêtres.

Et, secondement, que si ladite vitre avait été mise là, on n'aurait plus eu besoin, pour décrire le caractère d'un homme, que de prendre une chaise, et d'aller doucement, comme on irait près d'une ruche de verre, et de regarder dedans, — de voir l'âme toute nue ; — d'observer tous ses mouvements, — ses machinations ; — de suivre tous ces vers-coquins depuis l'instant où ils sont engendrés jusqu'à celui où ils commencent à ramper ; — de l'épier libre dans ses écarts, dans ses gambades, dans ses caprices, et après avoir fait un peu attention à son allure plus grave, conséquence naturelle de pareils écarts, etc.,———— de prendre alors sa plume et son encre et de n'écrire rien que ce qu'on aurait vu et pu jurer. — Mais c'est là un avantage que ne peut avoir le biographe dans cette planète-ci ; — dans la planète de Mercure (vraisemblablement) cela peut être ; sinon, tant mieux encore pour lui ; car là, la chaleur intense du pays, que les calculateurs ont prouvé être, à cause de la proximité du soleil, plus qu'égale à celle du fer rougi, — doit, je pense, avoir depuis longtemps vitrifié le corps des habitants (comme cause efficiente) pour les assortir au climat (ce qui est la cause finale); si bien que, entre elles deux, toutes les demeures de leurs âmes, du haut en bas, peuvent n'être (du moins la plus saine philosophie n'a pu démontrer le contraire) qu'un beau corps transparent de verre clair (sauf le nœud ombilical) ; — en sorte que, jusqu'à ce que les habitants deviennent vieux et passablement ridés, par suite de quoi les rayons de la lumière, en les traversant, souffrent une si monstrueuse réfraction, ———ou reviennent à l'œil, répercutés de leurs surfaces en tant de lignes transverses, qu'on ne peut voir au travers d'un homme, — leur âme pourrait aussi bien, à moins que ce ne soit par pure cérémonie, ou pour l'insignifiant avantage que lui donne le point ombilical, pourrait, dis-je, aussi bien, sous tout autre rapport, faire ses folies devant sa porte que dans sa maison.

Mais, comme j'ai dit plus haut, ce n'est pas le cas des habitants de la terre; nos esprits ne brillent pas à travers le corps, — ils sont enveloppés d'une couverture opaque de chair et de sang non cristallisés; de façon que si nous voulons pénétrer jusqu'à leurs caractères spécifiques, nous devons nous y prendre autrement.

Nombreuses, en vérité, sont les routes que l'esprit humain a été obligé de suivre pour faire la chose avec exactitude.

Les uns, par exemple, dessinent tous leurs caractères avec des instruments à vent. — Virgile emploie cette méthode dans l'affaire de Didon et d'Énée ; — mais elle est aussi trompeuse que le souffle de la renommée ; — et, de plus, elle annonce un génie étroit. Je n'ignore pas que les Italiens se piquent d'une exactitude mathématique dans la description d'une espèce particulière de caractère qu'on trouve chez eux, à l'aide du *forte* ou du *piano* d'un certain instrument à vent qu'ils emploient, — et qu'ils disent infaillible. — Je n'ose pas prononcer ici le nom de cet instrument ; — il suffit que nous l'ayons parmi nous, — mais nous ne pensons pas à nous en servir pour dessiner : — ceci est énigmatique, et l'est à dessein, du moins *ad populum ;* — c'est pourquoi je vous prie, madame, quand vous en serez ici, de lire aussi vite que vous pourrez, et de ne pas vous arrêter pour faire des recherches.

Il en est d'autres encore qui, pour dessiner le caractère d'un homme, n'auront recours à rien au monde qu'à ses évacuations, — mais ceci donne souvent un contour fort incorrect, à moins pourtant que vous ne preniez aussi une esquisse de ses réplétions ; et qu'en corrigeant un dessin sur l'autre, vous ne composiez une bonne figure à l'aide de tous deux.

Je n'aurais rien à dire contre cette méthode, n'était que je pense qu'elle doit sentir trop fort la lampe, — et devenir encore plus pénible, en vous forçant d'avoir l'œil sur le reste de ses *non-naturels*[1]. ——— Pourquoi les actes les plus naturels de la vie d'un homme sont appelés ses non-naturels, — c'est une autre question.

---

[1] *Non-naturals.* La médecine anglaise appelle ainsi l'air, la nourriture, le sommeil, l'exercice, les excrétions et les passions, quand, par accident ou abus, ils sont causes de maladies. (*Note du traducteur.*)

Il en est d'autres, quatrièmement, qui dédaignent chacun de ces expédients ; — non par aucune fertilité personnelle d'invention, mais à cause des diverses manières de faire qu'ils ont empruntées aux honorables talents que les frères pantographiques [1] du pinceau ont montrés à prendre des copies. — Ce sont, sachez-le, vos grands historiens.

Vous en verrez un dessiner un portrait en pied, *le jour en plein sur son modèle;* — ce n'est pas loyal, — pas honnête ; — c'est dur pour le portrait de l'homme qui pose.

D'autres, pour corriger la chose, feront de vous un dessin à la *chambre obscure;* — c'est le plus perfide de tous, attendu que *là* vous êtes sûr d'être représenté dans une de vos plus ridicules attitudes.

Pour éviter toutes ces erreurs en vous donnant le portrait de mon oncle Toby, je suis déterminé à ne le dessiner à l'aide d'aucun moyen mécanique quelconque ; — mon crayon non plus ne sera guidé par aucun instrument à vent dans lequel on ait jamais soufflé, soit en deçà, soit au delà des Alpes ; je n'examinerai ni ses réplétions ni ses évacuations, ni ne toucherai à ses non-naturels ; mais, en un mot, je dessinerai le portrait de mon oncle Toby d'après son DADA.

[1] *Pantographe,* instrument servant à copier les estampes et peintures mécaniquement et dans toute espèce de proportions.

(*Note de l'auteur.*)

CHAPITRE XXIV.

Si je n'étais moralement sûr que le lecteur meurt d'impatience d'avoir le portrait de mon oncle Toby, — je voudrais auparavant lui prouver qu'il n'y a pas d'instrument aussi convenable, pour dessiner une pareille chose, que celui que j'ai choisi.

Un homme et son DADA, quoique je ne puisse dire qu'ils agissent et réagissent exactement de la même manière que l'âme et le corps font l'un sur l'autre, cependant, sans aucun doute, ont entre eux une espèce de communication, et je serais assez d'avis qu'elle s'opère plutôt à la manière de l'électricité des corps; — et qu'au moyen des parties échauffées du cavalier, qui viennent en contact immédiat avec le dos du DADA, — à la suite de longs voyages et de frottements considérables, il arrive que le corps du cavalier finit par se remplir d'autant de substance DADAÏQUE qu'il en peut contenir; — de sorte que si seulement vous êtes capable de donner une claire description de la nature de l'un, vous pouvez vous faire une idée passablement exacte du génie et du caractère de l'autre.

Or, le DADA que montait toujours mon oncle Toby était, à mon avis, un DADA qui vaut bien la peine d'être décrit, ne fût-ce qu'à cause de sa grande singularité; — car vous auriez pu voyager d'York à Douvres, — de Douvres à Penzance en Cornouailles, et revenir de Penzance à York, sans en avoir vu un autre sur la route; ou si vous en aviez vu un pareil, quelque pressé que vous eussiez été, vous vous seriez infailliblement arrêté pour le regarder. En effet, son allure et sa tournure étaient si étranges, et il était, de la tête à la queue, si totalement différent de toute l'espèce, que c'était de temps à autre un sujet de discussion de savoir, — s'il était réellement un DADA ou non; mais comme le philosophe n'employa d'autre argument contre le sceptique qui lui contestait la réalité du mouvement, que de se lever sur ses jambes, et de marcher par la chambre : — ainsi mon oncle Toby, pour prouver que son DADA était vraiment un DADA, n'employait pas d'autre argument que de monter dessus et de se mettre à courir, — laissant, après cela, décider la question comme on le jugerait convenable.

En bonne vérité, mon oncle Toby le montait avec tant de plaisir, et il portait si bien mon oncle Toby,——— que celui-ci s'embarrassait fort peu de ce que l'on en pouvait dire ou penser.

Il est grandement temps, toutefois, que je vous en donne une description ; — mais pour aller régulièrement, je vous prie seulement de me permettre de vous apprendre d'abord comment mon oncle Toby se l'était procuré.

CHAPITRE XXV.

La blessure que mon oncle Toby reçut dans l'aine au siége de Namur le rendant impropre au service, on jugea convenable qu'il revînt en Angleterre, afin de se faire guérir, s'il était possible.

Il fut retenu pendant quatre ans entiers, — une partie au lit, et la totalité dans sa chambre; et dans le cours de sa cure, qui dura tout ce temps, il subit des souffrances indicibles, — dues à une succession d'exfoliations de l'*os pubis* et du bord extérieur de la partie du *coxendix*, appelée *os ilium*; ——— lesquels deux os étaient horriblement écrasés, autant à cause de l'irrégularité de la pierre, qui, je vous l'ai dit, avait éclaté du parapet, — qu'à cause de sa grosseur — (quoiqu'elle fût passablement grosse), qui porta tout le temps le chirurgien à penser que le mal considérable qu'elle avait fait à l'aine de mon oncle Toby, était plutôt dû à la pesanteur même de la pierre qu'à sa force projectile; — ce qui, lui disait-il souvent, était un grand bonheur.

Mon père à cette époque venait de commencer son commerce à Londres, et avait pris une maison; — et comme l'amitié la plus franchement cordiale subsistait entre les deux frères, — et que mon père pensait que mon oncle Toby ne pouvait nulle part être si bien soigné et choyé que dans sa maison, — il lui en assigna la meilleure chambre, — et, ce qui était encore une marque bien plus sincère de son affection, il ne laissait jamais ni amis ni connaissances entrer dans la maison en aucune circonstance, qu'il ne les prît par la main et ne les menât en haut voir son frère Toby, et jaser une heure au chevet du malade.

Pour un soldat, faire l'histoire de sa blessure, c'est en endormir la douleur; — ceux qui venaient voir mon oncle étaient du moins de cet avis; et dans leurs visites quotidiennes, par une courtoisie qui provenait de cette croyance, ils tournaient fréquemment l'entretien sur ce sujet, — et de ce sujet l'entretien généralement se reportait sur le siége même.

Ces conversations étaient infiniment aimables ; mon oncle Toby en recevait beaucoup de soulagement, et il en aurait reçu bien davantage, si elles ne l'avaient pas jeté dans certaines perplexités imprévues, qui, pendant trois mois de suite, retardèrent considérablement sa guérison ; et je crois vraiment que s'il n'avait pas rencontré un expédient pour s'en délivrer, elles l'auraient conduit au tombeau.

Quelles étaient ces perplexités de mon oncle Toby, — il vous est impossible de le deviner ; — si vous le pouviez, — je rougirais, non comme parent, — non comme homme, — ni même comme femme, — mais je rougirais comme auteur, d'autant que je ne fais pas médiocrement cas de moi, précisément par le motif que mon lecteur n'a encore rien pu deviner : et en ceci, monsieur, je suis d'une humeur si délicate et si singulière, que si je vous croyais capable de vous faire la moindre idée, ou de former une conjecture vraisemblable sur ce qui va arriver dans la prochaine page, — je l'arracherais de mon livre.

LIVRE II

CHAPITRE XXVI.

J'ai commencé un nouveau livre, afin d'avoir assez de place pour expliquer la nature des perplexités dans lesquelles mon oncle Toby était tombé par suite des nombreuses conversations et interrogations sur le siége de Namur, où il avait reçu sa blessure.

Je dois rappeler au lecteur, en cas qu'il ait lu l'histoire des guerres du roi Guillaume ; — mais s'il ne l'a pas lue, — alors je lui apprends qu'une des plus mémorables attaques de ce siége fut celle qui fut faite par les Anglais et les Hollandais sur la pointe de la contrescarpe avancée, dans la porte Saint-Nicolas, qui protégeait la grande écluse, où les Anglais furent terriblement exposés au feu de la contre-garde et du demi-bastion de Saint-Roch, lequel chaud conflit eut, en trois mots, l'issue que voici : les Hollandais se logèrent dans la contre-garde, — et les Anglais se rendirent maîtres du chemin couvert devant la porte Saint-Nicolas, malgré la bravoure des officiers français, qui s'exposèrent sur le glacis l'épée à la main.

Comme c'était la principale attaque dont mon oncle eût été témoin oculaire à Namur, — l'armée des assiégeants étant coupée par le confluent de la Meuse et de la Sambre, chacun ne pouvait guère voir que ses propres opérations, — mon oncle Toby était généralement plus éloquent et plus précis dans cette partie de son récit; et les nombreuses perplexités où il était provenaient des difficultés presque insurmontables qu'il trouvait à raconter son histoire d'une manière intelligible, et à donner des idées assez claires des différences et distinctions qui existent entre l'escarpe et la contrescarpe, — le glacis et le chemin couvert, la demi-lune et le ravelin, — pour faire pleinement comprendre à sa compagnie où il était et ce dont il s'agissait.

Les écrivains eux-mêmes sont trop sujets à confondre ces termes : de sorte qu'on en sera moins étonné, si, dans ses efforts pour les expliquer, et dans sa lutte contre bien des notions fausses, mon oncle embarrassait souvent ses visites, et parfois lui-même avec elles.

A vrai dire, à moins que la compagnie que mon père amenait en haut n'eût les idées passablement claires, ou que mon oncle Toby ne fût dans un de ses jours lumineux, il avait beau faire, c'était une chose difficile que de mettre l'entretien à l'abri de l'obscurité.

Ce qui rendait le récit de cette affaire d'autant plus embrouillé pour mon oncle Toby, c'était qu'à l'attaque de la contrescarpe située devant la porte Saint-Nicolas, et s'étendant depuis le bord de la Meuse jusqu'à la grande écluse, — le terrain était coupé et recoupé en tous sens d'une multitude de tranchées, de rigoles, de petits ruisseaux et d'écluses, — au milieu desquels il se trouvait si cruellement égaré et arrêté, que souvent il n'aurait pu faire un pas soit en arrière, soit en avant, quand c'eût été pour sauver sa vie ; et maintes fois, par ce seul motif, il avait été obligé d'abandonner l'attaque.

Ces achoppements causaient à mon oncle Toby plus de perplexité et de trouble qu'on ne croirait ; et comme mon père, par obligeance, lui traînait continuellement de nouveaux amis et de nouveaux questionneurs, — sa tâche ne laissait pas d'être fort pénible.

Sans doute, mon oncle Toby avait beaucoup d'empire sur lui-même, — et il savait garder les apparences aussi bien, je crois, que la plupart des hommes ; mais on conçoit que lorsqu'il ne pouvait sortir du ravelin sans entrer dans la demi-lune, ni se tirer du chemin couvert sans tomber sur la contrescarpe, ni traverser la tranchée sans être en danger de glisser dans le fossé, il devait se tracasser intérieurement : — c'est ce qu'il faisait ; — et ces petites vexations continuelles peuvent paraître futiles et insignifiantes à un homme qui n'a pas lu Hippocrate ; mais quiconque a lu Hippocrate, ou le docteur James Mackenzie, et a bien observé l'effet des passions et affections de l'âme sur la digestion — (pourquoi pas d'une blessure aussi bien que d'un dîner ?) — peut aisément comprendre quels paroxysmes et redoublements aigus de son mal mon oncle Toby devait éprouver rien que pour cette raison.

— Mon oncle Toby ne pouvait pas argumenter là-dessus ; — c'était assez, il sentait qu'il en était ainsi ; — et après en avoir supporté la peine et les ennuis pendant trois mois de suite, il résolut de s'en débarrasser de manière ou d'autre.

Un matin qu'il étai dans son lit, couché sur le dos, ses souffrances et la nature de sa blessure ne lui permettant pas de prendre une autre position, l'idée lui vint en tête que s'il pouvait acheter et faire coller sur une planche, une grande carte des fortifications de la ville et de la citadelle de Namur avec ses environs, ce serait pour lui un vrai soulagement. — Je prends note de son désir d'avoir les environs avec la ville et la citadelle, par la raison — que mon oncle Toby avait reçu sa blessure dans une des traverses, à environ trente toises de l'angle de retour de la tranchée, en face de l'angle saillant du demi-bastion de Saint-Roch ; — en sorte qu'il se croyait passablement sûr de pouvoir ficher une épingle sur l'endroit même où il était quand la pierre l'avait frappé.

Tout cela réussit au gré de ses vœux, et non-seulement le délivra d'une foule de pénibles explications, mais, en fin de compte, devint, comme vous le lirez, l'heureux moyen qui procura à mon oncle Toby, son DADA.

CHAPITRE XXVII.

Il n'y a rien de si sot, quand vous vous êtes mis en frais pour donner un régal de ce genre, que d'ordonner si mal les choses, que vos critiques et les gentlemen d'un goût raffiné le déprécient : et il n'y a rien de si propre à les exciter, que de ne pas les inviter, ou, ce qui est tout aussi offensant, de réserver exclusivement votre attention pour le reste de vos convives, comme si vous n'aviez pas à votre table le moindre critique (de profession).

———— Je me tiens en garde contre ces deux fautes ; car, en premier lieu, j'ai laissé une demi-douzaine de places vacantes exprès pour eux ; — et en second lieu, je leur fais à tous ma cour. — Messieurs, je vous baise les mains. Je vous proteste qu'aucune compagnie ne pouvait me faire moitié autant de plaisir ; — sur mon âme, je suis ravi de vous voir.

———— Tout ce que je vous demande, c'est de faire comme chez vous, de vous asseoir sans cérémonie, et de vous mettre à l'œuvre de tout cœur.

J'ai dit que j'avais laissé six places, et j'étais sur le point de pousser la complaisance jusqu'à en laisser une septième vacante pour eux, — et c'est la place même où je suis maintenant ; mais un critique (pas de profession, pourtant, — mais de nature) m'ayant dit que j'en avais fait assez, je la remplirai sur-le-champ, dans l'espoir, cependant, d'être en état de faire beaucoup plus de place l'année prochaine.

————Comment, au nom du ciel ! votre oncle Toby qui, à ce qu'il paraît, était militaire, et que vous n'avez pas représenté comme un sot, —pouvait-il, en même temps, être un gaillard à idées confuses, à tête de pudding, à visière trouble, au point de — vas-y voir.

C'est ainsi, sire critique, que j'aurais pu répondre ; mais je le dédaigne. — C'est un langage sans urbanité, — et qui ne convient qu'à l'homme qui ne peut pas rendre un compte clair et satisfaisant des choses, et plonger assez avant dans les causes premières de l'ignorance et de la confusion humaines. C'est, en outre, la réponse vaillante [1], — et c'est pourquoi je la rejette ; car elle convenait supérieurement bien au caractère de mon oncle Toby, en sa qualité de soldat, — et s'il ne s'était pas accoutumé, lors de telles attaques, à siffler le Lillibullero, comme il ne manquait pas de courage, c'est la réponse même qu'il aurait donnée ; mais elle n'était nullement mon fait. Vous voyez aussi clairement que possible, que j'écris en homme d'érudition ; — que même mes comparaisons, mes allusions, mes éclaircissements, mes métaphores sont d'un érudit, — et que je dois soutenir mon rôle convenablement, et le contraster convenablement aussi, — autrement que deviendrais-je ?—Eh ! monsieur, je serais perdu ; — en cet instant même où je vais fermer ma porte à un critique, — c'eût été l'ouvrir à deux autres.

———— C'est pourquoi je réponds ainsi : —

Dites-moi, monsieur, au nombre de tous les livres que vous avez lus, avez-vous lu l'*Essai* de Locke *sur l'entendement humain ?* ———— Ne me répondez pas à la légère, — — car j'en sais beaucoup qui citent le livre sans l'avoir lu, — et beaucoup qui l'ont lu sans le comprendre. — Si vous êtes dans l'un de ces deux cas, comme j'écris pour instruire, je vous dirai en trois mots ce qu'est ce livre. — C'est une histoire. — Une histoire ! de qui ? de quoi ? d'où ? de quand ? Doucement. ———— C'est une histoire, monsieur (ce qui peut fort bien le recommander au monde), de ce qui se passe dans l'esprit d'un homme, et si vous en dites autant de ce livre, et pas plus, croyez-

---

Shakspeare, *As you like it*, acte V, scène IV. (*Note du traducteur.*)

moi, vous ne ferez pas une figure méprisable dans un cercle de métaphysiciens.

Mais ceci n'est qu'en passant.

Maintenant, si vous voulez vous hasarder à venir avec moi et à sonder les profondeurs de cette matière, nous verrons que la cause de l'obscurité et de la confusion dans l'esprit d'un homme est triple.

Des organes durs, cher monsieur, en premier lieu. Secondement, de légères et passagères impressions faites par les objets, quand lesdits organes ne sont point durs ; et troisièmement, une mémoire semblable à un crible : incapable de retenir ce qu'elle reçoit. — Faites descendre Dolly, votre chambrière, et je veux vous donner mon bonnet et sa clochette avec, si je ne rends pas la chose tellement claire que Dolly elle-même la comprendra aussi bien que Malebranche.———Quand Dolly a écrit son épître à Robin, et a fourré son bras au fond de la poche qui pend à son côté droit, — prenez cette occasion de vous rappeler que les organes et facultés de la perception ne peuvent être si proprement figurés et expliqués par rien au monde que par cette seule chose dont la main de Dolly est à la recherche. — Vos organes ne sont pas assez durs pour que je doive vous apprendre — que c'est, monsieur, un bout de cire à cacheter rouge.

Quand la cire a fondu et qu'elle est tombée sur la lettre, si Dolly tâtonne trop longtemps pour avoir son dé, jusqu'à ce que la cire soit tout à fait durcie, la cire ne prendra pas l'empreinte du dé sous la pression qui d'ordinaire suffisait à la lui donner. Très-bien. Si la cire de Dolly, faute de mieux, est de la cire d'abeilles, ou d'une nature trop molle, — quoiqu'elle puisse la recevoir, — elle ne gardera pas l'empreinte, avec quelque force que Dolly appuie dessus ; et finalement, en supposant la cire bonne aussi bien que le dé, mais qu'elle applique l'un sur l'autre avec une précipitation négligente, entendant que sa maîtresse sonne, — dans chacun de ces trois cas, l'empreinte laissée par le dé ne ressemblera pas plus à son prototype qu'à un cric de cuivre.

Maintenant il faut que vous sachiez que rien de tout cela n'était la véritable cause de la confusion des discours de mon oncle Toby ; et c'est pour cette raison même que je m'étends si longtemps dessus, à la manière des grands physiologistes, — afin de montrer au monde d'où elle *ne* provenait *pas*.

D'où elle provenait, je l'ai indiqué ci-dessus ; et c'est une source féconde d'obscurité, — et c'en sera toujours une que l'emploi incertain des mots, qui a mis dans l'embarras les intelligences les plus claires et les plus élevées.

Il y a dix à parier contre un (cher Arthur[1]) que vous n'avez jamais lu l'histoire littéraire des siècles passés ; — si vous l'avez lue, vous savez quelles terribles batailles, appelées logomachies, cet abus de mots a occasionnées et perpétuées à si grands flots de fiel et d'encre, — qu'un homme qui a bon cœur ne peut en lire les relations sans que les larmes lui viennent aux yeux.

Ami critique ! quand tu auras pesé tout ceci, et considéré à part toi combien de tes connaissances, discours et conversations ont été jetés dans le trouble et le désordre, à une époque ou à une autre, par cet abus, par ce

[1] Club existant encore dans Saint-James-Street.

(*Note du traducteur.*)

seul abus, quel tapage, quel tintamarre dans les conciles au sujet de οὐσία et de ὑπόστασις : et dans les écoles des savants au sujet de la force et au sujet de l'esprit ; au sujet des essences — et au sujet des quintessences ; — au sujet des substances et au sujet de l'espace, ——— quelle confusion sur de plus grands théâtres pour des mots de peu de valeur, et d'un sens aussi indéterminé ! quand tu considéreras ceci, tu ne t'étonneras pas des perplexités de mon oncle Toby, — tu verseras une larme de pitié sur son escarpe et sa contrescarpe, — son glacis et son chemin couvert, son ravelin et sa demi-lune : ce n'étaient pas des idées, — par le ciel ! c'étaient des mots qui mettaient sa vie en péril.

CHAPITRE XXVIII.

Quand mon oncle Toby eut sa carte de Namur à son idée, il se mit aussitôt à l'étudier avec la plus grande attention ; car rien n'ayant plus d'importance pour lui que son rétablissement, et son rétablissement dépendant, comme vous l'avez lu, des passions et affections de son âme, il lui importait de prendre le plus grand soin de se rendre tellement maître de son sujet, qu'il pût en parler sans émotion.

En quinze jours d'une assidue et pénible application, qui, par parenthèse, ne fit pas de bien à la blessure que mon oncle Toby avait à l'aine, — il fut capable, à l'aide de quelques documents qui étaient en marge au bas de l'éléphant [1], et avec l'Architecture militaire et pyrobal-

[1] Nom du plus grand format. (*Note du traducteur.*)

logie de Gobesius, traduite du flamand, de faire ses discours avec une perspicuité passable : et deux mois entiers ne s'étaient pas écoulés — qu'il était devenu tout à fait éloquent, et non-seulement il pouvait faire dans le plus grand ordre l'attaque de la contrescarpe avancée ; ————— mais ayant à cette époque beaucoup plus approfondi l'art que son premier motif ne le rendait nécessaire, mon oncle Toby fut en état de passer la Meuse et la Sambre, de faire des diversions jusqu'à la ligne de Vauban, l'abbaye de Salsines, etc., et de donner à ses visites une relation aussi nette de chacune des autres attaques que de celle de la porte Saint-Nicolas, où il avait eu l'honneur de recevoir sa blessure.

Mais le désir de l'instruction, comme la soif des richesses, s'accroît à mesure qu'on le satisfait. Plus mon oncle Toby étudiait sa carte, plus il y prenait goût ! — par suite des mêmes procédé et assimilation électrique, comme je vous l'ai dit, au moyen desquels j'estime que les âmes mêmes des connaisseurs, à force de frottement et d'incubation, ont à la fin le bonheur de devenir toutes virtutifiées, — picturifiées, papillonifiées et violonifiées.

Plus mon oncle Toby buvait à cette délicieuse source de science, plus grandes étaient l'ardeur et l'irritation de sa soif; en sorte qu'avant que la première année de sa réclusion fût pleinement révolue, il n'y avait guère de villes fortifiées en Italie ou en Flandre, dont, de manière ou d'autre, il ne se fût procuré les plans ; lisant lorsqu'il les avait et comparant soigneusement avec, les histoires de leurs siéges, de leurs démolitions, de leurs embellissements et nouveaux ouvrages, lectures qu'il faisait avec une application et un plaisir si intenses, qu'il en oubliait sa blessure, sa réclusion, son dîner et jusqu'à lui-même.

La seconde année, mon oncle Toby acheta Ramelli et Cataneo, traduits de l'italien; — ainsi que Stevin, Moralis, le chevalier de Ville, Lorini, Cohorn, Sheeter, le comte de Pagan, le maréchal Vauban, Mons, Blondel, avec presque autant d'autres livres d'architecture militaire que don Quichotte se trouva en avoir de chevalerie quand le curé et le barbier envahirent sa bibliothèque.

Vers le commencement de la troisième année, c'est-à-dire en août 99, mon oncle Toby trouva nécessaire d'être un peu au fait des projectiles; — et ayant jugé qu'il valait mieux tirer son savoir de la source mère, il commença par N. Tartaglia, qui, à ce qu'il paraît, fut le premier qui découvrit que c'était une erreur de croire qu'un boulet de canon fît tout ce dégât en droite ligne. — Ceci, N. Tartaglia prouva à mon oncle Toby que c'était une chose impossible.

La recherche de la vérité n'a pas de fin.

Mon oncle Toby ne sut pas plutôt la route que le boulet de canon *ne* suivait *pas*, qu'il fut insensiblement amené et se résolut à chercher et découvrir quelle route le boulet *suivait* : à cet effet, il fut obligé de se remettre de nouveau en marche avec le vieux Maltus, et il l'étudia avec ferveur. — Il passa de là à Galilée et à Torricelli, où, par certaines règles géométriques, posées d'une manière infaillible, il trouva que la ligne précise était une parabole, ou autrement une hyperbole, — et que le paramètre ou *latus rectum* de la section conique de ladite ligne, était à la quantité et amplitude en raison directe, comme toute la ligne au sinus du double de l'angle d'incidence formé par la culasse sur un plan horizontal; et que le semi-paramètre, ——— arrête ! mon cher oncle Toby, ——— arrête ! ne fais pas un pas de plus dans ce sentier épineux et perdu ; — inextricables sont les pas ! inextricables sont les replis de ce labyrinthe ! inextricables sont les embarras que t'attirera la poursuite de ce fascinant fantôme de la science ! — O mon oncle ! — fuis, — fuis, — fuis-le comme un serpent ! sied-il ——— brave et digne homme ! qu'avec ta blessure à l'aine, tu passes des nuits entières à te brûler le sang à force de veilles ? ——— Hélas ! cela va irriter tes symptômes, — arrêter tes transpirations, — faire évaporer tes esprits, — user ta force animale, — dessécher ton humide radical, — donner à ton corps des habitudes de constipation, — détériorer ta santé, — et accélérer toutes les infirmités de ta vieillesse. ——— O mon oncle ! mon oncle Toby !

CHAPITRE XXIX.

Je ne donnerais pas quatre sous du talent d'écrivain de l'homme qui ne comprend pas ceci : ——— que, fût-il le meilleur du monde, un simple récit cousu à ma dernière apostrophe chaleureuse à mon oncle Toby ——— aurait paru froid et éventé au palais du lecteur : — aussi j'ai sur-le-champ mis fin au chapitre, quoique je fusse au milieu de mon histoire.

——— Les écrivains de ma trempe ont un principe commun avec les peintres. Là où l'exactitude de l'imitation rendrait nos tableaux moins frappants, de deux maux nous choisissons le moindre, pensant qu'il est encore plus pardonnable de pécher contre le vrai que contre le beau. Ceci doit être compris *cum grano salis;* mais quoi qu'il en soit, — comme le parallèle est plutôt fait pour laisser refroidir l'apostrophe que pour autre chose, — peu importe que le lecteur l'approuve ou non sous tout autre rapport.

A la fin de la troisième année, mon oncle Toby, s'apercevant que le paramètre et le semi-paramètre de la section conique irritaient sa blessure, laissa là l'étude des projectiles dans un accès d'humeur, et s'adonna seulement à la partie pratique des fortifications, dont le goût, comme un ressort comprimé, lui revint avec un redoublement de force.

Ce fut dans cette année que mon oncle se relâcha de sa ponctualité quotidienne à mettre une chemise blanche, — commença à renvoyer son barbier sans s'être fait raser, — et à laisser à peine à son chirurgien le temps de panser sa blessure, dont il s'inquiétait si peu qu'il ne lui demandait pas, un pansement sur sept, comment elle allait, quand voici que — tout d'un coup, car le changement fut prompt comme l'éclair, il commença à soupirer profondément après sa guérison, — à se plaindre à mon père, à s'impatienter contre le chirurgien, — et un matin qu'il l'entendit monter, il ferma ses livres et repoussa ses instruments, afin de lui faire des reproches sur la lenteur de sa cure, qui, lui dit-il, aurait certainement pu être achevée, au moins maintenant. — Il s'étendit longuement sur les souffrances qu'il avait endurées, et sur les ennuis de ses quatre années de triste emprisonnement, — ajoutant que sans l'aimable obligeance et les encouragements affectueux du meilleur des frères, — il aurait de-

puis longtemps succombé à son infortune. — Mon père était là : — l'éloquence de mon oncle Toby lui fit venir les larmes aux yeux ; ——— elle était inattendue. ———
Mon oncle Toby, de sa nature, n'était pas éloquent ; l'effet en fut d'autant plus grand. ———— Le chirurgien était confondu ; — non pas qu'il n'y eût lieu à de telles ou à de plus grandes marques d'impatience, — mais elle était inattendue aussi. Dans les quatre années qu'il l'avait soigné, jamais il n'avait vu mon oncle Toby se conduire de la sorte ; mon oncle n'avait pas laissé échapper un seul mot qui sentît l'humeur ou le mécontentement ; il avait été la patience, — la soumission même.

— Nous perdons parfois le droit de nous plaindre en nous en abstenant ; mais souvent nous en triplons la force : le chirurgien fut stupéfait ; mais il le fut bien plus encore, quand mon oncle Toby continua et insista péremptoirement pour qu'il le guérît sur-le-champ, — ou qu'on envoyât chercher M. Ronjat, le chirurgien du roi, pour le faire à sa place.

Le désir de la vie et de la santé est naturel à l'homme ; — l'amour de la liberté et de la délivrance ne l'est pas moins : ce sont deux passions sœurs. Mon oncle Toby les avait en commun avec son espèce ; — et aucune d'elles n'eût suffi pour expliquer son ardent souhait d'aller bien, et dehors ; — mais je vous ai déjà dit que dans notre famille rien ne nous arrive comme aux autres, — et d'après l'époque et la manière dont ce vif désir se manifesta dans la circonstance présente, le lecteur pénétrant soupçonnera que quelque autre cause ou lubie l'avait mis dans la tête de mon oncle ; — c'est la vérité, et ce sera le sujet du prochain chapitre d'exposer quelle était cette cause ou lubie. J'avoue que, cela fait, il sera temps de retourner au coin du feu du parloir, où nous avons laissé mon oncle Toby au milieu de sa phrase.

CHAPITRE XXX.

Quand un homme se laisse mener par une passion dominante, ou, en d'autres termes, quand son DADA devient vicieux, ———— adieu la raison calme et la belle modération.

La blessure de mon oncle Toby était presque bien; et aussitôt que le chirurgien fut remis de sa surprise et eut la permission de parler, — il dit que précisément les chairs commençaient à reprendre, et que s'il ne survenait point de nouvelle exfoliation, ce que rien n'indiquait, — elle se cicatriserait en cinq ou six semaines. Le son d'autant d'olympiades, douze heures auparavant, eût éveillé dans l'esprit de mon oncle Toby une idée de durée plus courte. ———— Maintenant la succession de ses idées était rapide, il grillait d'impatience de mettre son dessein à exécution: aussi sans consulter aucune âme vivante, — ce que, par parenthèse, je trouve bien, quand on est déterminé à ne suivre l'avis de personne, ———— il ordonna en particulier à Trim, son valet de chambre, de faire un paquet de charpie et d'appareils, et de louer une chaise à quatre chevaux qui fût à la porte à midi précis, le jour où il savait que mon père serait à la Bourse; — puis, laissant un billet de banque sur la table pour reconnaître les soins du chirurgien, et une lettre de tendres remercîments pour son frère, — il emballa ses cartes, ses livres de fortifications, etc., et avec le secours d'une béquille d'un côté et de Trim de l'autre, — mon oncle Toby se mit en route pour Shandy-Hall.

La raison ou plutôt l'origine de ce départ soudain était celle-ci : —

La table de la chambre de mon oncle Toby, à laquelle, la veille au soir de ce changement, il était assis avec ses cartes, etc., devant lui — étant par trop exiguë pour cette infinité de grands et de petits instruments scientifiques qui y étaient habituellement entassés, — il lui arriva, en voulant atteindre sa boîte à tabac, de jeter son compas à terre; et en se baissant pour ramasser le compas, avec sa manche il jeta à terre son étui de mathématiques et les mouchettes ; et comme il était en veine de malheur, en tâchant de rattraper les mouchettes dans leur chute il fit tomber M. Blondel de la table, et le comte de Pagan par-dessus.

Il était inutile à un homme estropié, comme l'était mon oncle Toby, de songer à réparer lui-même ces malheurs: — il sonna son valet de chambre Trim. ——— Trim, dit mon oncle Toby, vois, je t'en prie, le désordre que je viens de faire ici, — il faut que je trouve une meilleure invention, Trim. ——— Ne peux-tu pas prendre ma règle, mesurer la longueur et la largeur de cette table, et puis aller m'en commander une plus grande du double ? ——— Oui, sauf votre respect, repartit Trim en faisant un salut; mais j'espère que dans peu de temps votre Honneur sera assez bien pour aller à sa maison de campagne, où — puisque votre Honneur prend tant de plaisir aux fortifications, nous pourrions arranger la chose à merveille.

Je dois ici vous informer que le domestique de mon oncle Toby, qui était connu sous le nom de Trim, avait été caporal dans la compagnie de mon oncle : — son nom réel était James Butler ; — mais ayant reçu au régiment le sobriquet de Trim, mon oncle Toby, à moins qu'il ne lui arrivât d'être fort en colère contre lui, ne l'appelait jamais d'un autre nom.

Le pauvre diable avait été mis hors d'état de servir par une balle de mousquet qu'il avait reçue dans le genou gauche à la bataille de Landen, deux ans avant l'affaire de Namur, — et comme c'était un garçon fort aimé dans le régiment, et un garçon adroit par-dessus le marché, mon oncle Toby l'avait pris pour domestique, et Trim lui était d'un très-grand secours, remplissant auprès de mon oncle Toby, au camp et dans ses quartiers, les fonctions de valet de chambre, de groom, de barbier, de cuisinier, de couturière et de garde-malade ; et vraiment, du premier instant jusqu'au dernier, le servant et le soignant avec beaucoup de fidélité et d'affection.

Aussi mon oncle Toby l'aimait en retour ; et ce qui l'attachait d'autant plus à ce garçon, c'était la similitude de leurs connaissances ; — car le caporal Trim (à l'avenir nous l'appellerons ainsi), en quatre années d'attention à tout ce qu'il attrapait des discours de son maître sur les villes fortifiées, et grâce à l'avantage de fureter et de fouiller continuellement dans les plans de son maître, etc. ; sans compter ce qu'il gagnait DADAÏQUEMENT, comme attaché à la personne, *non dadaïque per se ;* — n'avait pas fait de minces progrès dans la science, et passait auprès de la cuisinière et de la femme de chambre pour en savoir autant sur la nature des forteresses que mon oncle Toby lui-même.

Je n'ai plus qu'un coup de pinceau à donner pour achever le portrait du caporal Trim, — et c'est le seul trait sombre. — Le garçon aimait à donner des avis, — ou plutôt à s'entendre parler : sa conduite, pourtant, était si parfaitement respectueuse, qu'il était aisé de le maintenir silencieux, quand on voulait qu'il le fût ;— mais, une fois sa langue partie, — il n'y avait plus moyen de l'arrêter ; — il l'avait bien pendue ; et les *votre Honneur* dont il entrelardait à tout instant ses phrases, ainsi que ses manières respectueuses, intercédaient si fortement en faveur de son élocution,— que, tout ennuyé qu'on pouvait être, — on ne pouvait vraiment pas être fâché contre lui. Mon oncle Toby était rarement l'un ou l'autre,— ou du moins, ce défaut dans Trim ne les mit jamais mal ensemble. Mon oncle Toby, comme j'ai dit, l'aimait ; — et d'ailleurs, comme il regardait toujours un domestique fidèle comme un humble ami, — il ne pouvait se décider à lui fermer la bouche. — Tel était le caporal Trim.

Si j'ose me permettre, continua Trim, de donner mon avis à votre Honneur et d'émettre mon opinion sur cette matière. — Tu es le bienvenu, Trim, dit mon oncle Toby ———— parle, — expose sans crainte, mon garçon, ce que tu penses sur ce sujet.

Eh bien donc, répliqua Trim (ne baissant pas les oreilles et ne se grattant pas la tête comme un lourdaud de paysan, mais rejetant ses cheveux en arrière, et se tenant aussi droit que devant son peloton) — je pense, dit Trim, avançant un peu sa jambe gauche, qui était l'estropiée, — et indiquant de sa main droite ouverte, une carte de Dunkerque, qui était attachée avec des épingles à la tenture de la chambre, —je pense, dit le caporal Trim, avec une humble soumission à la supériorité de jugement de votre Honneur, — que ces ravelins, bastions, courtines et ouvrages à cornes, font une pauvre et triste figure ici sur le papier, et ne sont que de la niaiserie auprès de ce que votre Honneur et moi nous pourrions faire si nous étions seuls à la campagne et que nous eussions seulement un quart ou un tiers d'arpent pour en faire ce que nous voudrions. Comme voici l'été qui vient, continua Trim, votre Honneur pourrait s'asseoir, à l'air, et me donner la nographie — (l'iconographie, dit mon oncle) — de la ville ou de la citadelle qu'il plairait à votre Honneur de dresser d'abord, et je veux être fusillé par votre Honneur sur le glacis même, si je ne la fortifie pas à l'idée de votre Honneur. ———— J'ose dire que tu le ferais, Trim, dit mon oncle. — Car si votre Honneur, poursuivit le caporal, pouvait seulement me marquer le polygone, avec ses lignes et angles exacts — (je le pourrais très-bien, dit mon oncle), — je commencerais par le fossé, et si votre Honneur pouvait m'en donner les vraies profondeur et largeur — (je le puis à un cheveu près, Trim, répliqua mon oncle), — je rejetterais la terre de ce côté-ci vers la ville pour l'escarpe, — et de ce côté-là vers la campagne pour la contrescarpe — (très-bien, Trim, dit mon oncle Toby) — et quand je les aurais talutées à votre idée, — s'il plaisait à votre Honneur, je revêtirais le glacis de mottes de terre, comme sont faites les plus belles fortifications en Flandre, — (et comme votre Honneur sait que cela doit être) — et je ferais aussi les murs et les parapets avec des mottes de terre ———— Les meilleurs ingénieurs les appellent gazons, Trim, dit mon oncle Toby. ———— Que ce soient des gazons ou des mottes de terre, peu importe, répliqua Trim; votre Honneur sait que cela vaut mieux dix fois qu'un revêtement de brique ou de pierre. ——— Je sais que cela vaut mieux, Trim, à certains égards, — dit mon oncle Toby faisant un signe d'assentiment — car un boulet de canon entre tout droit dans le gazon sans faire ébouler des décombres qui pourraient remplir le fossé (comme ce fut le cas à la porte Saint-Nicolas) et faciliter le passage.

Votre Honneur entend ces choses, repartit le caporal, mieux qu'aucun officier au service de Sa Majesté; — mais si votre Honneur voulait laisser là la commande de la table, et que nous pussions partir pour la campagne, je travaillerais comme un cheval sous la direction de votre Honneur, et je lui ferais des fortifications à s'en lécher un peu les doigts, avec toutes leurs batteries, sapes, fossés et palissades, que ce serait la peine de venir de vingt milles à la ronde pour les voir.

Mon oncle Toby était devenu rouge comme de l'écarlate pendant que Trim parlait; — mais ce n'était pas une rougeur de honte, — de modestie, — ni de colère, — c'était une rougeur de joie; — le projet et la description du caporal Trim l'enflammaient. — Trim! s'écria mon oncle Toby, tu en as dit assez. — Nous pourrions commencer la campagne, continua Trim, le jour même que Sa Majesté et les alliés entrent en campagne, et démolir les fortifications, ville par ville, aussi vite que... — Trim, dit mon oncle Toby, ne parle plus. — Votre Honneur, continua Trim, pourrait être assis dans son fauteuil (le montrant) toute la belle saison, me donnant ses ordres, et moi, je...
— Ne parle plus Trim; dit mon oncle Toby. ——— Et puis, votre Honneur y trouverait non-seulement du plaisir

et un bon passe-temps; — mais un bon air, un bon exercice, et une bonne santé; et la blessure de votre Honneur serait guérie en un mois. — Tu en as dit assez, Trim, répéta mon oncle Toby (mettant la main dans le gousset de sa culotte); j'aime prodigieusement ton projet. — Et si votre Honneur veut, j'irai à l'instant même acheter une bêche de pionnier pour emporter avec nous, et je commanderai une pelle et une pioche, et une couple de... ——— Ne parle plus, Trim, dit mon oncle Toby, sautant sur une jambe, tout transporté de ravissement, — et mettant une guinée dans la main de Trim. — Trim, dit mon oncle Toby, ne parle plus; — mais descends, Trim, à l'instant même, mon garçon, et monte-moi tout de suite mon souper.

Trim descendit en courant et rapporta le souper de son maître. ——— Mais ce fut peine perdue : le plan d'opération de Trim trottait tellement dans la tête de mon oncle Toby, qu'il n'y put toucher. — Trim, dit mon oncle Toby, mets-moi au lit. — Ce fut tout un. — La description du caporal avait enflammé l'imagination de mon oncle Toby; — il ne put fermer l'œil. — Plus il l'envisageait, plus la perspective lui apparaissait séduisante : — si bien que deux grandes heures avant le jour, il avait pris une résolution définitive, et avait concerté son plan pour décamper avec le caporal Trim.

Mon oncle Toby avait à lui une jolie petite maison de campagne, dans le village près duquel était la terre de mon père, à Shandy; elle lui avait été laissée par un vieil oncle avec une petite terre d'environ cent livres de revenu. Derrière cette maison, et attenant à elle, était un jardin potager d'environ un demi-arpent; et au fond du jardin, dont il était séparé par une grande haie d'ifs, était un boulingrin, contenant juste autant de terrain qu'en désirait le caporal Trim : — en sorte qu'au moment où Trim prononça ces mots : « Un tiers d'arpent pour en faire ce qu'il voudrait, » — ce même boulingrin se présenta aussitôt, et se peignit tout à coup sous des formes curieuses dans la rétine de l'imagination de mon oncle Toby : — ce qui fut la cause physique qui le fit changer de couleur, ou du moins qui porta sa rougeur au degré immodéré dont j'ai parlé.

Jamais amant ne courut avec plus d'ardeur et d'espoir pour rejoindre une maîtresse adorée que ne fit mon oncle Toby pour jouir dudit endroit en particulier : — je dis en particulier ; — car il était abrité du côté de la maison, comme je vous ai dit, par une grande haie d'ifs, et des trois autres côtés protégé contre tout regard mortel par des massifs de houx et d'arbustes à fleurs, — en sorte que l'idée de n'être pas vu ne contribuait pas peu à celle du plaisir que mon oncle Toby se faisait à l'avance. — Vaine pensée ! quelque serrées que soient les plantations qui l'entourent, votre terrain tout retiré qu'il peut paraître, — avez-vous pu croire, cher oncle Toby, jouir d'une chose qui prenait tout un demi-arpent, et qu'on n'en saurait rien !

La manière dont mon oncle Toby et le caporal Trim conduisirent cette affaire, — avec l'histoire de leurs campagnes, qui ne furent nullement stériles en événements, — peut faire un épisode qui ne sera pas sans intérêt dans l'épitase et le développement de ce drame. ——— Quant à présent, il faut que la scène change et nous ramène au coin du feu du parloir.

CHAPITRE XXXI.

———— Qu'est-ce qu'ils peuvent faire là-haut, frère ? dit mon père. ———— Je pense, répliqua mon oncle Toby, — qui ôta, comme je vous ai dit, sa pipe de sa bouche, et en fit tomber les cendres tout en commençant sa phrase ; ———— je pense, répliqua-t-il, — frère, que nous ne ferions pas mal de sonner.

Dites-moi, qu'est-ce que c'est que tout ce tintamarre au-dessus de notre tête, Obadiah ? dit mon père ; — c'est à peine si mon frère et moi nous pouvons nous entendre.

Monsieur, répondit Obadiah, inclinant sa tête sur son épaule gauche en guise de salut, — ma maîtresse souffre cruellement. — Et où Suzanne court-elle là-bas, à travers le jardin, comme si on allait la violer ? ———— Monsieur, repartit Obadiah, elle prend le plus court pour aller à la ville chercher la vieille sage-femme. — Alors sellez un cheval, dit mon père, et allez tout de suite chez le docteur Slop, l'accoucheur[1] ; faites-lui tous nos compliments, — et dites-lui que votre maîtresse est dans les douleurs — et que je désire qu'il revienne avec vous au plus vite.

Il est fort étrange, dit mon père, s'adressant à mon oncle Toby, au moment où Obadiah fermait la porte, — qu'ayant si près d'ici un opérateur aussi habile que le

---

[1] Il paraît certain que Sterne a voulu faire sous ce nom la satire du docteur John Burton, d'York, qui a publié en 1771 un traité sur les accouchements et un autre sur les non-naturels dont il est question au chapitre XXIII. (*Note du traducteur.*)

docteur Slop, — ma femme persiste jusqu'au bout dans cette manie obstinée de confier la vie de mon enfant, qui a déjà eu une infortune, à l'ignorance d'une vieille femme! — et non-seulement la vie de mon enfant, frère, — mais sa propre vie, et, avec la vie de tous les enfants que j'aurais pu, d'aventure, avoir d'elle par la suite.

Peut-être bien, frère, répliqua mon oncle Toby, que ma sœur le fait par économie. — De bout de pudding [1], — repartit mon père ; qu'il opère ou non, il faudra que le docteur soit payé de même ; — sinon mieux, — pour lui faire prendre patience.

———— Alors, dit mon oncle Toby, dans la simplicité de son cœur, cela ne peut venir de rien au monde — que de pudeur ; — ma sœur, je présume, ajouta-t-il, ne se soucie pas de laisser un homme approcher si près de ———— D'elle ou de son ?... ———— Mon oncle Toby prononça l'un ou l'autre : je ne saurais dire lequel ; — il est à son avantage de supposer qu'il avait complété la phrase, — attendu que je pense qu'il ne pouvait pas ajouter UN SEUL MOT qui l'améliorât.

Si, au contraire, mon oncle Toby n'était pas tout à fait arrivé au bout de la période, — alors le monde est redevable à la pipe de mon père, qui se cassa tout à coup, d'un des plus jolis exemples de cette figure destinée à l'ornement de l'art oratoire, que les rhétoriciens appellent *l'aposiopèse*. — Juste ciel ! comme le *poco più* et le *poco meno* des artistes italiens, — l'insensible PLUS OU MOINS déterminent la ligne précise de la beauté dans la phrase, aussi bien que dans la statue ! comme le moindre coup du

[1] Comme on dit en France, de bout de chandelle.
(*Note du traducteur.*)

ciseau, du pinceau, de la plume, de l'archet *et cœtera*, — met la chose au vrai point qui donne le vrai plaisir ! ô mes compatriotes, — soyez scrupuleux, — prenez garde à votre langage ; — et jamais, oh ! jamais n'oubliez de quelles petites particules dépendent votre éloquence et votre réputation.

——— « Ma sœur peut-être bien, » dit mon oncle Toby, « ne se soucie pas de laisser un homme approcher si près de ——— » Au lieu de « elle, » mettez « son ———», — c'est une aposiopèse ; ôtez le tiret, et écrivez DERRIÈRE, ——— c'est obscène ; — effacez derrière, et mettez CHEMIN COUVERT, c'est une métaphore ; — et mon oncle Toby avait tellement ses fortifications en tête, que si on l'eût laissé ajouter un seul mot à la phrase, — c'eût été, je présume, ce mot-là.

CHAPITRE XXXII.

Quoique mon père fût bon physicien, — il ne laissait pas que d'être aussi un peu moraliste : c'est pourquoi, lorsque sa pipe se cassa net en deux, — il n'avait rien autre chose à faire, comme tel, qu'à prendre les deux morceaux, et à les jeter doucement derrière le feu. ——— Il n'en fit rien ; il les jeta avec toute la violence du monde ; — et pour donner à son geste plus d'énergie, — il se dressa précipitamment sur ses deux jambes.

Ceci sentait quelque peu l'emportement ; — et la manière dont il répondit à mon oncle Toby prouva bien que c'en était.

— « Elle ne se soucie pas, » dit mon père (répétant les paroles de mon oncle Toby), « de laisser un homme approcher si près d'elle ! » ——— Par le ciel, frère Toby ! vous épuiseriez la patience de Job ; et sans avoir sa patience, je crois déjà avoir ses plaies. — Qu'est-ce ? ——— Où ? ——— En quoi ? ——— Pourquoi ? ——— A quel propos ? repartit mon oncle Toby, dans le plus grand étonnement. ——— Penser, dit mon père, qu'un homme soit venu jusqu'à votre âge, frère, et connaisse si peu les femmes ! ——— Je ne les connais pas du tout, — répliqua mon oncle Toby ; et je pense, continua-t-il, que le choc que je reçus l'année qui suivit la démolition de Dunkerque, dans mon aventure avec la veuve Wadman, — choc que je n'aurais pas reçu, vous savez, sans ma complète ignorance du sexe, — m'a donné de justes motifs de dire que je ne connais ni ne prétends connaître rien d'elles ni de leurs affaires. ——— Il me semble, frère, repartit mon père, que vous pourriez au moins aller jusqu'à distinguer le bon côté d'une femme d'avec le mauvais.

Il est dit dans le chef-d'œuvre d'Aristote « que lorsqu'un homme pense à quelque chose qui est passé, — il regarde à terre ; — mais que lorsqu'il pense à quelque chose qui est à venir, il regarde aux cieux. »

Mon oncle Toby, je suppose, ne pensait ni à l'un ni à l'autre, car il regardait horizontalement. — Le bon côté ! dit mon oncle Toby, se répétant tout bas ces mots à lui-même, tout en fixant machinalement ses deux yeux sur une petite fente du chambranle de la cheminée qui joignait mal. ——— Le bon côté d'une femme ! — Je déclare, dit mon oncle, que je ne sais pas plus lequel c'est que l'homme de la lune ; — et j'y penserais tout un mois de suite, continua mon oncle Toby (tenant ses yeux toujours fixés sur l'endroit qui joignait mal), que, certes, je ne serais pas capable de le découvrir.

Eh bien! frère Toby, repartit mon père, je vais vous le dire.

Chaque chose dans ce monde, continua mon père (remplissant une nouvelle pipe) — chaque chose dans ce monde, mon cher frère Toby, a deux anses. ——— Pas toujours, dit mon oncle Toby. ——— Du moins, répliqua mon père, chaque homme a deux mains, — ce qui revient au même. ——— Or, si un homme s'asseyait froidement et considérait en lui-même la façon, la forme, la structure, l'*accessibilité* et l'accord de toutes les parties qui constituent l'ensemble de l'animal appelé femme, et les comparait analogiquement, ——— Je n'ai jamais bien compris la signification de ce mot, — dit mon oncle Toby. —

ANALOGIE, repartit mon père, est une certaine relation et concordance que différents... ——— Ici un diable de coup à la porte cassa la définition de mon père (comme sa pipe) en deux, — et, en même temps, écrasa la tête d'une dissertation aussi remarquable et aussi curieuse qu'il y en eut jamais d'engendrée dans le sein de la spéculation : — elle y resta plusieurs mois avant que mon père pût trouver l'occasion d'en accoucher heureusement ; — et, à cette heure, c'est une chose tout aussi problématique que le sujet même de la dissertation — (eu égard au désordre et aux embarras de nos mésaventures domestiques, qui maintenant s'amoncellent l'une sur l'autre), si je serai ou non à même de lui trouver une place dans le troisième volume.

CHAPITRE XXXIII.

Voilà environ une heure et demie de lecture assez courante depuis que mon oncle Toby a sonné, et qu'Obadiah a reçu l'ordre de seller un cheval, et d'aller chercher le docteur Slop, l'accoucheur : — en sorte que personne ne peut dire, avec raison, que poétiquement parlant, et eu égard aussi à l'occurrence, je n'ai pas donné à Obadiah assez de temps pour aller et venir ; — quoique, moralement et réellement parlant, notre brave homme peut-être ait à peine eu le temps de mettre ses bottes.

Si l'hypercritique s'autorise de cela, et est résolu, après tout, à prendre un pendule et à mesurer la vraie distance du coup de sonnette au coup de marteau ; et qu'après avoir trouvé qu'elle n'est que de deux minutes treize secondes et trois cinquièmes, — il s'ingère de me chercher querelle pour une telle infraction à l'unité, ou plutôt à la probabilité du temps, — je lui rappellerai que l'idée de la durée et de ses simples modes est purement tirée de la suite et succession de nos idées, — que c'est le vrai pendule scolastique, — et que, comme savant, c'est d'après lui que je veux être jugé sur cette question, récusant et abhorrant la juridiction de tous les autres pendules quels qu'ils soient.

Je le prierai donc de considérer qu'il n'y a que huit malheureux milles de Shandy-Hall à la maison du docteur Slop, l'accoucheur ; — et que, tandis qu'Obadiah les a faits pour aller et revenir, j'ai amené mon oncle Toby de

Namur en Angleterre, à travers toute la Flandre; — que je l'ai eu malade sur les bras pendant quatre ans, — et que je lui ai fait faire, ainsi qu'au caporal Trim, dans une chaise à quatre chevaux, un voyage de près de deux cents milles pour aller dans l'Yorkshire : — tout cela réuni doit avoir préparé l'imagination du lecteur à l'entrée en scène du docteur Slop, autant, du moins (j'espère), qu'une danse, un air, ou un concerto entre les actes.

Si mon hypercritique est intraitable, alléguant que — j'aurai beau dire là-dessus tout ce que je voudrai, — deux minutes et treize secondes ne seront jamais que deux minutes et treize secondes; et que mes raisons, quand elles me sauveraient dramatiquement, me condamneraient biographiquement, faisant de mon livre, à dater de cet instant même, un roman déclaré tel, de livre apocryphe qu'il était auparavant; si je suis ainsi pressé, — alors je mets fin d'un seul coup à toute objection et controverse, — en l'informant qu'Obadiah n'était pas à plus de soixante pas de l'écurie lorsqu'il rencontra le docteur Slop ; — et vraiment il donna une sale preuve de sa rencontre avec lui, et fut sur le point d'en donner une tragique aussi.

Imaginez-vous ——— mais il vaut mieux que ceci commence un nouveau chapitre.

CHAPITRE XXXIV.

Imaginez-vous une petite figure trapue, rustaude, du docteur Slop, d'environ quatre pieds et demi de hauteur perpendiculaire, avec une largeur de dos et une *sesquipédalité* de ventre qui auraient fait honneur à un brigadier des gardes à cheval.

 Tels étaient les contours de la figure du docteur Slop ; et vous devez savoir, — si vous avez lu l'analyse de la beauté de Hogarth, — et si vous ne l'avez pas lue, je vous prierai de la lire, ———— qu'on peut aussi sûrement en donner la caricature et l'idée en trois coups de pinceau qu'en trois cents.

 Imaginez-vous un tel homme, — car tels étaient, dis-je, les contours de la figure du docteur Slop, arrivant lentement, pas à pas, et se dandinant à travers la boue sur les vertèbres d'un tout petit poney, d'une jolie couleur — mais d'une force, — hélas ! à peine capable d'aller l'amble, sous un pareil faix, quand l'état des routes aurait permis d'aller l'amble : — ce qui n'était pas. ———— Imaginez-vous Obadiah monté sur un vigoureux monstre de cheval de carrosse, poussé au grand galop, et allant de toute la vitesse possible en sens contraire.

 Je vous en prie, monsieur, permettez-moi de vous intéresser un moment à cette description.

 Si le docteur Slop avait vu Obadiah à un mille de distance, galopant droit à lui de ce train prodigieux dans un étroit sentier, — plongeant comme un démon dans l'épais et dans le liquide, et éclaboussant tout à son approche ; un tel phénomène, avec un tel tourbillon de boue et d'eau se mouvant autour de son axe, — n'aurait-il pas été pour le docteur Slop, dans sa situation, un plus juste sujet d'appréhension, que la pire des comètes de Whiston ? — sans parler du *nucléus*, c'est-à-dire, d'Obadiah et du cheval de carrosse. — A mon idée, leur seul tourbillon aurait suffi pour envelopper et emporter tout à fait, sinon le docteur, au moins le poney du docteur. Que penserez-vous donc que dussent être la terreur et l'hydrophobie du docteur Slop, quand vous lirez (ce que vous allez faire) qu'il avançait ainsi prudemment vers Shandy-Hall, et qu'il en était à soixante pas, et à cinq d'un brusque détour fait par un angle aigu du mur du jardin ,— et dans la plus sale partie d'un sale sentier, — quand Obadiah et son cheval de carrosse tournèrent le coin, rapides, furieux,—paff, — en plein sur lui! — Je ne pense pas qu'on puisse supposer rien au monde de plus terrible qu'une telle rencontre, — si impromptue! et dont le docteur Slop était si mal préparé à soutenir le choc.

Que pouvait faire le docteur Slop ? — il fit le signe de la croix ✝ — le sot ! — mais le docteur, monsieur, était papiste. — N'importe: il aurait mieux valu se tenir au pommeau de la selle. — Oui, et même par le fait il eût mieux valu ne rien faire du tout ; car en faisant le signe de la croix il laissa tomber son fouet, — et en essayant de retenir son fouet entre son genou et la selle, il perdit l'étrier, — et en le perdant, il perdit son assiette, et dans la multitude de toutes ces pertes (ce qui, par parenthèse, montre le peu d'avantage qu'il y a à faire le signe de la croix), l'infortuné docteur perdit sa présence d'esprit. De sorte que sans attendre l'assaut d'Obadiah, il abandonna le poney à sa destinée, et tomba dessous diagonalement, un peu à la manière d'un ballot de laine, et sans aucune autre conséquence de cette chute, que de rester (comme eût fait le ballot) la plus large partie de lui-même enfoncée d'un pied dans la boue.

Obadiah ôta deux fois sa casquette au docteur Slop ; — une fois au moment de la chute, — et l'autre quand il le vit installé. ——— Politesse hors de saison ; — le drôle n'aurait-il pas mieux fait d'arrêter son cheval, d'en descendre, et de secourir le docteur ? — Monsieur, il fit tout ce que sa situation lui permit : — mais le *movement* du cheval de carrosse était si grand qu'Obadiah ne put pas le faire tout d'un coup ; il tourna trois fois autour du docteur Slop, avant de pouvoir y parvenir : — et à la fin, quand il arrêta sa bête, ce fut avec une telle explosion de crotte, qu'Obadiah aurait mieux fait d'être à une lieue de là. Bref, il n'y eut jamais de docteur Slop si complétement enduit de lut, et si transsubstancié, depuis que la chose est devenue à la mode.

CHAPITRE XXXV.

Quand le docteur Slop entra dans l'arrière-parloir, où mon père et mon oncle Toby étaient à discourir sur la nature des femmes, — il serait difficile de déterminer ce qui leur causa le plus de surprise, de la tournure ou de la présence du docteur Slop ; car, comme l'accident était arrivé si près de la maison qu'Obadiah n'avait pas jugé que ce fût la peine de le remettre en selle, — Obadiah l'avait amené tel qu'il était, *non essuyé, non équipé et non huilé*, avec toutes ses taches et ses souillures sur lui. — Il resta comme l'ombre de Hamlet, immobile et muet, une grande minute et demie à la porte du parloir (Obadiah lui tenant toujours la main), dans toute la majesté de la boue; — ses parties postérieures, sur lesquelles il était tombé, totalement barbouillées, — et toutes les autres mouchetées d'une telle manière par l'explosion d'Obadiah, que vous auriez juré (sans restriction mentale) que chaque brin de crotte avait fait son effet.

C'était là une belle occasion pour mon oncle Toby de triompher et de prendre sa revanche contre mon père ; car nul mortel, ayant vu le docteur Slop accommodé à cette sauce, n'aurait pu différer de sentiment avec mon oncle Toby, au moins sur ce point, « que peut-être bien sa sœur ne se souciait pas de laisser un tel docteur Slop approcher si près de, etc. » Mais c'était l'*argumentum ad hominem* ; et si mon oncle Toby n'y était pas fort expert, vous pouvez penser qu'il ne se souciait pas d'en user. —— Non ; la raison était — que ce n'était pas dans sa nature d'insulter.

Le fait de la présence du docteur Slop en ce moment n'était pas moins problématique que le mode ; quoiqu'il soit certain que mon père n'avait qu'à réfléchir un instant pour résoudre ce problème ; car, pas plus tard que la semaine précédente, il avait informé le docteur Slop que ma mère touchait à son terme ; et comme le docteur n'avait depuis entendu parler de rien, il était naturel et aussi très-politique à lui d'être venu faire un tour à Shandy-Hall, comme il avait fait, simplement pour voir comment les choses allaient.

Mais malheureusement l'esprit de mon père dans cette investigation prit une fausse route ; se jetant à la fois, comme celui de l'hypercritique, sur le coup de sonnette et sur le coup de marteau, — mesurant leur distance, et absorbé dans cette opération au point de n'être plus capable de penser à autre chose, — infirmité commune aux plus grands mathématiciens, qui travaillent de toutes leurs forces à la démonstration, et les épuisent tellement dessus, qu'il ne leur en reste plus pour tirer le corollaire qui les amènerait à un résultat.

Le coup de sonnette et le coup de marteau frappèrent fortement aussi sur le *sensorium* de mon oncle Toby ; — mais ils éveillèrent une série toute différente de pensées ; — ces deux faits inconciliables évoquèrent aussitôt Stevin, le grand ingénieur, dans l'esprit de mon oncle Toby. Qu'est-ce que Stevin avait à faire là ? — C'est le plus grand de tous les problèmes : ——— il sera résolu, — mais non dans le prochain chapitre.

CHAPITRE XXXVI.

Écrire, quand on le fait convenablement (comme vous pouvez être sûr que je crois le faire), n'est qu'un nom différent pour causer. De même qu'il n'est personne, sachant se comporter dans la bonne société, qui s'avise de tout dire ; — ainsi il n'est point d'auteur, connaissant les justes bornes du décorum et du savoir-vivre, qui se permette de tout penser : la plus réelle marque de respect que vous puissiez donner à l'intelligence des lecteurs, c'est de partager avec eux par moitié — amicalement, et de leur laisser, à leur tour, quelque chose à imaginer.

Pour ma part, je leur adresse continuellement des compliments de cette espèce, et je fais tout mon possible pour tenir leur imagination aussi occupée que la mienne.

C'est leur tour à présent ; — j'ai donné une ample description de la triste chute du docteur Slop, et de sa triste apparition dans l'arrière-parloir ; — leur imagination peut maintenant vivre là-dessus quelque temps.

Que les lecteurs s'imaginent donc que le docteur Slop a conté son histoire, — et cela dans les termes et avec les circonstances aggravantes qu'il leur plaira d'inventer ; — qu'ils supposent qu'Obadiah a conté son histoire aussi, avec les airs lamentables de prétendu chagrin qu'ils croiront le plus propres à contraster les deux figures qui se tiennent l'une à côté de l'autre. —— Qu'ils s'imaginent que mon père est monté voir ma mère ; — et pour achever ce travail d'imagination, — qu'ils s'imaginent le docteur lavé, — frotté, — plaint, — félicité, — chaussé d'une paire d'escarpins d'Obadiah, marchant vers la porte et sur le point de se mettre à l'œuvre.

Trêve ! — trêve, bon docteur Slop ! — arrête ta main d'accoucheur ; — remets-la dans ton sein pour la tenir chaude ; — tu sais peu quels obstacles, —— tu te figures peu quelles causes cachées la retardent dans son opération. —— As-tu, docteur Slop, — as-tu reçu la confidence des articles secrets du traité solennel qui t'amène en ce lieu ? — Te doutes-tu qu'en cet instant même une fille de Lucine est en fonction au-dessus de ta tête ? — Hélas ! — il n'est que trop vrai. — D'ailleurs, grand fils de Pilumnus ! que peux-tu faire ? Tu es venu sans armes ; — tu as laissé chez toi ton *tire-tête*, — ton *forceps* de nouvelle invention, — ton *crochet*, — ta *seringue*, et tous tes instruments de salut et de délivrance : — par le ciel ! en ce moment, ils sont suspendus dans un sac vert de serge, entre tes deux pistolets, au-dessus du chevet de ton lit ! — Sonne ; — appelle ; — renvoie Obadiah sur le cheval de carrosse les chercher en toute hâte.

———— Va grand train, Obadiah, dit mon père, et je te donnerai une couronne ! — Et moi, dit mon oncle Toby, je t'en donnerai une autre !

CHAPITRE XXXVII.

Votre arrivée subite et inattendue, dit mon oncle Toby, s'adressant au docteur Slop (ils étaient tous trois assis autour du feu quand mon oncle Toby commença à parler), — m'a fait à l'instant penser au grand Stevin, qui, il faut que vous le sachiez, est un de mes auteurs favoris. Alors, ajouta mon père, faisant usage de l'argument *ad crumenam*, — je parie vingt guinées contre une couronne (qui sera donnée à Obadiah quand il reviendra), que ce Stevin était quelque ingénieur, — ou qu'il a écrit quelque chose directement ou indirectement sur la science des fortifications.

En effet, répliqua mon oncle Toby. — J'en étais sûr, dit mon père, quoique, sur mon âme, je ne voie pas quelle espèce de rapport il peut y avoir entre l'arrivée subite du docteur Slop et un traité sur les fortifications ; — cependant je le craignais. — Qu'on parle de ce qu'on voudra, frère, — que la circonstance soit aussi étrangère, aussi défavorable à ce sujet-là que possible, — vous êtes sûr de l'amener. Je ne voudrais pas, frère Toby, continua mon père, ———— je déclare que je ne voudrais pas avoir la tête si pleine de courtines et d'ouvrages à cornes

— Je le crois bien, interrompit le docteur Slop, en riant immodérément de sa pointe.

Dennis le critique n'avait pas plus d'aversion et d'horreur pour une pointe, ou pour tout ce qui en approchait, que n'en avait mon père ; — c'en était assez, en tout temps, pour le mettre de mauvaise humeur ; — mais être interrompu par une pointe dans un entretien sérieux, il aimait autant, disait-il, une chiquenaude sur le nez : il n'y voyait aucune différence.

Monsieur, dit mon oncle Toby, s'adressant au docteur Slop, — les courtines dont fait ici mention mon frère Shandy n'ont rien à faire avec les lits ; — quoique, je le sais, du Cange dise « que c'est d'elles que les courtines de lit, selon toute probabilité, ont pris leur nom ; » — et les ouvrages à cornes dont il parle n'ont rien du tout à faire non plus avec les ouvrages à cornes du cocuage ; mais *courtine*, monsieur, est le terme dont nous nous servons en fortifications, pour exprimer la partie du mur ou rempart qui est entre les deux bastions et qui les unit. — Il est rare que les assiégeants essayent de porter leurs attaques directement contre les courtines, par la raison qu'elles sont trop bien flanquées. (C'est le cas des autres courtines, dit en riant le docteur Slop.) Cependant, continua mon oncle Toby, pour plus de sûreté, nous plaçons ordinairement des ravelins au-devant, en prenant soin seulement de les étendre au delà du fossé. —— Le commun des hommes, qui s'entend fort peu en fortifications, confond le ravelin et la demi-lune, — quoique ce soient deux choses fort différentes ; — non dans leur figure ou leur construction ; car nous les faisons exactement semblables de tout point, et ils se composent

toujours de deux faces, faisant un angle saillant avec ses gorges, non en droite ligne, mais en forme de croissant.
—— Alors où gît la différence (dit mon père, avec un peu d'humeur)? — Dans leurs situations, répondit mon oncle Toby : —car lorsqu'un ravelin, frère, est devant une courtine, c'est un ravelin ; et lorsqu'un ravelin est devant un bastion, alors le ravelin n'est pas un ravelin ; — c'est une demi-lune ; — une demi-lune pareillement est une demi-lune, et rien de plus, tant qu'elle est devant son bastion ; — mais si elle changeait de place, et qu'elle se mît devant la courtine, — elle ne serait plus une demi-lune ; une demi-lune, en ce cas, n'est pas une demi-lune, — ce n'est plus qu'un ravelin. —— Je crois, dit mon père, que la noble science de la défense a ses côtés faibles — aussi bien que toute autre.

Quant aux ouvrages à cornes (ouf! soupira mon père) dont mon frère parlait, continua mon oncle Toby, c'est une partie très-considérable des ouvrages extérieurs ; — ouvrages à cornes est le nom que leur donnent les ingénieurs français : et nous les faisons généralement pour couvrir les endroits que nous supposons être plus faibles que le reste ; — ils sont formés de deux épaulements ou demi-bastions, — ils sont très-jolis, — et si vous voulez venir faire un tour, je m'engage à vous en montrer un qui vaut bien la peine d'être vu. — J'avoue, continua mon oncle Toby, que quand nous les couronnons— ils sont bien plus forts ; mais alors ils sont très-coûteux, et prennent beaucoup de terrain : de sorte que, dans mon opinion, ils sont surtout utiles pour couvrir ou défendre la tête d'un camp, autrement dit la double tenaille. — Par la mère qui nous a portés ! — frère Toby, dit mon père, ne pouvant plus tenir, — vous impatienteriez un saint ; — non-seulement vous nous avez replongés, je ne sais comment, au beau milieu de votre éternel sujet, — mais votre tête est si pleine de ces maudits ouvrages, que quoique ma femme soit en ce moment même dans les douleurs et que vous l'entendiez crier, vous ne serez content que quand vous aurez emmené l'accoucheur. ——— Chirurgien-accoucheur, — s'il vous plaît, dit le docteur Slop. ——— De tout mon cœur, répliqua mon père, peu m'importe comment on vous appelle ; — mais je voudrais que la science entière des fortifications fût au diable avec tous ses inventeurs : — elle a causé des milliers de morts, — et elle finira par être cause de la mienne. — Je ne voudrais pas, je ne voudrais pas, frère Toby, avoir la cervelle aussi pleine de sapes, de mines, de blindes, de gabions, de palissades, de ravelins, de demi-lunes et autre friperie, quand on me donnerait Namur et toutes les villes de Flandre par-dessus le marché.

Mon oncle Toby souffrait patiemment les injures ; — non pas faute de courage, — je vous ai dit dans un chapitre précédent « que c'était un homme de courage ; » et j'ajouterai ici que lorsque de justes occasions se présentaient et faisaient appel, — je ne connais personne sous le bras de qui j'aurais plus vite cherché un abri ; — cela ne venait pas non plus d'insensibilité, ou stupidité de ses facultés intellectuelles, — car il sentit cette insulte de mon père aussi vivement que tout autre aurait pu faire : — mais il était d'une nature pacifique, paisible, — sans éléments discordants, — tout en lui était si fraternellement uni ! mon oncle Toby n'aurait pas eu le cœur de se venger d'une mouche.

— Va, — dit-il un jour à table, à une mouche énorme qui avait bourdonné autour de son nez, et l'avait tourmenté cruellement tout le temps du dîner, — et qu'après des tentatives infinies il avait enfin attrapée au vol ; — je ne te ferai pas de mal, dit mon oncle Toby, se levant et traversant la salle, la mouche dans sa main, — je ne t'arracherai pas un cheveu de la tête : — va, dit-il, en levant le châssis, et en ouvrant la main pour la laisser échapper ; — va, pauvre diablesse, va-t'en ; pourquoi te ferais-je du mal ?——— le monde est ma foi bien assez grand pour nous contenir tous les deux.

Je n'avais pas dix ans quand ceci arriva ; mais si ce fut que l'action même était plus à l'unisson de mes nerfs à cet âge de pitié, ce qui à l'instant même fit vibrer dans toute ma personne une sensation des plus délicieuses : — ou jusqu'où la manière et l'expression avaient pu y contribuer ; — ou à quel degré et par quelle secrète magie, — un ton de voix et une harmonie de mouvement, accordés par la miséricorde, avaient pu trouver passage jusqu'à mon cœur, je l'ignore ; — ce que je sais, c'est que la leçon de bienveillance universelle que me donna mon oncle Toby ne s'est jamais depuis effacée de mon esprit : et sans vouloir déprécier ce que l'étude des *litteræ humaniores*, à l'université, a fait pour moi sous ce rapport, ni discréditer l'influence d'une éducation coûteuse que j'ai reçue tant à la maison que depuis au dehors : — je pense souvent que je dois une moitié de ma philanthropie à cette seule impression accidentelle.

Ceci peut tenir lieu aux parents et gouverneurs de tout un volume sur ce sujet.

Je ne pouvais pas, dans le portrait de mon oncle Toby,

indiquer ce trait au lecteur, au moyen de l'instrument qui m'a servi à en dessiner le reste, — et qui ne prend rien de plus que la simple ressemblance DADAÏQUE : ——— tandis que ceci fait partie de son portrait moral. Cette patience à endurer les torts, mon père en était loin, comme le lecteur doit l'avoir remarqué depuis longtemps; il avait une sensibilité plus vive, plus aiguë, et mêlée d'un peu d'irritabilité. Quoique cette irritabilité ne l'entraînât jamais à rien qui approchât de la malignité, — cependant dans les petits frottements, dans les petites tribulations de la vie, elle était sujette à se trahir par de spirituels et comiques accès d'humeur bourrue. ——— Toutefois, il était franc et généreux de sa nature; — en tout temps accessible à la conviction ; et dans les petites ébullitions de cette humeur aigrelette contre les autres, mais particulièrement contre mon oncle Toby, qu'il aimait sincèrement, ——— il ressentait dix fois plus de peine (excepté dans l'affaire de ma tante Dinah, ou lorsqu'il s'agissait d'une hypothèse) qu'il n'en fit jamais à personne.

Les caractères des deux frères, sous ce point de vue, s'éclairèrent mutuellement, et se montrèrent sous un jour fort avantageux dans la difficulté qui s'éleva au sujet de Stevin.

Je n'ai pas besoin de dire au lecteur, s'il a un DADA, ——— qu'un homme n'a pas en lui de partie plus sensible que son DADA ; et que ces coups gratuits portés à mon oncle Toby ne pouvaient pas ne pas être sentis, et sentis très-vivement.

Je vous prie, monsieur, que dit-il ? — comment se conduisit-il ? — Oh! monsieur, — ce fut grand : car aussitôt que mon père eut fini d'insulter son DADA, ——— il détourna, sans la moindre émotion, sa tête du docteur Slop à qui il adressait la parole, et regarda mon père en face, d'un air de si parfaite bonté, — d'un air si paisible, — si fraternel, si inexprimablement tendre pour lui, — que mon père en fut pénétré jusqu'au cœur. Il se leva précipitamment, et saisissant les deux mains de mon oncle : — Frère Toby, lui dit-il, — je te demande pardon ; — excuse, je t'en prie, cette humeur emportée que je tiens de ma mère. —— Mon cher, cher frère, répondit mon oncle Toby, se levant avec l'aide de mon père, ne parlez plus de cela : — vous seriez le bienvenu, frère, quand vous en diriez dix fois autant. Il est indigne, répliqua mon père, de blesser qui que ce soit, — et surtout un frère ; — mais blesser un frère si facile à vivre, — si inoffensif, — et si peu susceptible, — c'est bas : — par le ciel, c'est lâche. — Vous seriez le bienvenu, frère, dit mon oncle Toby, quand vous en auriez dit cinquante fois autant. —— Et puis, mon cher Toby, s'écria mon père, qu'ai-je besoin de me mêler de vos amusements ou de vos plaisirs, à moins qu'il ne soit en mon pouvoir (ce qui n'est pas) d'en accroître le nombre ?

—— Frère Shandy, répondit mon oncle Toby, en le regardant fixement en face, — vous êtes bien dans l'erreur sur ce point ; — car vous ajoutez beaucoup à mon plaisir en donnant à votre âge de nouveaux rejetons à la famille Shandy. —— Mais par là, monsieur, dit le docteur Slop. M. Shandy ajoute au sien. —— Point du tout, dit mon père.

CHAPITRE XXXVIII.

Mon frère le fait par *principe*, dit mon oncle Toby. —— En bon père de famille, je suppose, dit le docteur Slop. —— Bah! repartit mon père, — cela ne vaut pas la peine d'en parler.

CHAPITRE XXXIX.

A la fin du dernier chapitre, mon père et mon oncle Toby ont été laissés tous deux debout, comme Cassius et Brutus à la fin de la scène [1], réglant leurs comptes.

En prononçant les trois derniers mots, mon père s'assit; — mon oncle Toby suivit exactement cet exemple, si ce n'est qu'avant de reprendre son siége il sonna pour ordonner au caporal Trim, qui était dans l'antichambre, d'aller à la maison lui chercher Stevin. La maison de mon oncle Toby était en face de celle de mon père.

Il est des gens qui auraient laissé tomber le sujet de Stevin ; — mais mon oncle Toby n'avait pas de rancune dans le cœur ; — et il continua sur le même sujet, pour montrer à mon père qu'il n'en avait pas.

Votre apparition subite, docteur Slop, dit mon oncle reprenant la parole, m'a fait à l'instant penser à Stevin.

[1] IIIe, acte IV du Jules César de Shakspeare. (*Note du traducteur.*)

(Mon père, vous pouvez en être sûr, ne proposa plus aucun pari sur la tête de Stevin.) ——— Parce que, poursuivit mon oncle Toby, le fameux chariot à voiles qui appartenait au prince Maurice, et dont la rapidité était si merveilleuse qu'une demi-douzaine de personnes pouvaient dedans faire trente milles d'Allemagne en très-peu de minutes, je ne sais plus combien, — cette invention était due à Stevin, ce grand mathématicien et ingénieur.

Vous auriez pu, dit le docteur Slop, épargner à votre domestique (d'autant que le garçon est estropié) la peine d'aller chercher la description qu'en a faite Stevin, attendu qu'à mon retour de Leyde par la Haye, j'ai été à pied jusqu'à Schevening, qui est à deux grands milles, exprès pour l'examiner.

Ce n'est rien, répliqua mon oncle, auprès du savant Peiresc, qui fit à pied cinq cents milles, en comptant de Paris à Schevening et retour, afin de le voir, — et rien autre.

Il y a des gens qui ne peuvent pas souffrir qu'on renchérisse sur eux.

Il fallait que Peiresc fût fou, repartit le docteur Slop. — Remarquez que ce n'était nullement par mépris pour Peiresc; mais le courage infatigable qu'avait eu Peiresc de se traîner si loin à pied, par amour des sciences, réduisait à rien l'exploit du docteur Slop. — Il fallait que Peiresc fût fou, répéta-t-il. — Pourquoi cela ? — répliqua mon père, prenant le parti de son frère, non-seulement pour lui offrir aussi vite que possible une réparation de l'insulte qu'il lui avait faite, et que mon père avait encore sur le cœur; — mais, en partie aussi, parce que mon père commençait réellement à s'intéresser à la conversation.

— Pourquoi cela? dit-il, — pourquoi injurier Peiresc ou tout autre parce qu'il a eu faim de tel ou tel morceau de vraie science ; car, bien que je ne connaisse aucunement le chariot en question, continua-t-il, celui qui l'a inventé doit avoir eu une tête très-bien organisée pour la mécanique ; — et quoique je ne puisse pas deviner d'après quels principes de philosophie il l'a exécuté, — il fallait que ceux sur lesquels sa machine a été construite fussent solides, quels qu'ils fussent, sans quoi elle n'aurait pas pu aller du train dont parle mon frère.

Elle allait aussi bien, sinon mieux, repartit mon oncle Toby ; car, comme Peiresc l'exprime élégamment en parlant de la vélocité de son mouvement, *tàm citus erat quàm erat ventus* : ce qui veut dire, à moins que je n'aie oublié mon latin, qu'elle était aussi rapide que le vent.

Mais je vous prie, docteur Slop, dit mon père interrompant mon oncle (non pas toutefois sans lui en demander pardon), sur quels principes faisait-on mouvoir ce chariot ? — Sur de très-jolis principes, repartit le docteur Slop : — et je me suis souvent étonné, continua-t-il, éludant la question, que pas un de nos gentlemen qui habitent de vastes plaines telles que la nôtre, — (particulièrement ceux dont les femmes ne sont pas hors d'âge d'avoir des enfants) n'ait essayé rien de ce genre ; car non-seulement ce serait infiniment expéditif dans les cas urgents auxquels le sexe est sujet, — pourvu seulement que le vent fût favorable, — mais ce serait une excellente économie que de se servir des vents, qui ne coûtent rien et qui ne mangent rien, de préférence aux chevaux, qui (le diable les emporte!) coûtent et mangent beaucoup.

C'est par la raison même, répliqua mon père, « qu'ils ne coûtent rien et qu'ils ne mangent rien, » que l'idée est mauvaise : — c'est aussi bien la consommation de nos produits, que leur fabrication, qui donne du pain à ceux qui ont faim, qui fait aller le commerce, qui amène l'argent et soutient la valeur de nos terres : — et quoique j'avoue que si j'étais prince, je récompenserais généreusement la savante tête qui produirait de telles inventions ; — néanmoins, aussi péremptoirement j'en supprimerais l'usage.

Mon père était entré dans son élément, — et il poursuivait avec autant de succès sa dissertation sur le commerce que précédemment mon oncle la sienne sur les fortifications ; mais, au préjudice de beaucoup de vraie science, les destins avaient décrété dans la matinée qu'aucune dissertation d'aucune espèce ne serait ourdie par mon père ce jour-là, — car, comme il ouvrait la bouche pour commencer la phrase suivante :

CHAPITRE XL.

Crac, voilà le caporal qui entre avec Stevin ; — mais c'était trop tard : — le sujet avait été épuisé sans lui, et la conversation avait pris un autre cours.

— Vous pouvez reporter le livre à la maison, Trim, dit mon oncle Toby, en lui faisant un signe de tête.

Mais je te prie, caporal, dit mon père en plaisantant, regarde d'abord dedans, et vois si tu peux y découvrir quelque chose qui ressemble à un chariot à voiles.

Le caporal Trim, au service, avait appris à obéir, — et à ne pas faire d'observations : — emportant donc le livre vers une table adossée au mur, et le feuilletant : Sauf votre respect, dit Trim, je ne vois rien de semblable ; cependant, continua le caporal, plaisantant un peu à son tour, il faut être sûr de notre ouvrage, sauf votre respect.

Là-dessus, prenant le livre par la reliure, un côté dans chaque main, et laissant retomber les feuilles dont la reliure se rejoignait en arrière, il donna au livre une bonne secousse.

Il en est tombé quelque chose, pourtant, dit Trim, sous le bon plaisir de votre Honneur : — mais ce n'est pas un chariot, ni rien qui y ressemble. Je te prie, caporal, dit mon père en souriant, qu'est-ce donc ? Je pense, répondit Trim en se baissant pour le ramasser, — que ça ressemble plutôt à un sermon, — car ça commence par un texte de l'Écriture, son chapitre et son verset ; — et puis ça continue, non comme un chariot, mais comme un sermon rectas.

La compagnie sourit.

Je ne saurais concevoir, dit mon oncle Toby, comment il est possible qu'un sermon se soit fourré dans mon Stevin.

Je pense que c'est un sermon, répliqua Trim ; — mais si vos Honneurs le veulent, comme l'écriture est belle, je vais leur en lire une page ; — car Trim, il faut que vous le sachiez, aimait presque autant à s'entendre lire qu'à s'entendre parler.

J'ai toujours eu, dit mon père, une forte propension à examiner les choses qui se trouvaient sur ma route par d'étranges hasards, tels que celui-ci ; — et comme nous n'avons rien de mieux à faire, du moins jusqu'au retour d'Obadiah, je vous serai obligé, frère, si le docteur Slop ne s'y oppose point, d'ordonner au caporal de nous en lire une ou deux pages, — s'il est aussi capable de le faire qu'il paraît de bonne volonté. Sauf votre respect, dit Trim, j'ai fait pendant deux campagnes entières en Flandre les fonctions de clerc du chapelain du régiment. ——— Il peut le lire aussi bien que moi, dit mon oncle Toby. ——— Trim, je vous assure, était le plus savant de la compagnie, et il aurait eu la première hallebarde [1], sans le malheur qui lui est arrivé, pauvre garçon. Le caporal Trim mit sa main sur son cœur, et fit à son maître un humble salut ; — puis posant son chapeau par terre, et prenant le sermon dans sa main gauche, afin d'avoir la droite en liberté, — il s'avança, sans douter de rien, au milieu de la chambre, où il pouvait mieux voir ses auditeurs et en être mieux vu.

CHAPITRE XLI.

—Si cela vous contrarie, — dit mon père, s'adressant au docteur Slop. — Pas le moins du monde, repartit le docteur Slop : — car rien n'indique dans quel sens il est écrit : — ce peut être la composition d'un théologien de notre Église aussi bien que de la vôtre : de sorte que nous courons les mêmes risques. ——— Il n'est écrit dans aucun de ces deux sens, dit Trim ; car il n'est question que de la conscience, sauf votre respect.

[1] Le grade de sergent. (*Note du traducteur*)

La raison de Trim mit son auditoire de bonne humeur, — à l'exception du docteur Slop, qui tourna la tête vers Trim d'un air un peu fâché.

Commence, Trim, — et lis distinctement, dit mon père.

— Oui, monsieur, sauf votre respect, répliqua le caporal, faisant un salut et commandant l'attention par un léger mouvement de la main droite.

CHAPITRE XLII.

—— Mais avant que le caporal commence, il faut d'abord que je vous fasse la description de son attitude ; — autrement, votre imagination se le représentera naturellement dans une posture gênée, — roide, — perpendiculaire, — divisant le poids de son corps également sur ses deux jambes ; — l'œil fixe comme sous les armes, l'air déterminé, tenant le sermon à poigne-main dans la main gauche, comme son fusil. —— En un mot, vous seriez sujet à vous peindre Trim comme s'il était dans son peloton prêt à agir. — Son attitude était aussi différente de tout cela que vous pouvez vous le figurer.

Il se tenait debout devant eux le corps courbé et penché en avant, juste assez pour faire un angle de quatre-vingt-cinq degrés et demi sur le plan de l'horizon ; — ce que les bons orateurs, auxquels ceci s'adresse, savent très-bien être le véritable angle persuasif d'incidence ; — dans tout autre angle on peut parler et prêcher; — cela est certain ; — et on le fait chaque jour ; — mais avec quel effet? — je laisse au monde à le juger!

La nécessité de cet angle précis de quatre-vingt-cinq degrés et demi d'une exactitude mathématique — ne nous montre-t-elle pas, par parenthèse, que les arts et les sciences se prêtent un mutuel secours?

Comment diable! le caporal Trim, qui ne savait pas même distinguer un angle aigu d'un angle obtus, se trouva tomber si juste; — ou si ce fut hasard, nature, bon sens ou imitation, etc., tout cela sera commenté dans la partie de l'encyclopédie des arts et des sciences, où les parties instrumentales de l'éloquence du sénat, de la chaire et du barreau, du café, de la chambre à coucher et du coin du feu, seront prises en considération.

Il se tenait debout — (car je le répète, pour qu'on embrasse le tableau d'un coup d'œil), le corps courbé, et un peu penché en avant; sa jambe droite sous lui, portant les sept huitièmes de tout son poids, ———— le pied de sa jambe gauche, dont la défectuosité n'était nullement désavantageuse à son attitude, un peu allongé; — non pas de côté, ni droit devant lui, mais entre deux; — le genou plié, mais sans effort, — mais de manière à tomber dans les limites de la ligne de beauté: — et j'ajoute de la ligne de science aussi; car considérez qu'il avait un huitième de son corps à soutenir; — de sorte que, dans ce cas, la position de la jambe est déterminée, — attendu que le pied ne pouvait pas être avancé ni le genou plié au delà du point où les lois de la mécanique lui permettaient de recevoir dessus un huitième de tout son poids, et de le porter en outre.

*** Ceci, je le recommande aux peintres; — ai-je besoin d'ajouter aux orateurs? — je ne le pense pas: car s'ils ne suivent pas cette règle, ———— nécessairement ils tomberont sur le nez.

Voilà pour le corps et les jambes du caporal Trim. ———— Il tenait le sermon de la main gauche sans le serrer, mais non pas nonchalamment, plus haut que son estomac de quelque chose, et un peu détaché de sa poitrine ; son bras droit tombant négligemment à son côté, comme l'ordonnaient la nature et les lois de la gravité, — mais la paume de la main ouverte et tournée vers son auditoire, prête, au besoin, à aider le sentiment.

Les yeux du caporal Trim et les muscles de sa face étaient en parfaite harmonie avec les autres parties de lui-même ; — il avait l'air franc, — à son aise, — assez sûr de lui-même ; — mais sans aucune effronterie.

Que les critiques ne demandent pas comment le caporal Trim avait pu en arriver là, — je leur ai dit que cela serait expliqué ; — mais tel il se tenait devant mon père, mon oncle Toby et le docteur Slop ; — le corps ainsi penché, les membres ainsi contractés, et un tel ensemble de lignes oratoires dans toute sa personne, — qu'un statuaire aurait pu le prendre pour modèle : — et, qui plus est, je doute que le plus vieux sociétaire d'un collége, — que le professeur d'hébreu lui-même, eût pu beaucoup l'améliorer.

Trim fit un salut, puis il lut ce qui suit :

LE SERMON.

HÉBREUX, XIII, 18.

―――― *Car nous sommes persuadés d'avoir une bonne conscience.*

« Persuadés ! — Persuadés d'avoir une bonne conscience ! »

(Pour sûr, Trim, dit mon père en l'interrompant, vous donnez à cette phrase un accent très-impropre ; car vous frisez la marine, mon brave homme, et lisez d'un ton railleur, comme si le prêtre allait maltraiter l'apôtre.

C'est ce qu'il va faire, sauf votre respect, répliqua Trim. Bah ! dit mon père en souriant.

Monsieur, dit le docteur Slop, Trim a certainement raison ; car l'écrivain, qui, je vois, est protestant, à la manière bourrue dont il entreprend l'apôtre, va certainement le maltraiter ; — si tant est que ce ne soit pas déjà fait. Mais, repartit mon père, d'où avez-vous conclu si vite, docteur Slop, que l'écrivain est de notre Église ? — autant que je puis voir jusqu'ici, — il peut être de n'importe quelle Église. ―――― C'est, répondit le docteur Slop, que s'il était de la nôtre, il n'oserait pas plus prendre une pareille licence, qu'un ours par sa barbe. Si, dans notre communion, monsieur, un homme s'avisait d'insulter un apôtre, — un saint, — ou même la rognure de l'ongle d'un saint, — il aurait les yeux arrachés. — Quoi, par le saint ? dit mon oncle Toby. Non, répliqua le docteur Slop, il aurait une vieille maison au-dessus de sa tête. Je vous prie, l'inquisition, répondit mon oncle Toby, est-ce un bâtiment ancien ou moderne? — Je n'entends rien à l'architecture, repartit le docteur Slop. — Sauf votre respect, dit Trim, l'inquisition est le plus vil. — De grâce, épargne-nous-en la description, Trim: j'en déteste jusqu'au nom, dit mon père. — Cela ne fait rien, répondit le docteur Slop, elle a son utilité : car quoique je n'en sois pas un grand défenseur, cependant dans un cas tel que celui-ci, on lui aurait bientôt appris à vivre ; et je peux lui dire que s'il continuait de ce train-là, il serait jeté à l'inquisition pour sa peine. — Dieu l'assiste alors ! dit mon oncle Toby. — Amen, ajouta Trim ; car le ciel sait que j'ai un pauvre frère qui y a été en prison quatorze ans. — Voici le premier mot que j'en entends, dit vivement mon oncle Toby : —comment cela lui est-il arrivé, Trim? — O monsieur, cette histoire vous fera saigner le cœur, — elle a fait mille fois saigner le mien ; — mais elle est trop longue pour la raconter maintenant ; — votre Honneur l'entendra d'un bout à l'autre quelque jour, quand je serai à travailler à côté de lui à nos fortifications; ——— mais l'abrégé de l'histoire est — que mon frère Tom alla comme domestique à Lisbonne, — et puis épousa la veuve d'un juif, qui tenait une petite boutique et vendait des saucisses, ce qui, je ne sais comment, fut cause qu'au milieu de la nuit on l'enleva de son lit, où il était avec sa femme et deux petits enfants, et qu'on le mena droit à l'inquisition, où, Dieu l'assiste, continua Trim en tirant un soupir du fond de son cœur, — le pauvre honnête garçon est encore emprisonné à cette heure. C'était l'âme la plus honnête, ajouta Trim (en prenant son mouchoir), que jamais sang ait échauffée.

— Les larmes ruisselaient sur les joues de Trim plus vite qu'il ne pouvait les essuyer. — Un morne silence régna quelques minutes dans la chambre. — Preuve certaine de pitié !

Allons, Trim, dit mon père, lorsqu'il vit que le chagrin du pauvre garçon s'était un peu exhalé, — continue de lire, — et ôte-toi de la tête cette triste histoire : — je suis fâché de t'avoir interrompu ; mais, je t'en prie, recommence le sermon ; — car si la première phrase est comme tu dis, un reproche, j'ai un grand désir de savoir en quoi l'apôtre a pu y donner lieu.

Le caporal Trim s'essuya le visage, remit son mouchoir dans sa poche, tout en faisant un salut, — et recommença.

LE SERMON.

HÉBREUX, XIII, 18.

——— Car nous sommes persuadés d'avoir une bonne conscience.

« Persuadés ! persuadés d'avoir une bonne conscience ! Certainement, s'il est dans cette vie une chose dont l'homme puisse se croire assuré, et à la connaissance de laquelle il soit capable d'arriver sur le témoignage le plus incontestable, ce doit être de savoir — s'il a ou non une bonne conscience. »

[Je suis sûr d'avoir raison, dit le docteur Slop.]

« Pour peu qu'un homme réfléchisse, il ne peut guère rester étranger au véritable état de ce compte : — il doit être dans la confidence de ses propres pensées et désirs ;

— il doit se rappeler son passé, et connaître d'une manière certaine les vrais ressorts et motifs, qui, en général, ont dirigé les actions de sa vie. »

[Je l'en défie, sans aide, dit le docteur Slop.]

« Sur d'autres sujets on peut être trompé par de fausses apparences ; et comme le sage s'en plaint, *c'est avec peine que nous devinons les choses qui sont sur la terre, et avec labeur que nous trouvons les choses qui sont devant nous.* Mais ici l'esprit a toutes les preuves, tous les faits en lui-même ; — il sait la toile qu'il a ourdie ; — il en connaît le tissu et la finesse, et la part exacte que chaque passion a prise à l'exécution des différents desseins dont la vertu ou le vice a mis le plan devant lui. »

[Le style est bon ; et vraiment Trim lit fort bien, dit mon père.]

« Or, — comme la conscience n'est que la connaissance que l'esprit a intérieurement de ceci, et le jugement, soit approbation, soit censure, qu'il porte inévitablement sur les actions successives de notre vie ; il est clair, direz-vous, d'après les termes mêmes de la proposition, — que toutes les fois que ce témoignage intérieur dépose contre un homme, et qu'il s'accuse lui-même, il doit nécessairement être coupable. — Et, au contraire, quand le rapport lui est favorable, et que son cœur ne le condamne pas, — il est clair que ce n'est point une affaire de *persuasion*, comme l'Apôtre le donne à entendre, mais une affaire de *certitude* et un fait que la conscience est bonne, et que l'homme aussi doit être bon. »

[Alors l'apôtre a tout à fait tort, je suppose, dit le docteur Slop ; et le théologien protestant a raison. Monsieur, prenez patience, repartit mon père, car je pense que nous allons voir tout à l'heure que saint Paul et le théologien protestant sont de la même opinion. — A peu près, dit le docteur Slop, comme l'est avec l'ouest ; — mais ceci, continua-t-il en levant les deux mains, vient de la liberté de la presse.

Ce n'est tout au plus que la liberté de la chaire, répliqua mon oncle Toby ; car il ne paraît pas que le sermon ait été imprimé, ou doive jamais l'être.

Continue, Trim, dit mon père.]

« A première vue, ceci peut paraître le véritable état de la question ; et je ne fais pas de doute que la connaissance du bien et du mal ne soit si réellement gravée dans l'esprit humain, — que s'il n'arrivait jamais que la conscience d'un homme pût (ainsi que l'Écriture l'affirme) s'endurcir insensiblement par une longue habitude du péché ; — et, comme certaines parties tendres de son corps, à force de tension et de rude exercice, perdre par degrés cette délicatesse de sens et de perception dont Dieu et la nature l'ont doué ; — si cela n'arrivait jamais ; — ou si l'on était certain que l'amour-propre ne fît nullement pencher le jugement ; — ou que les petits intérêts infimes ne pussent se lever, embarrasser les facultés de nos régions supérieures, et les envelopper de nuages et d'épaisses ténèbres : — si rien de semblable à la faveur et à l'affection n'avait accès dans ce tribunal sacré ; — si l'Esprit dédaignait de s'y laisser suborner, — ou avait honte de se présenter comme avocat dans une cause insoutenable ; ou, finalement, si l'on était assuré que l'Intérêt restât impartial pendant que l'affaire se plaide — et que jamais la Passion ne montât au banc des juges, et ne prononçât la sentence au lieu de la Raison, qu'on suppose toujours présider et dicter l'arrêt ; — s'il en était vraiment ainsi que l'objection doit le supposer, — sans aucun doute alors, l'état religieux et moral d'un homme serait exactement tel qu'il l'estimerait lui-même ; — et pour apprécier la culpabilité ou l'innocence de la vie de chacun, il n'y aurait pas, en général, de mesure meilleure que les degrés de son approbation et de sa censure personnelles.

« Je conviens que, dans un cas, toutes les fois que la conscience d'un homme l'accuse (car elle se trompe rarement à cet égard), il est coupable ; et sauf les cas de mélancolie et d'hypocondrie, on peut en toute sûreté prononcer ici que l'accusation est toujours suffisamment fondée.

« Mais l'inverse de la proposition n'est pas vraie, — à savoir, que toutes les fois qu'il y a culpabilité, la conscience doit accuser, et que si elle ne le fait pas, c'est que l'homme est innocent. ——— Cela n'est pas. — En sorte que la consolation ordinaire qu'un bon chrétien ou autre s'administre à toute heure, — lorsqu'il remercie Dieu d'avoir l'esprit exempt de craintes et qu'il se croit la conscience nette, parce qu'elle est tranquille — cette consolation est trompeuse, et tout admise qu'est l'induction et que la règle semble être à première vue, cependant, quand on y regarde de plus près et qu'on en éprouve la vérité sur de simples faits — on voit cette règle sujette à tant d'erreurs par suite d'une fausse application, — le principe sur lequel elle s'appuie si souvent perverti ; toute sa force perdue, et parfois si indignement gaspillée, qu'il est pénible d'exposer les exemples communs tirés de la vie humaine, qui confirment la chose.

« Un homme sera vicieux et entièrement corrompu dans ses principes ; — condamnable dans sa conduite envers le monde ; il vivra sans honte, commettant ouvertement un péché que ne peuvent justifier ni raison, ni prétexte, — un péché par lequel, contrairement à toutes les impulsions de la nature, il ruinera pour toujours la dupe et la complice de sa faute ; il lui dérobera le meilleur de sa dot, et non-seulement la couvrira de déshonneur, — mais plongera toute une famille dans l'opprobre et dans le chagrin à cause d'elle. Assurément, vous penserez que la conscience doit faire mener à cet homme une vie tourmentée ; que ses reproches ne lui laisseront de repos ni jour ni nuit.

« Hélas ! la conscience a autre chose à faire, pendant tout ce temps-là, que de s'attaquer à lui ; comme Élie le reprochait au dieu Baal, ——— ce dieu domestique *ou parlait à quelqu'un, ou il poursuivait quelque ennemi, ou il était en chemin ; il dormait peut-être et on ne pouvait le réveiller* [1].

« Peut-être elle était sortie en compagnie de l'Honneur pour se battre en duel, pour payer quelque dette de jeu, — ou une honteuse pension promise par la luxure. Peut-être, pendant tout ce temps-là, la Conscience était occupée au logis à déclamer contre de petits larcins et à tirer vengeance de ces crimes chétifs que sa fortune et son rang dans la vie la préservaient de la tentation de commettre ; de sorte qu'il vit aussi joyeusement, ——— » [S'il était de notre Église, pourtant, dit le docteur Slop, il ne le pourrait pas.] — « il dort aussi profondément dans son

---

[1] Les Rois, liv. III, chap. XVIII, vers. 27.

lit, et enfin voit venir la mort avec autant d'indifférence, — peut-être beaucoup plus, qu'un bien meilleur homme.

[Tout ceci est impossible avec nous, dit le docteur Slop se tournant vers mon père; — la chose ne pourrait pas arriver dans notre Église. — Tout ce que je sais, c'est qu'elle n'arrive pas trop souvent dans la nôtre, repartit mon père. —— Je conviens, dit le docteur Slop (un peu frappé du franc aveu de mon père) — qu'un homme peut vivre aussi mal dans l'Église romaine; — mais alors il ne peut pas mourir tranquille ainsi. — Peu importe, répliqua mon père d'un air d'indifférence, comment meurt un coquin. — J'entends, répondit le docteur Slop, qu'on lui refuserait le bénéfice des derniers sacrements. — Je vous prie, combien en avez-vous en tout ? dit mon oncle Toby, — car je l'oublie toujours. —— Sept, répondit le docteur Slop. —— Hum ! — dit mon oncle Toby, — ne donnant pas à son interjection un ton d'acquiescement, mais l'accent de cette espèce particulière de surprise d'un homme qui cherche une chose dans un tiroir et en trouve plus qu'il ne s'y attendait. —— Hum ! répliqua mon oncle Toby. Le docteur Slop, qui n'était pas sourd, comprit mon oncle Toby aussi bien que s'il eût écrit tout un volume contre les sept sacrements.—— Hum ! répliqua le docteur Slop (renvoyant à mon oncle Toby son argument). — Eh ! monsieur, n'y a-t-il pas sept vertus cardinales? — sept péchés mortels ? — sept chandeliers d'or ? — sept cieux ? —— C'est plus que je n'en sais, repartit mon oncle Toby. —— N'y a-t-il pas sept merveilles du monde ? sept jours de la création ? — sept planètes ? — sept plaies ? —— Oui, quant à cela, dit mon père avec une gravité affectée. Mais, je t'en prie, poursuivit-il, continue le reste de tes portraits, Trim.]

« Un autre est sordide, impitoyable, » [ici Trim gesticula de la main droite] « un misérable égoïste, au cœur rétréci, incapable d'amitié privée et d'esprit public. Remarquez comme il passe près de la veuve et de l'orphelin dans la détresse, et voit toutes les misères ordinaires à la vie humaine sans un soupir ni une prière. » [Sauf votre respect, s'écria Trim, je trouve cet homme-ci plus vil que l'autre.]

« La conscience ne va-t-elle pas se lever et le bourreler en pareille occasion ? — Non, Dieu merci, il n'y a pas lieu : — *Je paye à chacun son dû, — je n'ai pas de fornication sur la conscience, — je n'ai pas de manque de foi ou de promesse à réparer, — je n'ai débauché ni la femme ni la fille de personne ; Dieu merci, je ne suis pas comme tant d'autres qui sont adultères, injustes, ni même comme ce libertin que voici devant moi.*

« Un troisième est artificieux et calculé de sa nature. Observez toute sa vie ; ce n'est qu'un adroit tissu de ténébreux artifices et de déloyaux subterfuges, bassement dirigés contre la véritable intention de toutes les lois, — contre la foi et la paisible jouissance de nos propriétés diverses. —— Vous verrez un tel homme, à force de petites machinations contre l'ignorance et les embarras du pauvre et du nécessiteux, — élever sa fortune sur l'inexpérience d'un jeune homme, ou sur le caractère sans soupçons de son ami qui se serait fié à lui, corps et âme.

« Quand la vieillesse arrive et que le repentir l'invite à reporter les yeux sur ce sombre compte, et à le régler de nouveau avec sa conscience, — la Conscience examine les STATUTS EN GROS, — ne trouve aucune loi expresse violée par ce qu'il a fait, — n'aperçoit aucune pénalité ou confiscation d'effets mobiliers encourue ; — ne voit ni glaive suspendu sur sa tête, ni prison ouvrant ses portes pour lui : — qu'y a-t-il là pour effrayer sa conscience ? — La Conscience s'est retranchée derrière la lettre de la loi; elle s'y tient invulnérable, flanquée de cas et de rapports, et si forte de tous côtés, — qu'il n'y a pas de prédication capable de lui faire lâcher prise. »

[Ici le caporal Trim et mon oncle Toby échangèrent un regard. — Oui, oui, Trim ! dit mon oncle Toby en secouant la tête, ——— ce ne sont là que de tristes fortifications, Trim. ——— Oh ! de bien pauvre ouvrage, répondit Trim, comparé à ce que votre Honneur et moi nous savons faire.
——— Le caractère de ce dernier homme, dit le docteur Slop, interrompant Trim, est plus détestable que tout le reste, et semble avoir été tracé d'après quelques-uns de vos mauvais coureurs d'affaires. Parmi nous, la conscience d'un homme ne pourrait pas rester si longtemps *aveuglée;* trois fois par an, au moins, il doit aller à confesse.
——— Cela lui rendra-t-il la vue ? dit mon oncle Toby.
——— Continue, Trim, dit mon père, ou Obadiah sera de retour avant que tu sois au bout de ton sermon. ———
Il est très-court, répliqua Trim. ——— Je voudrais qu'il fût plus long, dit mon oncle Toby, car il me plaît extrêmement.

Trim continua.]

« Un quatrième homme manquera même de ce refuge ; — se fera jour à travers toutes les formalités d'une lente chicane ; — dédaignera les douteuses machinations de complots secrets et d'embûches circonspectes pour en venir à ses fins :— voyez le coquin qui va tête levée ; que de fraudes, de mensonges, de parjures, de vols, de meurtres! — C'est affreux ! — Mais il n'y a vraiment guère mieux à attendre dans le cas présent : — le pauvre homme était dans les ténèbres ! — son prêtre avait la garde de sa conscience ; ——— et tout ce qu'il lui faisait savoir, c'était qu'il fallait croire au pape, — aller à la messe, — faire le signe de la croix, — dire son chapelet, — être bon catholique ; et qu'en conscience, c'en était assez pour le mener au ciel. Quoi ! — s'il se parjure ? — Eh bien ! — il l'a fait avec une restriction mentale. — Mais si c'est un misérable aussi pervers, aussi dépravé que vous le représentez ; — s'il vole, — s'il assassine, est-ce que la conscience, à chacun de ces actes, ne recevra pas elle-même une blessure ? — Oui, — mais l'homme l'a portée à confesse ; — la plaie suppure là, elle va assez bien, et dans peu de temps elle sera tout à fait guérie par l'absolution. O Papisme ! de quoi n'as-tu pas à répondre ? — Quand, non content des trop nombreuses voies naturelles et fatales, par lesquelles le cœur de l'homme est chaque jour ainsi traître à lui-même par-dessus tout, — tu as, de propos délibéré, ouvert à deux battants la porte de l'imposture devant la face de ce voyageur imprévoyant, — trop sujet, Dieu sait, à s'égarer de lui-même et à s'entretenir dans la confiance d'une paix qui n'existe pas.

« Quant à ceci, les exemples communs que j'ai tirés de la vie sont trop notoires pour exiger beaucoup de preuves. S'il est aucun homme qui doute de leur réalité, ou qui juge impossible qu'on soit à ce point dupe de soi-même, — je dois le renvoyer un moment à ses propres réflexions, et alors je me hasarderai à en appeler à son cœur.

« Qu'il considère à quel degré différent d'aversion nombre d'actions coupables sont *là*, quoique également mauvaises et vicieuses de leur nature ; — il trouvera bientôt que celles que la force de l'inclination et de la coutume l'a poussé à commettre, sont généralement revêtues et colorées de toutes les fausses beautés qu'une main douce et flatteuse peut leur donner ; — et que les autres, pour lesquelles il ne sent aucune propension, se montrent tout d'un coup nues et difformes, entourées de toutes les vraies circonstances de la folie et du déshonneur.

« Quand David surprit Saül endormi dans la caverne, et lui coupa un pan de sa robe, — nous lisons qu'aussitôt il se repentit en lui-même de ce qu'il avait fait ; — mais dans l'affaire d'Urie, où un fidèle et brave serviteur, qu'il aurait dû vivement aimer et honorer, tomba pour laisser le champ libre à sa luxure, — où la conscience avait une bien plus forte raison de prendre l'alarme, son cœur ne lui reprocha rien. Près d'une année entière se passa depuis l'accomplissement de ce crime, jusqu'à l'époque où Nathan fut envoyé pour le réprimander ; et nous ne lisons pas que pendant tout ce temps il ait une seule fois donné la moindre marque de chagrin ou de componction de ce qu'il avait fait.

« Ainsi la conscience, ce moniteur jadis capable, — haut placée comme un juge au dedans de nous, et destinée aussi par notre Créateur à en être un juste et équitable, — par une suite malheureuse de causes et d'empêchements, prend souvent une connaissance si imparfaite de ce qui se passe, — fait son office si négligemment, — quelquefois si déloyalement, — qu'on ne peut plus se fier à elle seule ; et c'est pourquoi nous trouvons qu'il y a nécessité, nécessité absolue de lui adjoindre un autre principe pour l'assister, sinon pour la diriger, dans ses décisions.

« De sorte que si vous voulez vous former une juste opinion de ce sur quoi il est pour vous d'une importance infinie de ne pas vous tromper, — à savoir, quel est votre degré réel de mérite, soit comme honnête homme, citoyen utile, sujet fidèle de votre roi, soit comme bon serviteur de votre Dieu, appelez à votre aide la religion et la morale. Vois : qu'y a-t-il d'écrit dans la loi de Dieu ? — Comment lis-tu ? — Consulte la raison calme et les lois invariables de la justice et de la vérité : — que disent-elles ?

« Que la conscience décide d'après ces rapports ; — et alors, si ton cœur ne te condamne pas, ce qui est le cas que l'apôtre suppose, — la règle sera infaillible ; » — [Ici le docteur Slop s'endormit.] — « *tu auras confiance en Dieu :* — c'est-à-dire, tu auras de justes motifs de croire que le jugement que tu as porté sur toi-même est le jugement de Dieu, et n'est autre chose qu'une anticipation de l'équitable sentence qui sera un jour prononcée sur toi par l'Être à qui tu dois finalement rendre compte de tes actions.

« *Bienheureux est l'homme,* en effet, alors, comme s'exprime l'auteur du livre de l'Ecclésiaste, *qui n'est pas en proie à une multitude de remords ; bienheureux est l'homme que son cœur n'a pas condamné : qu'il soit riche, ou qu'il soit pauvre, s'il a un bon cœur* (un cœur ainsi guidé et éclairé), *son visage riant annoncera en tout temps sa joie; son esprit lui en dira plus que sept gardiens qui veilleraient au haut d'une tour.* » — [Une tour est sans force, dit mon oncle Toby, à moins qu'elle ne soit flanquée.] — « Dans les doutes les plus obscurs, il le conduira plus sûrement que mille casuistes, et donnera à l'état dans lequel il vit une garantie meilleure de sa conduite que toutes les causes et restrictions réunies, que les faiseurs de lois sont forcés de multiplier : — *forcés*, dis-je, comme les choses vont : les lois humaines n'étant pas originairement une affaire de choix, mais de pure nécessité, introduite comme un rempart contre les entreprises malfaisantes des consciences qui ne se servent point de loi à elles-mêmes, ayant bien pour but, par toutes les précautions prises — dans tous les cas de corruption et d'égarements, où les principes et le frein de la conscience ne nous feront pas aller droit, — de suppléer à leur force, et de nous y obliger par la terreur de la prison et du gibet. »

[Je vois clairement, dit mon père, que ce sermon a été composé pour être prêché au temple, — ou à quelque autre cour de justice. — J'en aime le raisonnement, — et je suis fâché que le docteur Slop se soit endormi avant d'être convaincu ; — car il est visible maintenant que le prêtre, comme j'avais cru d'abord, n'a nullement insulté saint Paul, et qu'il n'y a pas eu, frère, le moindre différend entre eux. ——— La belle chose, quand cela serait ! repartit mon oncle Toby ; — les meilleurs amis du monde peuvent quelquefois n'être pas d'accord. ——— C'est vrai, — frère Toby, dit mon père en lui donnant une poignée de main, — nous allons remplir nos pipes, frère, et puis Trim continuera.

Eh bien, — qu'en penses-tu? dit mon père, parlant au caporal Trim, tout en atteignant sa boîte à tabac.

Je pense, répondit le caporal, que les sept gardiens veillant sur la tour, — lesquels, je suppose, sont tous là des sentinelles, — sont, sauf votre respect, en plus grand nombre qu'il n'était nécessaire; — et que de continuer sur ce pied-là, ce serait harasser un régiment, ce qu'un commandant qui aime ses hommes ne fera jamais, quand il pourra s'en dispenser; attendu que deux sentinelles, ajouta le caporal, valent autant que vingt. — J'ai commandé moi-même cent fois au corps de garde, poursuivit Trim, en se redressant d'un pouce; — et tout le temps que j'ai eu l'honneur de servir Sa Majesté le roi Guillaume, en relevant les postes les plus considérables, jamais de ma vie je n'en ai laissé plus de deux. ——— Très-bien, Trim, dit mon oncle Toby; — mais vous ne considérez pas, Trim, que du temps de Salomon les tours n'étaient pas, comme nos bastions, flanquées et défendues par d'autres ouvrages. — Ceci, Trim, a été inventé depuis la mort de Salomon; et de son temps, non plus, on n'avait pas d'ouvrages à cornes, ni de ravelins devant la courtine ; — ni de fossés, comme nous en faisons, avec une cuvette au milieu, et avec des chemins couverts et des contrescarpes palissadées le long, pour garantir d'un coup de main : — en sorte que les sept hommes sur la tour étaient, je présume, un détachement du corps de garde, mis là non-seulement pour veiller, mais pour la défendre. ——— Ce ne pouvait être, sauf votre respect, qu'un poste de caporal. ——— Mon père sourit intérieurement, et non extérieurement ; — le sujet étant un peu trop sérieux, eu égard à ce qui était arrivé, pour en faire une plaisanterie : — mettant donc dans sa bouche sa pipe, qu'il venait d'allumer, — il se contenta d'ordonner à Trim de continuer la lecture. Celui-ci lut ce qui suit : —]

« Avoir la crainte de Dieu devant nos yeux, et, dans

nos rapports mutuels les uns avec les autres, diriger nos actions d'après les règles éternelles du bien et du mal : — voilà deux *tables*, dont la première comprendra les devoirs de la religion; — la seconde, ceux de la morale, et qui sont si inséparablement unies, qu'on ne saurait les diviser, même en imagination (quoique la tentative en ait souvent été faite en pratique), sans les briser et les détruire l'une par l'autre.

« Je dis que la tentative en a souvent été faite ; — et cela est vrai; — car il n'y a rien de plus commun que de voir un homme dénué de tout sentiment de religion et même assez loyal pour ne pas prétendre en avoir, prendre pour l'affront le plus sanglant le moindre soupçon sur sa moralité, — ou la pensée qu'il n'a pas été consciencieusement juste, et scrupuleux au dernier degré.

« Quand il y a apparence qu'il en est ainsi, — quoiqu'on répugne même à suspecter l'apparence d'une vertu aussi aimable que l'honnêteté morale, cependant, si nous avions à en examiner les bases dans le cas présent, je suis persuadé que nous trouverions peu de raisons d'envier à un tel homme l'honneur de son motif.

« Qu'il déclame avec autant d'emphase qu'il lui plaira sur ce sujet, on trouvera que sa moralité n'a pas d'autres fondements que, soit son intérêt, son orgueil, ou son bien-être, soit quelque petite et changeante passion qui ne nous donnera qu'une faible confiance en ses actions pour les cas de grande infortune.

« Je vais éclaircir ceci par un exemple.

« Je connais le banquier à qui j'ai affaire, ou le médecin que j'appelle habituellement, » — [Il n'est pas besoin. s'écria le docteur Slop (en se réveillant), d'appeler de médecin en pareil cas.] « pour n'avoir ni l'un ni l'autre beaucoup de religion ; je les entends en faire chaque jour un sujet de plaisanterie, et en traiter tous les décrets avec tant de mépris qu'il ne peut rester à cet égard aucun doute. Eh bien, — malgré cela, je mets ma fortune dans les mains de l'un ; — et ce qui m'est plus cher encore, je confie ma vie à l'honnête habileté de l'autre.

« Or, examinons quelle est la raison de cette grande confiance. En premier lieu, je crois qu'il n'y a aucune probabilité qu'aucun d'eux use à mon désavantage du pouvoir que je lui mets aux mains ; — je considère que l'honnêteté sert les desseins de cette vie ; — je sais que leur succès dans le monde dépend de la bonté de leur réputation. — En un mot, je suis persuadé qu'ils ne peuvent me faire de tort sans s'en faire davantage à eux-mêmes.

« Mais admettons autre chose ; à savoir, que, pour une fois, leur intérêt est à l'opposé ; qu'il arrive une circonstance où l'un, sans tacher sa réputation, peut faire main basse sur ma fortune, et me laisser nu dans le monde ; — et où l'autre peut m'en faire sortir, et être mis par ma mort en possession d'un bien sans déshonneur pour lui ni pour son art : — en ce cas, quelle prise ai-je sur eux ? — La Religion, le plus fort de tous les motifs, est hors de la question ; — l'Intérêt, qui est, après, le motif le plus puissant du monde, est fortement contre moi : ———— que me reste-t-il à jeter dans le bassin opposé, pour contre-balancer cette tentation ? ———— Hélas ! je n'ai rien, — rien que ce qui est plus léger qu'une bulle d'eau, — il faut que je sois à la merci de l'Honneur, ou de quelque autre capricieux principe de ce genre, — maigre garantie pour deux des biens les plus précieux ! — ma propriété et ma vie.

« Or donc, de même que nous ne pouvons avoir aucune confiance dans la morale sans la religion ; ainsi, de l'autre côté,—il n'y a rien de mieux à attendre de la religion sans la morale ; néanmoins ce n'est point merveille de voir un homme très-bas placé comme réputation de moralité, avoir la plus haute opinion de lui-même, en tant qu'homme religieux.

« Non-seulement il sera cupide, vindicatif, implacable, — mais même il laissera à désirer en fait de simple honnêteté ; cependant, attendu qu'il déclame contre l'incrédulité du siècle, — qu'il est zélé, pour certains points de la religion, — qu'il va deux fois par jour à l'église, — qu'il reçoit les sacrements, — et qu'il s'amuse avec quelques-unes des parties instrumentales de la religion, — il dupera sa conscience, et se jugera pour cela un homme religieux et qui a fidèlement accompli son devoir envers Dieu ; et vous verrez un tel homme, grâce à cette illusion, abaisser en général un regard d'orgueil spirituel sur tout autre homme qui a moins d'affectation de piété, — quoique, peut-être, dix fois plus d'honnêteté réelle que lui.

« *C'est encore là un cruel mal sous le soleil* ; et il n'est pas, je crois, de principe mal entendu qui, pendant sa durée, ait causé de plus graves malheurs. —— Comme preuve générale, — examinez l'histoire de l'Église de Rome ; » — [Mais comment entendez-vous cela ? s'écria le docteur Slop.] — « voyez quelles scènes de cruauté, de meurtre, de rapine, d'effusion de sang, » — [Ils peuvent s'en prendre à leur obstination, cria le docteur Slop.] —

« ont toutes été sanctifiées par une religion qui n'était pas strictement dirigée par la morale !

« Dans combien de royaumes du monde » — [Ici Trim continua de balancer sa main droite, à partir du sermon jusqu'où pouvait s'étendre son bras, la ramenant en arrière et en avant, et cela jusqu'à la fin du paragraphe.]

« Dans combien de royaumes du monde l'épée de ce croisé égaré, de ce saint errant, n'a-t-elle épargné ni âge, ni mérite, ni sexe, ni rang ! — Et comme il combattait sous les bannières d'une religion qui le dispensait de justice et d'humanité, il n'en montrait aucune, les foulait toutes deux impitoyablement aux pieds, — n'entendait pas les cris des infortunés, et n'avait pas pitié de leur détresse. »

[J'ai été à bien des batailles, sauf votre respect, dit Trim en soupirant, mais jamais à aucune aussi lugubre que celle-ci. — Je n'aurais pas voulu tirer un seul coup contre ces pauvres gens, — quand on m'aurait fait officier général. ——— Oui-da ! qu'est-ce que vous y comprenez ? dit le docteur Slop, regardant Trim avec un peu plus de mépris que n'en méritait l'honnête cœur du caporal. ——— Que savez-vous, l'ami, de cette bataille dont vous parlez ? — Je sais, répliqua Trim, que jamais de ma vie je n'ai refusé quartier à un homme qui me l'a demandé ; — mais une femme ou un enfant, continua Trim, avant de les mettre en joue, je perdrais mille fois la vie.——— Voilà une couronne pour toi, Trim, pour boire ce soir avec Obadiah, dit mon oncle Toby, et j'en donnerai une autre à Obadiah aussi. ——— Dieu bénisse votre Honneur, répliqua Trim, j'aimerais mieux que ces pauvres femmes et ces enfants pussent l'avoir. ——— Tu es un honnête garçon, dit mon oncle Toby. ——— Mon père fit un signe de tête comme pour dire : — C'est bien vrai. ———

Mais je t'en prie, Trim, dit mon père, finis-en, — car je vois qu'il ne te reste plus qu'une ou deux feuilles.

Le caporal Trim continua de lire.]

« Si le témoignage des siècles passés à cet égard n'est pas suffisant, — considérez, en cet instant même, comment les dévots de cette religion pensent chaque jour servir et honorer Dieu par des actions qui sont un déshonneur et un scandale pour eux-mêmes.

« Pour en être convaincu, entrez un moment avec moi dans les prisons de l'Inquisition. » [Dieu assiste mon pauvre frère Tom !] — « Contemplez la Religion, tenant la Miséricorde et la Justice enchaînées sous ses pieds, — siégeant lugubre sur un noir tribunal, appuyée sur des chevalets et des instruments de torture. — Écoutez ! écoutez ! quel douloureux gémissement ! » — [Ici le visage de Trim devint pâle comme la cendre.] ———
« Voyez le pauvre malheureux qui l'a poussé ; » — [ici ses larmes commencèrent à couler] ——— « on vient de l'amener pour lui faire subir les angoisses d'un soi-disant procès, et endurer le dernier degré de souffrances qu'un système médité de cruauté ait été capable d'inventer. » ——— [Damnés soient-ils tous ! dit Trim, les couleurs lui revenant au visage aussi rouge que du sang.]
— « Contemplez cette victime sans appui, livrée à ses bourreaux, — son corps si usé par le chagrin et la réclusion ! » — [Oh ! c'est mon frère, s'écria le pauvre Trim, de l'accent le plus passionné, laissant tomber le sermon à terre, et frappant des mains — je crains que

ce ne soit le malheureux Tom. ———— Le cœur de mon père et celui de mon oncle Toby souffrirent vivement de sympathie pour la douleur du pauvre garçon ; le docteur Slop lui-même avoua en avoir pitié. ———— Eh! Trim, dit mon père, ce n'est point une — histoire, c'est un sermon que tu lis ; je t'en prie, recommence la phrase.]

———— « Contemplez cette victime sans appui, livrée à ses bourreaux, — son corps si usé par le chagrin et la réclusion, vous verrez souffrir chaque nerf et chaque muscle.

« Observez le dernier mouvement de cet horrible instrument! » — [J'aimerais mieux regarder un canon en face, dit Trim, frappant du pied.] — « Voyez dans quelles convulsions il est tombé ! — considérez la nature de la position où maintenant il gît étendu ! — quelles tortures raffinées elle lui fait souffrir ! » — [J'espère que ce n'est point en Portugal.] — « C'est tout ce que la nature peut supporter! Bon Dieu! voyez comme elle retient son âme exténuée, suspendue à ses lèvres tremblantes! » — [Je ne voudrais pas en lire une ligne de plus, dit Trim, pour tout l'univers! — J'ai peur, sauf votre respect, que tout ceci ne se passe en Portugal, où est mon pauvre frère Tom. ———— Je te répète, Trim, dit mon père, que ce n'est point une relation historique, — c'est une description. — Ce n'est qu'une description, mon brave homme, dit Slop ; il n'y a pas un mot de vrai là dedans. ———— Ceci, c'est une autre affaire, repartit mon père. — Cependant, puisque Trim la lit avec tant d'émotion, — c'est une cruauté de le forcer à continuer. — Passe-moi le sermon, Trim ; — je le finirai pour toi, et tu peux t'en aller. ———— Il faut que je reste à l'entendre, répliqua Trim, si votre Honneur veut me le permettre ; — mais je ne voudrais pas le lire moi-même pour la paye d'un colonel. ———— Pauvre Trim! dit mon oncle Toby. ———— Mon père continua.]

« — Considérez la nature de la position où maintenant il gît étendu ! — Quelles tortures raffinées elle lui fait souffrir ! — C'est tout ce que la nature peut supporter ! Bon Dieu! voyez comme elle retient son âme exténuée, suspendue à ses lèvres tremblantes, — et voulant s'échapper — et n'ayant pas la permission de partir. — Contemplez le pauvre malheureux qu'on reconduit à son cachot ! » ———— [Alors, grâce à Dieu, pourtant, dit Trim, ils ne l'ont pas tué.] — « Voici qu'on l'en tire de nouveau pour le livrer aux flammes et aux insultes prodiguées à son agonie, et que ce principe, — ce principe qu'il peut exister une religion sans miséricorde, a préparées pour lui ! » ———— [Alors, grâce à Dieu, il est mort, dit Trim, — il est hors de peine, — ils ne peuvent plus lui faire grand mal. — O messieurs ! ———— Tiens-toi tranquille, Trim, dit mon père reprenant le sermon, de peur que Trim n'irritât le docteur Slop, — nous n'en finirons jamais de ce train-là.]

« Le plus sûr moyen d'éprouver le mérite de toute idée contestée, c'est de la suivre dans ses conséquences, et de les comparer avec l'esprit du christianisme ; — c'est la règle courte et décisive que notre Sauveur nous a laissée pour ces sortes de cas, et elle vaut mille arguments. — *Vous les connaîtrez à leurs fruits.*

« Je ne prolongerai pas davantage ce sermon, et je n'y ajouterai que deux ou trois règles courtes et détachées qu'on en peut déduire.

« *Premièrement*, toutes les fois qu'un homme déclame contre la religion, soupçonnez toujours que ce n'est pas sa raison, mais que ce sont ses passions qui l'ont emporté sur sa FOI. Une mauvaise vie et une bonne croyance sont des voisines d'humeur incompatible et querelleuse ; et lorsqu'elles se séparent, comptez que ce n'est pas pour une autre cause que pour avoir la paix.

« *Secondement*, quand un homme tel que celui que nous représentons vous dit, quel que soit le cas particulier, — que telle chose répugne à sa conscience, — croyez toujours que le sens de sa phrase est exactement le même que lorsqu'il vous dit que telle chose répugne à son estomac ; — un manque actuel d'appétit étant généralement la vraie cause de cette double répugnance.

« En un mot, — ne vous fiez en rien à l'homme qui n'a pas de CONSCIENCE en tout.

« Et dans votre propre cas, souvenez-vous de cette simple distinction que pour n'avoir pas bien comprise des milliers de gens se sont perdus, — c'est que notre conscience n'est pas une loi.—Non, Dieu et la raison ont fait la loi, et ont placé la conscience en vous pour décider ; — non pas comme un cadi asiatique, suivant les flux et reflux de ses passions, mais comme un juge anglais, qui, sur cette terre de liberté et de bon sens, ne fait pas de loi nouvelle, mais applique fidèlement la loi qu'il sait déjà écrite. »

FIN.

Tu as lu le sermon extrêmement bien, **Trim**, dit mon père. ———— S'il nous avait fait grâce de ses commentaires, répliqua le docteur Slop, il l'aurait beaucoup mieux lu. — Je l'aurais dix fois mieux lu, monsieur, répondit Trim, si je n'avais pas eu le cœur si gros. — C'est précisément la raison, Trim, dit mon père, qui t'a fait lire le sermon aussi bien que tu l'as fait ; et si les prêtres de notre Église, continua mon père, en s'adressant au docteur Slop, se pénétraient de ce qu'ils débitent aussi profondément que ce pauvre garçon, — comme leurs compositions sont belles, — [Je le nie, dit le docteur Slop.] — je maintiens que l'éloquence de notre chaire, avec de tels sujets pour l'enflammer, serait un modèle pour le monde entier. — Mais, hélas ! continua mon père, je l'avoue, monsieur, avec chagrin, semblables aux politiques français sous ce rapport, ce qu'ils gagnent dans le cabinet, ils le perdent sur le terrain. ——— Ce serait dommage, dit mon oncle, que ce sermon-ci fût perdu. ——— Il me plaît fort, repartit mon père, — il est dramatique ; — et ce genre d'écrit, quand il est habilement manié, a quelque chose qui s'empare de l'attention. ——— On prêche beaucoup dans ce genre chez nous, dit le docteur Slop. — Je sais très-bien cela, dit mon père, — mais d'un ton et d'une manière qui déplurent bien autant au docteur Slop, que son simple assentiment aurait pu lui être agréable. ——— Mais, ajouta le docteur Slop un peu piqué, — nos sermons ont grandement l'avantage en ceci, que nous n'y introduisons jamais de personnage au-dessous d'un patriarche, ou de la femme d'un patriarche, ou d'un martyr, ou d'un saint. Il y a de fort mauvais personnages dans celui-ci, pourtant, dit mon père, et je ne l'en crois pas du tout plus mauvais pour cela. ——— Mais, je vous prie, dit mon oncle Toby, — de qui ce sermon peut-il être ? — comment a-t-il pu se trouver dans mon Stevin ? —— Il faudrait être aussi grand sorcier que Stevin, dit mon père, pour résoudre cette seconde question. La première, je pense, n'est pas si difficile; car, à moins que mon jugement ne me trompe grandement, —— je connais l'auteur, et ce sermon a été écrit, certainement, par le prêtre de la paroisse.

La ressemblance de style et de matière avec ceux que mon père avait constamment entendu prêcher dans l'église de sa paroisse, était la base de sa conjecture, — et lui prouvait, aussi fortement qu'un argument *à priori* pouvait prouver une telle chose à un esprit philosophique, qu'il était d'Yorick et non d'aucun autre. — On en eut la preuve aussi *à posteriori*, le jour suivant, qu'Yorick envoya un domestique chez mon oncle Toby pour en demander des nouvelles.

Il paraît qu'Yorick, qui était curieux de toute espèce de savoir, avait emprunté Stevin à mon oncle Toby, et, son sermon fait, l'avait négligemment fourré au beau milieu de Stevin ; et, que par un de ces oublis auxquels il était continuellement sujet, il avait renvoyé Stevin et son sermon pour lui tenir compagnie.

Infortuné sermon ! tu fus perdu de nouveau, après avoir été ainsi retrouvé, ayant glissé par une fente inaperçue de la poche de ton maître, dans une doublure traîtresse et toute déchirée ; — tu fus enfoncé dans la boue par le pied gauche de derrière de sa rossinante, qui marcha inhumainement sur toi quand tu fus tombé ; — tu fus enseveli dix jours dans la fange, — ramassé par un mendiant, — vendu un sou à un clerc de paroisse, — porté par lui au prêtre, — à tout jamais perdu pour le tien, de son vivant, — et rendu à ses mânes sans repos seulement en cet instant même où je raconte au monde cette histoire.

Le lecteur pourra-t-il croire que ce sermon d'Yorick fut prêché pendant les assises, dans la cathédrale d'York, devant mille témoins, prêts à en faire le serment, par un certain prébendier de cette église, et qu'il fut positivement imprimé par lui ensuite ? — et cela pas plus tard que deux ans et trois mois après la mort d'Yorick. — Yorick, il est vrai, n'avait pas été mieux traité pendant sa vie ; —————— mais il était un peu dur de continuer après, et de le piller quand on l'avait mis au tombeau.

Cependant, comme le gentleman qui fit cela avait une bienveillance parfaite pour Yorick, — que par conscience et esprit de justice il n'imprima qu'un petit nombre d'exemplaires destinés à être donnés ; — et qu'en outre, m'a-t-on dit, il aurait pu en faire un aussi bon lui-même, s'il l'avait jugé à propos, — je déclare que je n'aurais pas publié cette anecdote ; — et que je ne la publie pas avec l'intention de nuire à sa réputation et à son avancement dans l'église ; je laisse cela à d'autres ; — mais je m'y trouve poussé par deux raisons auxquelles je ne puis résister.

La première est qu'en rendant justice à Yorick, je puis donner du repos à son ombre, qui, à ce que croient les gens de la campagne et quelques autres, — *revient sur terre.*

La seconde raison est qu'en révélant cette histoire au monde, je trouve une occasion de l'informer — que, dans le cas où le caractère du révérend Yorick et cet échantillon de ses sermons plairaient, — la famille Shandy en a en sa possession de quoi faire un beau volume, tout au service du monde, — et grand bien puissent-ils lui faire.

CHAPITRE XLIII.

Obadiah gagna les deux couronnes sans discussion ; car juste au moment où le caporal Trim sortait de la chambre, il entra annoncé par le tintement de tous les instruments contenus dans le sac vert de serge dont nous avons parlé, et qu'il s'était passé en bandoulière.

Il serait convenable, je pense, dit le docteur Slop (éclaircissant sa physionomie), maintenant que nous sommes en état de rendre quelques services à mistress Shandy, d'envoyer là-haut savoir comment elle va.

J'ai donné l'ordre à la vieille sage-femme, répondit mon père, de descendre nous trouver à la moindre difficulté ; car il faut que vous sachiez, docteur Slop, continua mon père, avec une espèce de sourire d'embarras, que, par un traité exprès, solennellement ratifié entre ma femme et moi, vous n'êtes qu'un auxiliaire en cette affaire ; — et même pas tant que cela, — à moins que cette maigre vieille mère de sage-femme qui est là-haut ne puisse se passer de vous. — Les femmes ont leurs idées à elles ; et dans des circonstances de cette nature, continua mon père, où elles portent tout le fardeau, et souffrent des douleurs si aiguës pour l'avantage de nos familles et le bien de l'espèce, — elles réclament le droit de décider en souveraines dans les mains de qui et de quelle façon elles préfèrent les endurer.

Elles ont raison, — dit mon oncle Toby. ——— Mais monsieur, repartit le docteur Slop, sans tenir compte de l'opinion de mon oncle Toby, et se tournant vers mon père, — il vaudrait mieux qu'elles fussent maîtresses sur d'autres points ; et un père de famille qui désire de perpétuer sa race, ferait mieux, à mon avis, de faire avec elles un échange de prérogatives, et de leur céder d'autres droits à la place de celui-ci. ——— Je ne sais pas, reprit mon père, un peu trop brusquement pour être tout à fait de sang-froid dans ce qu'il disait, — je ne sais pas, reprit-il, ce que nous pouvons encore laisser à leur choix, à la place de l'homme qui les aidera à mettre nos enfants au monde, à moins que ce ne soit — celui qui les leur fera. ——— Il n'est peut-être rien qu'on ne dût céder, répliqua le docteur Slop. ——— Je vous demande pardon, répondit mon oncle Toby. ——— Monsieur, repartit le docteur Slop, vous seriez étonné de savoir quels progrès nous avons fait faire dans ces derniers temps à toutes les branches de l'art d'accoucher, et particulièrement à la sûre et prompte extraction du fœtus ; — sur ce seul et unique point on a jeté tant de lumières, que, pour ma part (levant les mains), je déclare que je me demande comment le monde a ——— Je voudrais, dit mon oncle Toby, que vous eussiez vu les prodigieuses armées que nous avions en Flandre.

CHAPITRE XLIV.

J'ai tiré pour une minute le rideau sur cette scène, — afin de vous rappeler une chose, — et de vous en apprendre une autre.

LIV. II. — CHAP. XLIV.

Ce que j'ai à vous apprendre vient, je l'avoue, un peu hors de sa place; — car j'aurais dû le raconter cent cinquante pages plus haut, n'était que je prévoyais alors que plus tard cela viendrait à propos, et plus avantageusement ici qu'ailleurs. — Les écrivains auraient besoin de regarder devant eux pour maintenir la chaleur et l'enchaînement de ce qu'ils ont en main.

Ces deux choses faites, — le rideau se relèvera, et mon oncle Toby, mon père et le docteur Slop reprendront leur entretien, sans autre interruption.

Premièrement, donc, ce que j'ai à vous rappeler, c'est — que les échantillons de la singularité des idées de mon père relativement aux noms de baptême, et à cet autre point antérieur, — vous ont, je présume, amené à penser — (et pour sûr je l'ai dit) que mon père avait cinquante autres opinions tout aussi bizarres et fantasques. Au fait, il n'y avait pas un des degrés de la vie de l'homme, depuis l'acte même de sa conception, — jusqu'au maigre pantalon à pieds de sa seconde enfance, qui ne lui fournît quelque idée favorite et toute à lui, aussi sceptique et aussi écartée du grand chemin des pensées, que les deux idées dont l'explication a été donnée.

— M. Shandy, mon père, ne voyait rien, monsieur, au point de vue des autres; — il mettait les choses à son propre point de vue; — il ne pesait rien dans les balances ordinaires; — non, c'était un trop fin explorateur pour prêter le flanc à une imposture aussi grossière. — Pour obtenir le poids exact des choses, au moyen de la romaine scientifique, le point d'appui, disait-il, devait être presque invisible, afin d'éviter complétement le frottement des opinions populaires; — sans quoi, les *minuties* de la philosophie, qui emportaient toujours la balance, n'y auraient pas le moindre poids. Le savoir, comme la matière, affirmait-il, était divisible *in infinitum;* — les grains et les scrupules en faisaient tout autant partie que la gravitation du monde entier. — En un mot, disait-il, l'erreur était l'erreur, — n'importe où elle tombât — soit dans une fraction, — soit dans une livre, — elle était également funeste à la vérité ; — et celle-ci était retenue au fond de son puits aussi inévitablement par une méprise sur la poussière de l'aile d'un papillon, — que sur le disque du soleil, de la lune et de toutes les étoiles du ciel ensemble.

Il se lamentait souvent, disant que c'était faute d'y réfléchir convenablement et d'en faire habilement l'application aux affaires civiles, ainsi qu'aux vérités spéculatives, que tant de choses étaient disloquées ; — que l'arche politique se détraquait ; — et que les fondements mêmes de notre excellente constitution dans l'Église et dans l'État, étaient aussi sapés que l'avaient rapporté des experts.

Vous criez, disait-il, que nous sommes un peuple ruiné, perdu. Pourquoi? demandait-il, faisant usage du sorite ou syllogisme de Zénon et de Chrysippe, sans savoir qu'il leur appartenait. — Pourquoi? pourquoi sommes-nous un peuple ruiné? — Parce que nous sommes corrompus. — D'où vient, cher monsieur, que nous sommes corrompus? — De ce que nous sommes dans le besoin ; — c'est notre pauvreté, et non notre volonté qui consent. — Et pourquoi, ajoutait-il, sommes-nous dans le besoin ? — Pour avoir négligé, répondait-il, nos sous et nos liards : — nos billets de banque, monsieur, nos guinées, — et jusqu'à nos shillings se gardent eux-mêmes.

Il en est ainsi, disait-il, dans tout le cercle des sciences ; — les grands points, les points établis ne sont point attaqués. — Les lois de la nature savent se protéger elles-mêmes ; mais l'erreur — (ajoutait-il, en regardant fixement ma mère) l'erreur, monsieur, s'insinue dans les plus petits trous, dans les plus étroites crevasses que la nature humaine laisse sans défense.

Cette manière de voir de mon père est ce que j'avais à vous rappeler ; — le point que vous avez à apprendre, et que j'ai réservé pour cet endroit, le voici : —

Parmi les nombreuses et excellentes raisons dont mon père s'était servi auprès de ma mère pour lui faire accepter le ministère du docteur Slop de préférence à celui de la vieille femme, — il en était une d'une nature très-singulière : celle-là, quand, après avoir traité la chose en chrétien, il en était revenu à la traiter en philosophe, il y avait mis toute sa force, comptant vraiment dessus comme sur son ancre de salut. ——— Elle lui manqua, non par aucun défaut de l'argument en lui-même ; mais parce qu'il eut beau faire, il ne put lui en faire comprendre la portée. ——— Sort maudit ! — se dit-il une après-midi, comme il sortait de la chambre après la lui avoir exposée pendant une heure et demie, sans aucune espèce de résultat ; — sort maudit ! dit-il en se mordant la lèvre, comme il fermait la porte ; — tenir un des plus beaux enchaînements de raisonnement qui soit au monde, — et en même temps avoir une femme dont la tête est faite de telle sorte, que je ne pourrais pas y clouer une seule induction, quand il irait du salut de mon âme !

Cet argument, quoiqu'il fût entièrement perdu pour ma mère — avait plus de poids pour lui que tous ses autres arguments joints ensemble : — je tâcherai donc de lui rendre justice, — et de l'exposer avec toute la perspicuité dont je suis capable.

Mon père s'appuyait sur la force des deux axiomes suivants : —

Premièrement, qu'un homme était plus riche avec une once de son propre esprit qu'avec un tonneau de celui des autres; et

Secondement (ce qui, par parenthèse, était la base du premier axiome, — quoique arrivant en dernier), que l'esprit de chaque homme devait venir de son âme à lui-même, — et non de celle d'aucun autre.

Or, comme il était démontré pour mon père que toutes les âmes étaient naturellement égales, — et que la grande différence qui existait entre l'entendement le plus aigu et le plus obtus, — n'était due à aucune supériorité ou infériorité originelle de subtilité d'une substance pensante à l'égard de l'autre, — mais provenait purement de l'heureuse ou malheureuse organisation du corps, dans la partie où l'âme avait principalement sa résidence, — il avait pris pour objet de ses recherches de trouver cet endroit. —

Or, d'après les meilleurs renseignements qu'il put se procurer sur cette matière, il fut convaincu qu'elle ne pouvait pas être où Descartes l'avait placée, au sommet de la glande pinéale, qui, suivant son raisonnement, formait pour elle un coussin de la grandeur d'un gros pois; quoique, à dire vrai, comme tant de nerfs venaient tous aboutir à ce seul endroit, — ce ne fût pas une mauvaise conjecture; — et mon père serait certainement tombé avec ce grand philosophe en plein dans la méprise, sans mon oncle Toby, qui l'en préserva en lui racontant l'histoire d'un officier wallon qui, à la bataille de Landen, avait eu une partie de sa cervelle emportée par une balle, — et une autre partie enlevée ensuite par un chirurgien français, et qui, après tout, s'était rétabli et avait fort bien fait son service malgré cela.

Si la mort, dit mon père argumentant avec lui-même, n'est que la séparation de l'âme et du corps ; — et s'il est vrai que des gens puissent aller et venir et faire leurs affaires sans cervelle, — certes alors l'âme n'habite pas là. Q. E. D.

Quant à cette certaine liqueur très-claire, très-subtile et très-odorante que Coglionissimo Borri, le grand médecin milanais, affirme dans une lettre à Bartholino, avoir découverte dans les *cellulæ* des parties *occipitales* du *cerebellum*, et qu'il affirme également être le siége principal de l'âme raisonnable (car il faut que vous sachiez que depuis nos progrès en civilisation, tout homme vivant se trouve avoir deux âmes, — l'une, suivant le grand Metheglingius, appelée l'*Animus* ; l'autre, l'*Anima*) ; — quant à l'opinion, dis-je, de Borri, — mon père n'y put souscrire en aucune façon ; l'idée seule d'un être aussi noble, aussi épuré, aussi immatériel et aussi exalté que l'*Anima*, ou même l'*Animus*, tenant sa résidence et barbottant, comme un têtard, tout le long du jour, hiver et été, dans une mare, — ou dans un liquide d'aucune espèce, tel épais ou tel clair qu'il fût, cette idée, disait-il, blessait son imagination ; c'est à peine s'il voulait prêter l'oreille à une telle doctrine.

Celle, donc, qui de toutes lui paraissait la moins susceptible d'objections, c'était que le principal *sensorium* ou quartier général de l'âme, là où venaient se concentrer tous les rapports, et d'où s'expédiaient tous les ordres, était dans l'intérieur, ou près du *cerebellum*, — ou plutôt dans les alentours de la *medulla oblongata*, où il a été généralement reconnu par les anatomistes hollandais que tous les mêmes nerfs de tous les organes des sept sens aboutissaient, comme les rues et ruelles tortueuses à une place.

Jusque-là il n'y avait rien de singulier dans l'opinion de mon père ; — il avait pour lui le meilleur des philosophes de tous les siècles et de tous les pays. ——— Mais ici, il prit une route à lui, bâtissant une autre hypothèse shandienne sur ces pierres angulaires qu'on lui avait posées, — laquelle susdite hypothèse défendait aussi son terrain : la subtilité et la délicatesse de l'âme dépendaient-elles de la température et de la clarté de ladite liqueur, ou de la délicatesse du réseau et du tissu du *cerebellum* même ? Il penchait pour cette dernière opinion.

Il soutenait qu'après le soin convenable à prendre dans l'acte de la génération de chaque individu, acte qui réclamait toute la réflexion du monde, vu qu'il jetait le fondement de cette contexture incompréhensible qui compose l'esprit, la mémoire, l'imagination, l'éloquence et tout ce qu'on entend habituellement sous le nom de dispositions naturelles ; — qu'après ceci et son nom de baptême, qui étaient les deux causes originelles et les plus efficaces de toutes ; — la troisième cause, ou plutôt ce que les logiciens appellent la *causa sine quâ non*, et sans laquelle tout ce qui a été fait était de toute insignifiance, — c'était l'acte de préserver cette toile délicate et ténue du dégât qui s'y faisait généralement par la violence de la compression et du froissement que la tête avait à subir, grâce à l'absurde méthode de nous amener au monde la tête la première.

— Ceci demande explication.

Mon père, qui feuilletait toute espèce de livres, en lisant *Lithopædus Senonensis de partu difficili*[1], publié par Adrianus Smelvgot, avait trouvé que l'état flasque et flexible de la tête d'un enfant, au moment de l'accouchement, les os du *cranium* n'ayant pas de sutures, était tel, — que par la violence des efforts de la femme, qui, dans les grandes douleurs, équivalaient, terme moyen, au poids de quatre cent soixante-dix livres, de seize onces, agissant perpendiculairement dessus, — il arrivait que, quarante-neuf fois sur cinquante, ladite tête était comprimée et moulée dans la forme d'un morceau de pâte oblong et conique, tel que généralement le roule un pâtissier pour en faire un pâté. — Bon Dieu ! s'écria mon père, quel dégât, quel ravage cela doit faire dans le tissu infiniment fin et

---

[1] L'auteur fait ici deux méprises, car *Lithopædus* devrait être écrit ainsi : *Lithopædii Senonensis Icon*. La seconde méprise est que ce *Lithopædus* n'est point un auteur, mais un dessin d'enfant pétrifié. La relation qui en a été publiée par Athosius, 1580, peut se voir à la fin des œuvres de Cordæus dans Spachius. M. Tristram Shandy a été induit dans cette erreur, soit en voyant récemment le nom de *Lithopædus* sur une liste de savants écrivains dans le docteur ———, ou en confondant Lithopædus avec *Trinecavellius*, — à cause de la trop grande similitude des noms.

(Note de l'auteur)[*].

---

[*] « Le dix-septième auteur de la collection de *Spachius* est, à ce que vous nous dites, *Lithopædus Senonensis*, qui, au lieu d'être un auteur, est simplement un dessin d'enfant pétrifié, retiré de la mère après qu'elle a été ouverte; et cela est évident d'après le titre : *Lithopædii Senonensis Icon*, qui est contenu dans une seule et même page avec l'explication. » Lettre du docteur John Burton, d'York, à Smellie (Smelvgot), page 21. *(Note du traducteur.)*

tendre du *cerebellum!* — Ou s'il existe une liqueur telle que le prétend Borri, — n'est-ce point assez pour rendre le plus clair liquide du monde bourbeux et féculent ?

Mais combien grande fut son appréhension, quand il sut en outre que cette force agissant sur le vertex même de la tête, non-seulement endommageait le cerveau, ou *cerebrum*, — mais que nécessairement elle pressait et poussait le *cerebrum* vers le *cerebellum*, qui était le siége immédiat de l'entendement ! ——— Anges et ministres de grâce, défendez-nous ! s'écria mon père, — est-il aucune âme qui puisse soutenir ce choc ? — je ne m'étonne pas que la toile intellectuelle soit aussi déchirée, aussi en loques que nous la voyons ; et que tant de nos meilleures têtes ne soient qu'un écheveau de soie embrouillée, — toute perplexité, — toute confusion au dedans.

Mais quand mon père continua de lire, et fut initié à ce secret que lorsqu'un enfant était tourné sens dessus dessous, ce qu'il était aisé à un opérateur de faire, et qu'il était extrait par les pieds, — au lieu que le *cerebrum* fût poussé vers le *cerebellum*, — le *cerebellum*, au contraire, était poussé simplement vers le *cerebrum*, où il ne pouvait faire aucune espèce de mal : ——— Par les cieux ! cria-t-il, le monde conspire pour nous enlever le peu d'esprit que Dieu nous a donné, — et les professeurs d'accouchement sont enrôlés dans la conspiration. — Que me fait, à moi, le bout par lequel mon fils viendra au monde, pourvu que tout aille bien après, et que son *cerebellum* évite d'être écrasé ?

Il est dans la nature d'une hypothèse, une fois qu'un homme l'a conçue, de s'assimiler toute chose, comme aliment convenable ; et dès l'instant où on l'a engendrée, généralement elle se renforce de tout ce qu'on voit, entend, lit ou apprend. Ceci est d'une grande importance.

Mon père n'eut pas porté celle-ci un mois dans ses flancs, qu'il n'y eut guère de phénomène de stupidité ou de génie dont il ne pût sur-le-champ rendre compte avec elle : — elle lui expliquait pourquoi le fils aîné était le plus stupide de la famille. ——— Pauvre diable, disait-il, — il a frayé la route à la capacité de ses cadets. ——— Elle donnait la clef des observations sur les imbéciles et les têtes monstrueuses, — montrant *à priori*, qu'il n'en pouvait pas être autrement, — à moins que **** je ne sais quoi. Elle rendait merveilleusement raison de l'*acumen* du génie asiatique, et de ce tour plus vif, de cette intuition plus pénétrante des esprits dans les climats plus chauds ; non par cette vague explication, par ce lieu commun d'un ciel clair et d'un soleil plus constamment brillant, etc. — qui, autant qu'il en savait, pouvait aussi bien raréfier et réduire à rien les facultés de l'âme, par l'exagération de son principe, — que celle de l'autre les condensait dans de plus froids climats ; — mais il remontait à la source ; — montrait que, dans les climats plus chauds, la nature avait soumis à une taxe plus légère les plus belles parties de la création ; — que leurs plaisirs étaient plus vifs, — la nécessité de leurs peines moindre ; si bien que la pression et la résistance contre le vertex étaient si légères, que l'organisation entière du *cerebellum* était préservée ; — et même il ne croyait pas que dans les naissances naturelles il y eût un seul fil du réseau qui fût rompu ou déplacé, — de sorte que l'âme pouvait agir juste comme elle voulait.

Quand mon père fut parvenu jusque-là, — quels torrents de lumière l'histoire de l'opération césarienne et des sublimes génies qui, grâce à elle, étaient venus au monde sains et saufs, jeta sur cette hypothèse! — Ici, vous le voyez, disait-il, il n'y a pas eu d'atteinte au *sensorium*; — pas de pression de la tête contre le *pelvis*; — le *cerebrum* n'a pas été poussé vers le *cerebellum*, soit par l'*os pubis* de ce côté-ci, soit par l'*os coxygis* de ce côté-là; ——— et je vous prie, quelles ont été les heureuses conséquences? Eh! monsieur, votre Jules César qui a donné son nom à l'opération; et votre Hermès Trismégiste qui est né de la sorte avant même que l'opération eût un nom; — votre Scipion l'Africain; votre Manlius Torquatus; notre Édouard VI, — qui, s'il eût vécu, eût fait le même honneur à l'hypothèse : ——— ces hommes et bien d'autres qui ont tenu une grande place dans les annales de la renommée, — sont tous venus au monde de travers, monsieur.

L'incision de l'*abdomen* et de l'*utérus* roula six mois de suite dans la tête de mon père; — il avait lu, et était convaincu que les blessures à l'*épigastre* et celles à la *matrice* n'étaient pas mortelles : — en sorte que le ventre de la mère pouvait parfaitement bien être ouvert pour donner passage à l'enfant. — Il cita la chose une après-midi à ma mère, — simplement comme un fait; mais la voyant rien qu'à cette parole devenir pâle comme la cendre, quelque résultat flatteur qu'il se promît de l'opération, — il pensa qu'il ferait aussi bien de n'en plus parler, — se contentant d'admirer — ce qu'il jugeait complétement inutile de proposer.

Telle était l'hypothèse de mon père, M. Shandy; et relativement à elle, j'ai seulement à ajouter que mon frère

Bobby lui fit autant d'honneur (quel que soit celui qu'il fit à la famille) qu'aucun des grands héros dont nous avons parlé : car comme il se trouvait non-seulement avoir été baptisé, ainsi que je vous l'ai dit, mais être né aussi quand mon père était à Epsom, — comme de plus il était le premier enfant de ma mère, — qu'il était arrivé au monde la tête *la première*, — et qu'il était devenu ensuite un garçon d'une merveilleuse lenteur d'intelligence, — mon père fit entrer le tout dans son système; et n'ayant pas réussi par un bout, — il résolut d'essayer de l'autre.

Ceci, il ne fallait l'attendre d'aucune sage-femme; ces dames ne sortent pas aisément de leur routine; — c'était aussi une des grandes raisons qu'avait mon père de vouloir un homme de science, — dont il pourrait avoir meilleur marché.

De tous les hommes au monde, le docteur Slop était le plus propre au dessein de mon père; — car bien que son forceps de nouvelle invention fût l'armure qu'il avait éprouvée, et ce qu'il soutenait être le plus sûr instrument de délivrance, cependant, à ce qu'il paraît, il avait jeté un ou deux mots dans son livre en faveur de la chose même qui trottait dans l'imagination de mon père; — non pas pourtant qu'il eût en vue le bien de l'âme en faisant l'extraction par les pieds, comme mon père l'avait dans son système, — mais par des raisons purement *obstétriques*.

Ceci expliquera la coalition que firent mon père et le docteur Slop dans la conversation suivante, où ils attaquèrent un peu rudement mon oncle Toby. ——— Comment un homme simple et qui n'avait que du bon sens put tenir contre deux si savants alliés, — c'est difficile à concevoir. — Vous pouvez faire là-dessus vos conjectures, si bon vous semble ; — et tandis que votre imagination est en mouvement, vous pouvez l'encourager à poursuivre, et à découvrir par quelles causes et quels effets de la nature, il put se faire que mon oncle Toby dut sa modestie à la blessure qu'il reçut dans l'aine. — Vous pouvez bâtir un système pour expliquer comment le contrat de mariage fut cause de la perte de mon nez, — et montrer au monde comment il put arriver que j'eusse le malheur d'être appelé Tristram, contrairement à l'hypothèse de mon père et au désir de toute la famille, sans en excepter les parrains et marraines. Ces problèmes et cinquante autres restés encore sans explication, vous pouvez tâcher de les résoudre, si vous avez le temps ; — mais je vous dis à l'avance que ce sera en vain, car ni le sage Alquise, le magicien dans don Bélianis de Grèce, ni la non moins fameuse Urgande, la sorcière sa femme (s'ils étaient en vie) ne pourraient prétendre à arriver à une lieue de la vérité.

Le lecteur voudra bien attendre l'entière explication de ces faits jusqu'à l'année prochaine, — où se révélera une série de choses qu'il prévoit peu.

CHAPITRE XLV.

——— « Je voudrais, docteur Slop, » dit mon oncle Toby (répétant son souhait au docteur Slop, et cela avec un degré de plus d'ardeur et de vivacité dans l'expression qu'il n'en avait mis d'abord) ——— « je voudrais, docteur Slop, » dit mon oncle Toby, « que vous eussiez vu quelles prodigieuses armées nous avions en Flandre. »

Le souhait de mon oncle Toby rendit au docteur Slop un mauvais service que jamais le cœur de mon oncle n'avait eu l'intention de rendre à personne ; — il le confondit, monsieur, — et mettant d'abord ses idées en désordre, puis en déroute, il lui fut impossible de réussir à les rallier.

Dans toutes les discussions, — mâles ou femelles, — qu'il s'agisse d'honneur, d'intérêt ou d'amour, — cela n'y fait aucune différence ; il n'y a rien de plus dangereux, madame, qu'un souhait inattendu qui arrive ainsi de côté sur un homme. Le moyen le plus sûr en général de paralyser la force du souhait est que celui à qui il s'adresse se mette à l'instant sur pied, — et souhaite au *souhaiteur* quelque chose en retour, d'une valeur à peu près égale : — de la sorte, balançant le compte sur-le-champ, vous restez comme vous étiez : — même quelquefois vous gagnez par là l'avantage de l'attaque.

Ceci sera pleinement éclairci dans mon chapitre des souhaits.

Le docteur Slop ne comprit pas la nature de cette défense ; — il en fut abasourdi, et elle arrêta complétement la discussion pendant quatre minutes et demie ; la cinquième eût été fatale : — mon père vit le danger : — la discussion était une des discussions les plus intéressantes du monde : il s'agissait de savoir « si l'enfant de ses prières et de ses efforts naîtrait avec ou sans tête. » — Il attendit jusqu'au dernier moment pour laisser au docteur Slop, en faveur de qui le souhait avait été fait, son droit de riposte ; mais voyant, dis-je, qu'il était confondu et qu'il continuait de regarder, de ce regard vide et perplexe qui trahit en général les âmes déconcertées, — d'abord mon oncle Toby, puis lui-même, — puis en haut, — puis en bas, — puis à l'est, — est-nord-est, et ainsi de suite, — côtoyant la plinthe de la boiserie jusqu'à ce qu'il fût arrivé au point opposé du compas; et qu'actuellement il avait commencé à compter les clous en cuivre du bras de son fauteuil, — mon père jugea qu'il n'y avait pas de temps à perdre avec mon oncle Toby, et il reprit la conversation de cette manière :

CHAPITRE XLVI.

— « Quelles prodigieuses armées vous aviez en Flandre ! » ———

Frère Toby, répliqua mon père, ôtant sa perruque avec sa main droite, et avec la *gauche* tirant de la poche droite de son habit un mouchoir rayé des Indes, afin de se frotter la tête, tout en argumentant contre mon oncle Toby. ———

——— Eh bien, en cela je trouve que mon père était fort à blâmer; et je vais vous en donner mes raisons.

Des questions qui ne paraissaient pas avoir eu en elles-mêmes plus d'importance que celle de savoir « si mon père aurait dû ôter sa perruque avec la main droite ou avec la gauche, » — ont divisé les plus grands royaumes, et ont fait chanceler la couronne sur la tête des monarques qui les gouvernaient. — Mais ai-je besoin de vous dire, monsieur, que les circonstances dont chaque chose en ce monde est environnée, donnent à chaque chose en ce monde son volume et sa forme, — et en la serrant ou la relâchant, par ici ou par là, font la chose ce qu'elle est, — grande, — petite, — bonne, — mauvaise, — médiocre ou non, tout juste selon le cas ?

Comme le mouchoir de mon père était dans la poche droite de son habit, il ne devait en aucune façon permettre à sa main droite de s'occuper ailleurs : au contraire, au lieu d'ôter sa perruque avec, comme il fit, il aurait dû confier entièrement ce soin à la main gauche ; et alors, quand le besoin naturel que mon père avait de se frotter la tête aurait réclamé son mouchoir, il n'aurait eu tout simplement qu'à mettre sa main droite dans sa poche droite et à l'y prendre ; — ce qu'il aurait pu faire sans aucun effort et sans la moindre contorsion disgracieuse dans aucun des tendons ou muscles de tout son corps.

Dans ce cas (à moins pourtant que mon père n'eût résolu de se rendre ridicule en tenant sa perruque roide dans sa main gauche, ou en faisant quelque angle absurde avec son coude ou son aisselle) — toute son attitude eût été aisée, — naturelle, libre, Reynolds lui-même, tout grand et gracieux peintre qu'il est, l'aurait peint comme il était posé.

Or, comme mon père s'y prit, — considérez quelle diable de tournure il se donna.

A la fin du règne de la reine Anne, et au commencement de celui du roi Georges premier, — « les poches d'habit étaient coupées très-bas dans la basque. » — Je n'ai pas besoin d'en dire plus ; le père du mal, quand il aurait pâli dessus tout un mois, n'aurait pu inventer une mode plus désavantageuse dans la situation de mon père.

CHAPITRE XLVII.

Ce n'eût pas été pour vous une chose facile sous aucun règne (à moins d'être un aussi maigre sujet que moi, que de forcer votre main à traverser en diagonale tout votre corps, de manière à atteindre le fond de votre poche opposée. ——— Dans l'année mil sept cent dix-huit, où ceci arriva, c'était extrêmement difficile, de façon que lorsque mon oncle Toby découvrit les zigzags transversaux que faisait mon père pour en approcher, cela lui rappela à l'instant ceux où il avait fait son service devant la porte Saint-Nicolas. — Cette idée détourna si entièrement son attention du sujet en discussion, qu'il avait déjà la main droite levée pour sonner Trim et lui dire d'aller chercher sa carte de Namur, et avec elle son compas et celui de proportion, pour mesurer les angles de retour des traverses de cette attaque, — mais particulièrement de celle où il avait reçu sa blessure dans l'aine.

Mon père fronça le sourcil, et comme il le fronçait, tout le sang de son corps sembla refluer à sa face: — mon oncle Toby mit aussitôt pied à terre.

— Je n'avais pas compris que votre oncle Toby était à cheval. ———

CHAPITRE XLVIII.

Le corps d'un homme et son esprit, je le dis avec le plus profond respect pour tous deux, sont exactement comme un justaucorps et sa doublure ; — froissez l'un, — vous froissez l'autre. Il y a pourtant une exception certaine à ce cas, et c'est quand vous êtes un gaillard assez fortuné pour avoir votre justaucorps fait de taffetas gommé, et le corps qui en est la doublure, d'armoisin ou de mince persienne.

Zénon, Cléanthe, Diogène le Babylonien, Denis, Héracléote, Antipater, Panætius et Possidonius parmi les Grecs ; — Caton, Varron et Sénèque parmi les Romains ; — Pantenus, et Clément d'Alexandrie, et Montaigne, parmi les chrétiens ; et une trentaine d'autres dont je ne me rappelle pas les noms, et qui étaient d'aussi bons, d'aussi honnêtes, d'aussi imprévoyants Shandiens qu'on en ait jamais vu, — prétendaient tous que leurs justaucorps étaient faits de la sorte ; — vous auriez pu chiffonner et bouchonner, plier et replier, frotter et froisser les dessus à les mettre en pièces ; — bref, vous auriez fait le diable avec, que pas un des dessous n'en aurait valu un bouton de moins, pour tout ce que vous leur auriez fait.

Je crois en conscience que le mien est un peu de ce genre ; — car jamais pauvre justaucorps n'a été autant malmené depuis ces neuf derniers mois, — et cependant je déclare que la doublure, — autant que je suis juge de la chose, — n'en vaut pas six sous de moins. — Pêle-mêle, à la débandade, ding-dong, taille et rogne, coup d'arrière-main et coup d'avant-main, de côté et en longueur, comme ils me l'ont arrangé ! — S'il y avait eu dans ma doublure la moindre parcelle de gomme, par le ciel ! il y a longtemps qu'elle aurait été éraillée et usée jusqu'au dernier fil !

———— O vous, messieurs de la *Revue mensuelle* [1] !
———— comment avez-vous pu couper et taillader mon justaucorps comme vous avez fait ? — Comment saviez-vous si vous ne couperiez pas aussi ma doublure ?

Du fond du cœur et de l'âme, je vous recommande, vous et vos affaires, à la protection de cet Être qui ne fera de mal à aucun de nous, — ainsi Dieu vous bénisse ! — seulement le mois prochain, s'il est quelqu'un d'entre vous qui grince des dents, et jette feu et flamme contre moi, comme plusieurs l'ont fait en mai dernier (qui, je m'en souviens, était extrêmement chaud), — ne vous exaspérez point si je le supporte paisiblement, — étant déterminé aussi longtemps que je vivrai ou écrirai (ce qui, dans mon cas, signifie la même chose), à ne jamais me permettre envers l'honnête gentleman un mot ou un souhait pire que celui que mon oncle Toby adressa à l'insecte qui lui avait bourdonné autour du nez tout le temps du dîner, ———— « Va, — va, pauvre diable, dit-il ; — vat'en : pourquoi te ferais-je du mal ? le monde est ma foi bien assez grand pour nous contenir tous les deux. »

[1] *Monthly Review.* (*Note du traducteur.*)

CHAPITRE XLIX.

Madame, tout homme raisonnant avec logique, qui aurait observé la prodigieuse quantité de sang épanchée sur le visage de mon père, — au moyen de laquelle (car tout le sang de son corps semblait avoir reflué à sa face, comme je vous l'ai dit) il devait avoir rougi, à parler en peintre et en savant, de dix teintes et demie, sinon d'une pleine octave au-dessus de son ton naturel ; — tout homme, madame, autre que mon oncle Toby, qui aurait observé cela, — ainsi que le violent froncement des sourcils de mon père, et l'extravagante contorsion de son corps durant toute l'affaire, — en aurait conclu que mon père était en fureur ; et le tenant pour certain, — s'il avait été amoureux de ce genre de consonnance que produisent deux instruments de cette sorte mis exactement d'accord, — il se serait à l'instant monté au même point ; — et alors ç'aurait été le diable et son train — tout le morceau, madame, aurait été joué comme le sixième d'Aviso Scarlati — *con furia*, — comme par des enragés. — Accordez-moi de la patience ! — Qu'est-ce que *con furia*, — *con strepito*, — ou tout autre tintamarre a affaire avec l'harmonie ?

Tout homme, dis-je, madame, autre que mon oncle Toby, dont la bénignité de cœur interprétait chaque mouvement du corps dans le sens le plus favorable qu'admettait le mouvement, aurait conclu que mon père était en colère, et de plus l'aurait blâmé. Mon oncle Toby ne blâma que le tailleur qui avait fait l'ouverture de la poche ; — il se tint tranquille jusqu'à ce que mon père en eût tiré son mouchoir, le regardant au visage tout le temps avec une bienveillance inexprimable, et mon père à la fin continua en ces termes : —

CHAPITRE L.

—— « Quelles prodigieuses armées vous aviez en Flandre ! »

—— Frère Toby, dit mon père, je te crois un aussi honnête homme, et doué d'un cœur aussi bon et aussi droit que jamais Dieu en ait créé ; — ce n'est pas non plus ta faute si tous les enfants qui ont été, seront, peuvent ou doivent être engendrés, viennent au monde la tête la première ; — mais, crois-moi, cher Toby, les accidents qui inévitablement leur tendent des embûches non-seulement à l'article de la conception, — quoique ceux-ci, selon moi, méritent considération, mais les dangers et les difficultés dont nos enfants sont assiégés après qu'ils sont arrivés au monde, sont suffisants ; — il n'est guère besoin de leur en attirer sans nécessité au moment d'y entrer. —— Est-ce que ces dangers, dit mon oncle Toby, mettant sa main sur le genou de mon père et le regardant sérieusement en face dans l'attente d'une réponse, — est-ce que ces dangers sont plus grands aujourd'hui, frère, qu'anciennement ? —— Frère Toby, répondit mon père, pourvu qu'un enfant fût convenablement engendré, qu'il naquît vivant et en bonne santé, et que la mère se tirât bien de ses couches, — nos pères n'en demandaient pas davantage.— Mon oncle Toby retira aussitôt sa main de dessus le genou de mon père, appuya doucement son dos contre son fauteuil, leva sa tête jusqu'à ce qu'il pût voir tout juste la corniche de la chambre, puis, ordonnant aux muscles buccinateurs le long de ses joues et aux muscles orbiculaires autour de ses lèvres de faire leur devoir,— il siffla le *Lillibullero*.

CHAPITRE LI.

Tandis que mon oncle Toby sifflait à mon père le *Lillibullero*, — le docteur Slop frappait du pied, jurant et sacrant contre Obadiah de la manière la plus effroyable. ———— Cela vous aurait fait du bien de l'entendre ; cela vous aurait guéri pour toujours, monsieur, de l'ignoble défaut de jurer. C'est ce qui me détermine à vous raconter toute l'affaire.

Quand la servante du docteur Slop eut remis à Obadiah le sac de serge verte avec les instruments de son maître dedans, elle l'exhorta fort sensément à passer la tête et un bras dans les cordons, et à l'emporter en bandoulière. Défaisant donc la rosette, afin d'allonger pour lui les cordons, sans plus de difficulté elle l'aida à le passer. Cependant ceci, jusqu'à un certain point, découvrait l'entrée du sac ; craignant que, du train dont Obadiah menaçait de s'en retourner, le galop n'en fît sauter dehors quelque chose, ils furent d'avis de l'ôter de nouveau ; et dans la grande sollicitude et précaution de leurs cœurs, ils prirent les deux cordons et les attachèrent ferme (après avoir plissé en bourse l'ouverture du sac) au moyen d'une demi-douzaine de nœuds serrés que, pour plus de sûreté, Obadiah tira et retira l'un après l'autre de toute la force de son corps.

Ceci remplissait toutes les intentions d'Obadiah et de la servante, mais ce n'était point un remède contre certains maux que ni lui ni elle n'avaient prévus. Les instruments, à ce qu'il paraît, tout serré qu'avait été noué le haut du sac, avaient au fond tant de place pour y jouer (la forme du sac étant conique), qu'Obadiah ne put lui faire prendre le trot sans un carillon si terrible et du *tire-tête*, et du *forceps*, et de la *seringue*, qu'il n'en eût pas fallu davantage, si l'Hymen était allé faire un tour de ce côté-là, pour le chasser d'effroi hors du pays; mais quand Obadiah accéléra son mouvement, et que d'un simple trot il essaya de lancer son cheval de carrosse au grand galop, — par le ciel ! monsieur, le carillon fut incroyable.

Comme Obadiah avait une femme et trois enfants, — la turpitude de la fornication et toutes les autres mauvaises conséquences politiques de ce carillon ne lui vinrent pas une seule fois à l'idée ; — il y trouvait pourtant à redire, par un motif tout personnel et qui avait du poids pour lui, comme ç'a été souvent le cas avec les plus grands patriotes. ——— « Le pauvre garçon, monsieur, ne pouvait pas s'entendre siffler. »

CHAPITRE LII.

Obadiah qui préférait la musique des instruments à vent à toute la musique instrumentale qu'il emportait, — mit très-sérieusement son imagination en travail pour inventer et concerter par quels moyens il arriverait à pouvoir en jouir.

Dans tous les embarras (ceux musicaux exceptés) où on a besoin de petites cordes, rien n'est si apte à se présenter à l'esprit d'un homme que le cordon de son chapeau : ——— la raison philosophique de ceci est tellement près de la surface, — que je dédaigne d'y entrer.

Comme le cas d'Obadiah était mixte : ——— remarquez, messieurs, — je dis mixte; car il était obstétrique, — sacochique, canulique, papistique — en tant que le cheval de carrosse y était intéressé, — cabalistique, — et en partie seulement mélodique ; — Obadiah ne se fit aucun scrupule de se servir du premier expédient qui s'offrit : empoignant donc le sac et les instruments, et les serrant ferme ensemble d'une main, et avec un doigt et le pouce de l'autre mettant le bout du cordon de son chapeau entre ses dents, et puis coulant sa main au milieu, — il attacha et rattacha le tout d'un bout à l'autre (comme vous feriez d'une malle (par une multiplicité si compliquée de tours dans tous les sens, avec un nœud à chaque intersection au point où les cordes se rencontraient, — qu'il aurait fallu au docteur Slop les trois cinquièmes au moins de la patience de Job pour les défaire. — Je crois, en conscience, que si la Nature avait été dans un de ses moments d'agilité, et d'humeur d'une telle joute, — et que le docteur Slop et elle fussent partis ensemble de franc jeu, — il n'est personne au monde qui, ayant vu le sac dans l'état où Obadiah l'avais mis, — et sachant aussi de quel train la déesse sait aller quand elle le juge convenable, eût conservé dans son esprit le moindre doute — sur celui des deux qui devait remporter le prix. Ma mère, madame, eût été infailliblement plus vite délivrée que le sac vert — au moins de vingt nœuds. ——— O jouet de petits accidents, Tristram Shandy! tu l'es et le seras toujours! si cette épreuve avait été en ta faveur, et il y avait cinquante à parier contre un que oui, — tes affaires n'auraient pas été si déprimées (au moins par la dépression de ton nez) qu'elles l'ont été ; la fortune de ta maison, non plus, ni les occasions de la faire, qui se sont si souvent présentées à toi dans le cours de ta vie, n'auraient pas été si souvent, si fâcheusement, si lâchement, si irréparablement abandonnées — que tu as été forcé de les quitter ; — mais tout cela est fini, — tout, excepté le récit que j'en dois faire, et que je ne pourrai donner aux curieux que lorsque je serai venu au monde.

CHAPITRE LIII.

Les beaux esprits se rencontrent : — car à l'instant où le docteur Slop jeta les yeux sur le sac (ce qu'il ne fit que lorsque la discussion avec mon oncle Toby au sujet des accouchements l'y fit penser), précisément la même idée lui vint. — C'est la miséricorde de Dieu, dit-il (à lui-même) qui permet que mistress Shandy en voie de si dures, autrement elle aurait eu le temps d'accoucher sept fois avant qu'une moitié de ces nœuds pût être défaite. — Mais ici il faut distinguer : — l'idée ne faisait que flotter dans l'esprit du docteur Slop, sans voiles ni lest, à l'état de simple proposition ; et, comme le sait votre *Worship*, des millions de ces idées nagent tous les jours tranquillement au milieu du clair fluide de l'entendement d'un homme, sans avancer ni reculer, jusqu'à ce que de petites bouffées de passions ou d'intérêt les poussent d'un côté.

Un trépignement soudain dans la chambre au-dessus, près du lit de ma mère, rendit à la proposition le service même dont je parle. Par tout ce qu'il y a d'infortuné, dit le docteur Slop, si je ne me dépêche, la chose va m'arriver en ce moment.

CHAPITRE LIV.

En cas de nœuds ; par là, en premier lieu, je ne voudrais pas qu'on comprît que je veux dire des nœuds coulants, — attendu que dans le cours de ma vie et de mes opinions, — mes opinions sur eux arriveront plus convenablement quand je ferai mention de la catastrophe de mon grand-oncle M. Hammond Shandy, — petit homme, — mais d'une grande imagination : — il se jeta dans l'affaire du duc de Monmouth : — ni, secondement, je n'entends pas ici cette espèce particulière de nœuds appelés rosettes ; — il faut si peu d'adresse, d'habileté ou de patience pour les défaire, qu'ils ne valent pas la peine que j'émette aucune opinion sur eux. — Mais par les nœuds dont je parle qu'il plaise à vos Révérences de croire que j'entends de vrais, bons et honnêtes nœuds, diablement serrés, faits *bonâ fide,* comme Obadiah avait fait les siens ; — où on ne s'est pas ménagé d'équivoque en doublant et ramenant les deux bouts de la corde à travers l'*annulus,* ou boucle, formé par leur second entrelacement, — pour qu'ils puissent couler et se défaire. J'espère que vous me comprenez.

En cas donc de nœuds semblables et des divers obstacles que, sous le bon plaisir de vos Révérences, de tels nœuds jettent devant nos pas sur le chemin de la vie, — tout homme vif peut empoigner son canif et les couper. — C'est mal. — Croyez-moi, messieurs, le moyen le plus vertueux, et que nous dictent à la fois la raison et la conscience, — c'est d'y appliquer nos dents ou nos doigts. — Le docteur Slop avait perdu ses dents ; — son instrument favori, un jour que dans un accouchement difficile, il faisait son extraction dans une direction fausse, ou qu'il l'avait mal appliqué, ayant malheureusement glissé, lui avait fait sauter trois de ses meilleures dents d'un coup de manche : ———— il essaya de ses doigts ; — hélas ! les ongles de ses doigts et pouces étaient coupés ras. ———— Que le diable emporte le sac ! je n'en peux venir à bout d'aucune manière, s'écria le docteur Slop. ———— Le trépignement d'au-dessus près du lit de ma mère augmentait. — Que la peste crève le drôle ! j'y passerais ma vie que je ne parviendrais pas à défaire ces nœuds. — Ma mère poussa un gémissement. ———— Prêtez-moi votre canif. — Il faut bien finir par couper ces nœuds. — Ah ! —

diable ! — saprebleu ! je me suis coupé le pouce jusqu'à l'os. — Maudit soit le drôle — quand il n'y aurait pas un autre accoucheur à cinquante milles à la ronde — me voilà perdu du coup — je voudrais que le gredin fût pendu — je voudrais qu'il fût fusillé — je voudrais que tous les diables de l'enfer le tinssent, l'imbécile !

Mon père avait une grande considération pour Obadiah, et ne put supporter d'entendre disposer de lui de cette manière : — il avait de plus un peu de considération pour lui-même, — et il supporta aussi mal l'outrage personnel qui lui était fait.

Si le docteur Slop s'était coupé partout ailleurs qu'au pouce, — mon père le lui aurait passé — sa prudence aurait triomphé ; — dans l'état des choses, il résolut de se venger.

De petites imprécations, docteur Slop, dans de grandes circonstances, dit mon père (après avoir compati à son accident), ne sont qu'une dépense de nos forces et de la santé de notre âme sans aucune espèce de résultat. ——— J'en conviens, repartit le docteur Slop. ——— C'est comme de la cendrée contre un bastion, dit mon oncle Toby (interrompant l'air qu'il sifflait). ——— Elles servent, continua mon père, à mettre les humeurs en mouvement, — mais elles ne leur ôtent rien de leur acrimonie ; — pour ma part, il est rare que je jure ou maudisse, — je trouve cela mal ; mais si cela m'arrive par surprise, je conserve en général assez de présence d'esprit (Bien ! dit mon oncle Toby) pour atteindre mon but ; — c'est-à-dire, je jure jusqu'à ce que je me sente soulagé. Un homme sage, pourtant, un homme juste, devrait toujours tâcher de proportionner la dose d'humeur qu'il exhale, non-seulement à la quantité qui est en mouvement au dedans de lui, — mais à la grandeur et à l'intention de l'offense sur laquelle doit tomber. — « Les injures ne partent que du cœur, » dit mon oncle Toby. ——— C'est pour cette raison, continua mon père avec la plus cervantesque gravité, que j'ai la plus grande vénération du monde pour ce gentleman qui, par défiance de sa modération sur ce point, se mit à sa table et composa (c'est-à-dire, à loisir) des formules convenables de jurement pour servir à tous les cas, depuis les plus petites jusqu'aux plus grandes contrariétés qu'il pouvait rencontrer ; — lesquelles formules étant mûrement pesées par lui, et telles en outre qu'il pût s'en tenir à elles, il les gardait toujours à côté de lui sur la cheminée, à sa portée, toutes prêtes à être employées.

——— Je ne sache pas, repartit le docteur Slop, qu'on ait jamais pensé à pareille chose, — encore moins qu'on l'ait exécutée. — Je vous demande pardon, répondit mon père, j'en lisais une, sans l'employer, à mon frère Toby ce matin, tandis qu'il versait le thé : — elle est ici sur la tablette au-dessus de ma tête ; ——— mais si j'ai bonne mémoire, elle est trop violente pour une coupure au pouce.

——— Pas du tout, dit le docteur Slop — que le diable emporte le drôle ! — Alors, répondit mon père, elle est tout à votre service, docteur Slop, — à condition que vous la lirez tout haut. — Se levant donc et atteignant une formule d'excommunication de l'église de Rome, dont mon père (qui était curieux dans ses collections) s'était procuré une copie d'après le registre de l'église de Rochester, écrit par l'évêque Ernulph, — et prenant un air et un ton des plus sérieux, qui aurait amadoué Ernulph lui-même, — il la mit dans les mains du docteur Slop. —

Le docteur Slop enveloppa son pouce dans le coin de son mouchoir, et faisant la grimace, quoique sans soupçon, il lut à haute voix ce qui suit, mon oncle Toby pendant tout le temps sifflant le Lillibullero aussi fort qu'il pouvait.

TEXTUS DE ECCLESIA ROFFENSI PER ERNULFUM EPISCOPUM.

CHAPTER LV.

EXCOMMUNICATIO[1].

Ex auctoritate Dei omnipotentis, Patris, et Filii, et Spiritus sancti, et sanctorum canonum, sanctæque et intemeratæ Virginis Dei genetricis Mariæ, —

———Atque omnium cœlestium virtutum, angelorum, archangelorum, thronorum, dominationum, potestatum, cherubim ac seraphim, et sanctorum patriarcharum, prophetarum, et omnium apostolorum et evangelistarum, et sanctorum innocentum qui in conspectu Agni sancti

[1] Comme l'authenticité de la consultation de la Sorbonne sur la question de baptême a été mise en doute par quelques personnes et niée par d'autres, — on a cru devoir imprimer l'original de cette excommunication, dont M. Shandy doit la copie au sacristain des doyen et chapitre de Rochester, à qui il fait ses remerciments.

(Note de l'auteur.)

CHAPITRE LV.

« Par l'autorité de Dieu tout-puissant, le Père, le Fils et le Saint-Esprit, et des saints canons, et de la sainte et immaculée Vierge Marie, mère de Dieu. » — [Je pense qu'il n'y a pas de nécessité, dit le docteur Slop, laissant tomber le papier sur son genou, et s'adressant à mon père, — puisque vous l'avez lue, monsieur, si récemment, de la lire tout haut ; — le capitaine Shandy ne paraît pas avoir grande envie de l'entendre, — et je puis aussi bien la lire à part moi. —— C'est contraire au traité, répliqua mon père. — D'ailleurs, elle a quelque chose de si original, principalement dans sa dernière partie, que je serais fâché de perdre le plaisir d'une seconde lecture. — Le docteur Slop ne s'en souciait pas autrement ; — mais mon oncle Toby offrant en cet instant de ne plus siffler, et de la leur lire lui-même, — le docteur Slop pensa qu'il ferait aussi bien de la lire sous le couvert du sifflet de mon oncle Toby, — que de laisser mon oncle Toby la lire sans accompagnement ; — relevant donc son papier, et le tenant parallèle à sa figure, afin de cacher son mécontentement, — il lut à haute voix ce qui suit : — mon oncle Toby sifflant le Lillibullero, quoique pas tout à fait aussi fort qu'avant.]

« Par l'autorité de Dieu tout-puissant, le Père, le Fils et le Saint-Esprit, et de la sainte et immaculée Vierge Marie, mère de Dieu ; et de toutes les vertus célestes, anges, archanges, trônes, dominations, puissances, chérubins et séraphins, et des saints patriarches, des pro-

digni inventi sunt canticum cantare novum, et sanctorum martyrum et sanctorum confessorum, et sanctarum virginum, atque omnium simul sanctorum et electorum
vel os   s
Dei, Excommunicamus, et anathematizamus hunc furem,
vel os   s
vel hunc malefactorem, N. N. et à liminibus sanctæ Dei Ecclesiæ sequestramus, et æternis suppliciis excru-
vel i   n
ciandus, mancipetur, cum Dathan et Abiram, et cum his qui dixerunt Domino Deo : Recede à nobis, scientiam viarum tuarum nolumus : et sicut aquâ ignis exstinguitur,
vel eorum
sic exstinguatur lucerna ejus in secula seculorum nisi re-
n   n
spuerit et ad satisfactionem venerit. Amen.
os
   Maledicat illum Deus Pater qui hominem creavit. Male-
os
dicat illum Dei Filius qui pro homine passus est. Male-
os
dicat illum Spiritus sanctus qui in baptismo effusus est. Maledicat illum sancta crux, quam Christus pro nostrâ salute hostem triumphans ascendit.
os
   Maledicat illum sancta Dei genetrix et perpetua Virgo
os
Maria. Maledicat illum sanctus Michael, animarum susceptor sacrarum. Maledicant illum omnes angeli et archangeli, principatus et potestates, omnesque militiæ cœlestes.

phètes et de tous les apôtres et évangélistes, et des saints innocents qui, en présence de l'Agneau saint, sont trouvés dignes de chanter le nouveau cantique, et des saints martyrs et des saints confesseurs, et des vierges saintes, et ensemble de tous les saints et élus de Dieu, — qu'il soit » (Obadiah) « damné » (pour avoir fait ces nœuds) — « nous l'excommunions et l'anathématisons ; et nous lui interdisons le seuil de la sainte Église de Dieu tout-puissant, et qu'il soit réservé aux tortures éternelles avec Dathan et Abiram, et avec ceux qui dirent au Seigneur Dieu : Retire-toi de nous, nous ne voulons pas connaître tes voies ; et comme l'eau éteint le feu, qu'ainsi soit éteinte sa lumière jusqu'à la fin des siècles, à moins qu'il ne se repente » (Obadiah, des nœuds qu'il a faits) « et qu'il ne donne satisfaction » (à leur sujet). « Amen. »

« Que Dieu le Père qui a créé l'homme, le maudisse ! — Que Dieu le Fils, qui a souffert pour l'homme, le maudisse ! ——— Que le Saint-Esprit, qui nous est donné dans le baptême, le maudisse » (Obadiah) ! ———
« Que la sainte croix, sur laquelle le Christ, triomphant de ses ennemis, est monté pour notre salut, le maudisse !

« Que la sainte Mère de Dieu et éternelle Vierge Marie le maudisse ! — Que saint Michel, l'avocat des saintes âmes, le maudisse ! ——— Que tous les anges et archanges, principautés et puissances, et toutes les milices célestes le maudissent ! » [Les nôtres juraient terriblement en Flandre, s'écria mon oncle Toby ; — mais ce n'était rien auprès de ceci. ——— Pour ma part, je n'aurais pas le cœur de maudire mon chien de cette façon.]

os

Maledicat illum patriarcharum et prophetarum lauda-

os

bilis numerus. Maledicant illum sanctus Johannes præcursor et Baptista Christi, et sanctus Petrus, et sanctus Paulus, atque sanctus Andreas, omnesque Christi apostoli, simul et cæteri discipuli, quatuor quoque evangelistæ, qui suâ prædicatione mundum universum converterunt,

os

Maledicat illum cuneus martyrum et confessorum mirificus, qui Deo bonis operibus placitus inventus est.

os

Maledicant illum sacrarum virginum chori, quæ mundi vana causâ honoris Christi respuenda contempserunt.

os

Maledicant illum omnes sancti qui ab initio mundi usque in finem seculi Deo dilecti inveniuntur.

os

Maledicant illum cœli et terra, et omnia sancta in eis manentia.

i n   n

Maledictus sit ubicumque fuerit, sive in domo, sive in agro, sive in viâ, sive in semitâ, sive in silvâ, sive in aquâ, sive in ecclesiâ.

i n

Maledictus sit vivendo, moriendo, ——

——————   ——————   ——————
——————   ——————   ——————
——————   ——————   ——————

manducando, bibendo, esuriendo, sitiendo, jejunando,

« Que la louable troupe des patriarches et des prophètes le maudisse !

« Que saint Jean-Baptiste, le précurseur de Jésus-Christ, et saint Pierre, et saint Paul, et saint André, et tous les autres apôtres du Christ ensemble, et tout le reste de ses disciples, et les quatre évangélistes, qui par leurs prédications convertirent tout l'univers, le maudissent ! Que le saint et merveilleux corps des martyrs et des confesseurs qui est trouvé agréable à Dieu par ses bonnes œuvres, le maudisse ! » (Obadiah).

« Que le saint chœur des vierges saintes qui en vue de la gloire du Christ ont méprisé les vanités du monde, le maudisse ! — Que tous les saints qui, depuis le commencement du monde jusqu'à la fin des siècles, ont été aimés de Dieu, le maudissent ! — Que les cieux et la terre, et tout ce qu'ils renferment de saint, le maudissent, lui » (Obadiah) « ou elle ! » (ou la main, quelle qu'elle soit, qui a contribué à faire ces nœuds).

« Qu'il soit » (Obadiah) « maudit n'importe où il sera, — soit dans la maison, soit dans l'écurie, soit dans le jardin soit dans le champ, soit sur la grande route, soit dans le sentier, soit dans le bois, soit dans l'eau, soit dans l'église ! ——— Qu'il soit maudit, en vivant, en mourant ! » [Ici, mon oncle Toby profitant d'une *blanche* dans la seconde mesure de son air, fit une tenue jusqu'à la fin de la phrase, — le docteur Slop faisant tout le temps défiler son régiment de malédictions, comme une basse continue.] « Qu'il soit maudit en mangeant et en buvant, en ayant faim, en ayant

dormitando, dormiendo, vigilando, ambulando, stando, sedendo, jacendo, operando, quiescendo, mingendo, cacando, flebotomando.

   i n
Maledictus sit in totis viribus corporis.

   i n
Maledictus sit intùs et exteriùs.

   i n   i n
Maledictus sit in capillis; maledictus sit in cerebro.

  i n
Maledictus sit in vertice, in temporibus, in fronte, in auriculis, in superciliis, in oculis, in genis, in maxillis, in naribus, in dentibus mordacibus, in labris sive molibus, in labiis, in gutture, in humeris, in carpis, in brachiis, in manibus, in digitis, in pectore, in corde et in omnibus interioribus stomacho tenùs, in renibus, in inguine, in femore, in genitalibus, in coxis, in genubus, in cruribus, in pedibus, et in unguibus.

   i n
Maledictus sit in totis compagibus membrorum, à vertice capitis, usque ad plantam pedis. — Non sit in eo sanitas.

   os
Maledicat illum Christus Filius Dei vivi toto suæ majestatis imperio ———

soif, en jeûnant, en sommeillant, en dormant, en veillant, en marchant, en s'arrêtant, en s'asseyant, en se couchant, en travaillant, en se reposant, en pissant, en chiant, en se faisant tirer du sang !

« Qu'il soit » (Obadiah) « maudit dans toutes les facultés de son corps !

« Qu'il soit maudit intérieurement et extérieurement. ——— Qu'il soit maudit dans ses cheveux ! ——— Qu'il soit maudit dans son cerveau et dans son vertex, » [C'est une cruelle malédiction ! dit mon père] « dans ses tempes, dans son front, dans ses oreilles, dans ses sourcils, dans ses joues, dans ses mâchoires, dans ses narines, dans ses dents incisives, dans ses molaires, dans ses lèvres, dans son gosier, dans ses épaules, dans ses poignets, dans ses bras, dans ses mains, dans ses doigts !

« Qu'il soit maudit dans sa bouche, dans sa poitrine, dans son cœur et sa fressure, jusqu'à l'estomac !

« Qu'il soit maudit dans ses reins, et dans son aine, » [Le Dieu du ciel l'en préserve ! dit mon oncle Toby] « dans ses cuisses, dans ses génitoires, » [mon père secoua la tête] « dans ses hanches, dans ses genoux, dans ses jambes, dans ses pieds et dans ses ongles !

« Qu'il soit maudit dans toutes les jointures et articulations de ses membres, du sommet de la tête à la plante du pied ! qu'il n'y ait rien de sain en lui !

« Que le Fils du Dieu vivant, dans tout l'empire de sa majesté, ——— » [Ici mon oncle Toby, rejetant la tête en arrière, poussa un monstrueux, long et violent whu — u — u ; ——— moitié sifflet, moitié exclamation. ———

—— et insurgat adversus illum cœlum cum omnibus virtutibus quæ in eo moventur ad *damnandum* eum, nisi pœnituerit et ad satisfactionem venerit. Amen. Fiat, fiat. Amen.

—— Par la barbe d'or de Jupiter, — et de Junon (si sa majesté en avait une), et par les barbes du reste de vos divinités païennes qui, par parenthèse, n'étiez pas en petit nombre, attendu qu'il y avait les barbes de vos dieux du ciel, et de vos dieux de l'air et de l'onde, — pour ne rien dire des barbes des dieux de ville et des dieux de campagne, ni des déesses du ciel, vos femmes, ni des déesses de l'enfer, vos prostituées et concubines (c'est-à-dire en cas qu'elles en eussent) —— lesquelles barbes, à ce que Varron me dit sur sa parole et son honneur, rassemblées toutes ensemble, ne faisaient pas moins de trente mille barbes effectives dans les états païens ; — chacune desquelles réclamait, comme droit et privilége, qu'on la frappât et qu'on jurât par elle : — par toutes ces barbes réunies donc, — je fais vœu et proteste que des deux mauvaises soutanes que je possède en tout et pour tout, j'aurais donné la meilleure aussi volontiers que Cid Hamet offrit la sienne, — pour m'être trouvé là, et avoir entendu l'accompagnement de mon oncle Toby].

—— « Le maudisse ! continua le docteur Slop, — et que le ciel avec toutes les vertus qui s'y meuvent, se lève contre lui pour le damner » (Obadiah), « à moins qu'il ne se repente et qu'il ne donne satisfaction ! Amen. Ainsi soit-il, ainsi soit-il. Amen. »

Je déclare, dit mon oncle Toby, que mon cœur ne me permettrait pas de maudire le Diable lui-même avec tant d'amertume. —— C'est le père des malédictions, répliqua le docteur Slop. —— Je ne le suis pas, moi, répliqua mon oncle. —— Mais il est maudit et damné déjà de toute éternité, répliqua le docteur Slop.

J'en suis fâché, dit mon oncle Toby.

Le docteur Slop plissa les lèvres, et il commençait tout juste à rendre à mon oncle Toby le compliment de son whu — u — u —, ou sifflet interjectionnel, — quand la porte, s'ouvrant précipitamment dans le chapitre LVII, — mit fin à l'affaire.

CHAPITRE LVI.

Maintenant n'allons pas nous donner des airs et prétendre que les jurements que nous nous permettons sur notre terre de liberté sont de nous ; et parce que nous avons le courage de les proférer, — n'allons pas nous imaginer que nous avons eu aussi l'esprit de les inventer.

Je me chargerai de prouver sur-le-champ à tout homme au monde, excepté à un connaisseur ; ——— quoique je déclare que je n'ai contre un connaisseur en jurement que les objections que j'aurais contre un connaisseur en peinture, etc., etc., — toute leur bande est si surchargée et *enfétichée* des breloques et colifichets de la critique, — ou, pour quitter ma métaphore, ce qui, par parenthèse, est dommage, — car j'ai été la chercher jusque sur la côte de Guinée, leurs têtes, monsieur, sont tellement lardées de règles et de compas, et ont une si éternelle tendance à les appliquer en toute occasion, qu'un ouvrage de génie ferait mieux d'aller tout de suite au diable, que de se laisser déchirer et torturer par eux à en mourir.

— Et comment Garrick a-t-il dit le monologue hier au soir ? — Oh ! contre toutes les règles, my lord, — tout à fait antigrammaticalement ! entre le substantif et l'adjectif, qui doivent s'accorder en *nombre*, en *cas* et en *genre*, il a mis un intervalle, ainsi, — s'arrêtant, comme si le point avait besoin d'être éclairci ; — et entre le verbe et le cas nominatif qui, comme sait votre Seigneurie, doit le gouverner, il a suspendu sa voix douze fois dans l'épilogue pendant trois secondes et trois cinquièmes chaque fois, d'après une montre à secondes. ———— Admirable grammairien ! — Mais en suspendant sa voix, — le sens était-il suspendu également ? L'expression de l'attitude ou de la physionomie ne remplissait-elle pas le vide ? — L'œil était-il silencieux ? Avez-vous regardé de bien près ? ———— Je n'ai regardé que la montre, my lord. ———— Excellent observateur !

Et que dites-vous de ce nouveau livre qui fait courir tout le monde ? — Oh ! il n'a pas le moindre aplomb, my lord, ———— c'est une chose tout à fait irrégulière ! — pas un des angles des quatre coins qui soit un angle droit. ———— J'avais dans ma poche, my lord, ma règle et mon compas, etc. ———— Excellent critique !

———— Et quant au poëme épique que votre Seigneurie m'a dit d'examiner, — j'en ai pris les longueur, largeur, hauteur et profondeur, et en les vérifiant chez moi sur une échelle exacte de Bossut, — j'ai vu, my lord, qu'il la dépasse dans chacune de ses dimensions. ———— Admirable connaisseur !

———— Et en revenant, êtes-vous entré voir le grand tableau ? ———— C'est une déplorable croûte, my lord ! pas un principe de la pyramide dans un seul des groupes ! — et quel prix ! — car il n'a rien du coloris du Titien, — de l'expression de Rubens, — de la grâce de Raphaël,

— de la pureté du Dominiquin, — de la *corregiscité* du Corrége, — de la science du Poussin, — des airs du Guide, — du goût des Carrache, — ni du grand contour de Michel-Ange. ———— Accorde-moi de la patience, juste ciel ! — De tous les *jargons* qui sont *jargonnés* dans ce monde *jargonnant*, — le *jargon* de l'hypocrisie peut être le pire, — mais le *jargon* de la critique est le plus crucifiant.

Je ferais cinquante milles à pied, car je n'ai pas de cheval bon à monter, pour baiser la main de l'homme dont le cœur généreux abandonnerait les rênes de son imagination aux mains de son auteur, — serait charmé sans savoir pourquoi, et sans se soucier comment.

Grand Apollon ! si tu es dans une humeur donnante, — donne-moi — je n'en demande pas plus, un seul trait d'esprit naturel, et avec, une seule étincelle de ton feu, — et puis envoie Mercure, s'il a le temps, avec les règles et compas, porter mes compliments à — peu importe.

Maintenant je me chargerai de prouver à tout autre, que tous les jurements et imprécations que nous avons lancés sur le monde, comme originaux, depuis deux cent cinquante ans, — excepté *le pouce de saint Paul, — la chair de Dieu* et *le poisson de Dieu*, qui étaient des jurements monarchiques, et pas trop mauvais, si l'on considère qui les faisait ; et comme jurements de roi, il n'importe guère si c'était chair ou poisson ; — autrement, dis-je, il n'y a pas parmi eux un jurement, ou du moins une malédiction, qui n'ait été mille fois copié et recopié d'Ernulph ; mais, comme toutes les autres copies, à quelle distance infinie de la force et de la verve de l'original ! — « **Dieu vous damne** » — n'est pas regardé comme un mauvais jurement, — et seul passe très-bien. —————— Mettez-le à côté de celui d'Ernulph, — « que Dieu le Père tout-puissant vous damne, — que Dieu le Fils vous damne, — que Dieu le Saint-Esprit vous damne, » — vous voyez que ce n'est plus rien. —————— Il y a dans le sien un orientalisme auquel nous ne pouvons nous élever : d'ailleurs, Ernulph est plus riche d'invention, — il possédait plus complétement les qualités d'un jureur, — il avait une connaissance si approfondie du corps humain, de ses membranes, nerfs, ligaments, attaches des jointures et articulations, — que lorsqu'il maudissait, — aucune partie ne lui échappait. —————— A la vérité, il y a quelque chose de *dur* dans sa manière, — et comme dans Michel-Ange, un manque de grâce ; — mais aussi il y a une telle grandeur de *gusto !*

Mon père, qui, en général, ne voyait rien comme personne, ne voulait pas à toute force accorder que ce fût un original. — Il considérait plutôt l'anathème d'Ernulph comme des institutes de jurement, dans lesquelles, à ce qu'il supposait, lors de la décadence des jurements sous quelque doux pontificat, Ernulph, par ordre du nouveau pape, en avait, avec beaucoup de savoir et de soin, recueilli toutes les lois ; — pour la même raison qu'avait eue Justinien, lors de la décadence de l'empire, en ordonnant à son chancelier Tribonien de recueillir toutes les lois romaines et civiles en un code ou Digeste, — de peur que, par l'effet de la rouille des temps, — et de la destinée de toutes les choses confiées à la tradition orale, — elles ne fussent à jamais perdues pour le monde.

Par ce motif, mon père affirmait souvent qu'il n'y avait pas un jurement depuis le grand et formidable jurement de Guillaume le Conquérant (« Par la splendeur de Dieu ») jusqu'au plus vil jurement d'un boueur : (« *Damn your eyes* [1] »), qui ne se trouvât dans Ernulph. —— Bref, ajoutait-il, — je défie un homme de jurer hors de là.

L'hypothèse est, comme la plupart des hypothèses de mon père, singulière et ingénieuse aussi ; — et je n'ai pas d'objections à y faire, si ce n'est qu'elle culbute la mienne.

CHAPITRE LVII.

—— Miséricorde ! — ma pauvre maîtresse est près de se trouver mal, — et ses douleurs sont parties, — et les gouttes sont finies, — et la bouteille de julep est cassée, — et la nourrice s'est coupé le bras — (Et moi, le pouce, s'écria le docteur Slop) ; et l'enfant est où il était, continua Suzanne, — et la sage-femme est tombée en arrière sur le coupant du garde-cendres, et elle a la hanche aussi noire que votre chapeau. —— Je verrai cela, dit le docteur Slop. —— Ce n'est pas la peine, repartit Suzanne ; —— vous feriez mieux de voir ma maîtresse, — mais la sage-femme serait bien aise d'abord de vous rendre compte de l'état des choses, et elle vous prie de vouloir bien monter lui parler à l'instant.

La nature humaine est la même dans toutes les professions.

La sage-femme avait, un moment auparavant, été mise

---

[1] Mot à mot, Dieu damne vos yeux. (*Note du traducteur.*)

au-dessus du docteur Slop, — il ne l'avait pas digéré. — Non, répliqua le docteur Slop, il serait tout aussi convenable que la sage-femme descendît me trouver. ——— J'aime la subordination, dit mon oncle Toby, — et sans elle, après la réduction de Lille, je ne sais pas ce que serait devenue la garnison de Gand, lors de l'émeute pour le pain, dans l'année 10. ——— Et moi, repartit le docteur Slop (parodiant la réflexion dadaïque de mon oncle Toby, quoique tout aussi dadaïque lui-même), — je ne sais pas, capitaine Shandy, ce que serait devenue la garnison qui est là-haut, dans l'état d'émeute et de confusion où je vois que sont les choses à présent, sans la subordination des doigts et des pouces à * * * * * * : — dont l'emploi, monsieur, après mon accident, vient si à propos, que sans cela la famille Shandy se serait ressentie de ma coupure au pouce aussi longtemps que la famille Shandy aurait eu un nom.

CHAPITRE LVIII.

Revenons au * * * * * * — dans le dernier chapitre.

C'est un singulier trait d'éloquence (du moins il en était ainsi quand l'éloquence florissait à Athènes et à Rome ; et il en serait de même maintenant, si les orateurs portaient des manteaux) de ne pas dire le nom d'une chose, quand vous avez cette chose sur vous *in petto*, toute prête à produire, crac, à l'endroit où vous en avez besoin. Une cicatrice, une hache, une épée, un pourpoint criblé de coups, un casque rouillé, une livre et demie de cendre dans une urne ou dans un pot à cornichons de trois sous, — mais, par-dessus tout, un petit enfant royalement accouré. — Pourtant, s'il était trop jeune, et l'oraison aussi longue que la seconde Philippique de Cicéron, — il conchierait certainement le manteau de l'orateur. — Et d'un autre côté, trop âgé, — ce serait une lourde masse qui gênerait ses gestes, — et il aurait presque autant à perdre qu'à gagner avec son enfant. — Quand un homme d'État a mis le doigt sur l'âge précis à une minute près, — qu'il a caché son BAMBINO si adroitement dans son manteau que pas un mortel ne l'a flairé, — et qu'il l'a produit si à point nommé, que pas une âme ne peut dire qu'il soit venu par la tête et les épaules, — ô messieurs, cela a fait des merveilles ! — cela a ouvert les écluses, et tourné les cervelles, et ébranlé les principes, et fait sortir des gonds la politique de la moitié d'une nation !

Ces sortes d'exploits, néanmoins, ne se font, dis-je, que dans les États et aux époques où les orateurs portent des manteaux, — et d'assez amples aussi, mes frères, prenant quelque vingt ou vingt-cinq aunes de bon drap violet, superfin, bien conditionné, — avec de longs plis flottants, bien amples et d'un grand style de dessin. — Ce qui montre clairement, sous le bon plaisir de vos *Worships*, que si l'éloquence dégénère et si elle rend peu de services à présent, tant au dedans qu'au dehors, cela vient uniquement de ce que nous portons des habits courts et de ce que nous avons renoncé aux chausses. —— Nous ne pouvons rien cacher sous les nôtres, madame, qui vaille la peine d'être montré.

CHAPITRE LIX.

Il s'en fallait d'un rien que le docteur Slop fît exception à toute cette argumentation ; car se trouvant avoir son sac de serge verte sur ses genoux quand il commença à parodier mon oncle Toby, — cela valait pour lui le meilleur manteau du monde. A cet effet, lorsqu'il prévit que la phrase finirait par son forceps de nouvelle invention, il fourra sa main dans le sac, afin de l'avoir prêt à produire, quand vos Révérences ont fait si fort attention aux ****** ; et s'il l'avait fait, — certainement mon oncle Toby était culbuté ; tant la phrase et l'argument en ce cas se rencontraient exactement au même point, comme les deux lignes qui forment l'angle saillant d'un ravelin : — le docteur Slop n'aurait jamais renoncé à son instrument ; — et mon oncle Toby aurait aussi vite pensé à fuir qu'à s'en emparer de force ; mais le docteur Slop s'y prit si pitoyablement en le tirant, que cela détruisit tout l'effet, et, ce qui fut dix fois pis (car il est rare qu'un malheur arrive seul dans cette vie), en tirant son forceps, son forceps par malheur amena avec lui la seringue.

Quand une proposition peut être prise de deux manières, — il est de règle dans la discussion que l'interlocuteur peut répondre à celle des deux qu'il préfère, ou qu'il trouve le plus à sa convenance. — Ceci mit tout l'avantage de l'argument du côté de mon oncle Toby.
——— «Bon Dieu ! » s'écria mon oncle Toby, *est-ce qu'on fait venir les enfants au monde avec une seringue ?* »

CHAPITRE LX.

Sur mon honneur, monsieur, vous m'avez écorché du haut en bas tout le dos des mains avec votre forceps, s'écria mon oncle Toby; et, par-dessus le marché, vous m'avez mis en compote toutes les jointures des doigts. —— C'est votre faute, dit le docteur Slop; — vous auriez dû rapprocher vos deux poings en forme de tête d'enfant, comme je vous avais dit, et tenir ferme. —— C'est ce que j'ai fait, répondit mon oncle Toby. —— Alors les pointes de mon forceps n'ont pas été suffisamment armées, ou la vis a besoin d'être serrée, — ou bien ma coupure au pouce m'a rendu un peu maladroit, — ou peut-être... —— Il est heureux, dit mon père interrompant le détail des possibilités, — que l'expérience n'ait pas été faite sur la tête de mon enfant. —— Il n'en aurait pas été plus mal d'un noyau de cerise, répondit le docteur Slop. —— Je maintiens, dit mon oncle Toby, que vous lui auriez brisé le cervelet (à moins pourtant qu'il n'eût eu le crâne aussi dur qu'une grenade), et que vous en auriez fait une vraie bouillie. —— Bah! répliqua le docteur Slop, la tête d'un enfant est naturellement aussi molle que la pulpe d'une pomme; — les sutures cèdent; — et d'ailleurs, j'aurais pu ensuite l'extraire par les pieds. —— Non pas, dit-elle. —— J'aimerais autant vous voir commencer par là, dit mon père.

Oui, je vous en prie, ajouta mon oncle Toby.

CHAPITRE LXI.

——— Et je vous prie, bonne femme, après tout, prendrez-vous sur vous de dire que ce ne peut pas être la hanche de l'enfant, aussi bien que sa tête ? — (C'est bien certainement la tête, repartit la sage-femme.) Parce que, continua le docteur Slop (se tournant vers mon père), toutes positives que sont en général ces vieilles dames, — c'est un point très-difficile, et cependant de la plus grande importance à connaître ; — parce que, monsieur, si l'on prend la hanche pour la tête, — il y a possibilité (si c'est un garçon) que le forceps *

——— Quelle était cette possibilité, le docteur Slop le dit tout bas à mon père, et ensuite à mon oncle Toby.

——— Il n'y a pas le même danger, continua-t-il, si c'est la tête. ——— Non en vérité, dit mon père ; — mais quand votre possibilité s'est réalisée à la hanche, — vous pouvez aussi bien trancher la tête également.

——— Il est moralement impossible que le lecteur comprenne ceci ——— il suffit que le docteur Slop l'ait compris ; — prenant donc à la main le sac de serge verte, à l'aide des escarpins d'Obadiah, il trotta assez lestement pour un homme de sa taille, du fond de la chambre à la porte ; — et de la porte, il fut mené par la bonne vieille sage-femme à l'appartement de ma mère.

CHAPITRE LXII.

Voilà deux heures dix minutes, — et pas davantage, — s'écria mon père en regardant à sa montre, que le docteur Slop et Obadiah sont arrivés ; — et je ne sais pas comment cela se fait, frère Toby, — mais à mon imagination cela paraît presque un siècle.

——— Tenez — je vous prie, monsieur, prenez mon bonnet ; — et même prenez la clochette avec, et mes pantoufles aussi.

Maintenant, monsieur, le tout est à votre service ; et je vous en fais présent de bon cœur, à condition que vous prêterez toute votre attention à ce chapitre.

Quoique mon père eût dit « *qu'il ne savait pas comment cela se faisait,* » — il le savait très-bien ; — et à l'instant où il parlait, il était déterminé à donner à mon oncle Toby un exposé clair de la chose, par une dissertation métaphysique sur la *durée et ses simples modes*, afin de montrer à mon oncle Toby par quel mécanisme et quels calculs du cerveau il était arrivé que la rapide succession de leurs idées, et l'éternel passage de la conversation d'un sujet à un autre, depuis l'entrée du docteur Slop dans la chambre, eussent donné à une si courte période, une étendue si inconcevable. ——— « Je ne sais pas comment cela se fait, » — s'écria mon père — « mais cela me paraît un siècle. »

——— C'est entièrement dû, dit mon oncle Toby, à la succession de nos idées.

Mon père, qui avait, en commun avec tous les philosophes, la démangeaison de raisonner sur tout ce qui arrivait et d'en rendre compte aussi, — se promettait un plaisir infini de cette question de la succession des idées ; et il n'avait pas la moindre appréhension de se la voir arrachée des mains par mon oncle Toby, qui (l'honnête homme !) prenait généralement les choses comme elles venaient ; — et qui se serait troublé la cervelle de toute autre chose plutôt que de pensées abstruses. — Les idées du temps et de l'espace, — comment nous arrivons à ces idées, — ou de quoi elles sont faites, — ou si elles sont nées avec nous, — ou si nous les ramassons par la suite chemin faisant, — ou si c'est encore en robe, — ou seulement quand nous portons des culottes ; — avec mille autres recherches et discussions sur L'INFINI, LA PRESCIENCE, LA LIBERTÉ, LA NÉCESSITÉ, etc., dont les désespérantes et inaccessibles théories ont tourné et fêlé tant de bonnes têtes, — rien de tout cela n'avait fait le moindre mal à celle de mon oncle Toby ; mon père le savait, — et il ne fut pas moins surpris que désappointé de la solution fortuite de mon oncle.

En comprenez-vous la théorie ? repartit mon père.

Moi, non, dit mon oncle Toby.

— Mais vous avez quelque idée de ce dont vous parlez ? dit mon père. —

Pas plus que mon cheval, répliqua mon oncle Toby.

Bonté du ciel ! s'écria mon père, en levant les yeux et en frappant des mains, — ton honnête ignorance a son prix, frère Toby : ce serait presque dommage de l'échanger pour du savoir. — Mais je vais te dire. —

Pour bien comprendre ce que c'est que le temps, sans

quoi nous ne pouvons pas comprendre l'infini, attendu que l'un est une portion de l'autre, — nous devrions nous mettre sérieusement à considérer quelle idée nous avons de la *durée*, de façon à nous rendre un compte satisfaisant de la manière dont nous y sommes arrivés. ——— A qui cela fait-il quelque chose? dit mon oncle Toby. « [1] Car si vous tournez vos yeux sur vous-même, » continua mon père, « et que vous observiez attentivement, vous apercevrez, mon frère, que tandis que vous et moi nous sommes à causer ici, et à réfléchir, et à fumer nos pipes, ou tandis que nous recevons successivement des idées dans notre esprit, nous savons que nous existons; et ainsi nous estimons notre existence, ou la continuation de notre existence, ou toute autre chose, proportionnées à la succession de n'importe quelles idées dans notre esprit, notre propre durée ou celle de toute autre chose coexistant avec notre pensée: — et ainsi, conformément à cette préconception » ——— Vous me feriez devenir fou, s'écria mon oncle Toby.

——— Cela provient, reprit mon père, de ce que dans nos supputations du temps, nous sommes si accoutumés aux minutes, aux heures, aux semaines et aux mois — et dans nos supputations des horloges (je voudrais qu'il n'y eût pas une horloge dans le royaume) nous sommes si accoutumés à nous en mesurer les diverses parties à nous et à ceux qui nous appartiennent, que ce sera un bonheur si, dans les temps à venir, la *succession de nos idées* nous est d'aucune espèce d'usage ou de service.

Or, que nous l'observions ou non, continua mon père,

---

[1] Voir Locke. (*Note du traducteur.*)

il y a dans toute tête saine une succession régulière d'idées, d'une ou d'autre sorte, qui se suivent à la file, juste comme —————— Un train d'artillerie ? dit mon oncle Toby — « Un train de balivernes ! — dit mon père — qui se suivent et se succèdent dans notre esprit à de certaines distances, juste comme les images que la chaleur d'une chandelle fait tourner dans l'intérieur d'une lanterne. — Je déclare dit mon oncle Toby, que les miennes sont plutôt comme ces tournebroches que la fumée fait aller. —————— Alors, frère Toby, je n'ai plus rien à vous dire sur ce sujet, » repartit mon père.

CHAPITRE LXIII.

—————— Quelle occasion fut perdue ici ! — Mon père, en verve d'explications, poursuivant avec ardeur un point métaphysique jusque dans les régions où des nuages et d'épaisses ténèbres l'auraient bientôt environné : — mon oncle Toby dans une des plus belles dispositions du monde — sa tête comme un tournebroche à fumée ; — la cheminée non ramonée, et les idées y tournant, tournant, tout offusquées et obscurcies par la manière fuligineuse ! —————— Par la tombe de Lucien, — si elle existe ; — sinon, eh bien donc, par ses cendres ! par les cendres de mon cher Rabelais, et de mon plus cher Cervantes ! —————— l'entretien de mon père et de mon oncle Toby sur le TEMPS et L'ÉTERNITÉ — était un entretien à désirer avec ferveur ! et la pétulance de l'humeur de mon père, en l'arrêtant comme il fit, fut un vol fait au *trésor ontologique*, d'un joyau tel, qu'aucune combinaison de grande circonstances et de grands hommes ne paraît devoir le faire retrouver.

CHAPITRE LXIV.

Quoique mon père persistât à ne point continuer la conversation, — cependant il ne put s'ôter de la tête le tournebroche à fumée de mon oncle Toby ; — il en avait été trop piqué de prime abord ; au fond il y avait dans la comparaison quelque chose qui l'avait frappé : c'est pourquoi, posant son coude sur la table, et appuyant le côté droit de sa tête sur la paume de sa main, — mais d'abord regardant fixement le feu, — il se mit à conférer avec lui-même, et à raisonner là-dessus. Mais ses esprits étant épuisés de fatigue à force de faire des excursions nouvelles et d'exercer constamment ses facultés sur cette variété de sujets qui s'étaient succédé dans la conversation, — l'image du tournebroche à fumée mit toutes ses idées sens dessus dessous, en sorte qu'il s'endormit presque avant de savoir où il en était.

Quant à mon oncle Toby, son tournebroche n'avait pas fait une douzaine de tours qu'il s'endormit aussi. ——— La paix soit avec eux ! ——— Le docteur Slop est en haut aux prises avec la sage-femme et ma mère. — Trim est occupé à convertir une vieille paire de bottes fortes en une couple de mortiers, destinés à être employés au siége de Messine l'été prochain ; — et en ce moment il fore les lumières avec un *poker*[1] rouge. ——— Je n'ai

---

[1] Fourgon, pour attiser le feu de charbon de terre.
(*Note du traducteur.*)

plus aucun de mes héros sur les bras ; — c'est la première fois que j'ai un instant à moi, — et j'en vais profiter pour écrire ma préface.

PRÉFACE DE L'AUTEUR.

Non, je n'en dirai pas un mot ; — le voici. — En le publiant, — j'ai fait appel au monde, — et je le laisse monde ; — qu'il parle pour lui-même.

Tout ce que je sais, c'est que, quand je me suis mis à ma table, mon intention était d'écrire un bon livre ; et autant que la ténuité de mon intelligence le comporterait, — un livre sage, oui, et prudent ; prenant soin seulement, chemin faisant, d'y mettre tout l'esprit et le jugement (quelle qu'en soit la dose) que leur grand auteur et dispensateur a originairement jugé convenable de me donner ; — en sorte que, comme voient vos *Worships*, — c'est tout juste comme il plaît à Dieu.

Maintenant Agélastes (le censurant) dit qu'autant qu'il en peut savoir, l'ouvrage peut bien avoir quelque esprit, mais qu'il est dénué de jugement ; et Triptolème et Phutatorius, d'accord sur ce point, demandent comment il serait possible qu'il en eût ; attendu que l'esprit et le jugement ne vont jamais de compagnie dans ce monde ; en tant que ce sont deux opérations aussi éloignées l'une de l'autre que l'est de l'ouest. — Ainsi dit Locke : — ainsi l'est le pet du hoquet, dis-je, Mais, en réponse à ceci, Didius, le grand canoniste, dans son code *De fartendi et illustrandi fallaciis*, soutient et fait clairement voir qu'une illustration n'est point un argument ; — et moi, je ne soutiens pas que de nettoyer un miroir soit un syllogisme ;

— mais sous le bon plaisir de vos Honneurs, vous en voyez tous mieux ; de sorte que le principal bien que font ces choses est simplement de clarifier l'entendement avant d'employer l'argument même, afin de le débarrasser de tous les petits atomes ou taches de matière *opaculaire* qui, si on les y laissait nager, pourraient arrêter la conception et tout gâter.

Maintenant, mes chers anti-shandiens, et trois fois habiles critiques et collaborateurs (car c'est pour vous que j'écris cette préface) — et pour vous, très-subtils hommes d'État et prudents docteurs (allons, retirez vos barbes), renommés pour votre gravité et votre sagesse ; — Monopolus, mon politique ; — Didius, mon conseil ; — Kysarcius, mon ami ; — Phutatorius, mon guide ; — Gastriphres, le conservateur de ma vie ; — Somnolentius, qui en est le baume et le repos ; — sans oublier tous les autres, tant endormis qu'éveillés, tant ecclésiastiques que civils, que, pour abréger et non par aucun ressentiment, j'entasse ici pêle-mêle. ——— Croyez-moi, mes très-dignes,

Mon plus ardent désir, ma plus fervente prière pour vous, et pour moi aussi, en cas que la chose ne soit pas déjà faite, — c'est que les grands dons et faveurs de l'esprit et du jugement, avec tout ce qui les accompagne d'ordinaire, — tels que la mémoire, l'imagination, le génie, l'éloquence, la vivacité d'intelligence, et que ne dirai-je pas ? — puissent, en ce précieux moment, sans bornes ni mesure, sans empêchement ni obstacle, être versés aussi chauds que chacun de nous pourra le supporter, — écume et sédiment et tout (car je ne voudrais pas qu'il s'en perdît une goutte), dans les divers réceptacles, cases, cellules, domiciles, dortoirs, réfectoires et endroits disponibles de nos cervelles, ——— de telle sorte qu'ils pussent continuer d'être injectés et entonnés dedans, jusqu'à ce que chaque vaisseau, grand et petit, en fût si rempli, si saturé, si comblé, que, y allât-il de la vie d'un homme, on n'y pût rien mettre de plus ni au dedans ni au dehors.

Dieu nous bénisse ! — quelle belle besogne nous ferions ! — comme je vous tournerais cela ! — et dans quelle verve je me trouverais, écrivant pour de tels lecteurs ! — et vous, — juste ciel ! — avec quel ravissement vous vous mettriez à lire ! — mais oh ! — c'en est trop ! — le cœur me manque — je me pâme de délices à cette idée ! — c'est plus que la nature n'en peut supporter ! tenez-moi, — la tête me tourne, — je suis aveugle, — je me meurs, — je suis mort. ——— Au secours ! au secours ! au secours ! — mais attendez, — je me sens un peu mieux, car je commence à prévoir, ceci passé, que comme nous continuerions tous à être de beaux-esprits, — nous ne serions jamais d'accord sur rien un seul instant du jour ; ——— il y aurait tant de satires et de sarcasmes, — de raillerie et de moquerie, de brocards et de reparties ! — de bottes et de parades dans tous les coins, — que ce serait l'enfer parmi nous ! ——— Chastes étoiles ! que de morsures et d'égratignures ! quel vacarme et quel tintamarre nous ferions, et que de têtes fracassées ! que de coups sur les doigts ! que de torgnoles aux endroits sensibles ! — il n'y aurait pas moyen de vivre avec nous.

Mais, d'un autre côté, comme nous serions tous des hommes d'un grand jugement, nous réparerions les choses aussi vite qu'elles se dérangeraient ; et, tout en nous exécrant les uns les autres dix fois plus qu'autant de diables et de diablesses, nous n'en serions pas moins, mes chères créatures, toute politesse et toute amabilité, tout lait et tout miel, — ce serait une seconde terre promise, — un paradis sur terre, si pareille chose était possible : — de sorte qu'après tout, nous nous en tirerions assez bien.

Tout ce qui me tracasse en ce moment et me met le plus l'imagination à la torture, c'est de trouver le moyen de bien présenter la chose ; car, comme le savent bien vos *Worships*, de ces émanations célestes d'*esprit* et de *jugement*, que j'ai si libéralement souhaitées à vos *Worships*, et à moi, — il n'y a qu'une certaine quantité en magasin pour nous tous, pour l'usage et utilité de tout le genre humain ; et il en est distribué dans ce vaste univers de si petites portions qui circulent çà et là d'un recoin dans un autre, — et en si minces filets, et à de si prodigieux intervalles, qu'on se demande comment elles suffisent aux besoins et cas imprévus de tant de grands États et de populeux empires.

A la vérité, il y a une chose à considérer, c'est que dans la Nouvelle-Zemble, dans la Laponie septentrionale, et dans toutes ces froides et lugubres parties du globe, qui sont situées plus directement sous les cercles arctique et antarctique, où l'ensemble des occupations d'un homme se concentre, pendant près de neuf mois de suite, dans l'étroite enceinte de sa caverne, — où les esprits sont comprimés et réduits presque à rien, — et où les passions d'un homme, avec tout ce qui les concerne, sont aussi froides que la zone elle-même, — là, la plus petite quantité imaginable de *jugement* fait l'affaire ; — et d'esprit, — il y en a une économie totale et absolue, — car comme ils n'en ont pas besoin d'une seule étincelle, — pas une seule étincelle ne leur est donnée. Anges et ministres de grâce, défendez-nous[1] ! quelle affreuse chose c'eût été d'avoir eu à gouverner un royaume, à livrer une bataille, ou à conclure un traité, ou à jouter à la course, ou à écrire un livre, ou à faire un enfant, ou à tenir là un chapitre provincial, avec *un manque si copieux* d'esprit et de jugement en nous ! — Par pitié, n'y pensons plus, mais allons aussi vite que nous pouvons vers le midi en Norwége, — en traversant la Suède, s'il vous plaît, par la petite province triangulaire de l'Angermanie jusqu'au lac de Bothnie; en le côtoyant à travers la Bothnie orientale et occidentale jusqu'à la Carélie; et ainsi de suite, à travers tous ces États et provinces qui bordent le côté opposé du golfe de Finlande et du nord-est de la Baltique jusqu'à Pétersbourg, et mettant le pied dans l'Ingrie ; — puis de là nous étendant à travers le nord de l'empire russe, laissant la Sibérie un peu à gauche, jusqu'à ce que nous soyons arrivés au cœur même de la Russie et de la Tartarie asiatique.

Or dans ce long tour que je vous ai fait faire, vous remarquez que les bonnes gens se tirent mieux d'affaire de beaucoup, que dans les contrées polaires que nous venons de quitter : — car si vous mettez votre main au-dessus de vos yeux, et que vous regardiez très-attentivement, vous pourrez apercevoir (comme qui dirait) de petites lueurs d'esprit, avec une confortable provision de bon et simple jugement pratique, dont, à prendre la qualité et la quantité ensemble, ils tirent un très-bon parti ; — et

---

[1] Hamlet, acte I*er*, scène IV. (*Note du traducteur.*)

s'ils avaient plus de l'un ou de l'autre, cela détruirait l'équilibre entre eux, et je suis convaincu, en outre, qu'ils manqueraient d'occasions de les mettre en usage.

Maintenant, monsieur, si je vous ramène chez vous dans cette île plus chaude et infiniment plus fertile, où vous apercevez que la grande marée de notre sang et de nos humeurs monte haut ; où nous avons plus d'ambition, d'orgueil, d'envie, de lubricité et autres infâmes passions sur les bras à gouverner et à soumettre à la raison, — la *hauteur* de notre esprit, et la *profondeur* de notre jugement, vous voyez, sont exactement proportionnées à la *longueur* et à la *largeur* de nos nécessités ; — et en conséquence on les fait pleuvoir sur nous dans une mesure telle d'honnête et décente abondance, que personne ne croit avoir sujet de se plaindre.

Il faut pourtant avouer à cet égard que, comme notre air souffle le chaud et le froid, — l'humide et le sec dix fois par jour, nous ne les avons pas d'une manière fixe et régulière ; — de sorte que parfois pendant près d'un demi-siècle de suite, il y aura très-peu d'esprit ou de jugement à voir parmi nous ; — leurs petits canaux sembleront tout à fait à sec ; — puis tout d'un coup les écluses s'ouvrent, et ils se remettent à courir comme des furieux ; — vous croiriez qu'ils ne s'arrêteront jamais ; ——— et c'est alors qu'avec la plume, avec l'épée, et de vingt autres nobles façons, nous chassons devant nous le monde entier.

C'est par suite de ces observations, et d'une argumentation prudente par analogie dans cette espèce d'enchaînement raisonné que Suidas appelle *induction dialectique*, — que je trace et établis cette position-ci comme très-certaine et très-vraie :

Que de ces deux luminaires il se répand sur nous de temps en temps autant d'irradiations que celui dont la sagesse infinie dispense chaque chose avec le poids et la mesure exacts, sait qu'il en faut tout juste pour éclairer notre route dans cette nuit d'obscurité ; en sorte que vos Révérences et *Worships* découvrent maintenant, et il n'est pas en mon pouvoir de le leur cacher un moment de plus, que le souhait fervent en leur faveur par lequel j'ai débuté, n'était que le premier insinuant *Comment va* d'un caressant auteur de préface, étouffant son lecteur ; comme un amant quelquefois fait d'une maîtresse un peu prude pour la réduire au silence. Car, hélas ! si cette effusion de lumière avait pu s'obtenir aussi aisément que l'exorde le demandait ! — je tremble de penser aux milliers de voyageurs surpris par les ténèbres (dans les doctes sciences au moins) qui, faute d'elle, ont dû aller à tâtons et se méprendre dans l'ombre, toutes les nuits de leur vie, — donnant de la tête contre les poteaux, et se faisant jaillir la cervelle, sans jamais arriver au but de leur course ; — les uns tombant perpendiculairement le nez dans un cloaque ; — d'autres horizontalement le derrière dans un ruisseau. — Ici une moitié de la profession savante, la lance en arrêt, se ruant contre l'autre moitié ; et les champions roulant et se vautrant l'un sur l'autre dans la fange comme des pourceaux. — Ici les confrères d'une autre profession, qui auraient dû courir les uns contre les autres, volant, au contraire, comme une troupe d'oies sauvages, tous à la file du même côté. — Quelle confusion ! quelles bévues ! — les violons jugeant par leurs yeux, les peintres par leurs oreilles — admirable ! — se fiant aux passions excitées, — dans un air chanté, ou une histoire peinte au cœur, — au lieu de les mesurer avec un quart de cercle.

Sur le premier plan de ce tableau un *homme d'État* tournant la roue politique, comme une brute, à l'envers, — contre le courant de la corruption, — par le ciel, — au lieu de le suivre !

Dans ce coin, un fils du divin Esculape écrivant un livre contre la prédestination ; qui pis est peut-être, — tâtant le pouls de son malade, au lieu de tâter celui de l'apothicaire : — dans le fond, un confrère de la Faculté, à genoux, en larmes, — tirant les rideaux d'une victime qu'il a estropiée, pour lui demander pardon ; — offrant de l'argent au lieu d'en prendre.

Dans cette grande SALLE, une coalition de gens de robe, chassant devant eux de toutes leurs forces et du mauvais côté, une maudite et sale cause vexatoire ! — la jetant à coups de pied *hors* des grandes portes, au lieu de la jeter *dedans !* — et avec la même fureur dans le regard et le même degré d'acharnement dans leur manière de l'y jeter, que si les lois avaient été faites dans le principe pour la paix et la protection du genre humain : —— peut-être une bévue plus énorme encore commise par eux, — un point en litige bien embarrassant ; par exemple, si le nez de John O'Nokes pouvait, ou non, se tenir sur la face de Tom O'Stiles, sans violation de domicile, — résolu précipitamment par eux en vingt-cinq minutes, et qui avec les prudents pour et contre requis dans une procédure si embrouillée, aurait pu prendre autant de mois ; — qui même, s'il eût été mené militairement, comme vos Honneurs savent qu'une ACTION devrait l'être, avec tous les stratagèmes dont elle est susceptible, — tels que feintes, — marches forcées, — surprises, — embuscades, batteries masquées, — et mille autres opérations stratégiques consistant à saisir tous les avantages de chaque côté, — aurait raisonnablement duré autant d'années, fournissant pendant tout ce temps-là le vivre et le couvert à un centumvirat de la profession.

Quant au clergé, — non ; — si je dis un mot contre lui, je veux être pendu, ———— je n'en ai nulle envie ; et d'ailleurs, quand bien même, — je n'oserais pas, sur mon âme, aborder ce sujet — avec une telle faiblesse de nerfs et d'esprit, et dans l'état où je suis à présent, ce serait ma mort que de me décourager et de m'affliger par un récit si pénible et si triste ; — c'est pourquoi il est plus sûr de tirer dessus le rideau aussi vite que possible et de revenir au point essentiel et principal que je me suis chargé d'éclaircir ; — et c'est, comment il se fait que vos hommes qui ont le moins d'*esprit* passent pour être ceux qui ont le moins de *jugement?* — Mais remarquez, — je dis, *passent pour être*; — car ce n'est, mes chers messieurs, qu'un bruit, et qui, comme vingt autres bruits répétés chaque jour de confiance, n'est, je le maintiens, qu'un ignoble et méchant bruit par-dessus le marché.

Ceci, à l'aide de l'observation déjà exposée, et j'espère, déjà pesée et examinée pas vos Révérences et *Worships*, je vais sur-le-champ en donner la preuve.

Je hais les dissertations en règle ; — et par-dessus tout au monde, c'est une des plus sottes choses en dissertant que d'obscurcir votre hypothèse en y mettant nombre de grands mots opaques l'un devant l'autre, en droite ligne, entre votre conception et celle de votre lecteur, — quand, selon toute vraisemblance, si vous aviez regardé autour de vous, vous auriez vu quelque chose, soit sur ses pieds, soit accroché, qui aurait éclairci le point en un instant : — « Car quel empêchement, quel tort ou quel mal le louable désir du savoir occasionne-t-il à qui que ce soit, même venant d'un ivrogne, d'un pot, d'un sot, d'un tabouret, d'une mitaine d'hiver, d'une roulette de poulie, d'un couvercle de creuset d'orfévre, d'une bouteille d'huile, d'une vieille pantoufle, ou d'une chaise de canne ? » — C'est sur une chaise de cette espèce que je suis en ce moment. Voulez-vous me permettre d'éclaircir cette question de l'esprit et du jugement au moyen des deux pommes de son dossier ? — elles sont attachées, vous voyez, par deux chevilles enfoncées faiblement dans deux trous de vrille, et elles répandront assez de jour sur ce que j'ai à dire, pour vous laisser pénétrer l'objet et l'intention de toute ma préface aussi clairement que si chacun des points et parcelles dont elle se compose était fait de rayons de soleil.

Maintenant j'entre directement en matière.

— Ici se tient l'*esprit*, et là se tient le *jugement*, tout à côté de lui, juste comme les deux pommes dont je parle sur le dossier de cette même chaise où je suis assis.

— Vous le voyez, ce sont les parties les plus élevées et les plus beaux ornements de sa *structure*, — comme l'esprit et le jugement le sont de *la nôtre*, — et, comme eux aussi, elles sont indubitablement faites et ajustées pour aller ensemble, afin, comme nous disons dans tous les cas d'embellissements doubles, — *qu'elles fassent pendant*.

Maintenant, pour faire une expérience, et mieux éclaircir encore la chose, — enlevons pour un moment un de ces deux curieux ornements (peu importe lequel) du haut ou pinacle de la chaise où il est: — non, ne riez pas, — mais avez-vous jamais vu, dans tout le cours de votre vie, un effet plus ridicule que celui-ci? — l'aspect en est aussi misérable que celui d'une truie qui n'a qu'une oreille; et il y a juste autant de sens et de symétrie dans l'une que dans l'autre. ——— Levez-vous, je vous prie, venez y jeter un coup d'œil. — Maintenant, quel homme ayant un brin d'estime pour sa réputation voudrait laisser sortir de ses mains un ouvrage dans un pareil état? — Que dis-je? mettez la main sur votre cœur, et répondez à cette simple question: cette pomme unique, qui maintenant est ici toute seule comme une bête, peut-elle servir à autre chose sur terre qu'à vous rappeler l'absence de l'autre? — et laissez-moi demander en outre si, en cas que la chaise fût à vous, vous ne croiriez pas dans votre conscience que plutôt que de rester ainsi, il vaudrait dix fois mieux qu'elle fût tout à fait sans pomme.

Or ces deux pommes, — ou ornements supérieurs de l'esprit de l'homme, qui couronnent tout l'entablement, — étant, comme j'ai dit, l'esprit et le jugement, qui, de tous, comme je l'ai prouvé, sont les plus indispensables, — les plus estimés, — dont la privation est la plus calamiteuse, et conséquemment les plus difficiles à acquérir; — pour toutes ces raisons réunies, il n'est pas un mortel parmi nous assez dénué de l'amour d'une bonne réputation ou d'une bonne existence — ou assez ignorant de ce qu'il en retirera de bien — pour ne pas désirer et résoudre fermement dans son esprit, d'être, ou du moins de passer pour être possesseur de l'un ou de l'autre, et même de tous deux, si la chose semble de façon ou d'autre praticable, ou possible à faire accroire.

Or, vos gentlemen les plus graves ayant peu ou point de chances d'atteindre à l'un — à moins de tenir l'autre, — que pensez-vous, je vous prie, qu'il advînt d'eux? —————— En dépit de toute leur *gravité*, il leur aurait bien fallu se résigner à aller, leur intérieur mis à nu : — cela n'était supportable que par un effort de philosophie qu'on ne devait pas supposer dans le cas en question ; — de sorte que personne n'aurait vraiment pu leur en vouloir, s'ils s'étaient contentés du peu qu'ils auraient pu arracher et cacher sous leurs manteaux et grandes perruques, sans aller en même temps crier *haro* contre les légitimes propriétaires.

Je n'ai pas besoin de dire à vos Honneurs, que ceci fut fait avec tant d'astuce et d'artifice, — que le grand Locke, qui était rarement dupe des sons faux, — y fut pris néanmoins. —————— Le cri, à ce qu'il paraît, fut si profond et si solennel, et à l'aide des grandes perruques, des faces graves, et autres instruments de tromperie, devint si général contre les *pauvres beaux esprits* en cette occasion, que le philosophe lui-même fut trompé ; — ce fut sa gloire de délivrer le monde de l'encombrement de mille erreurs vulgaires ; — mais celle-ci ne fut pas du nombre ; de sorte qu'au lieu de se mettre froidement, comme l'aurait dû faire un tel philosophe, à examiner le fait avant de raisonner dessus, — au contraire il tint le fait pour accordé, se joignit au haro, et cria aussi violemment que le reste.

C'est devenu depuis la grande charte de la stupidité : — mais vos Révérences voient clairement qu'elle a été obtenue de façon telle que c'est un titre qui ne vaut pas quatre sous : —————— ce qui, par parenthèse, est une des nombreuses et basses supercheries dont la gravité et les gens graves auront par la suite à répondre.

Quant aux grandes perruques, sur lesquelles on peut penser que j'ai donné trop librement mon avis, — je demande la permission de modifier tout ce qui a été indiscrètement dit à leur blâme et préjudice, par une déclaration générale, à savoir — que je n'ai aucune espèce d'horreur, de haine, ni de répugnance personnelle pour les grandes perruques ou les longues barbes, tant que je ne vois pas qu'on les commande ou laisse pousser dans le dessein de soutenir cette même imposture, — quel qu'en soit le but. — La paix soit avec elles ! — ☞ Remarquez seulement — que je n'écris pas pour elles.

CHAPITRE LXV.

Tous les jours, depuis dix ans au moins, mon père prenait la résolution de les faire raccommoder — ils ne le sont point encore. — Nulle autre famille que la nôtre ne l'aurait toléré une heure ; — et, ce qui est plus étonnant, il n'y avait pas de sujet au monde sur lequel mon père fût plus éloquent que sur celui des gonds de porte ; — et pourtant, il en était certes en même temps une des plus grandes dupes que l'histoire puisse fournir : sa rhétorique et sa conduite étaient perpétuellement aux prises. — La porte du parloir ne s'ouvrait jamais — que sa philosophie ou ses principes n'en tombassent victimes. — Trois gouttes d'huile sur une plume, et un bon coup de marteau auraient sauvé pour toujours son honneur.

―――― Quel être inconséquent que l'homme ! — languissant sous des plaies qu'il est en son pouvoir de guérir ! — sa vie entière en contradiction avec ses connaissances ! — sa raison, ce précieux don qu'il a reçu de Dieu — (au lieu de verser de l'huile) ne servant qu'à irriter sa sensibilité, — à multiplier ses peines, et à lui en rendre le poids plus dur et plus pénible. — Pauvre malheureuse créature, d'en être réduit là ! — n'est-ce pas assez des causes nécessaires de malheur dans cette vie, sans qu'il en doive ajouter de volontaires à sa provision de chagrin ; — lutter contre des maux inévitables, et se soumettre à d'autres qu'un dixième de la peine qu'ils donnent écarterait pour jamais de son cœur ?

Par tout ce qui est bon et vertueux ! s'il y a moyen de se procurer trois gouttes d'huile et de trouver un marteau à dix milles à la ronde, — les gonds de la porte du parloir de Shandy-Hall seront raccommodés sous ce règne.

CHAPITRE LXVI.

Quand le caporal Trim eut mené à bien ses deux mortiers, il fut enchanté outre mesure de son ouvrage, et sachant quel plaisir son maître aurait à les voir, il ne put résister au désir qu'il avait de les porter tout de suite au parloir.

Or, à la suite de la leçon morale que j'avais en vue en mentionnant l'affaire des *gonds*, j'avais une considération spéculative qui en découlait, et que voici : —

Si la porte du parloir se fût ouverte et eût tourné sur ses gonds comme une porte devrait faire, —

Ou, par exemple, aussi habilement que notre gouvernement a tourné sur ses gonds — (c'est-à-dire, en cas que les choses aient tout du long été bien pour votre *Worship*, — autrement je laisse là ma comparaison), — en ce cas, dis-je, il n'y aurait eu aucun danger, soit pour le maître, soit pour le valet, à ce que le caporal Trim entr'ouvrît la porte : dès l'instant où il aurait aperçu mon père et mon oncle Toby profondément endormis, — ses manières étaient trop respectueuses pour qu'il ne se retirât pas silencieux comme la mort, et ne les laissât pas tous deux dans leurs fauteuils rêvant avec bonheur ainsi qu'il les avait trouvés ; mais la chose était, moralement parlant, tellement impraticable, que pendant tant d'années que ces gonds restèrent dérangés, et parmi les tourments continuels auxquels mon père se soumettait à ce sujet, — était celui-ci : qu'il ne croisait jamais les bras pour faire son somme après dîner, que l'idée d'être inévitablement éveillé par la première personne qui ouvrirait la porte, ne dominât dans son imagination et ne vînt incessamment se placer entre lui et le premier présage balsamique de son repos, de manière à lui en dérober, comme il le déclarait souvent, toutes les douceurs.

« Quand les choses tournent sur de mauvais gonds, sauf votre respect, comment peut-il en être autrement ? »

Je vous prie, qu'y a-t-il ? Qui est là ? cria mon père s'éveillant au moment où la porte commençait à craquer.

———— Je voudrais que le serrurier jetât un coup d'œil sur ces maudits gonds. ———— Ce n'est, sauf votre respect, dit Trim, que deux mortiers que j'apporte. ———— Je n'entends pas qu'il nous casse ici la tête avec, s'écria vivement mon père. ———— Si le docteur Slop a quelques drogues à piler, qu'il le fasse dans la cuisine. ——— Sauf votre respect, dit Trim, ce sont deux mortiers pour le siége de l'été qui vient; je les ai faits avec une paire de bottes fortes qu'Obadiah m'a dit que votre Honneur ne mettait plus. ——— Par le ciel ! s'écria mon père, qui s'élança de son siége tout en jurant,—de toute ma garderobe, il n'est rien dont je fasse autant de cas que de ces bottes fortes : — elles venaient de notre grand-père, frère Toby : — elles étaient *héréditaires*. ——— Alors je crains, dit mon oncle Toby, que Trim n'ait entamé la succession. ——— Je n'ai entamé que le haut, sauf votre respect, s'écria Trim. ——— Je hais les *perpétuités* autant qu'homme vivant, reprit mon père, ——— mais ces bottes fortes, continua-t-il (en souriant, quoique en même temps très-fâché), ont été dans la famille, frère, depuis les guerres civiles ; — sir Roger Shandy les portait à la bataille de Marston-Moor. — Je déclare que je ne les aurais pas données pour dix livres sterling. ——— Je vous payerai la somme, frère Shandy, dit mon oncle Toby, regardant les deux mortiers avec un plaisir infini, et mettant sa main dans le gousset de sa culotte, — je vous payerai sur-le-champ les dix livres de bien bon cœur. ———

Frère Toby, repartit mon père en changeant de ton, peu vous importe la somme que vous jetez et dissipez, pourvu, continua-t-il, que ce soit pour un SIÉGE. ——— N'ai-je pas cent vingt livres par an, outre ma demi-paye ? s'écria mon oncle Toby. ——— Qu'est-ce que cela, — répliqua vivement mon père, — auprès de dix livres pour une paire de bottes fortes ? — de douze guinées pour vos pontons ? — de la moitié autant pour votre pont-levis hollandais ? — sans parler du petit train d'artillerie en cuivre que vous avez commandé la semaine dernière, avec vingt autres préparatifs pour le siége de Messine ? Croyez-moi, cher frère Toby, continua mon père en lui prenant affectueusement la main, — ces opérations militaires sont au-dessus de vos forces : votre intention est bonne, frère, — mais elles vous entraînent dans de plus grandes dépenses que vous n'aviez prévu ; et croyez-moi, frère Toby, elles finiront par vous ruiner et vous réduire à la mendicité. ———— Qu'importe, frère, répliqua mon oncle Toby, tant que nous saurons que c'est pour le bien de la nation ? ————

Mon père ne put s'empêcher de sourire : — sa colère, au plus fort, n'était qu'une étincelle ; et le zèle et la simplicité de Trim, — et la généreuse (quoique dadaïque) noblesse de sentiments de mon oncle Toby, le remirent en un instant de la meilleure humeur du monde.

Ames généreuses ! — Dieu vous fasse prospérer, et vos mortiers aussi ! se dit mon père à lui-même.

CHAPITRE LXVII.

Tout est calme et silencieux, du moins en haut, dit mon père : — je n'entends personne marcher. — Je te prie, Trim, qui est dans la cuisine ? ———— Il n'y a pas une âme dans la cuisine, répondit Trim en faisant une profonde révérence, excepté le docteur Slop. ———— Diable soit ! s'écria mon père (se mettant sur pied une seconde fois), — pas une seule chose n'a été droit aujourd'hui. Si j'avais foi dans l'astrologie, frère (et par parenthèse, mon père y avait foi), je jurerais que quelque planète rétrograde est suspendue sur mon infortunée maison, et y bouleverse tout ce qui s'y trouve. — Je croyais le docteur Slop en haut avec ma femme; et vous m'aviez dit qu'il y était. — Qu'est-ce que ce tatillon-là fait dans la cuisine? —— Il est occupé, sauf votre respect, repartit Trim, à faire un pont. —— C'est très-obligeant à lui, dit mon oncle Toby: —— je t'en prie, Trim, va présenter mes humbles devoirs au docteur Slop, et dis-lui que je le remercie de tout mon cœur.

Il faut que vous sachiez que mon oncle Toby se méprenait sur le pont — aussi complétement que mon père s'était mépris sur les mortiers; — mais, pour comprendre comment mon oncle Toby avait pu se méprendre sur le pont, — je crains d'être forcé de vous tracer l'itinéraire exact qui l'y avait amené; — ou, pour laisser de côté ma métaphore (car il n'y a rien de plus déloyal que d'en faire usage dans l'histoire) — afin de se faire une idée juste de la vraisemblance de cette erreur de mon oncle Toby, il faut, quoique bien contre mon gré, que je vous fasse le récit d'une aventure de Trim; je dis bien contre mon gré, simplement parce que l'histoire, en un sens, est certainement ici hors de sa place, car, de droit, elle devrait venir soit parmi les anecdotes des amours de mon oncle Toby avec la veuve Wadman, où le caporal Trim ne joua pas un médiocre rôle, — soit au milieu de ses campagnes et de celles de mon oncle Toby sur le boulingrin, car elle figurerait très-bien dans l'un de ces deux endroits; — mais si je la réserve pour une de ces parties de mon histoire, — je ruine celle où j'en suis; — et si je la raconte ici, — j'anticipe sur les faits, et je ruine l'autre.

— Qu'est-ce que vos *Worships* désirent que je fasse en ce cas ?

— Que vous la racontiez, monsieur Shandy, sans contredit. — Vous êtes un sot, Tristram, si vous le faites.

O vous puissances (car vous êtes des puissances, et de grandes, qui plus est) — qui mettez l'homme mortel en état de raconter une histoire qui vaille la peine d'être écoutée, — qui avez la bonté de lui montrer où il doit la commencer, — et où il doit la finir, — ce qu'il doit y mettre, et ce qu'il doit laisser de côté, — combien il en doit jeter dans l'ombre, — et sur quels endroits il doit mettre les jours ! — vous, qui régnez sur ce vaste empire de contrebandiers biographiques, et voyez dans combien de passes et de bourbiers vos sujets tombent à toute heure, voulez-vous faire une chose ?

Je vous en prie et conjure (dans le cas où vous ne voudriez rien faire de mieux pour nous), toutes les fois que dans une partie quelconque de vos États il arrivera que trois différentes routes aboutiront au même point, comme elles viennent de faire ici, — au moins établissez au milieu un poteau indicateur, par pure charité, pour désigner à un pauvre diable dans l'incertitude, quelle est celle des trois qu'il doit prendre.

CHAPITRE LXVIII.

Quoique le choc que mon oncle Toby avait reçu l'année d'après la démolition de Dunkerque, dans son affaire avec la veuve Wadman, lui eût fait prendre la résolution de ne plus penser au beau sexe, — ou à rien qui y eût rapport ; — néanmoins le caporal Trim n'avait pas fait un tel pacte avec lui-même. — A la vérité, dans le cas de mon oncle Toby, il y avait une étrange et inexplicable rencontre de circonstances qui insensiblement l'avait amené à mettre le siége devant cette belle et forte citadelle. — Dans le cas de Trim, il n'y avait aucune espèce de rencontre, si ce n'est la sienne avec Brigitte dans la cuisine ; — quoique, à vrai dire, l'affection et le respect qu'il portait à son maître fussent tels, et qu'il fût si avide de l'imiter en tout ce que celui-ci faisait, que si mon oncle Toby eût employé son temps et son génie à ferrer des aiguillettes, — je suis persuadé que l'honnête caporal aurait mis bas les armes, et suivi son exemple avec plaisir. Lors donc que mon oncle Toby mit le siége devant la maîtresse, — incontinent le caporal Trim mit le sien devant la suivante.

Or, mon cher ami Garrick, vous que j'ai tant sujet d'estimer et d'honorer — (pourquoi cela ? peu importe) — je défie qu'il puisse échapper à votre pénétration — que tant de faiseurs de pièces, tant de fabricants de bavardages ont toujours travaillé depuis sur le modèle de Trim et de mon oncle Toby. — Je ne me soucie pas de ce que disent Aristote, ou Pacuvius, ou Bossu, on Riccoboni — (quoique je n'aie jamais lu un seul d'entre eux), — il n'y a pas une plus grande différence entre une chaise à un cheval et le vis-à-vis de madame de Pompadour, qu'entre un seul amour et un amour ainsi noblement doublé, et allant à quatre chevaux qui caracolent d'un bout à l'autre d'un grand drame. — Monsieur, une simple, unique et insignifiante affaire de ce genre-là — est tout à fait perdue dans cinq actes; — mais ici c'est autre chose.

Après une série d'attaques toujours repoussées, que mon oncle Toby continua pendant le cours de neuf mois, et dont je donnerai en temps convenable tous les détails dans une relation des plus minutieuses, mon oncle Toby, l'honnête homme! jugea nécessaire de retirer ses forces et de lever le siége avec une certaine indignation.

Le caporal Trim, comme j'ai dit, n'avait pas fait un tel pacte avec lui-même, — ni avec personne autre; — cependant, la fidélité de son cœur ne lui permettant pas d'aller dans une maison que son maître avait abandonnée avec dégoût, — il se contenta de convertir sa partie de siége en blocus; — c'est-à-dire, il tint les autres à distance; — car, bien qu'il n'allât jamais depuis dans la maison, il ne rencontrait pourtant jamais Brigitte dans le village sans lui faire un signe de la tête ou de l'œil, sans sourire ou la regarder affectueusement, — ou (selon que les circonstances y invitaient) il lui donnait une poignée de main, — ou il lui demandait amoureusement comment elle allait — ou il lui offrait un ruban, — et de temps à autre, quoique jamais lorsqu'il ne pouvait pas le faire avec décorum, il donnait à Brigitte un ———

Les choses restèrent exactement en cet état pendant cinq ans; c'est-à-dire, depuis la démolition de Dunkerque dans l'année treize jusqu'à la fin de la campagne de mon oncle Toby dans l'année dix-huit, ce qui était environ six ou sept semaines avant l'époque dont je parle, ——— lorsque Trim, comme c'était sa coutume, après avoir mis mon oncle Toby au lit, étant descendu, par un beau clair de lune, faire l'inspection de ses fortifications,

— dans l'allée séparée du boulingrin par le houx et les arbustes à fleurs, — aperçut sa Brigitte.

Comme le caporal trouvait qu'il n'y avait rien au monde de si digne d'être montré que les glorieux ouvrages que lui et mon oncle Toby avaient faits, Trim courtoisement et galamment la prit par la main et la fit entrer. Ceci ne se passa pas si secrètement que la scandaleuse trompette de la Renommée ne le portât d'oreille en oreille jusqu'à ce qu'elle finît par atteindre celle de mon père, avec cette fâcheuse circonstance que le curieux pont-levis que mon oncle Toby avait fait construire et peindre à la hollandaise, et qui traversait tout le fossé, — avait été rompu, et de manière ou d'autre mis tout en pièces ce même soir-là.

Mon père, comme vous l'avez observé, n'avait pas une grande estime pour le DADA de mon oncle Toby; il le regardait comme le cheval le plus ridicule que jamais gentleman eût monté; et même, à moins que mon oncle Toby ne lui en fît un sujet de vexation, il n'y pouvait pas penser une seule fois sans sourire : — en sorte que le DADA ne pouvait boiter, ou essuyer quelque désastre, sans que l'imagination de mon père en fût chatouillée outre mesure ; mais cet accident-ci étant beaucoup plus en rapport avec son humeur qu'aucun qui fût encore arrivé, devint pour lui un fonds inépuisable d'amusement.

— Bien — mais, cher Toby! disait mon père, racontez-moi sérieusement comment cette affaire du pont est arrivée. — Comment pouvez-vous me tourmenter autant à ce sujet? répliquait mon oncle Toby; — je vous l'ai racontée vingt fois, mot pour mot, comme Trim me l'a racontée. ———— Je t'en prie, comment était-ce donc, caporal? s'écriait mon père, en se tournant vers Trim. —— Ç'a été un pur malheur, sauf votre respect ; — je montrais les fortifications à mistress Brigitte ; et en allant trop au bord du fossé, j'ai malheureusement glissé dedans. —— Très-bien, Trim ! s'écriait mon père — (souriant mystérieusement, et faisant un signe de tête, — mais sans l'interrompre,) —— et ayant, sauf votre respect, le bras enchevêtré dans celui de mistress Brigitte, je l'ai entraînée après moi : au moyen de quoi elle est tombée tout doucement à la renverse contre le pont. — Et le pied de Trim (interrompait mon oncle Toby, lui ôtant l'histoire de la bouche) étant entré dans la cuvette, il est tombé en plein aussi contre le pont. —— Il y avait mille chances contre une, ajoutait mon oncle Toby, que le pauvre garçon se casserait la jambe. —— Oui, vraiment disait mon père, un membre est bientôt cassé, frère Toby, dans de telles rencontres. —— Et c'est ainsi, sauf votre respect, que le pont, qui, comme votre Honneur sait, était très-faible, a été rompu par nous deux, et mis tout en pièces.

D'autres fois, mais surtout quand mon oncle Toby avait le malheur de dire un mot qui eût rapport aux canons, aux bombes, ou aux pétards, — mon père épuisait toutes les ressources de son éloquence (qui étaient vraiment très-grandes) à faire le panégyrique des *béliers* des anciens, — de la *vinea* dont Alexandre fit usage au siége de Tyr. — Il parlait à mon oncle Toby de la *catapulte* des Syriens, qui jetait de si monstrueuses pierres de tant de centaines de pieds, et ébranlait les plus forts boulevards jusque dans leurs fondements : — il continuait et décrivait le merveilleux mécanisme de la *baliste*, dont

Marcellin fait tant de bruit; — les terribles effets des *pyroboles*, qui lançaient du feu; — le danger de la *térèbra* et du *scorpion*, qui lançaient des javelines. — Mais qu'est-ce que cela, disait-il, auprès de la machine destructive de Trim? — Croyez-moi, frère Toby, pas un des ponts, des bastions, ou des portes à sortir, qui ont jamais été construits dans ce monde, ne saurait tenir contre une telle artillerie.

Mon oncle Toby n'essayait jamais de résister au choc de cette raillerie autrement qu'en redoublant d'ardeur à fumer sa pipe : ce que faisant, il répandit une vapeur si épaisse un soir après souper, qu'elle occasionna à mon père, qui était un peu phthisique, un violent accès de toux suffocante : mon oncle Toby fit un saut sans plus sentir sa douleur à l'aine, — et avec une pitié infinie, il se tint à côté du fauteuil de son frère, lui tapant d'une main dans le dos, et de l'autre lui tenant la tête, et de temps en temps lui essuyant les yeux avec un mouchoir blanc de batiste qu'il avait tiré de sa poche. — La manière affectueuse et tendre de mon oncle Toby rendit ces offices — mit mon père au désespoir de lui avoir fait de la peine. — Que ma cervelle saute sous un bélier ou une catapulte, peu m'importe lequel, se dit mon père, — si jamais j'insulte encore cette digne âme!

CHAPITRE LXIX.

Le pont-levis étant jugé irréparable, Trim reçut l'ordre de se mettre sur-le-champ à en faire un autre, — mais non sur le même modèle : car les intrigues du cardinal Alberoni ayant été découvertes à cette époque, et mon oncle Toby prévoyant avec justesse que la guerre s'allumerait infailliblement entre l'Espagne et l'Empire, et que, selon toutes probabilités, les opérations de la campagne suivante auraient lieu à Naples ou en Sicile, — il se décida pour un pont italien — (mon oncle Toby, par parenthèse, ne se trompait pas de beaucoup dans sa conjecture) — mais mon père, qui était infiniment meilleur politique, et avait le pas sur mon oncle Toby dans le cabinet, autant que mon oncle Toby l'avait sur lui en plaine, — le convainquit que si le roi d'Espagne et l'Empereur se prenaient aux cheveux, — l'Angleterre, la France et la Hollande, en vertu de leurs engagements précédents, devraient aussi entrer en lice ; et en ce cas, disait-il, les combattants, frère Toby, aussi sûr que nous sommes en vie, vont se remettre aux prises pêle-mêle dans cette vieille arène de la Flandre : alors que ferez-vous de votre pont italien ?

Nous allons, en ce cas, le continuer sur l'ancien modèle, s'écria mon oncle Toby.

Quand le caporal Trim l'eut à moitié fini dans ce style, — mon oncle Toby y trouva un défaut capital auquel il n'avait jamais sérieusement pensé auparavant. Le pont, à ce qu'il paraît, tournait sur des gonds placés aux deux bouts et s'ouvrait au milieu, une moitié tournant d'un côté du fossé, et l'autre de l'autre : l'avantage était que le poids du pont étant divisé en deux portions égales, cela mettait mon oncle Toby à même de le lever ou de l'abaisser avec le bout de sa béquille et d'une seule main, ce qui, vu la faiblesse de sa garnison, était tout ce dont il pouvait convenablement disposer; — mais les inconvénients d'une telle construction étaient insurmontables ; — car de la sorte, disait-il, je laisse une moitié de mon pont au pouvoir de l'ennemi ; et je vous prie, à quoi sert l'autre ?

Le remède naturel à cela était, sans doute, que son pont ne fût attaché par des gonds que d'un seul côté, de façon qu'il pût se lever d'une pièce et se tenir tout droit; — mais ceci fut rejeté, pour la raison donnée ci-dessus

Pendant toute la semaine suivante, il fut déterminé à en avoir un construit sur le plan de ceux qu'on ramène à soi horizontalement, pour empêcher le passage, et que l'on repousse en avant pour l'opérer ; — de cette espèce vos Honneurs ont pu en voir trois fameux, à Spire avant sa destruction — et un existant maintenant à Brisach, si je ne me trompe ; — mais mon père conseillant avec beaucoup de chaleur à mon oncle Toby de n'avoir plus rien à faire avec les ponts volants, — et mon oncle prévoyant en outre que cela ne ferait que perpétuer le souvenir de la mésaventure du caporal, — il renonça à son idée pour prendre l'invention du marquis de l'Hospital, que Bernouilli jeune a si bien et si savamment décrite, comme vos Honneurs peuvent voir ———— *Act. Erud. Lips.* an. 1695 : — ceux-là, un plomb les tient en éternel équilibre, et les garde aussi bien que deux sentinelles, attendu que leur construction est une ligne courbe approchant d'une cycloïde, ———— sinon une cycloïde même.

Mon oncle Toby comprenait la nature d'une parabole aussi bien que personne en Angleterre ; — mais il n'était pas tout à fait aussi ferré sur la cycloïde : ———— il avait beau en parler chaque jour ———— le pont n'avançait pas. ———— Nous consulterons quelqu'un là-dessus, dit mon oncle Toby à Trim.

CHAPITRE LXX.

Quand Trim entra et dit à mon père que le docteur Slop était dans la cuisine, occupé à faire un pont, — mon oncle Toby, — dans le cerveau de qui l'affaire des bottes fortes venait de soulever une série d'idées militaires, ———— tint aussitôt pour assuré que le docteur Slop faisait un modèle du pont du marquis de l'Hospital. ———— C'est très-obligeant à lui, dit mon oncle Toby ; — je t'en prie, Trim, va présenter mes humbles devoirs au docteur Slop, et dis-lui que je le remercie de tout mon cœur.

Si la tête de mon oncle Toby eût été une lanterne magique, et que tout le temps mon père eût regardé dedans par un bout, — cela ne lui aurait pas donné une idée plus distincte des opérations de l'imagination de mon oncle Toby que celle qu'il avait : aussi, malgré la catapulte et le bélier, et son amère imprécation contre eux, il commençait à triompher, —

Quand la réponse de Trim, en un instant, lui arracha les lauriers du front et les mit en pièces.

CHAPITRE LXXI.

———— Votre malencontreux pont-levis, dit mon père,
———— Dieu bénisse votre Honneur, s'écria Trim, c'est

un pont ¹ pour le nez de monsieur votre fils. — En l'amenant au monde avec ses infâmes instruments, le docteur lui a écrasé le nez, à ce que dit Susanne, aussi plat qu'une crêpe sur la face, et il est en train de faire un faux pont avec un morceau de coton et un petit bout de baleine du corset de Susanne, pour le redresser.

——— Frère Toby, s'écria mon père, conduisez-moi à ma chambre à l'instant.

CHAPITRE LXXII.

Depuis le premier moment que je me suis mis à écrire ma vie pour l'amusement du monde, et mes opinions pour son instruction, un nuage s'est insensiblement amassé sur mon père. — Un torrent de petits maux et de petits chagrins s'est précipité contre lui. — Pas une chose, comme il l'a observé lui-même, n'a été droit ; et maintenant l'orage a grossi, et est près de crever et de tomber en plein sur sa tête.

J'aborde cette partie de mon histoire dans la plus pensive et la plus mélancolique disposition d'esprit où jamais cœur sympathique se soit trouvé.. — Mes nerfs se relâchent à mesure que je la raconte. — A chaque ligne que j'écris, je sens diminuer la vitesse de mon pouls et avec elle cette insouciante gaieté qui, tous les jours de ma vie, me pousse à dire et à écrire mille choses dont je devrais m'abstenir — Et il n'y a qu'un instant, la dernière fois

---

¹ *Bridge* : la cloison du nez se dit en anglais le pont du nez.
(*Note du traducteur.*)

que j'ai trempé ma plume dans l'encre, je n'ai pu m'empêcher de remarquer quel air circonspect, tristement calme et solennel, j'avais pris en le faisant. — Seigneur ! quelle différence avec les élans inconsidérés et les folles boutades qui sont dans tes habitudes, Tristram, quand tu t'en acquittes sous l'influence d'une autre humeur — laissant tomber ta plume, — faisant jaillir ton encre sur ta table et tes livres, — comme si ta plume et ton encre, tes livres et ton mobilier ne te coûtaient rien !

CHAPITRE LXXIII.

Je ne veux point discuter ce point avec vous : — c'est un fait, — et j'en suis persuadé, madame, autant qu'on peut l'être, « que l'homme et la femme supportent mieux la souffrance ou le chagrin (et, autant que j'en sache, goûtent mieux aussi le plaisir) dans une position horizontale. »

Aussitôt que mon père fut dans sa chambre, il se jeta tout du long en travers de son lit dans le plus grand désordre imaginable, mais en même temps dans la plus lamentable attitude d'homme atterré par les chagrins, sur qui l'œil de la pitié ait jamais versé une larme. — La paume de sa main droite, au moment où il était tombé sur le lit, avait reçu son front, et couvrant la plus grande partie de ses deux yeux, s'affaissa doucement sous sa tête (son coude reculant) jusqu'à ce que son nez touchât la courte-pointe ; — son bras gauche pendait insensible au bord du lit ; les jointures de ses doigts reposant

sur l'anse du pot de chambre qui passait sous la pente ;
—— sa jambe droite (sa gauche étant relevée vers son corps) pendait à demi sur le bord du lit, dont le bois lui coupait l'os de devant. — Il ne le sentait pas. Un chagrin fixe, inflexible, avait pris possession de chaque ligne de son visage. — Il soupira une seule fois, — sa poitrine se souleva fréquemment, — mais il ne proféra pas une parole.

Une vieille chaise au petit point, garnie alentour de pentes et de franges à glands d'estame de plusieurs couleurs, était au chevet au lit, en face du côté où était appuyée la tête de mon père. — Mon oncle Toby s'y assit.

Avant qu'une affliction ait été digérée, — les consolations viennent toujours trop tôt ; — et après qu'elle est digérée, — elles viennent trop tard : en sorte que, vous le voyez, madame, le consolateur n'a pour point de mire entre ces deux extrêmes, qu'une marque presque aussi fine qu'un cheveu. Mon oncle Toby était toujours au-dessus ou au-dessous, et il disait souvent qu'il croyait dans son cœur pouvoir aussi vite mettre le doigt sur la longitude; pour cette raison, quand il s'assit sur la chaise, il tira le rideau un peu en avant, et ayant une larme au service de chacun, — il prit un mouchoir de batiste, — poussa un soupir étouffé, mais se tint coi.

CHAPITRE LXXIV.

—— « Tout ce qui entre dans la bourse n'est pas gain. » De façon que, bien que mon père eût le bonheur d'avoir lu les livres les plus bizarres de l'univers, et eût en outre, par lui-même, la plus bizarre manière de voir dont jamais homme ait été doué, il y avait, somme toute, à rabattre ceci dans le compte———qu'il était exposé par là aux infortunes les plus bizarres et les plus originales; et celle même qui l'accablait en ce moment est un exemple aussi frappant qu'on en puisse donner.

Sans doute, la fracture du nez d'un enfant sous le tranchant d'un forceps, — quoique appliqué dans les règles, — aurait chagriné tout homme au monde qui aurait eu autant de mal à faire un enfant qu'en avait mon père; — cependant cela ne rendra pas raison de l'extravagance de son affliction, ni ne justifiera la manière antichrétienne dont il s'y adonna et laissa aller.

Pour expliquer ceci, il faut que je le laisse sur le lit pendant une dem: heure, — et mon oncle Toby assis à côté de lui, sur sa vieille chaise à franges.

CHAPITRE LXXV.

———— Je trouve que c'est une demande très-déraisonnable, — s'écria mon bisaïeul en tordant le papier et le jetant sur la table.———D'après ce compte, madame, vous n'avez que deux mille livres de fortune, et pas un shilling de plus; — et pour cela vous prétendez avoir un douaire de trois cents livres par an ———

« Oui, » répliqua ma bisaïeule, « par la raison que vous avez peu ou point de nez, monsieur, »———

Or, avant de me hasarder de faire usage seconde fois

du mot *nez*, — pour éviter toute confusion dans ce qui sera dit à ce sujet dans cette partie intéressante de mon histoire, il ne serait pas mal, peut-être, d'expliquer ce que j'entends, et de définir, avec toute l'exactitude et la précision possibles, ce que je voudrais bien qu'on comprît que j'entends par ce terme ; étant d'avis que c'est à cause de la négligence et de l'entêtement des écrivains à dédaigner cette précaution, et pour nulle autre cause, — que tous les écrits polémiques en théologie ne sont pas aussi clairs et aussi concluants que ceux sur le *feu follet*, ou toute autre saine partie de la physique ou de l'histoire naturelle. Et, à cet effet, qu'avez-vous à faire avant de vous mettre en route, à moins que votre intention ne soit d'aller vous alambiquant l'esprit jusqu'au jour du jugement, — que de donner au monde une bonne définition du mot principal qui se représente le plus souvent, et de vous y tenir ; — le changeant, monsieur, comme vous feriez d'une guinée, en petite monnaie ? — Ceci fait, — que le père de la confusion vous embarrasse, s'il peut ; ou mette une idée différente dans votre tête ou dans celle de vos lecteurs, s'il sait comment.

Dans les livres de stricte morale et de raisonnement serré, comme celui dont je m'occupe, — cette négligence est inexcusable ; et le ciel m'est témoin que le monde m'a bien puni d'avoir laissé tant de prétextes à équivoques, — et d'avoir compté autant que j'ai fait, tout le temps, sur la pureté d'imagination de mon lecteur.

——— Voici deux sens, s'écriait Eugène en se promenant avec moi, et mettant l'index de sa main droite sur le mot *crevasse*, dans la quatre-vingt-huitième page de ce livre des livres ; — voici deux sens, — disait-il. ———

Et voici deux routes, répliquai-je, en me tournant brusquement de son côté, — une sale et une propre ; — laquelle prendrons-nous ? ———— La propre sans contredit, repartit Eugène. ———— Eugène, dis-je en passant devant lui et mettant ma main sur sa poitrine, — définir, — c'est se défier. — Par là je triomphai d'Eugène ; mais je triomphai de lui, ainsi que je fais toujours, comme un sot. — C'est ma consolation, néanmoins, de ne pas être un sot entêté : c'est pourquoi,

Je définis un nez en ces termes, — priant seulement à l'avance, et conjurant mes lecteurs, tant mâles que femelles, de quelque âge, complexion ou condition qu'ils soient, pour l'amour de Dieu et de leurs propres âmes, de se tenir en garde contre les tentations et suggestions du diable, et de ne pas souffrir que, par adresse ou fourberie, il leur mette dans l'esprit aucune autre idée que celle que je mets dans ma définition ; car par le mot *nez*, dans tout le cours de ce long chapitre des nez, et dans toute autre partie de mon ouvrage où le mot nez se présentera, je déclare que, par ce mot, j'entends un nez, ni plus ni moins.

CHAPITRE LXXVI.

———— « Par la raison, » dit ma bisaïeule répétant ses paroles, — « que vous avez peu ou point de nez, monsieur. » ————

Morbleu, s'écria mon bisaïeul appliquant sa main sur son nez, — il n'est pas si petit que vous voulez bien le dire ; — il est d'un grand pouce plus long que celui de mon père. ——— Or le nez de mon bisaïeul était absolument pareil aux nez de tous les hommes, femmes et enfants que Pantagruel trouva habitant l'île d'Ennasin. — Soit dit en passant, si vous voulez savoir le moyen de se naturaliser chez un peuple si camus, il faut lire le livre ; — le découvrir de vous-même, vous ne le pouvez pas.

— Il était fait, monsieur, comme un as de trèfle.

——— Il est d'un grand pouce, continua mon bisaïeul, appuyant le doigt et le pouce sur le croquant de son nez, et répétant son assertion, — il est d'un grand pouce plus long, madame, que celui de mon père. ——— Vous voulez dire votre oncle, répliqua ma bisaïeule.

——— Mon bisaïeul fut réduit au silence. — Il détordit le papier, et signa l'article.

CHAPITRE LXXVII.

——— Quel douaire exorbitant nous payons, mon cher, sur un bien aussi petit que le nôtre ! dit ma grand'-mère à mon grand-père. ———

Mon père, répliqua mon grand-père, n'avait pas plus de nez, ma chère, sauf votre respect, qu'il n'y en a sur le dos de ma main. ———

Or, il faut que vous sachiez que ma bisaïeule survécut douze ans à mon grand-père : de sorte que mon père eut le douaire à payer, cent cinquante livres tous les six mois (à la Saint-Michel et à l'Annonciation) — pendant tout ce temps-là.

Personne ne s'acquittait de ses obligations pécuniaires

de meilleure grâce que mon père ; — et tant qu'il ne s'agissait que des cent livres, il les jetait sur la table, guinée à guinée, avec ce chaleureux élan d'honnête gracieuseté dont les âmes généreuses, et les âmes généreuses seulement, sont capables en jetant de l'argent ; mais aussitôt qu'il entrait dans les cinquante autres, — en général, il poussait un bruyant hem ! frottait à loisir le côté de son nez avec le plat de son index, — passait avec précaution sa main entre sa tête et la coiffe de sa perruque, — regardait la face et le revers de chaque guinée avant de s'en séparer, — et arrivait rarement à la fin des cinquante livres, sans tirer son mouchoir et s'essuyer les tempes.

Défends-moi, ciel miséricordieux ! contre les esprits persécuteurs qui ne nous tiennent pas compte de ces impulsions intérieures. — Que jamais, — oh ! jamais je **ne** repose sous leurs tentes, puisqu'ils ne peuvent relâcher l'engin et ressentir de la pitié pour la force de l'éducation, et pour l'ascendant des opinions transmises de longue date par les ancêtres !

Pendant trois générations au moins, cette opinion en faveur des longs nez avait graduellement pris racine dans notre famille. — La TRADITION était tout entière pour pour elle, et l'INTÉRÊT, chaque semestre, venait la corroborer : en sorte que l'originalité d'esprit de mon père était loin d'en avoir tout l'honneur, comme il l'avait de presque toutes ses idées étranges ; — car, en grande partie, on pouvait dire qu'il avait sucé celle-ci avec le lait de sa mère. Il joua son rôle, néanmoins. — Si l'éducation avait planté l'erreur (en cas que c'en fût une), mon père l'arrosa, et l'amena à parfaite maturité.

Il déclarait souvent, en émettant sa pensée sur ce sujet,

qu'il ne concevait pas comment la plus grande famille de l'Angleterre pouvait tenir contre une succession non interrompue de six ou sept nez courts. — Et pour la raison contraire, il ajoutait généralement que ce devait être un des plus grands problèmes de la vie civile, que le même nombre de longs et bons gros nez, se suivant l'un l'autre en ligne directe, sans s'élever et se hisser aux meilleurs postes du royaume. — Il se vantait souvent que la famille Shandy occupait un très-haut rang du temps du roi Henry VIII ; mais elle ne devait son élévation à aucune intrigue politique, — disait-il, — elle ne la devait qu'à cela ; — mais comme d'autres familles, ajoutait-il, — elle avait vu tourner la roue, et ne s'était jamais remise du coup que lui avait porté le nez de mon bisaïeul. — C'était effectivement un as de trèfle, s'écriait-il en secouant la tête ; — et aussi funeste à une famille infortunée qu'aucun qui ait jamais retourné atout.

——— Doucement, doucement, ami lecteur ! où t'emporte ton imagination ? — s'il y a la moindre sincérité dans l'homme, par le nez de mon bisaïeul j'entends l'organe extérieur de l'odorat, ou cette partie de l'homme qui fait saillie sur son visage, — et que les peintres disent, dans les beaux et bons gros nez, et dans les figures bien proportionnées, devoir être d'un grand tiers ; — c'est-à-dire, mesurées de haut en bas à partir de la racine des cheveux. ———

——— Quelle existence que celle d'un auteur qui fait ce métier-là !

CHAPITRE LXXVIII.

C'est un singulier bonheur que la nature ait formé l'esprit de l'homme avec cette même répugnance et résistance à se laisser convaincre, que l'on remarque dans les vieux chiens — « à apprendre de nouveaux tours. »

En quel volant le plus grand philosophe qui ait existé se métamorphoserait tout d'un coup, s'il lisait des livres, observait des faits, et concevait des pensées qui le fissent éternellement changer de côté !

Or, mon père, comme je vous ai dit l'an dernier, détestait tout ceci ; — il ramassait une opinion, monsieur, comme un homme dans l'état de nature ramasse une pomme : — elle devient sienne ; et s'il est homme de courage, il perdra plutôt la vie que de s'en dessaisir.

Je me doute que Didius, le grand jurisconsulte, contestera ce point, et s'écriera : D'où vient le droit de cet homme à cette pomme ? *ex confesso*, dira-t-il, — les choses étaient dans l'état de nature. — La pomme est autant à Frank qu'à John. — Je vous prie, monsieur Shandy, quelle patente peut-il nous exhiber ? et quand cette pomme a-t-elle commencé à être sienne ? était-ce quand il a jeté dessus un dévolu ? ou quand il l'a ramassée ? ou quand il l'a mangée ? ou quand il l'a fait cuire ? ou quand il l'a pelée ? ou quand il l'a apportée au logis ? ou quand il l'a digérée ? ou quand il ———— ? — Car il est clair, monsieur, que si le premier acte de ramasser la pomme ne l'a pas constituée sienne, — aucun acte subséquent ne l'a pu faire.

Frère Didius, répondra Tribonius — (or la barbe de Tribonius, docteur en droit civil et en droit canon, étant de trois pouces et demi et trois huitièmes plus longue que celle de Didius, — je suis charmé qu'il relève le gant à ma place, et je ne m'embarrasse plus de la réponse). — Frère Didius, répondra Tribonius, c'est un fait reconnu, comme vous pouvez le voir dans les fragments des codes de Grégoire et d'Hermogène et dans tous les codes depuis ceux de Justinien jusqu'à ceux de Louis et Des Eaux, — que la sueur du front d'un homme, et les exsudations du cerveau d'un homme, sont autant la propriété d'un homme, que les culottes qu'il a au derrière; — lesquelles dites exsudations, etc., étant tombées sur ladite pomme par suite de la peine qu'on a eue à la trouver et à la ramasser; et étant en outre irrévocablement perdues et non moins irrévocablement annexées par celui qui a ramassé, à la chose ramassée, emportée au logis, cuite, pelée, mangée, digérée, etc. — il est évident que celui qui a recueilli la pomme, en le faisant, a mêlé quelque chose qui était sien, à la pomme qui n'était pas sienne; au moyen de quoi il a acquis une propriété; ou, en d'autres termes, que la pomme est à John.

C'est par la même savante chaîne de raisonnements que mon père soutenait toutes ses opinions; il n'avait épargné aucunes peines pour les ramasser; et plus elles étaient hors de la voie commune, plus il y avait de titres. — Nul mortel ne les réclamait; en outre, elles lui avaient coûté autant de mal à cuire et à digérer que dans le cas ci-dessus : en sorte qu'on pouvait dûment et vraiment dire qu'elles faisaient partie de ses biens et effets mobiliers. ——— Aussi, il y tenait ferme, des dents et des griffes ; — il se jetait sur tout ce dont il pouvait s'emparer ; — en un mot, il les retranchait et les fortifiait par autant de circonvallations et de parapets que mon oncle Toby en aurait mis autour d'une citadelle.

Mais il y avait à ceci une diable d'anicroche — la rareté des matériaux nécessaires pour faire une défense quelconque en cas de vive attaque ; attendu que peu d'hommes de génie avaient exercé leurs facultés à écrire sur les grands nez. Par le trot de mon cheval maigre, la chose est incroyable ; et mon esprit reste confondu, quand je songe quel trésor de temps et de talents précieux a été gaspillé sur de pires sujets, — et combien de millions de livres, dans toutes les langues, dans tous les caractères et sous toutes les reliures possibles, ont été fabriqués sur des points qui ne tendaient pas autant de moitié à l'union et à la pacification du monde ! Mon père en faisait d'autant plus de cas de ce qu'on pouvait s'en procurer ; et quoiqu'il s'amusât souvent de la bibliothèque de mon oncle Toby, — laquelle, par parenthèse, était assez ridicule — néanmoins, tout en le faisant, il rassemblait tout ce qu'on avait systématiquement écrit de livres ou traités sur les nez, avec autant de soin que mon brave oncle Toby avait fait pour ceux d'architecture militaire. — Il est vrai qu'ils auraient tenu sur une bien plus petite table ; mais ce n'était pas ta faute, mon cher oncle. —

Ici, ——— mais pourquoi ici, — plutôt que dans toute autre partie de mon histoire ? ——— je ne suis pas en état de le dire ; ——— mais c'est ici ——— mon cœur m'arrête pour te payer, mon cher oncle Toby, une fois pour toutes, le tribut que je dois à ta bonté. Ici permets-moi de pousser ma chaise de côté et de m'agenouiller à terre dans l'effusion du plus chaud sentiment d'amour pour toi, et de vénération pour ton excellent caractère, que jamais la vertu et la nature aient allumé dans le sein d'un neveu. — Que la paix et le contentement reposent éternellement sur ta tête ! — Tu n'as envié le bien-être de personne — tu n'as insulté aux opinions de personne, — tu n'as noirci la réputation de personne, — tu n'as dévoré le pain de personne ! Doucement, avec le fidèle Trim derrière toi, tu as parcouru au petit trot le cercle étroit de tes plaisirs, sans heurter aucune créature sur ta route ; — pour chaque homme dans le chagrin, tu as eu une larme; — pour chaque homme dans le besoin, tu as eu un shilling.

Tant que j'aurai de quoi payer un sarcleur, le sentier qui va de ta porte à ton boulingrin ne sera pas couvert d'herbes. — Tant qu'il y aura un tiers d'arpent dans la famille Shandy, tes fortifications, mon cher oncle Toby, ne seront pas démolies.

CHAPITRE LXXIX.

La collection de mon père n'était pas grande ; mais, en revanche, elle était curieuse ; et par conséquent il avait été quelque temps à la faire ; il avait eu, pourtant, la grande bonne fortune de se procurer presque pour rien le prologue de Bruscambille sur les longs nez ; — car il n'avait pas donné pour Bruscambille plus de trois demi-couronnes : encore était-ce à cause de la violente envie que l'étalagiste vit que mon père avait de ce livre, à l'instant où il mit la main dessus. — Il n'y a pas trois Bruscambille dans la chrétienté, dit l'étalagiste, excepté ceux qui sont enchaînés dans les bibliothèques des curieux. Mon père jeta l'argent aussi vite que l'éclair, — mit Bruscambille dans son sein, — courut chez lui avec, de Piccadilly à Colemanstreet, comme il aurait couru chez lui avec un trésor, sans retirer une seule fois sa main de dessus Bruscambille pendant toute la route.

Ceux qui ne savent point encore de quel genre est Bruscambille, — attendu qu'un prologue sur les longs nez pourrait aisément être fait par l'un ou l'autre, — ne trouveront rien à reprendre à la comparaison, — si je dis que, lorsque mon père fut chez lui, il fut heureux avec Bruscambille de la manière dont il y a dix à parier contre un que votre Honneur était heureux avec sa première maîtresse ; — c'est-à-dire du matin au soir : ce qui, par parenthèse, tout délicieux que cela peut être pour l'*innamorato*, — est peu ou point divertissant pour les spectateurs. — Faites attention que je ne pousse pas la comparaison plus loin ; — mon père avait les yeux plus grands que le ventre, le zèle plus grand que le savoir : — il se refroidit, — ses affections se divisèrent ; ——— il se saisit de Prignitz, — acheta Scroderus (Andrea), Paré, les *Conférences du soir*, de Bouchet, et leur maître à tous, le grand et savant Hafen Slawkenbergius, sur lequel, ayant beaucoup à en parler dans peu, — je ne dirai rien maintenant.

CHAPITRE LXXX.

De tous les traités que mon père prit la peine de se procurer et d'étudier à l'appui de son hypothèse, il n'y en eut pas un qui lui fît éprouver un plus cruel désappointement au premier abord, que le célèbre dialogue entre Pamphagus et Coclès, écrit par la chaste plume du grand et vénérable Érasme, sur les divers usages et emplois convenables des longs nez. ——— Ah! çà, ma chère fille, ne laissez pas Satan profiter dans ce chapitre de la moindre petite butte pour enfourcher votre imagination, si vous avez aucun moyen de l'en empêcher; ou, s'il est assez leste pour se glisser dessus, — je vous conjure d'être pour lui un petit cheval indompté, de *gambader, de cabrioler, de sauter, de vous cabrer, de bondir,* — *et de ruer en faisant de longues ruades et de courtes ruades,* jusqu'à ce que, pareille à la jument de Tickletoby, vous cassiez une courroie ou la croupière, et jetiez son Honneur dans la boue. — Vous n'avez pas besoin de le tuer. ———

— Et, je vous prie, qu'est-ce que c'est que la jument de Tickletoby? C'est là, monsieur, une question tout aussi déshonorante et aussi illettrée, que d'avoir demandé en quelle année (*ab urb. cond.*) éclata la seconde guerre punique. — Qu'est-ce que c'est que la jument de Tickletoby! ——— Lisez, lisez, lisez, lisez, mon ignorant lecteur ! — lisez, — ou, par le savoir du grand saint Paraleipomenon, — je vous dis à l'avance que vous feriez mieux de jeter là le livre une bonne fois; car sans *beaucoup de lec-*

ture, par quoi votre Révérence sait que j'entends *beaucoup de savoir,* vous ne serez pas plus capable de pénétrer le sens moral de la table marbrée ci-jointe (emblème bigarré de mon ouvrage!) que le monde avec toute sa sagacité n'a été capable de découvrir les nombreuses opinions, faits et vérités qui restent encore mystérieusement cachés sous le voile de celle qui est en damier.

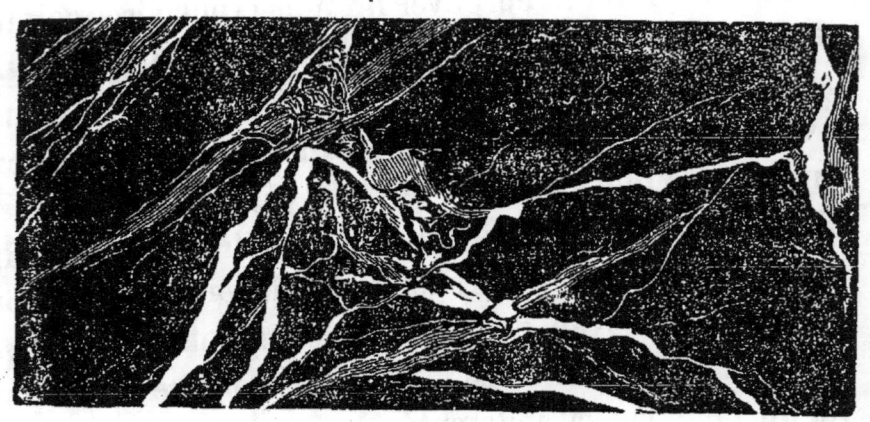

CHAPITRE LXXXI.

« *Nihil me pœnitet hujus nasi,* » dit Pamphagus; — c'est-à-dire : — « C'est mon nez qui m'a fait ce que je suis. » ——— « *Nec est cur pœniteat,* » réplique Coclès ; c'est-à-dire : « Comment diable un tel nez pourrait-il faillir ? »

La doctrine, vous le voyez, avait été posée par Érasme, comme le souhaitait mon père, avec une extrême simplicité ; mais le désappointement de mon père fut de n'avoir d'une plume si habile que le simple énoncé du fait ; sans aucun assaisonnement de cette subtilité spéculative et de cette ambidextérité d'argumentation, que le ciel a données à l'homme afin qu'il cherche la vérité, et qu'il combatte pour elle contre tous venants. — Pouah ! bah ! mon père pesta d'abord terriblement. ——— Il fait bon d'avoir un grand nom. Comme le dialogue était d'Érasme, mon père se remit bientôt, et le relut et relut avec une grande application, étudiant chaque mot et chaque syllabe, d'un bout à l'autre, dans leur plus stricte et littérale interprétation. Mais il n'en put rien tirer de cette manière. Peut-être bien cela veut dire plus que cela ne dit, reprit mon père. — Les savants, frère Toby, n'écrivent pas pour rien des dialogues sur les longs nez. — J'en étudierai le sens mystérieux et allégorique. — Un homme a là de quoi se retourner, frère.

Mon père continua de lire. ———

Or, je trouve nécessaire d'informer vos Révérences et Honneurs qu'outre les nombreux usages nautiques d'un long nez énumérés par Érasme, le dialogiste affirme qu'un long nez n'est pas non plus sans utilité domestique ; attendu qu'en cas de dénûment, — et faute de soufflet, il servira parfaitement bien *ad excitandum focum* (à allumer le feu).

La nature avait été prodigue outre mesure de ses dons envers mon père, et avait semé aussi profondément en lui les germes de la critique des mots que tout autre germe de connaissances ; en sorte qu'il avait tiré son canif et faisait des expériences sur la phrase, pour voir si, à force de gratter, il n'y découvrirait pas quelque sens meilleur. — Il ne s'en faut que d'une seule lettre, frère Toby, s'écria mon père, que je ne tienne le sens mystérieux d'Érasme. — Vous êtes assez près, frère, en conscience, repartit mon oncle. ———— Bah ! s'écria mon père, continuant à gratter, — autant vaudrait en être à sept milles. — M'y voici, — dit mon père, faisant claquer ses doigts. Voyez, mon cher frère Toby, comment j'ai rétabli le sens. ———— Mais vous avez tronqué un mot, répliqua mon oncle Toby. ———— Mon père mit ses lunettes, — se mordit la lèvre, — et déchira la page de colère.

CHAPITRE LXXXII.

O Slawkenbergius ! toi, le fidèle analyseur de mes *disgrazias*, — toi, le triste prophète de tant de coups de fouet et d'accidents qui à tel ou tel relais de ma vie me sont tombés dessus parce que j'avais le nez court, et non pour aucune autre cause que je sache, — dis-moi, Slawkenbergius ! quelle secrète impulsion était-ce, quelle intonation de voix (d'où venait-elle ? comment résonnat-elle à tes oreilles ? — Es-tu sûr de l'avoir entendue ?), — qui te cria la première : — Va, — va, Slawkenbergius ! consacres-y les travaux de ta vie, — néglige tes amusements, — évoque toutes les puissances et facultés de ta nature, — macère-toi au service des hommes, et écris pour eux un grand IN-FOLIO, dont le sujet sera leurs nez.

Comment la communication s'en fit au sensorium de Slawkenbergius, — de façon que Slawkenbergius sût quel était le doigt qui toucha la clef, — et quelle était la main qui fit aller le soufflet, — comme Hafen Slawkenbergius est mort et enterré depuis plus de quatre-vingt-dix ans, — nous ne pouvons faire là-dessus que des conjectures.

On *joua de* Slawkenbergius, autant que j'en sache, comme d'un des disciples de Whitefield, — c'est-à-dire, monsieur, avec une assez nette intelligence de celui des deux maîtres qui avaient touché son *instrument*, — pour rendre inutile tout raisonnement sur ce sujet.

——— Car dans le compte que Hafen Slawkenbergius rend au monde de ses motifs et raisons d'écrire, et de sacrifier tant d'années de sa vie à ce seul ouvrage, — vers la fin de son prolégomène, lequel, par parenthèse, aurait dû venir en premier, — mais le relieur l'a fort injudicieusement placé entre la table analytique du livre et le livre lui-même, — il informe son lecteur que depuis qu'il est arrivé à l'âge de discernement, et qu'il a été en état de se mettre froidement à considérer en lui-même l'état et la condition véritables de l'homme, et à distinguer le principal but et objet de l'existence ; — ou, — pour abréger ma traduction, car le livre de Slawkenbergius est en latin, et n'est pas peu prolixe en cet endroit ; — depuis que j'ai compris, dit Slawkenbergius, quelque chose, — ou plutôt rien à rien, — et que j'ai pu m'apercevoir que la matière des longs nez avait été trop négligemment maniée par tous mes prédécesseurs, — moi, Slawkenbergius, j'ai senti une forte impulsion, et au dedans de moi une voix puissante et irrésistible qui m'invitait à ceindre mes reins pour cette entreprise.

Et pour rendre justice à Slawkenbergius, il est entré dans la lice avec une plus forte lance, et y a fourni une bien plus longue carrière qu'aucun de ceux qui y étaient entrés avant lui : — et vraiment, à beaucoup d'égards, il mérite d'être *enniché* comme un prototype sur lequel tous les écrivains, au moins ceux d'ouvrages volumineux, doivent modeler leurs livres ; — car il a, monsieur, embrassé le sujet tout entier, — il en a examiné chaque partie *dialectiquement* ; — puis il l'a mis en plein jour, l'éclaircissant de toute la lumière que la collision de ses facultés naturelles pouvait y faire jaillir, — ou que la plus profonde connaissance des sciences le mettait à même d'y jeter ; — comparant, colligeant, et compilant ; — quêtant, empruntant et pillant, sur sa route, tout ce qui avait été écrit et débattu là-dessus dans les écoles et portiques des savants : en sorte que le livre de Slawkenbergius peut proprement être considéré, non-seulement comme un modèle, — mais comme un DIGESTE complet, et de régulières institutes des nez, comprenant tout ce qu'il est ou peut être nécessaire de savoir sur la matière.

C'est pour cette cause que je m'abstiens de parler de tant de livres et traités précieux (à cela près) de la collection de mon père, écrits soit en plein sur le nez, — soit y touchant *collatéralement* ; — tel par exemple que Prignitz, que j'ai là en ce moment sur ma table, et qui, avec un savoir infini, et après le plus candide et le plus savant examen de plus de quatre mille crânes différents, dans au delà de vingt charniers de la Silésie, qu'il avait fouillés, — nous a informés que la mesure et la configuration des parties osseuses des nez humains, dans n'importe quelle contrée donnée, excepté la Crimée, où ils sont tous écrasés avec le pouce, en sorte qu'on ne peut former sur eux aucun jugement, — sont beaucoup plus semblables que le monde ne se l'imagine ; — la différence entre eux étant, dit-il, une pure bagatelle qui ne vaut pas la peine d'être remarquée ; — mais que la taille et la beauté de chaque nez individuel, et ce qui fait qu'un nez est au-dessus d'un autre, et a un plus grand prix, tout cela est dû à ses parties cartilagineuses et musculaires, dans les conduits et sinus desquelles le sang et les esprits animaux étant poussés et chassés par la chaleur et la force de l'imagination, qui n'en est qu'à un pas (sauf le cas des idiots que Prignitz, qui avait vécu nombre d'années en Turquie, suppose être sous la tutelle plus immédiate du ciel), — il arrive et doit toujours arriver, dit Prignitz, que la supériorité du nez est en proportion arithmétique directe de la supériorité de l'imagination de celui qui en est porteur.

C'est pour la même raison, c'est-à-dire, parce que tout cela est compris dans Slawkenbergius, que je ne dis rien non plus de Scroderus (Andrea), qui, tout le monde le sait, se mit à attaquer Prignitz avec une grande violence ; — prouvant à sa manière, d'abord logiquement, et puis par une série de faits entêtés, « que Prignitz était si loin de la vérité en affirmant que l'imagination engendrait le nez, qu'au contraire, — c'était le nez qui engendrait l'imagination. »

Les savants soupçonnèrent Scroderus d'un indécent sophisme ici ; — et Prignitz s'écria dans la discussion, que Scroderus lui avait faussement attribué cette idée ; — mais Scroderus continua de maintenir sa thèse.

Mon père était en train de peser en lui-même de quel côté il se rangerait dans cette affaire, lorsque Ambroise Paré la décida en un moment, et renversant les systèmes et de Prignitz et de Scroderus, d'un seul coup renvoya mon père aussi loin de l'un que de l'autre.

Soyez témoin ———

Je n'apprends rien au lecteur savant — en disant cela,

— je n'en fais mention que pour montrer aux savants que je sais le fait moi-même ———

Que cet Ambroise Paré était chirurgien en chef et raccommodeur de nez de François IX de France, et fort en crédit auprès de lui et des deux rois précédents, ou suivants (je ne sais lequel) — et qu'excepté la méprise qu'il fit dans son histoire des nez de Taliacotius, et dans sa manière de les poser, — il fut considéré par le collége entier des médecins de ce temps, comme se connaissant mieux en fait de nez qu'aucun de ceux qui y avaient jamais mis la main.

Or, Ambroise Paré convainquit mon père que la vraie cause efficiente de ce qui avait si fort captivé l'attention du monde, et de ce sur quoi Prignitz et Scroderus avaient gaspillé tant de savoir et de belles facultés, — n'était rien de tout cela ; — mais que la longueur et la beauté du nez étaient dues simplement à l'état mou et flasque de la gorge de la nourrice, — comme l'aplatissement et la petitesse des nez exigus l'étaient à la fermeté et à la répulsion élastique du même organe de nutrition dans les sujets pleins de vie et de santé ; — ce qui, quoique heureux pour la femme, était la ruine de l'enfant, attendu que son nez était si rabroué, si repoussé, si comprimé et si refroidi par là, qu'il n'arrivait jamais *ad mensuram suam legitimam ;* — mais que dans le cas où la gorge de la nourrice ou mère était flasque et molle, en s'y enfonçant, dit Paré, comme dans du beurre, le nez était fortifié, nourri, engraissé, rafraîchi, restauré, et en voie de perpétuelle croissance [1].

[1] C'est parce que ma nourrice auoyt les telins molletz ; en la laictant, mon nez y enfondroyt comme en beurre, et la seslcuoyt et

Je n'ai que deux observations à faire sur Paré : premièrement, c'est qu'il prouve et explique tout ceci avec infiniment de chasteté et de décence d'expression : — que pour cela son âme repose éternellement en paix!

Et deuxièmement, c'est qu'outre les systèmes de Prignitz et de Scroderus que l'hypothèse d'Ambroise Paré renverse victorieusement, — elle renversa en même temps le système de paix et d'harmonie de notre famille, et pendant trois jours de suite, non-seulement elle brouilla les cartes entre mon père et ma mère, mais elle mit aussi, à l'exception de mon oncle Toby, toute la maison et tout ce qui s'y trouvait sens dessus dessous.

Jamais assurément, dans aucun siècle ou pays, récit aussi ridicule d'une dispute entre un homme et sa femme, n'a passé par le trou de serrure d'une porte de rue.

Ma mère, il faut que vous le sachiez ——— mais j'ai cinquante choses plus nécessaires à vous apprendre d'abord; — j'ai cent difficultés que j'ai promis d'éclaircir, et mille infortunes et mésaventures domestiques qui s'accumulent sur moi dru et menu, à la file l'une de l'autre. Une vache a fait irruption (demain matin) dans les fortifications de mon oncle Toby, et a mangé deux rations et demie d'herbe desséchée, arrachant avec, les mottes de terre qui formaient le revêtement de son ouvrage à cornes et de son chemin couvert. ——— Trim insiste pour passer à un conseil de guerre — la vache à fusiller, — Slop à *crucifier*, — moi-même à *tristramiser* et à *martyriser*

---

rroissoyt comme la paste dedant la met. Les durs tetins de nourrices font les enfants camuz. Mais, guay, guay, *ad formam nasi cognoscitur ad te leuaui*. Rabelais, Gargantua, liv. 1, chap. xl.

(*Note du traducteur.*)

dès mon baptême; — pauvres malheureux diables que nous sommes tous ! — j'ai besoin de langes; — mais il n'y a pas de temps à perdre en exclamations ; — j'ai laissé mon père étendu au travers de son lit, et mon oncle Toby assis à côté de lui dans sa vieille chaise à franges; j'ai promis de revenir à eux dans une demi-heure; et voilà déjà trente-cinq minutes d'écoulées. ———— De toutes les perplexités où ait jamais été vu un auteur mortel, — celle-ci est certainement la plus grande; car j'ai à finir, monsieur, l'in-folio de Hafen Slawkenbergius; à rapporter un dialogue entre mon père et mon oncle Toby sur la solution de Prignitz, Scroderus, Ambroise Paré, Panocrates et Grandgousier; — à traduire un conte de Slawkenbergius, et tout cela en cinq minutes de moins que pas de temps du tout. — Quelle tête ! — plût au ciel que seulement mes ennemis en vissent le dedans !

CHAPITRE LXXXIII.

Il n'y avait pas dans notre famille de scène plus amusante; — et pour lui rendre justice sur ce point, — j'ôte ici mon bonnet et je le pose sur la table, tout près de mon écritoire, afin que ma déclaration au monde sur cet article en soit plus solennelle, à savoir — que je crois dans mon âme (à moins que l'amour et trop de confiance en mon entendement ne m'aveuglent), que la main de l'auteur suprême et premier inventeur de toutes choses n'a jamais fait ou réuni de famille (du moins dans la période dont je me suis mis à écrire l'histoire) — dont les caractères aient été tracés ou combinés pour cette fin avec un bonheur aussi dramatique que l'étaient les nôtres ; ou à laquelle la faculté de présenter des scènes aussi exquises, et le pouvoir de les changer perpétuellement du matin au soir, aient été conférés et remis avec une confiance aussi illimitée qu'à la famille Shandy.

Aucune de ces scènes, dis-je, de notre fantasque théâtre n'était plus divertissante — que celle qu'occasionnait fréquemment ce même chapitre des longs nez, — principalement quand l'imagination de mon père était échauffée par ses recherches, et qu'il n'était content que quand il avait échauffé aussi celle de mon oncle Toby.

Mon oncle Toby donnait le plus beau jeu possible à cette tentative de mon père ; et avec une patience infinie il restait assis des heures entières à fumer sa pipe, tandis que mon père s'exerçait sur sa tête, et en sondait toutes les avenues accessibles pour y faire entrer les solutions de Prignitz et de Scroderus.

Si elles étaient au-dessus de la raison de mon oncle Toby, — ou si elles y étaient contraires ; — ou si sa cervelle était comme de l'amadou *humide*, auquel aucune étincelle ne saurait prendre ; ou si elle était trop pleine de sapes, de mines, de blindes, de courtines, et autres préoccupations militaires, pour être capable de voir clair dans les doctrines de Prignitz et de Scroderus, — je ne le dirai pas ; — que les savants des écoles, — les marmitons, — les anatomistes et les ingénieurs se battent là-dessus entre eux.

C'était, je n'en fais aucun doute, un malheur dans cette affaire, que mon père eût à en traduire chaque mot au profit de mon oncle Toby, et cela du latin de Slawkenbergius, sur lequel il n'était pas très-ferré : ce qui faisait que sa traduction n'était pas des plus pures, et généralement ne l'était jamais moins que lorsqu'elle aurait dû l'être le plus. — Ceci ouvrit naturellement la porte à un autre malheur : — c'est que dans les plus chauds paroxysmes de son zèle à dessiller les yeux de mon oncle Toby, les idées de mon père couraient d'autant plus en avant de la traduction, que la traduction surexcitait davantage celles de mon oncle Toby ———— ni l'un ni l'autre n'ajoutait beaucoup à la clarté des leçons de mon père.

CHAPITRE LXXXIV.

Le don d'argumenter et de faire des syllogismes, j'entends dans l'homme, — car dans les classes supérieures des êtres, tels que les anges et les esprits, — le tout, sous le bon plaisir de vos Honneurs, se fait, me dit-on, par INTUITION ; — et les êtres inférieurs, comme vos Honneurs le savent tous, — font des syllogismes par le nez : quoiqu'il y ait une île nageant dans la mer (mais pas tout à fait à son aise) dont les habitants, si mes renseignements ne me trompent pas, sont si merveilleusement doués, qu'ils font des syllogismes de la même façon, et souvent aussi obtiennent de très-bons résultats ; — mais ce n'est pas de cela qu'il s'agit.

Le don de les faire comme il faudrait parmi nous, où le grand et principal acte de l'argumentation dans l'homme, à ce que nous disent les logiciens, est de trouver la concordance et la discordance de deux idées l'une avec l'autre, par l'intervention d'une troisième (appelée le *medius terminus*); tout juste comme un homme, ainsi que l'observe fort bien Locke, s'assure, au moyen d'une aune, que les rangées de quilles de deux joueurs sont de même longueur, ce qu'on ne pouvait faire en les rapprochant, pour en mesurer l'égalité par *juxtaposition*.

Si ce même grand raisonneur, quand mon père expliquait ses systèmes des nez, eût regardé et observé le maintien de mon oncle Toby, — quelle attention il donnait à chaque parole ; — et aussi souvent qu'il ôtait sa pipe de sa bouche, avec quel admirable sérieux il en contemplait la longueur ——— l'examinant en travers pendant qu'il la tenait entr. l'index et le pouce, — puis de face, — puis de ce côté-ci, puis de celui-là, dans tous les sens et raccourcis possibles, — il aurait conclu que mon oncle Toby tenait le *medius terminus*, et qu'il faisait des syllogismes avec, et mesurait la vérité de chaque hypothèse de longs nez, dans l'ordre où mon père les plaçait devant lui. Ceci, par parenthèse, était plus que mon père ne demandait : — toute la peine qu'il se donnait dans ces leçons philosophiques ne tendait — qu'à mettre mon oncle Toby à même, non de discuter, — mais de comprendre ; — de contenir les grains et scrupules du savoir, — non de les peser. — Mon oncle Toby, comme vous verrez dans le prochain chapitre, ne fit ni l'un ni l'autre.

CHAPITRE LXXXV.

C'est une pitié, s'écria mon père, un soir d'hiver, après avoir passé trois heures à traduire péniblement Slawkenbergius, — c'est une pitié, s'écria mon père, tout en mettant comme marque dans le livre le papier qui enveloppait le fil de ma mère, — que la vérité, frère Toby, s'enferme dans des remparts si imprenables, et soit assez obstinée quelquefois pour ne pas se rendre après le siége le plus vigoureux. —

Or il arriva alors, comme au reste il était déjà arrivé souvent, que l'imagination de mon oncle Toby, tandis que mon père lui expliquait Prignitz, — n'ayant rien qui la retînt là, avait pour un instant pris sa volée vers le boulingrin ; — son corps aurait aussi bien pu y faire un tour également : — de sorte qu'avec toute l'apparence d'un profond savant tout occupé du *medius terminus*, mon oncle était en réalité aussi étranger à la leçon entière, et à tous ses pour et contre, que si mon père eût traduit Hafen Slawkenbergius du latin en langue cherokee. Mais ce mot *siége*, dans la métaphore de mon père, ayant, comme un talisman, ramené l'imagination de mon oncle Toby, aussi vite que la note suit la touche, — il ouvrit les oreilles ; et mon père, remarquant qu'il ôtait sa pipe de sa bouche, et qu'il rapprochait sa chaise de la table, comme dans un désir de profiter, — mon père recommença avec grand plaisir sa phrase, — dont il changea seulement l'ordonnance, laissant de côté la métaphore du siége, afin de se préserver de certains dangers qu'il en appréhendait.

C'est une pitié, dit mon père, que la vérité ne puisse être que d'un seul côté, frère Toby, — quand on considère quelle ingénuité ces savants hommes ont tous montrée dans leurs solutions des nez. ——— Est-ce que les nez peuvent être dissous ? repartit mon oncle Toby.

— Mon père repoussa sa chaise, — se leva, mit son

chapeau, — en quatre enjambées fut à la porte, — l'ouvrit avec violence, — passa la tête à moitié dehors, — referma la porte, — ne fit aucune attention aux mauvais gonds, — revint à la table, — arracha du livre de Slawkenbergius le papier à fil de ma mère, courut à son bureau, — revint lentement sur ses pas, — tortilla le papier à fil de ma mère autour de son pouce, — déboutonna son gilet, — jeta au feu le papier à fil, — plia en deux la pelote de satin de ma mère, la mordit, se remplit la bouche de son, — pria le diable de la confondre; — mais remarquez! — ce vœu de confusion fut braqué contre la cervelle de mon oncle Toby, — qui était déjà bien assez confuse; — l'imprécation arriva chargée seulement de son; le son, sous le bon plaisir de vos Honneurs, n'était que la poudre pour la balle.

Il était heureux que les colères de mon père ne fussent pas de longue durée; car tant qu'elles duraient, elles lui donnaient de l'occupation; et c'est un des problèmes les plus inexplicables que j'aie jamais rencontrés dans mes observations sur la nature humaine, que rien ne fît plus voir la fougue de mon père, ou partir sa colère comme la poudre, que les coups inattendus que lui portait la fine simplicité des questions de mon oncle Toby. —— Quand dix douzaines de frelons l'auraient tous piqué à la fois par derrière à autant de places différentes, — il n'aurait pas pu exercer plus de fonctions machinales en moins de secondes, — ou bondir à moitié autant, qu'à une simple question de trois mots tombant des nues en plein sur lui au milieu de sa carrière dadaïque.

Il n'en était ni plus ni moins pour mon oncle Toby; — il continua de fumer sa pipe avec la même tranquillité;

— son cœur n'avait jamais l'intention d'offenser son frère ; — et comme sa tête pouvait rarement découvrir où l'aiguillon avait piqué, — il s'en rapportait à mon père du soin de se calmer de lui-même. —— Celui-ci, cette fois, n'y parvint qu'au bout de cinq minutes trente-cinq secondes.

Par tout ce qu'il y a de bon ! jura mon père quand il revint à lui, en empruntant son jurement au digeste d'imprécations d'Ernulph — (quoique, pour rendre justice à mon père, ce fût une faute que, comme il le dit au docteur Slop dans l'affaire d'Ernulph, il commettait aussi rarement qu'homme sur terre) —— par tout ce qu'il y a de bon et de grand ! frère Toby, dit mon père, n'était la philosophie, qui est d'un si puissant secours, — vous feriez perdre à un homme toute patience. — Eh ! par les solutions des nez dont je vous parlais, j'entendais, comme vous auriez compris si vous m'aviez favorisé de la moindre attention, les comptes divers que des hommes versés dans différentes espèces de connaissances ont rendus au monde des causes des nez longs et courts. — Il n'y a qu'une seule cause, répliqua mon oncle Toby. — Pourquoi le nez d'un homme est-il plus long que celui d'un autre, si ce n'est parce que Dieu l'a voulu ainsi ? —— C'est la solution de Grandgousier, dit mon père. —— C'est lui, continua mon oncle Toby, les yeux au ciel, et sans avoir égard à l'interruption de mon père, qui nous fait tous, et nous fabrique et nous combine dans les formes et proportions et pour les fins qui sont agréables à sa sagesse infinie. — C'est là un conte pieux, s'écria mon père, mais non philosophique ; — il y a dedans plus de religion que de vraie science. Ce n'était pas une des incon-

séquences du caractère de mon oncle Toby, de craindre
Dieu, et de respecter la religion. — Aussi dès que mon
père eut fini sa remarque, — mon oncle Toby se mit à
siffler le *Lillibullero* avec plus de zèle (quoique plus faux)
qu'à l'ordinaire. —

Qu'est devenu le papier à fil de ma femme?

CHAPITRE LXXXVI.

N'importe; — comme accessoire de la couture, le papier à fil pouvait être de quelque importance pour ma mère; — il n'en avait aucune pour mon père comme marque dans Slawkenbergius, — Slawkenbergius, à chaque page, était pour mon père un riche trésor d'inépuisable savoir; — il ne pouvait pas l'ouvrir à un mauvais endroit; et il disait souvent en fermant le livre, que si tous les arts et toutes les sciences du monde, ainsi que les livres qui en traitent, étaient perdus, — si la sagesse et la politique des gouvernements, disait-il, venaient, faute de pratique, à être oubliées; et que tout ce que les hommes d'État avaient écrit ou fait écrire sur le fort et le faible des cours et des royaumes fût oublié aussi, — et qu'il ne restât que Slawkenbergius, — ce serait assez de lui, en conscience, disait-il, pour remettre le monde en mouvement. C'était donc un vrai trésor! un code de tout ce qu'il était nécessaire de savoir sur les nez, et sur chaque autre chose : — le matin, à midi, et à vêpres, Hafen Slawkenbergius était sa récréation et ses délices; il l'avait toujours à la main : — vous auriez juré, monsieur, que c'était un livre de prières; — tant il était usé, luisant, à force de contrition et d'attrition des doigts et des pouces dans toutes ses parties, d'un bout jusqu'à l'autre.

Je n'ai pas pour Slawkenbergius le même bigotisme que mon père; ———— il y a du fonds en lui, sans aucun doute; mais, à mon avis, la meilleure, je ne dis pas la plus profitable, mais la plus amusante partie de Hafen Slawkenbergius, ce sont ses contes; — et, attendu qu'il était Allemand, beaucoup d'entre eux ne manquent pas d'imagination. Ils composent son second livre, qui tient près de la moitié de son in-folio, et ils sont réunis en dix décades, chaque décade contenant dix contes. — La philosophie n'est pas bâtie sur des contes; et par conséquent Slawkenbergius avait certainement tort de les lancer dans le monde sous ce nom! — il y en a quelques-uns dans ses huitième, neuvième et dixième décades, qui, j'en conviens, semblent plutôt récréatifs et badins que spéculatifs; — mais, en général, ils doivent être regardés par les savants comme un détail d'autant de faits indépendants, tournant toujours, de façon ou d'autre, sur les gonds principaux de son sujet, et rassemblés par lui avec une grande fidélité, et ajoutés à son ouvrage comme autant d'éclaircissements de sa doctrine des nez.

Comme nous avons passablement de loisir, si vous le permettez, madame, je vais vous conter le neuvième conte de sa dixième décade.

SLAWKENBERGII FABELLA [1].

Vesperâ quâdam frigidulâ, posteriori in parte mensis augusti, peregrinus, mulo fusco colore insidens, manticâ à tergo, paucis indusiis, binis calceis, braccisque sericis coccineis repletâ, Argentoratum ingressus est.

Militi eum percontanti, quum portas intraret, dixit se apud Nasorum promontorium fuisse, Francofurtum proficisci, et Argentoratum transitu ad fines Sarmatiæ mensis intervallo reversurum.

Miles peregrini in faciem suspexit : ——— Di boni, nova forma nasi !
At multum mihi profuit, inquit peregrinus, carpum amento extrahens, è quo pependit acinaces : loculo manum inseruit; et magnâ cum urbanitate, pilei parte anteriore tactâ manu sinistrâ, ut extendit dextram, militi florinum dedit et processit.

Dolet mihit, ait miles, tympanistam nanum et valgum alloquens, virum adeò urbanum vaginam perdidisse : itinerari haud poterit nudâ acinaci ; neque vaginam toto Argentorato habilem inveniet. ——— Nullam unquàm ha-

[1] Comme Hafen Slawkenbergius *De Nasis* est extrêmement rare, le lecteur savant ne sera peut-être pas fâché de voir comme échantillon quelques pages de l'original : je ne ferai dessus aucune réflexion, si ce n'est que son style comme conteur est beaucoup plus concis que comme philosophe, — et est aussi, je pense, d'une meilleure latinité.
(*Note de l'auteur.*)

CONTE DE SLAWKENBERGIUS.

Par une fraîche soirée de la fin du mois d'août, après une journée étouffante, un étranger, monté sur un mulet brun, et ayant en croupe une petite valise qui contenait quelques chemises, une paire de souliers, et une culotte de satin cramoisi, entra dans la ville de Strasbourg.

Il dit à la sentinelle qui le questionna lorsqu'il se présenta à la porte, qu'il avait été au promontoire des Nez, — qu'il allait à Francfort, — et qu'il repasserait à Strasbourg dans un mois, jour pour jour, en se rendant aux frontières de la Crimée.

La sentinelle regarda l'étranger à la face : ——— de sa vie, elle n'avait vu un pareil nez!

— J'en ai tiré un très-bon parti, dit l'étranger; — là-dessus, retirant son poignet d'un ruban noir où pendait un court cimeterre, il fouilla dans sa poche, et touchant avec une grande politesse le devant de son bonnet de sa main gauche, tandis qu'il étendait la droite, — il mit un florin dans celle de la sentinelle, et passa.

Je suis fâché, dit la sentinelle, parlant à un petit nabot de tambour bancroche, qu'un homme si poli ait perdu son fourreau; — il ne peut voyager sans, et il ne lui sera pas possible dans tout Strasbourg d'en trouver un qui aille à son cimeterre. ——— Je n'en ai jamais eu, repartit l'étranger, — se retournant vers la sentinelle, et mettant sa main à son bonnet. — Je le porte ainsi, continua-t-il, levant son cimeterre nu, et son mulet avançant d'un pas lent, — afin de défendre mon nez.

bui, respondit peregrinus respiciens ———— seque comiter inclinans — hoc more gesto, nudam acinacem elevans, mulo lentè progrediente, ut nasum tueri possim.

Non immeritò, benigne peregrine, respondit miles.

Nihili æstimo, ait ille tympanista, è pergamenâ factitus est.

Prout christianus sum, inquit miles, nasus ille, ni sexties major sit, meo esset conformis.

Crepitare audivi, ait tympanista.

Meherculè! sanguinem emisit, respondit miles.

Miseret me, inquit tympanista, qui non ambo tetigimus!

Eodem temporis puncto, quo hæc res argumentata fuit inter militem et tympanistam, disceptabatur ibidem tubicine et uxore suâ, qui tunc accesserunt, et peregrino prætereunte, restiterunt.

Quantus nasus! æquè longus est, ait tubicina, ac tuba.

Et ex eodem metallo, ait tubicen, velut sternutamento audias.

Tantùm abest, respondit illa, quod fistulam dulcedine vincit.

Æneus est, ait tubicen.

Nequaquàm, respondit uxor.

Rursùm affirmo, ait tubicen, quod æneus est.

Rem penitùs explorabo; priùs enim digito tangam, ait uxor, quàm dormivero.

Mulus peregrini gradu lento progressus est, ut unum-

Il en vaut bien la peine, honnête étranger, répliqua la sentinelle.

——— Il ne vaut pas un sou, dit le tambour bancroche : ——— c'est un nez de parchemin.

Aussi vrai que je suis bon catholique, — et si ce n'est qu'il est six fois plus gros, — dit la sentinelle, c'est un nez tout comme le mien.

— Je l'ai entendu craquer, dit le tambour.

Et moi, dit la sentinelle, je l'ai vu saigner.

Quel dommage que nous ne l'ayons pas touché ! dit le tambour bancroche.

Au moment même où cette dispute avait lieu entre la sentinelle et le tambour, — la même question se débattait entre un trompette et sa femme qui arrivaient et s'étaient arrêtés pour voir passer l'étranger.

Benedicite ! ——— Quel nez ! — il est aussi long qu'une trompette, dit la femme.

Et de même métal, dit le trompette, comme te le prouve son éternument.

Il est aussi doux qu'une flûte, dit-elle.

— C'est du cuivre, dit le trompette.

— Pas du tout, dit la femme.

Je te répète, dit le trompette, que c'est un nez de cuivre.

J'en aurai le cœur net, dit la femme du trompette, car je ne me coucherai pas que je ne l'aie touché.

Le mulet de l'étranger avançait si lentement qu'il en-

quodque verbum controversiæ, non tantùm inter militem et tympanistam, verùm etiam inter tubicinem et uxorem ejus, audiret.

Nequaquàm, ait ille, in muli collum fræna demittens, et manibus ambabus in pectus positis (mulo lentè progrediente), nequaquàm, ait ille respiciens, non necesse est ut res isthæc dilucidata foret. Minimè gentium ! meus nasus nunquàm tangetur, dùm spiritus hos reget artus. — Ad quid agendum ? ait uxor burgomagistri.

Peregrinus illi non respondit. Votum faciebat tunc temporis sancto Nicolao; quo facto, in sinum dextrum inserens, è quâ negligenter pependit acinaces, lento gradu processit per plateam Argentorati latam quæ ad diversorium templo ex adversum ducit.

Peregrinus mulo descendens stabulo includi, et manticam inferri jussit : quâ apertâ et coccineis sericis femoralibus extractis cum argenteo laciniato ἐριξώματι, his sese induit, statimque, acinaci in manu, ad forum deambulavit.

Quod ubi peregrinus esset ingressus, uxorem tubicinis obviam euntem aspicit; illico cursum flectit, metuens ne nasus suus exploraretur, atque ad diversorium regressus

tendit toute la dispute non-seulement de la sentinelle et du tambour, mais du trompette et de sa femme.

Non ! dit-il, laissant tomber ses rênes sur le cou de son mulet, et croisant ses mains sur sa poitrine, dans une attitude de saint (sa mule continuant d'aller doucement) ; non ! dit-il, les yeux au ciel, — je ne suis pas assez redevable au monde, — calomnié et désappointé comme je l'ai été, — pour lui donner cette conviction : —— non ! dit-il, on ne me touchera pas le nez, tant que le ciel me donnera la force —— De quoi faire ? dit la femme d'un bourgmestre.

L'étranger ne lui répondit point ; — il faisait un vœu à saint Nicolas. Son vœu fait, il décroisa ses bras de l'air solennel dont il les avait croisés, reprit ses rênes de sa main gauche, et mettant dans sa poitrine sa main droite, au poignet de laquelle pendait négligemment son cimeterre, il chemina aussi lentement qu'un mulet peut mettre un pied devant l'autre, par les principales rues de Strasbourg, jusqu'à ce que le hasard l'amenât à la grande auberge sur la place du marché, vis-à-vis l'église.

Dès que l'étranger eut mis pied à terre, il ordonna de conduire son mulet à l'écurie et d'apporter sa valise ; puis l'ouvrant, et y prenant sa culotte de satin cramoisi (qui avait un accessoire à franges d'argent, que je n'ose pas traduire) — il mit sa culotte avec sa brayette à franges, et aussitôt, son court cimeterre en main, il alla sur la grande place d'armes.

L'étranger venait d'y faire trois tours, lorsqu'il aperçut la femme du trompette à l'autre bout : — craignant qu'elle ne lui tâtât le nez, il fit volte-face, revint précipi-

st — exuit se vestibus; braccas coccineas sericas manicæ imposuit, mulumque educi jussit.

Francofurtum proficiscor, ait ille, et Argentoratum quatuor abhinc hebdomadis revertar.

Benè curasti hoc jumentum? (ait), muli faciem manu demulcens — me, manticamque meam, plùs sexcentis mille passibus portavit.

Longa via est! respondit hospes, nisi plurimum esset negotii. — Enimverò, ait peregrinus, à Nasorum promontorio redivi, et nasum speciosissimum, egregiosissimumque quem unquàm quisquam sortitus est, acquisivi.

Dum peregrinus hanc miram rationem de seipso reddit, hospes et uxor ejus, oculis intentis, peregrini nasum contemplantur ——— Per sanctos sanctasque omnes, ait hospitis uxor, nasis duodecim maximis in toto Argentorato major est! — estne, ait illa mariti in aurem insusurrans, nonne est nasus prægrandis?

Dolus inest, anime mi, ait hospes — nasus est falsus.

Verus est, respondit uxor.
Ex abiete factus est, ait ille, terebinthinum olet.—
Carbunculus inest, ait uxor.
Mortuus est nasus, respondit hospes.
Vivus est, ait illa, — et si ipsa vivam, tangam.

tamment à son auberge, — se déshabilla, remit sa culotte de satin cramoisi, etc., dans sa valise, et demanda son mulet.

Je vais à Francfort, dit l'étranger, — et je reviendrai à Strasbourg dans un mois, jour pour jour.

J'espère, continua l'étranger, en caressant de la main gauche la tête de son mulet au moment de le monter, que vous avez été bon pour ce fidèle serviteur : — il m'a porté moi et ma valise plus de six cents lieues, continua-t-il, en frappant légèrement sur le dos du mulet.

——— C'est un long voyage, monsieur, répliqua le maître de l'auberge, — à moins qu'on n'ait une affaire importante. ——— Effectivement, dit l'étranger, j'ai été au promontoire des Nez, et j'en ai rapporté un des plus beaux et des meilleurs, grâce au ciel, qui soient jamais échus à un homme.

Tandis que l'étranger donnait ces étranges renseignements sur lui-même, le maître de l'auberge et sa femme tenaient leurs yeux fixés sur le nez de l'étranger. ———
Par sainte Radegonde, se dit la femme de l'aubergiste, les douze plus grands nez de tout Strasbourg ne valent pas celui-là. N'est-ce pas, dit-elle à l'oreille de son mari, n'est-ce pas que c'est un fameux nez ?

C'est une imposture, ma chère, dit le maître de l'auberge ; — c'est un faux nez.

C'est un vrai nez, dit sa femme.

Il est en sapin, dit-il : je sens la térébenthine. ———

Il y a un bouton dessus, dit-elle.

C'est un nez mort, repartit l'aubergiste.

C'est un nez vivant ; et si tant est que je sois en vie moi-même, dit la femme de l'aubergiste, je le toucherai.

Votum feci sancto Nicolao, ait peregrinus, nasum meum intactum fore usque ad — Quodnam tempus ? illicò respondit illa.

Minimè tangetur, inquit ille (manibus in pectus compositis) usque ad illam horam ——— Quam horam ? ait illa. ——— Nullam, respondit peregrinus, donec pervenio ad — Quem locum, — obsecro ? ait illa. ——— Peregrinus nil respondens mulo conscenso discessit

J'ai aujourd'hui même fait vœu à saint Nicolas, dit l'étranger, de ne pas me laisser toucher le nez jusqu'à ce que —— Ici l'étranger, s'arrêtant, leva les yeux au ciel. —— Jusqu'à quand? dit-elle vivement.

On n'y touchera jamais, dit-il en croisant les mains et en les rapprochant contre sa poitrine, jusqu'à l'heure —— Quelle heure? s'écria la femme de l'aubergiste.
—— Jamais! — jamais! dit l'étranger, jusqu'à ce que je sois arrivé —— Au nom du ciel, dans quel endroit? dit-elle. —— L'étranger partit sans rien répondre.

L'étranger n'était pas à une demi-lieue sur la route de Francfort, que toute la ville de Strasbourg était en rumeur au sujet de son nez. Les cloches sonnaient complies, invitant les bourgeois de Strasbourg à faire leurs dévotions, et à terminer les devoirs du jour par la prière : — pas une âme ne les entendait dans tout Strasbourg, — la ville était comme un essaim d'abeilles, — hommes, femmes et enfants (les cloches ne cessant de sonner complies) couraient çà et là, — entrant dans une porte et sortant d'une autre, — par ici et par là, — en long et en large, — montant une rue, descendant l'autre — enfilant cette allée, débouchant par celle-là. —— L'avez-vous vu? l'avez-vous vu? l'avez-vous vu? oh! l'avez-vous vu?
—— Qui l'a vu? qui donc l'a vu? De grâce, qui l'a vu?

Miséricorde! j'étais à vêpres! — je lavais, j'empesais, je savonnais, je cousais; — Dieu m'assiste! je ne l'ai pas vu, — je ne l'ai pas touché! — que n'étais-je la sentinelle, le tambour bancroche, le trompette, la femme du trompette! on n'entendait que ce cri et cette lamentation dans chaque rue et coin de Strasbourg.

Tandis que cette confusion et ce désordre régnaient

dans la grande cité de Strasbourg, le civil étranger s'acheminait vers Francfort sur son mulet (aussi doucement que si l'affaire ne l'eût concerné en rien, — parlant tout le long de la route, en phrases entrecoupées, tantôt à son mulet, tantôt à lui-même, tantôt à sa Julia.

O Julia, mon adorable Julia! — non, je ne peux pas m'arrêter pour te laisser manger ce chardon; ———— faut-il que la langue suspecte d'un rival m'ait enlevé le bonheur que j'étais sur le point de goûter! ————

———— Bah! — ce n'est qu'un chardon — laisse-le, — tu auras ce soir un meilleur souper.

— Banni de mon pays — loin de mes amis ———— loin de toi.

———— Pauvre diable, tu es cruellement fatigué de ton voyage! ———— Allons — un peu plus vite, — il n'y a dans ma valise que deux chemises, — une culotte de satin cramoisi, — et une ———— à franges. — Chère Julia!

———— Mais pourquoi à Francfort? — Est-ce qu'une main invisible me conduit secrètement par ces tours et détours inattendus? ————

———— Tu buttes, par saint Nicolas, à chaque pas! — Eh! de ce train-là, nous serons toute la nuit pour arriver ————

———— Au bonheur ———— ou suis-je le jouet de la fortune et de la calomnie, — destiné à être chassé sans avoir été reconnu coupable, ———— sans avoir été entendu, — sans avoir été touché? ———— S'il en est ainsi, pourquoi ne suis-je pas resté à Strasbourg, où la justice — Mais j'avais juré — allons, tu boiras — à saint Nicolas — O Julia! ———— Qu'est-ce qui te fait dresser les oreilles? — ce n'est qu'un homme, etc.

L'étranger continua d'aller, conférant de cette manière avec son mulet et sa Julia, — jusqu'à son auberge, où, dès qu'il fut arrivé, il mit pied à terre ——— veilla, comme il l'avait promis, à ce qu'on eût soin de son mulet, — prit sa valise où était sa culotte de satin cramoisi, etc., — commanda une omelette pour son souper, se coucha à environ minuit, et en cinq minutes tomba profondément endormi.

Il était à peu près la même heure quand le tumulte de Strasbourg s'étant calmé pour cette nuit-là, — les Strasbourgeois se mirent tous paisiblement au lit — mais non comme l'étranger, pour le repos de leur esprit ou de leur corps; la reine Mab, comme un lutin qu'elle est, avait pris le nez de l'étranger, et sans aucune réduction de volume s'était, cette nuit-là, donné la peine de le fendre et de le diviser en autant de nez de coupes et de façons différentes, qu'il y avait de têtes dans Strasbourg pour les contenir. L'abbesse de Quedlingberg, qui, avec les quatre grandes dignitaires de son chapitre, la prieure, la doyenne, la sous-chanteresse et la première chanoinesse, était venue cette semaine à Strasbourg pour consulter l'université sur un cas de conscience relatif à la fente de leurs jupes, — fut malade toute la nuit.

Le nez du courtois étranger s'était perché au sommet de la glande pinéale du cerveau de l'abbesse, et il avait fait un tel remue-ménage dans l'imagination des quatre grandes dignitaires de son chapitre, qu'elles n'avaient pu fermer l'œil de toute la nuit ——— pas moyen en elles quatre de tenir un membre tranquille : — bref, elles se levèrent toutes, comme autant de revenants.

Les pénitents du troisième ordre de Saint-François, —

les nonnes du Mont-Calvaire, — les prémontrées, les clunistes [1], — les chartreuses, — et tous les ordres plus sévères de nonnes qui couchaient cette nuit-là dans la laine ou les cilices, la passèrent encore plus mal que l'abbesse de Quedlingberg, — à force de se retourner et de se démener, de se démener et de se retourner d'un côté de leurs lits à l'autre toute la nuit, — les diverses communautés s'étaient tout égratignées et toutes meurtries ; — elles sortirent de leurs lits presque écorchées vives ; — chacune croyait avoir été, par épreuve, ardée du feu Saint-Antoine ; — bref, elles n'avaient pu fermer l'œil de toute la nuit, de vêpres à matines.

Les nonnes de Sainte-Ursule furent les mieux avisées ; — elles n'essayèrent même pas de se mettre au lit.

Le doyen de Strasbourg, les prébendiers, les capitulaires et les domiciliés (capitulairement assemblés le matin pour examiner le cas des fouaces au beurre) regrettèrent tous de n'avoir pas suivi l'exemple des nonnes de Sainte-Ursule.

Dans le désordre et la confusion où tout avait été la veille au soir, les boulangers avaient tous oublié de préparer leur levain, — il n'y avait pas moyen dans tout Strasbourg de trouver une fouace au beurre pour déjeuner ; toute l'enceinte de la cathédrale était dans un soulèvement continuel : — une telle cause d'insomnie et d'inquiétude, et une enquête aussi zélée sur la cause de cette insomnie n'avaient pas eu lieu à Strasbourg depuis

---

[1] Hafen Slawkenbergius veut parler des nonnes bénédictines de Cluny, fondées l'an 940, par Odon, abbé de Cluny.

(*Note de l'auteur.*)

que Martin Luther, avec ses doctrines, avait mis la ville sens dessus dessous.

Si le nez de l'étranger prit ainsi la liberté de se mettre dans les plats [1] des ordres religieux, etc., quel carnaval son nez fit dans ceux des laïques! — c'est plus que ma plume, usée comme elle est jusqu'au trognon, n'est en état d'écrire; quoique je reconnaisse (*s'écrie* Slawkenbergius *avec plus de gaieté de pensée que je n'en aurais attendu de lui*), qu'il existe maintenant dans le monde mainte bonne comparaison qui pourrait en donner quelque idée à mes compatriotes; mais à la fin d'un in-folio tel que celui-ci, qui est écrit pour eux, et auquel j'ai consacré la plus grande partie de ma vie, — bien que je convienne que la comparaison existe, cependant ne serait-il pas déraisonnable à eux d'espérer que j'aurai le temps ou l'envie d'en faire la recherche? Qu'il suffise de dire que le tumulte et le désordre que ce nez occasionna dans l'imagination des Strasbourgeois furent universels — qu'il prit un empire absolu sur toutes les facultés intellectuelles des Strasbourgeois — qu'une foule d'étranges choses à ce propos furent dites et affirmées avec une égale confiance, et une éloquence égale en tous lieux, et en firent un sujet de conversation et d'étonnement général — tous, bon et méchant, — riche et pauvre, — instruit et non instruit, — docteur et étudiant, — maîtresse et servante, — doux et simple, — chair de nonne et chair de femme, passè-

---

[1] M. Shandy fait ses compliments aux orateurs; il sait fort bien que Slawkenbergius a changé ici sa métaphore, — ce dont il est très-souvent coupable; comme traducteur, M. Shandy a partout fait ce qu'il a pu pour l'y maintenir fidèle, mais ici c'était impossible.

(*Note de l'auteur.*)

rent leur temps dans Strasbourg à en écouter des nouvelles — chaque œil dans Strasbourg languissait d'envie de le voir; — chaque doigt, — chaque pouce dans Strasbourg, — brûlait de le toucher.

Or, ce qui aurait pu ajouter à un désir si violent, s'il est rien qu'on puisse juger nécessaire d'y ajouter, — c'est que la sentinelle, le tambour bancroche, le trompette, la femme du trompette, la veuve du bourgmestre, le maître de l'auberge, la femme du maître de l'auberge, quelle que fût la différence qui existât dans leurs témoignages et descriptions du nez de l'étranger, — s'accordaient tous sur deux points, — à savoir, qu'il était allé à Francfort et ne reviendrait à Strasbourg que dans un mois jour pour jour; et secondement, que, soit que son nez fût vrai ou faux, l'étranger lui-même était un des plus parfaits modèles de beauté, — l'homme le mieux fait, — le plus distingué! — le plus généreux de sa bourse, — le plus poli dans ses manières qui fût jamais entré par les portes de Strasbourg; — que lorsqu'il avait passé par les rues sur son mulet, son cimeterre suspendu négligemment à son poignet, — et s'était promené à pied sur la place d'armes avec sa culotte de satin cramoisi, — c'était d'un air si charmant d'insouciante modestie, et si mâle pourtant, — que (si son nez n'y avait apporté obstacle) il aurait mis en péril le cœur de toute vierge qui aurait jeté les yeux sur lui.

Je ne m'adresse pas au cœur qui est étranger aux palpitations et aux tourments de la curiosité, alors si excitée, pour justifier l'abbesse de Quedlingberg, la prieure, la doyenne et la sous-chanteresse, d'avoir envoyé chercher en plein midi la femme du trompette : elle traversa les rues de Strasbourg, la trompette de son mari à la main, — le meilleur appareil qu'elle eût pu trouver en si peu de temps pour l'explication de sa théorie ; — elle ne resta pas plus de trois jours.

La sentinelle et le tambour bancroche ! — rien depuis l'ancienne Athènes ne saurait les égaler. Ils font leurs leçons aux allants et venants sous les portes de la ville, avec toute la pompe d'un Chrysippe et d'un Crantor sous leurs portiques.

Le maître de l'auberge, son palefrenier à sa gauche, faisait la sienne aussi dans le même style, — sous le portique ou seuil de la grande porte de cour de ses écuries ; — sa femme faisait la sienne moins publiquement dans une chambre de derrière. Tous affluaient à leurs leçons; non indistinctement, — mais à celle-ci ou à celle-là comme cela arrive toujours, suivant que la foi ou la crédulité l'ordonnait. En un mot, chaque Strasbourgeois accourait aux renseignements ; — et chaque Strasbourgeois avait les renseignements qu'il demandait.

Il est bon de remarquer, au profit de tous les démonstrateurs de philosophie naturelle, etc., que dès l'instant où la femme du trompette eut fini la leçon particulière de l'abbesse de Quedlingberg, et commença à professer en public, ce qu'elle fit sur un escabeau au milieu de la grande place d'armes, — elle porta un préjudice immense aux autres démonstrateurs, son auditoire se composant aussitôt de la partie la plus fashionable de la ville de Strasbourg. ——— Mais quand un démonstrateur de philosophie (s'écrie Slawkenbergius) a une trompette pour appareil, quel est, je vous prie, celui de ses rivaux en science qui peut prétendre à être écouté à côté de lui ?

Tandis que les ignorants étaient tous occupés à descendre, par le canal de ces renseignements, au fond du puits où la Vérité tient sa petite cour, ——— les savants n'étaient pas moins occupés, à leur manière, à la pomper par le canal de l'induction dialectique; — ils ne s'embarrassaient point des faits — ils raisonnaient.

Aucune profession n'aurait jeté plus de lumière sur ce sujet que la Faculté, — si toutes ses discussions n'avaient roulé sur la question des loupes et des enflures œdémateuses, dont, elle eut beau faire, elle ne put se dépêtrer. — Le nez de l'étranger n'avait rien à faire ni avec les loupes ni avec les enflures œdémateuses.

Il fut démontré, toutefois, d'une manière très-satisfaisante, qu'une si lourde masse de matière hétérogène ne pouvait s'amonceler et s'agglomérer sur le nez, pendant que l'enfant était *in utero*, sans détruire la balance statique du fœtus, et le faire tomber sur la tête neuf mois avant le temps. —

——— Les opposants accordaient la théorie; — ils niaient les conséquences.

Et s'il n'avait pas été fait, disaient-ils, une provision convenable de veines, d'artères, etc., pour nourrir suffisamment un tel nez, dans les premiers principes et rudiments de sa formation, avant qu'il vînt au monde (sauf le cas des loupes), il n'aurait pu régulièrement croître et se sustenter après.

Il fut répondu à tout cela par une dissertation sur la nutrition et sur l'effet que la nutrition a de dilater les vaisseaux, et d'accroître et prolonger les parties musculaires jusqu'au plus grand développement et à la plus grande expansion imaginables. — A l'appui de cette théorie, ils allèrent jusqu'à affirmer qu'il n'y avait pas de raison dans la nature pour que le nez d'un homme ne devînt pas aussi gros que tout son corps.

Les répondants prouvèrent au monde que cet événement ne pouvait arriver tant qu'on n'aurait qu'un estomac et qu'une paire de poumons : car l'estomac, dirent-ils, étant le seul organe destiné à recevoir la nourriture et à la convertir en chyle, comme les poumons la seule machine à sanguification, — il ne pourrait pas manufacturer plus que l'appétit ne lui apporterait ; ou, en admettant la possibilité qu'un homme surchargeât son estomac, la nature, quoi qu'il en soit, avait mis des bornes à ses poumons, — la machine était d'une grandeur et d'une force déterminées, et ne pouvait élaborer qu'une certaine quantité dans un temps donné ; — c'est-à-dire, qu'elle pouvait produire juste autant de sang qu'il en fallait pour un homme seul, et pas davantage : en sorte que s'il y avait autant de nez que d'homme — ils prouvaient qu'il devait nécessairement s'ensuivre une mortification des chairs ; et qu'attendu qu'il n'y avait pas de quoi les alimenter tous deux, l'homme devait perdre son nez, ou le nez inévitablement perdre son homme.

La nature s'accommode à ces occurrences, s'écrièrent les opposants ; — autrement, que dites-vous de tout un estomac, — de toute une paire de poumons appartenant à une *moitié* d'homme, quand un boulet lui a malheureusement emporté les deux jambes ?

Il meurt de pléthore, dirent-ils, — ou il doit cracher le sang, et en deux ou trois semaines être enlevé par une consomption. ——

―――― Le contraire arrive, ― répliquèrent les opposants. ――――

Cela ne devrait pas être, dirent-ils.

Les recherches les plus curieuses et les plus profondes sur la nature et ses actes, quoiqu'elles eussent fait, bras dessus bras dessous, passablement de chemin ensemble, finirent pourtant par se diviser toutes au sujet du nez, presque autant que la Faculté elle-même.

Ils posèrent à l'amiable en principe qu'il y avait un arrangement, une proportion juste et géométrique des diverses parties du corps humain avec ses divers offices, destinations et fonctions, qui ne pouvait être transgressée que dans de certaines limites ; ― que les jeux de la nature, quoique réels, ― étaient renfermés dans un certain cercle ; ― mais ils ne purent s'entendre sur son diamètre.

Les logiciens s'écartèrent beaucoup moins du point qui leur était soumis qu'aucune classe de savants ; ―――― ils commencèrent et finirent par le mot *nez* ; et n'eût été une pétition de principe contre laquelle un des plus habiles d'entre eux vint donner de la tête au commencement du combat, toute la controverse eût été terminée séance tenante.

Un nez, soutenait le logicien, ne peut saigner sans avoir du sang, ― et non-seulement du sang, ― mais du sang qui y circule pour fournir au phénomène une succession de gouttes ― (un torrent n'étant qu'une succession plus prompte de gouttes, je n'en parle pas, dit-il.) ―――― Or la mort, continue le logicien, n'étant qu'une stagnation du sang ――――.

Je nie la définition : ― la mort est la séparation de l'âme et du corps, dit son antagoniste. ―――― Alors nous

ne sommes pas d'accord sur nos armes, dit le logicien.
—— Alors ceci met fin à la discussion, repartit l'antagoniste.

Les docteurs en droit civil furent encore plus concis, ce qu'ils proposaient étant plutôt de la nature d'un arrêt — qu'une discussion.

Un nez aussi monstrueux, dirent-ils, si c'eût été un vrai nez, n'aurait pu être souffert dans une société civile ; — et s'il eût été faux, en imposer à la société par ces faux signes et indices, aurait été une violation encore plus grande de ses droits, et aurait mérité encore moins de pitié.

La seule objection à ces conclusions était que, si elles prouvaient quelque chose, elles prouvaient que le nez de l'étranger n'était ni vrai ni faux.

Ceci laissait le champ libre à la controverse. Il fut maintenu par les avocats de la cour ecclésiastique, qu'il n'y avait rien qui s'opposât à un arrêt, puisque l'étranger avait confessé *ex mero motu* qu'il avait été au promontoire des Nez, et qu'il en avait rapporté un des plus beaux, etc., etc. —— A ceci il fut répondu qu'il était impossible qu'il y eût un endroit tel que le promontoire des Nez, et que les savants ignorassent où il était situé. Le commissaire de l'évêque de Strasbourg se chargea du rôle d'avocat, expliqua la chose dans un traité sur les phrases proverbiales, démontrant que le promontoire des Nez était une expression purement allégorique, qui signifiait tout simplement que la nature lui avait donné un long nez : en preuve de quoi, avec beaucoup d'érudition, il cita les autorités ci-dessous [1], ce qui aurait décidé la

---

[1] Nonnulli ex nostratibus eâdem loquendi formulâ utuntur. Quin-

question d'une manière incontestable, si l'on ne s'était pas aperçu qu'une discussion sur des franchises de terres de doyen et de chapitre, avait été terminée par là dix-neuf ans auparavant.

Il advint, — je ne dois pas dire malheureusement pour la vérité, car, en faisant cela, ils lui donnaient un coup d'épaule d'une autre manière, il advint que les deux universités de Strasbourg, — la luthérienne, fondée en 1538, par Jacob Sturmius, conseiller du sénat, — et la papiste, fondée par Léopold, archiduc d'Autriche, employaient pendant tout ce temps-là toute la profondeur de leur savoir (excepté ce qu'en pouvait réclamer l'affaire des fentes de jupes de l'abbesse de Quedlingberg) — à décider la question de la damnation de Martin Luther.

Les docteurs papistes avaient entrepris de démontrer *à priori* que par l'influence nécessaire des planètes le 22 octobre 1483, — quand la lune était dans le douzième signe ; Jupiter, Mars et Vénus dans le troisième ; le Soleil, Saturne et Mercure tous trois ensemble dans le quatrième ; — il devait naturellement et inévitablement être damné ; et que ses doctrines, par un corollaire direct, devaient être damnées aussi.

imò et Logistæ et Canonistæ. ——— Vid. Parce Barne Jas in d. L. Provincial. Constitut. de conject. vid. Vol. lib. 4. Titul. l. n. 7. qua etiam in re conspir. Om. de Promontorio Nas. Tichmak. ff. d. tit. 3. fol. 189 passim. Vid. Glos. de contrahend. empt. etc. necnon J. Scrudr. in cap. § refut. per totum. Cum his conf. Rever. J. Tubal, Sentent. et Prov. cap. 9. ff. 11, 12, obiter. V. et librum, cui tit. de Terris et Phras. Belg. ad finem, cum comment. N. Bardy Belg. Vid. Script. Argentoratens. de Antiq. Ecc. in Episc. Archiv. fid. coll. per Von Jacobum Koinshoven Folio Argent. 1583. præcip. ad finem. Quibus add. Rebuff. in L. obvenire de Signif. Nom. ff. fol. et de jure Gent. et Civil. de protib. aliena feud. per federa, test. Joh. Luxius in prolegom. quem velim videas de Anal. cap. 1, 2, 3, Vid. Idea.

L'examen de son horoscope, où cinq planètes étaient en conjonction toutes à la fois avec le Scorpion [1] (en lisant ceci, mon père secouait toujours la tête) dans le neuvième signe, que les Arabes assignaient à la religion, — montra que Martin Luther se souciait fort peu de tout cela ; — et d'après l'horoscope rapporté à la conjonction de Mars, — ils firent clairement voir qu'il devait mourir dans les imprécations et les blasphèmes, — au souffle desquels son âme (trempée dans le péché) voguerait vent en poupe sur le lac de feu de l'enfer.

La petite objection des docteurs luthériens à ceci était que ce devait être nécessairement l'âme d'un autre homme, né le 22 octobre 83, qui était forcée de voguer vent en poupe de cette manière, — attendu qu'il était prouvé par le registre d'Islaben, dans le comté de Mansfelt, que Luther n'était pas né dans l'année 1483, mais en 84, et non le 22 octobre, mais le 10 novembre, le jour de la Saint-Martin, d'où il avait eu le nom de Martin.

[—— Je dois interrompre ma traduction pour un moment ; car, si je ne le faisais pas, je sens que je ne serais pas plus en état de fermer l'œil au lit, que l'abbesse de Quedlingberg. — C'est pour dire au lecteur, que mon père ne lisait jamais ce passage de Slawkenbergius à mon oncle Toby, sans triompher — non de mon oncle Toby, qui ne

---

[1] Hæc mira, satisque horrenda. Planetarum coitio sub Scorpio Asterismo in nonâ cœli statione, quam Arabes religioni deputabant, efficit *Martinum Lutherum* sacrilegum hæreticum, Christianæ religionis hostem acerrimum atque profanum, ex horoscopii directione ad Martis coitum, religiosissimus obiit, ejus anima scelestissima ad infernos navigavit, — ab Alecto, Tisiphone et Megærâ flagellis igneis cruciata perenniter.

—— Lucas Gauricus in Tractatu astrologico de præteritis multorum hominum accidentibus per genituras examinatis.

le contredisait jamais là-dessus, — mais du monde entier.

— Eh bien, vous voyez, frère Toby, disait-il en levant les yeux, que les noms de baptême ne sont pas une chose si indifférente ; — si Luther que voici, eût été appelé de tout autre nom que Martin, il eût été damné de toute éternité, — non pas, ajoutait-il, que je regarde Martin comme un bon nom, — loin de là, — il vaut un peu mieux qu'un neutre, et guère plus ; — mais, si peu que ce soit, vous voyez que cela lui a rendu service.

Mon père savait, aussi bien que le meilleur logicien aurait pu la lui démontrer, toute la faiblesse de l'argument dont il étayait là son hypothèse, — mais en même temps la faiblesse de l'homme est si étrange, que, le trouvant sous sa main, rien au monde ne l'aurait empêché d'en faire usage ; et c'était certainement pour cette raison que, bien qu'il y eût dans les Décades de Hafen Slawkenbergius mainte histoire tout aussi intéressante que celle que je traduis, cependant il n'y en avait pas une que mon père lût avec moitié autant de plaisir ; — elle flattait à la fois deux de ses plus étranges hypothèses, — ses *noms* et ses *nez*. — J'oserai dire qu'il aurait pu lire tous les livres de la bibliothèque d'Alexandrie, si le destin ne leur avait pas donné une autre destination, et ne pas rencontrer un livre ou un passage qui fît si bien d'une pierre deux coups.]

Cette affaire de la navigation de Luther faisait suer sang et eau aux deux universités de Strasbourg. Les docteurs protestants avaient démontré qu'il n'avait pas eu le vent pleinement en poupe, ainsi que l'avaient prétendu les docteurs papistes ; et comme chacun savait qu'il n'y avait pas moyen d'aller en plein contre le vent, — ils étaient sur le point d'établir, au cas que Martin eût vogué, de combien il avait dévié ; s'il avait doublé le cap, ou avait été poussé dans une cale ; et nul doute, comme c'était une enquête fort édifiante, du moins pour ceux qui entendaient cette sorte de *navigation*, qu'ils ne l'eussent continuée en dépit de la taille du nez de l'étranger, si la taille du nez de l'étranger n'avait pas détourné l'attention du monde de ce dont ils s'occupaient : — c'était leur devoir de suivre.

L'abbesse de Quedlingberg et ses quatre dignitaires n'étaient point un obstacle ; car l'énormité du nez de l'étranger leur trottant tout autant dans l'imagination que leur cas de conscience, — l'affaire des fentes de jupes ne se réchauffait pas — en un mot, les imprimeurs reçurent l'ordre de distribuer leurs caractères : — toutes controverses cessèrent.

Autant valait avoir à choisir entre un bonnet carré surmonté d'un gland d'argent — et une coquille de noix — qu'à deviner de quel côté du nez les deux universités se rangeraient.

C'est au-dessus de la raison, criaient les docteurs d'un côté.

C'est au-dessous, criaient les autres.

C'est un article de foi, criait l'un.

C'est une niaiserie, disait l'autre.

C'est possible, criait l'un.

C'est impossible, criait l'autre.

Le pouvoir de Dieu est infini, criaient les Naséens ; ; peut tout faire.

Il ne peut rien faire qui implique contradiction, répliquaient les Antinaséens.

Il peut faire penser la matière, disaient les Naséens.

Tout comme vous pouvez faire un bonnet de velours de l'oreille d'une truie, répliquaient les Antinaséens.

Il ne peut pas faire que deux et deux fassent cinq, répliquaient les docteurs papistes. ——— C'est faux, disaient les autres opposants.

Le pouvoir infini est le pouvoir infini, disaient les docteurs qui soutenaient la réalité du nez. — Il ne s'étend qu'à toutes les choses possibles, répliquaient les luthériens.

Par le Dieu qui est au ciel, criaient les docteurs papistes, il peut, s'il le juge convenable, faire un nez aussi gros que le clocher de Strasbourg.

Or le clocher de Strasbourg étant le plus gros et le plus grand clocher d'église qu'on puisse voir dans le monde entier, les Antinaséens nièrent qu'un nez de cinq cent soixante-quinze pieds géométriques de long pût être porté, du moins par un homme de moyenne taille. —Les docteurs papistes jurèrent que cela se pouvait : ——— les luthériens dirent que non, — que cela ne se pouvait pas.

Ceci fit à l'instant lever une nouvelle discussion qu'ils poursuivirent longtemps, sur l'étendue et la limite des attributs moraux et naturels de Dieu. — Cette controverse les mena naturellement à saint Thomas d'Aquin, et saint Thomas d'Aquin au diable.

Il n'était plus question du nez de l'étranger dans la discussion ; — il avait servi de frégate, pour les lancer dans le golfe de la théologie scolastique, — et maintenant ils voguaient tous vent en poupe.

La chaleur est en proportion du manque de vrai savoir.

La controverse sur les attributs, etc., au lieu de refroidir l'imagination des Strasbourgeois, l'avait, au contraire, enflammée à un degré désordonné. — Moins ils comprenaient, plus ils étaient émerveillés — ils restaient dans toute l'anxiété d'un désir non satisfait, — ils voyaient leurs docteurs, les *parcheminiens*, les *cuivriens*, les *térébenthiniens*, d'un côté, les docteurs papistes de l'autre, comme Pantagruel et ses compagnons en quête de l'oracle de la bouteille, s'embarquer tous, et ils les perdaient de vue.

————— Les pauvres Strasbourgeois laissés sur le rivage !

Que faire ? — point de délai ; — le tumulte augmente, — chacun dans le désordre, — les portes de la ville toutes grandes ouvertes. ———

Infortunés Strasbourgeois ! y avait-il dans le magasin de la nature, — y avait-il dans le garde-meuble du savoir, — y avait-il dans le grand arsenal du hasard, un seul instrument non employé à torturer votre curiosité, à tirailler vos désirs, que la main du Destin ne fît pas jouer contre vos cœurs ? — Je ne trempe pas ma plume dans l'encre pour excuser votre reddition, — c'est pour écrire votre panégyrique. Montrez-moi une ville aussi amaigrie par l'attente, — n'ayant ni mangé ni bu, ni dormi ni prié, ni prêté l'oreille à la voix de la religion ou de la nature depuis vingt-sept jours consécutifs, qui aurait pu tenir un jour de plus !

C'est le vingt-huitième que le courtois étranger avait promis de revenir à Strasbourg.

Sept mille carrosses (Slawkenbergius doit certainement avoir fait quelque erreur de chiffres) sept mille carrosses, quinze mille chaises à un cheval, vingt mille chariots aussi pleins qu'ils en pouvaient contenir, de sénateurs, de conselliers, de syndics — béguines, veuves, femmes, filles, chanoinesses, concubines, toutes dans leur voiture : — l'abbesse de Quedlingberg, avec la prieure, la doyenne, et la sous-chanteresse, menant la procession dans un carrosse, et le doyen de Strasbourg avec les quatre grands dignitaires de son chapitre, à gauche d'elle, — le reste suivant pêle-mêle, comme ils pouvaient ; quelques-uns à cheval, — quelques-uns à pied, — quelques-uns conduits, — quelques-uns entraînés, — quelques-uns sur le Rhin, — quelques-uns par ici, — quelques-uns par là, — tous se mirent en route au lever du soleil pour aller au-devant du courtois étranger.

Nous approchons maintenant de la catastrophe de mon conte, je dis catastrophe (s'écrie Slawkenbergius), attendu qu'un conte dont les parties sont bien agencées, non-seulement se réjouit (*gaudet*) dans la *catastrophe* et *péripétie* d'un DRAME, mais se réjouit de plus dans toutes les parties essentielles et intégrantes de ce drame ; — il a sa *protase*, son *épitase*, sa *catastase*, sa *catastrophe* ou *péripétie*, qui croissent engendrées l'une par l'autre, dans l'ordre où Aristote les a premièrement plantées, — et sans lesquelles on devrait ne jamais raconter un conte, dit Slawkenbergius, mais le garder pour soi.

Dans tous les dix contes de mes dix décades, moi Slawkenbergius, je me suis astreint aussi rigoureusement à cette règle que je l'ai fait dans celui de l'étranger et de son nez.

— Depuis son premier pourparler avec la sentinelle, jusqu'à son départ de la ville de Strasbourg, après avoir ôté sa culotte de satin cramoisi, c'est la *protase* ou entrée en matière, — dans laquelle les caractères des *personæ dramatis* sont indiqués, et le sujet légèrement entamé.

L'*épitase*, où l'action s'engage plus pleinement et grandit jusqu'à ce qu'elle arrive à l'état ou degré de hauteur appelé la *catastase*, et qui occupe ordinairement les deuxième et troisième actes, est comprise dans cette période animée de mon conte qui se trouve entre le tumulte du premier soir au sujet du nez, et la fin des leçons de la femme du trompette au milieu de la grande place d'armes ; et depuis le premier embarquement des savants dans la dispute, — jusqu'au moment où les docteurs mettent définitivement à la voile, et laissent les Strasbourgeois en détresse sur le rivage, c'est la *catastase*, ou maturation des incidents et passions qui doivent éclater au cinquième acte.

Celui-ci commence au départ des Strasbourgeois sur la route de Francfort, et se termine au sortir du labyrinthe et au passage du héros d'un état d'agitation (comme l'appelle Aristote) à un état de repos et de tranquillité.

Ceci, dit Hafen Slawkenbergius, constitue la catastrophe ou péripétie de mon conte ; — et c'en est la partie que je vais raconter.

Nous avons laissé l'étranger endormi derrière la toile : maintenant il entre en scène.

— Qu'est-ce qui te fait dresser les oreilles ? — Ce n'est qu'un homme à cheval — était le dernier mot que l'étranger avait dit à son mulet. Il ne convenait pas alors de dire au lecteur que le mulet crut son maître sur parole, et, sans plus de *si* et de *mais*, laissa passer le voyageur et le cheval.

Le voyageur faisait toute la diligence possible pour atteindre Strasbourg ce soir-là. Quel sot je suis, se dit le voyageur, quand il eut fait une lieue de plus, de penser à atteindre Strasbourg ce soir ! — Strasbourg ! — le grand Strasbourg, Strasbourg, la capitale de toute l'Alsace ! Strasbourg, une ville impériale ! Strasbourg, un État souverain ! Strasbourg, qui a pour garnison cinq mille des meilleurs soldats du monde. — Hélas ! quand je serais en ce moment même aux portes de Strasbourg, je n'obtiendrais pas d'y entrer pour un ducat — ni même pour un ducat et demi ; — c'est trop, — mieux vaut retourner à la dernière auberge devant laquelle j'ai passé, — que de coucher je ne sais où, — ou bien de donner je ne sais quoi. Le voyageur, tout en faisant ces réflexions, tourna la tête de son cheval, et arriva à la même auberge que l'étranger, trois minutes après que celui-ci avait été conduit à une chambre.

———— Nous avons du lard à la maison, dit l'hôte, et du pain ; — et jusqu'à onze heures ce soir nous y avons eu trois œufs ; — mais un étranger, qui est arrivé il y a une heure, les a eus en omelette, et nous n'avons plus rien. —

Hélas ! dit l'étranger, harassé comme je suis, je n'ai besoin que d'un lit. ——— J'en ai un aussi mou qu'il y en ait en Alsace, dit l'hôte.

— L'étranger, continua-t-il, aurait couché dedans, car c'est mon meilleur lit, si ce n'avait été son nez. — Il a une fluxion ? dit le voyageur. ——— Pas que je sache, s'écria l'hôte. — Mais c'est un lit de camp, et Jacinthe, dit-il en regardant la servante, a pensé qu'il n'y aurait pas assez de place pour tourner son nez. — Pourquoi cela ? s'écria l'étranger en reculant. — C'est un si long nez, répliqua l'hôte. — Le voyageur fixa les yeux sur Jacinthe, puis sur le plancher, — mit le genou droit en terre, et venait de poser sa main sur son cœur ——— Ne vous jouez pas de mon anxiété, dit-il en se relevant. — Ce n'est pas une plaisanterie, monsieur, c'est le plus magnifique des nez ! ——— Le voyageur retomba sur son genou, — remit sa main sur son cœur. — Alors, dit-il en regardant le ciel, tu m'as conduit au terme de mon pèlerinage. — C'est Diégo.

Le voyageur était le frère de Julia, si souvent invoquée dans la soirée par l'étranger en venant de Strasbourg sur son mulet; et il avait été envoyé par elle à sa recherche. Il avait accompagné sa sœur de Valladolid en France par les Pyrénées, et avait eu plus d'un écheveau embrouillé à démêler, en le poursuivant à travers les nombreux méandres et brusques détours des sentiers épineux d'un amant.

——— Julia avait succombé à la peine, — et n'avait pas été en état de faire un pas au delà de Lyon, où, avec toutes ces inquiétudes d'un cœur sensible dont tout le monde parle, — mais que peu de gens éprouvent, elle était tombée malade, mais avait eu juste le temps d'écrire une lettre à Diégo; et ayant conjuré son frère de ne pas la revoir qu'il ne l'eût trouvé, et lui ayant mis sa lettre dans les mains, Julia s'était couchée.

Fernandez (c'était le nom de son frère) — quoique le lit de camp fût aussi mou qu'il y en eût en Alsace, n'y put cependant fermer l'œil. — Dès le point du jour, il se leva, et, apprenant que Diégo était levé aussi, il entra chez lui, et s'acquitta de la commission de sa sœur.

La lettre était ainsi conçue :

Seign. Diégo,

« Si mes soupçons sur votre nez étaient fondés ou non, — ce n'est pas le moment de s'en informer ; — il suffit que je n'aie pas eu la fermeté de les soumettre à une autre épreuve.

« Comment ai-je pu si peu me connaître, quand j'ai envoyé ma duègne vous défendre de reparaître sous ma jalousie ? ou comment ai-je pu vous connaître assez peu pour croire que vous seriez resté un jour à Valladolid afin de dissiper mes doutes ? — Pour avoir été dans l'erreur, Diégo, devais-je être abandonnée ? ou était-il bien de me prendre au mot, que mes soupçons fussent justes ou non, et de me laisser, comme vous avez fait, en proie à tant d'incertitude et de chagrin ?

« De quelle manière Julia a ressenti ceci, — mon frère, quand il vous remettra cette lettre, vous le dira ; il vous dira combien elle a été prompte à se repentir du message imprudent qu'elle vous avait envoyé, — avec quelle précipitation frénétique elle a volé à sa jalousie, et combien de jours et de nuits consécutifs elle est restée immobile, appuyée sur son coude, regardant à travers du côté par où Diégo avait coutume de venir.

« Il vous dira, quand elle a appris votre départ, — comme ses forces l'ont abandonnée — comme le cœur lui a manqué, — quels lamentables gémissements elle a poussés, — comme elle a laissé tomber sa tête. O Diégo ! que de pas pénibles la pitié de mon frère, qui me conduisait par la main, m'a fait faire languissante à la recherche des vôtres ! combien le désir m'a entraînée au delà de mes forces ! — et combien de fois je me suis évanouie en chemin, et suis tombée dans ses bras, ayant seulement le temps de m'écrier : — O mon Diégo !

« Si la douceur de votre physionomie ne m'a point trompée sur votre cœur, vous volerez vers moi, presque aussi vite que vous m'avez fuie : — cependant vous aurez beau vous hâter, — vous n'arriverez que pour me voir expirer. C'est un breuvage amer, Diégo; mais hélas ! ce qui me le rend plus amer encore, c'est de mourir sans avoir été ————— ! »

Elle n'avait pu aller plus loin.

Slawkenbergius suppose que le mot qu'elle avait en vue était *convaincue ;* mais ses forces ne lui avaient pas permis d'achever sa lettre

Le cœur du courtois Diégo déborda à cette lecture : — il ordonna de seller à l'instant son mulet et le cheval de Fernandez; et comme dans de tels conflits la prose ne décharge pas le cœur à l'égal de la poésie, le hasard, qui met aussi souvent sur nos pas les remèdes que les *maladies,* ayant jeté sur la fenêtre un morceau de charbon, — Diégo en profita ; et tandis que le palefrenier apprêtait son mulet, il soulagea son esprit contre le mur de la façon suivante :

ODE.

I

Les notes de l'amour ont des sons durs, discords,
A moins que Julia n'en règle les accords.
Sa main seule se pose aux touches dont le mouvement sait charmer le cœur,
Et dont tout l'homme éprouve
L'effet sympathique et vainqueur.

II

O Julia!

Les vers étaient très-naturels, — car ils n'avaient aucun rapport avec le sujet, dit Slawkenbergius, et il est bien fâcheux qu'il n'y en eût pas plus ; mais soit que le seigneur Diégo fut lent à faire des vers, — soit que le palfrenier fût prompt à seller les mulets, — ce qui n'a point été éclairci, toujours est-il que le mulet de Diégo et le cheval de Fernandez furent prêts à la porte de l'auberge avant que Diégo fût prêt à écrire sa seconde strophe. Il ne resta point à finir son ode ; ils montèrent l'un et l'autre à cheval, piquèrent des deux, passèrent le Rhin, traversèrent l'Alsace, dirigèrent leur course vers Lyon, et avant que les Strasbourgeois et l'abbesse de Quedlingberg fussent partis pour leur cavalcade, Fernandez, Diégo et sa Julia avaient franchi les Pyrénées, et étaient arrivés sains et saufs à Valladolid.

Il n'est pas besoin d'informer le lecteur géographe que lorsque Diégo était en Espagne, il n'était pas possible de rencontrer le courtois étranger sur la route de Francfort ; il suffit de dire que de tous les désirs ennemis du repos, la curiosité étant le plus fort, — les Strasbourgeois en sentirent toute la puissance ; et que pendant trois jours et trois nuits ils furent ballottés çà et là sur la route de Francfort par l'orageuse fureur de cette passion, avant de pouvoir se résigner à rentrer chez eux, — où, hélas ! les attendait l'événement le plus affligeant qui puisse arriver à un peuple libre.

Comme on a souvent parlé de cette révolution dans les affaires de Strasbourg, et qu'on l'a peu comprise, je vais, dit Slawkenbergius, en donner l'explication au monde, en dix mots, et je finirai mon conte par là.

Il n'est personne qui n'ait entendu parler du grand système de monarchie universelle, écrit par ordre de

Mgr Colbert, et remis manuscrit aux mains de Louis XIV, dans l'année 1674.

On sait également qu'une des branches nombreuses de ce système était de prendre possession de Strasbourg, pour favoriser au besoin une entrée dans la Souabe, afin de troubler le repos de l'Allemagne ; — et qu'en conséquence de ce plan, Strasbourg finit malheureusement par tomber aux mains des Français.

Il appartient à peu de gens de remonter aux vraies sources de semblables révolutions ; — le vulgaire les cherche trop haut, — les hommes d'État les cherchent trop bas ; — la vérité (pour une fois) gît au milieu.

Quelle chose fatale que l'orgueil populaire d'une ville libre ! s'écrie un historien. — Les Strasbourgeois regardaient comme une diminution de liberté de recevoir une garnison impériale : — ils devinrent la proie d'une garnison française.

La destinée des Strasbourgeois, dit un autre, est pour tout peuple libre une leçon d'économiser son argent. — Ils avaient anticipé sur leurs revenus, — s'étaient chargés de taxes, avaient épuisé leur force, et fini par devenir si faibles qu'ils n'avaient pas eu celle de tenir leurs portes fermées : les Français n'eurent qu'à pousser pour entrer !

Hélas ! hélas ! s'écrie Slawkenbergius, ce ne furent pas les Français, — ce fut la *curiosité* qui ouvrit les portes. — Seulement les Français, qui sont toujours à l'affût, quand ils virent les Strasbourgeois, hommes, femmes, enfants, sortir tous pour suivre le nez de l'étranger, — suivirent chacun le leur et entrèrent.

Le commerce et les manufactures ont dépéri et sont tombés peu à peu depuis lors, — mais non par aucune des causes qu'ont assignées les têtes commerciales; cela est dû seulement à ce que les Strasbourgeois ont toujours tellement eu les nez qui leur trottaient en tête, qu'ils n'étaient plus à leur affaire.

Hélas! hélas! s'écrie Slawkenbergius, — ce n'est pas la première, — et je crains que ce ne soit pas la dernière forteresse conquise ou perdue grâce aux *nez*.

FIN DU CONTE DE SLAWKENBERGIUS.

CHAPITRE LXXXVII.

Avec toute cette érudition sur les nez qui lui trottait perpétuellement dans la cervelle, — avec tant de préjugés de famille, — et dix décades de tels contes venant brocher sur le tout, — comment était-il possible avec d'aussi exquis — était-ce un vrai nez? — qu'un homme avec d'aussi exquis sentiments qu'en avait mon père, supportât aucunement ce choc en bas, — ou même en haut, dans une autre posture que la posture précise que j'ai décrite?

Jetez-vous sur le lit une douzaine de fois, — en prenant soin seulement au préalable de placer de l'autre côté un miroir sur une chaise. — Mais le nez de l'étranger était-il véritable, ou était-ce un faux nez?

Vous dire cela à l'avance, madame, ce serait gâter un des meilleurs contes du monde chrétien, je veux parler du dixième de la dixième décade, qui suit immédiatement celui-ci.

Ce conte, s'écrie Slawkenbergius dans une sorte de

triomphe, je l'ai réservé pour clore tout mon ouvrage, sachant fort bien que, quand je l'aurai raconté et que mon lecteur l'aura lu jusqu'au bout, — il sera grandement temps pour nous deux de fermer le livre, attendu, continue Slawkenbergius, que je ne connais pas de conte qui pût venir après.

— C'est là un conte, en effet!

Il commence à la première entrevue dans l'auberge de Lyon, lorsque Fernandez a laissé le courtois étranger et sa sœur seuls dans la chambre de Julia, et il est intitulé :

LES EMBARRAS DE DIÉGO ET DE JULIA.

Par les cieux! tu es une étrange créature, Slawkenbergius! quelle vue bizarre des replis du cœur féminin tu nous as déroulée! comment pouvoir jamais traduire ceci, et cependant, si cet échantillon des contes de Slawkenbergius et de sa morale exquise plaît au monde, — il en sera traduit une couple de volumes. Autrement, comment pouvoir jamais traduire ceci en bon anglais? je n'en ai pas la moindre idée. — Il semble, dans certains passages, qu'il faille un sixième sens pour le faire convenablement. — Que peut-il vouloir dire par l'effleurante pupillabilité d'un lent, bas, sec babil, cinq notes au-dessous du ton naturel, — que vous savez, madame, être un peu au-dessus d'un chuchotement. Du moment où j'ai prononcé ces mots, j'ai pu remarquer une tentative de vibration dans les cordes qui entourent la région du cœur. — Le cerveau n'a fait aucune réponse. — Il leur arrive souvent de ne pas s'entendre. — J'ai senti, moi, que j'entendais.

— Je n'avais pas une idée. — Le mouvement n'a pu exister sans cause. — Je m'y perds, — je n'y comprends rien, — à moins, sous le bon plaisir de vos *Worships*, que la voix, étant en ce cas un peu au-dessus d'un chuchotement, ne force inévitablement les yeux non-seulement à s'approcher à six pouces l'un de l'autre, — mais à regarder dans les pupilles. — N'est-ce pas dangereux ? — Mais on ne peut l'éviter ; — car si on regarde au plafond, les deux mentons en ce cas se rencontrent inévitablement ; — et si on s'entre-regarde le giron, les fronts viennent en contact immédiat, ce qui, du coup, met fin à la conférence, — du moins à sa partie sentimentale. — Ce qui reste, madame, ne vaut pas la peine qu'on le ramasse.

CHAPITRE LXXXVIII.

Mon père resta étendu en travers du lit, aussi immobile que si la main de la mort l'y eût jeté pendant une grande heure et demie avant de commencer à jouer sur le plancher avec l'orteil du pied qui pendait le long du lit. Le cœur de mon oncle Toby en fut plus léger d'une livre. — Au bout de quelques instants, la main gauche de mon père, dont les jointures avaient reposé tout le temps sur l'anse du pot de chambre, reprit sa sensibilité ; — il le repoussa un peu plus sous la pente — ceci fait, il mit sa main dans sa poitrine, — et en tira un hem ! Mon bon oncle Toby y répondit avec un plaisir infini, et aurait bien volontiers profité de cette ouverture pour y greffer une parole de consolation ; mais n'ayant, comme j'ai dit, aucun talent en ce genre, et craignant en outre de débuter par quelque chose qui empirerait encore les affaires, il se contenta de poser paisiblement son menton sur la traverse de sa béquille.

Or, était-ce la pression qui raccourcissait la figure de mon oncle Toby et lui donnait un ovale plus agréable ? — ou la philanthropie de son cœur, en voyant son frère commencer à sortir de cette mer d'afflictions, qui avait resserré ses muscles, en sorte que la pression sur son menton ne faisait que doubler la précédente bénignité de ses traits ? La question n'est pas difficile à résoudre. — Mon père, en tournant les yeux, fut si vivement frappé de l'éclat qui rayonnait sur le visage de mon oncle, que les ombres de son chagrin se dissipèrent en un moment.

Il rompit le silence en ces termes :

CHAPITRE LXXXIX.

Vit-on jamais un homme, frère Toby, s'écria mon père en se relevant sur son coude, et en se retournant du côté du lit, où mon oncle Toby était assis dans la vieille chaise à franges, le menton appuyé sur sa béquille, — vit-on jamais un pauvre malheureux, frère Toby, s'écria mon père, recevoir autant de coups d'étrivière ? —— Le plus que j'en ai jamais vu donner, dit mon oncle Toby (en sonnant Trim avec la sonnette qui était au chevet du lit), c'était à un grenadier, je crois, du régiment de Mackay. ——Mon oncle Toby lui aurait traversé le cœur d'une balle, que mon père ne serait pas tombé plus soudainement le nez sur la courte-pointe.

Miséricorde ! dit mon oncle Toby.

CHAPITRE XC.

Était-ce dans le régiment de Mackay, dit mon oncle Toby, que ce pauvre grenadier fut si impitoyablement fustigé à Bruges au sujet des ducats?——— Jésus! il était innocent! s'écria Trim avec un profond soupir. — Et ils le fustigèrent tant, sauf votre respect, qu'il fut à deux doigts de la mort. — Ils auraient mieux fait de le fusiller sur-le-champ, comme il le demandait, et il serait allé droit au ciel; car il était aussi innocent que votre Honneur. ——— Je te remercie, Trim, dit mon oncle Toby. ——— Je ne pense jamais à ses malheurs, continua Trim, et à ceux de mon pauvre frère Tom, car nous étions tous les trois camarades d'école, sans pleurer comme un lâche. ——— Les pleurs ne sont pas une preuve de lâcheté, Trim. — J'en verse souvent moi-même, s'écria mon oncle Toby. ——— Je le sais, votre Honneur, repartit Trim; aussi je n'ai pas honte de pleurer. — Mais penser, sauf votre respect, continua Trim, une larme se glissant dans le coin de l'œil comme il parlait, — penser que deux garçons vertueux, ayant dans le corps des cœurs aussi chauds et aussi honnêtes que Dieu les pouvait faire, — des enfants de gens honnêtes, partis avec tant de courage et d'ardeur pour chercher fortune dans le monde, — soient tombés dans de pareils malheurs! — Pauvre Tom! être mis à la torture pour rien — pour avoir épousé la veuve d'un juif, qui vendait des saucisses! — l'âme de l'honnête Dick Johnson être chassée à coups de fouet de son corps, pour les ducats qu'un autre avait mis dans son havre-

LIV. III. — CHAP. XC.

sac! — Oh! — ce sont là des infortunes, s'écria Trim — en tirant son mouchoir, — ce sont là des infortunes, sauf votre respect, qui valent la peine qu'on se jette par terre et qu'on pleure.

— Mon père ne put s'empêcher de rougir.

Ce serait dommage, Trim, dit mon oncle Toby, que tu eusses jamais une cause personnelle de chagrin ; — tu es si sensible à celui des autres. — Oh ! quant à ça, repartit le caporal, dont la physionomie s'éclaircit, — votre Honneur sait que je n'ai ni femme ni enfant ; — je ne peux pas avoir de chagrins dans ce monde. ——— Mon père ne put s'empêcher de sourire. ——— Aussi peu que personne, Trim, répliqua mon oncle Toby ; et je ne vois pas ce qu'un garçon tel que toi, qui a le cœur si léger, pourrait avoir à souffrir, à moins que ce ne soit de la misère sur tes vieux jours, quand tu ne pourras plus faire aucun service, Trim, — et que tu auras survécu à tes amis. — Sauf votre respect, ne craignez rien, répliqua Trim gaiement. ——— Mais c'est toi que je voudrais voir ne rien craindre, Trim, repartit mon oncle Toby : aussi, continua mon oncle Toby en jetant sa béquille et en se levant sur ses jambes comme il prononçait le mot *aussi*, — en récompense, Trim, de ta longue fidélité pour moi, et de cette bonté de cœur dont j'ai eu tant de preuves, — tant que ton maître aura un shilling à lui, — tu n'iras jamais, Trim, demander ailleurs un penny. ——— Trim essaya de remercier mon oncle Toby, — mais il n'en eut pas la force ; — les larmes ruisselaient sur ses joues plus vite qu'il ne pouvait les essuyer. — Il mit sa main sur son cœur, — fit un salut jusqu'à terre, et ferma la porte.

——— Je laisse à Trim mon boulingrin, s'écria mon

oncle Toby. — Mon père sourit. — Je lui laisse, en outre, une pension, continua mon oncle Toby. —— Mon père prit un air sérieux.

CHAPITRE XCI.

Est-ce un temps convenable, se dit mon père, pour parler de *pensions* et de *grenadiers*?

CHAPITRE XCII.

Quand mon oncle Toby avait parlé pour la première fois du grenadier, mon père, ai-je dit, était tombé le nez à plat sur la courte-pointe, et aussi subitement que si mon oncle Toby l'eût frappé d'une balle ; mais il n'a pas été ajouté que tous les autres membres et parties du corps de mon père étaient retombés aussitôt que son nez, précisément dans la même attitude dont on a déjà fait la description : en sorte que quand le caporal Trim quitta la chambre, et que mon père se trouva disposé à se relever, — il eut à repasser par tous les mêmes petits mouvements préparatoires avant de pouvoir le faire. — Les attitudes ne sont rien, madame, — c'est la transition d'une attitude à une autre, comme la préparation et résolution de la dissonance en harmonie, qui fait tout.

Pour cette raison, mon père joua de nouveau la même gigue avec son orteil sur le plancher, repoussa le pot de chambre encore un peu plus avant sous la pente, — fit entendre un hem, — se leva sur son coude, — et allait adresser la parole à mon oncle Toby, — lorsque, se rappelant le mauvais succès de son premier effort dans cette attitude, — il se mit sur ses jambes, et au troisième tour qu'il fit dans la chambre, il s'arrêta court devant mon oncle Toby ; et posant les trois premiers doigts de sa main droite dans le creux de la gauche, et se baissant un peu, il s'adressa à mon oncle Toby en ces termes :

CHAPITRE XCIII.

Quand je réfléchis sur l'HOMME, frère Toby, et que je jette les yeux sur ce côté sombre de lui qui représente sa vie comme exposée à tant de causes de trouble ; quand je considère, frère Toby, combien nous mangeons souvent le pain de l'affliction, et qu'elle nous attend à notre naissance, comme notre part d'héritage ——— Je n'ai pas eu de part d'héritage, dit mon oncle Toby, interrompant mon père, si ce n'est mon brevet. ——— Eh mais ! dit mon père, est-que mon oncle ne vous a pas laissé cent vingt livres de rente ? ——— Qu'aurais-je pu faire sans cela ? repartit mon oncle Toby. — C'est une autre affaire, dit mon père avec humeur ; — mais je dis, Toby, que quand on parcourt la liste de tous les mécomptes et déplorables articles dont le cœur de l'homme est surchargé, on se demande par quelles ressources cachées l'esprit est mis en état de les supporter, et de tenir bon, comme il le fait, contre les déceptions auxquelles notre nature est en butte. —— C'est par l'assistance du Tout-Puissant, s'écria mon oncle Toby en levant les yeux au ciel et en pressant ses deux mains l'une contre l'autre —— ce n'est pas par notre propre force, frère Shandy ; — un factionnaire dans une guérite de bois pourrait aussi bien prétendre à tenir contre un détachement de cinquante hommes. — Nous sommes soutenus par la grâce et l'assistance du meilleur des êtres.

—— C'est trancher le nœud au lieu de le dénouer, dit mon père. — Mais permettez-moi, frère Toby, de vous faire pénétrer un peu plus avant dans ce mystère.

De tout mon cœur, repartit mon oncle Toby.

Mon père aussitôt changea d'attitude pour prendre celle que Raphaël a si habilement donnée à Socrate dans son *École d'Athènes* ; attitude qui, votre *connaisseurie* le sait, est si parfaitement imaginée, qu'elle exprime jusqu'à la manière particulière de raisonner de Socrate, — car il tient l'index de sa main gauche entre l'index et le pouce de la droite, et semble dire au libertin qu'il réforme : — « *Vous m'accordez* ceci, et ceci ; quant à ceci et à ceci, je ne vous le demande pas ; c'en est la conséquence naturelle. »

Ainsi se tenait mon père, son index serré entre l'autre index et le pouce, et raisonnant avec mon oncle Toby, qui était assis dans la vieille chaise à franges, garnie alentour de pentes à glands d'estame de plusieurs couleurs.

—— O Garrick ! — quelle admirable scène tu ferais de ceci avec ton talent exquis ! et que de plaisir j'aurais à en écrire encore une pareille pour profiter de ton immortalité, et mettre la mienne à l'abri derrière !

CHAPITRE XCIV.

Quoique, de tous les véhicules, l'homme soit le plus curieux, dit mon père, cependant, en même temps, sa structure est si faible et si peu solidement ajustée, que les brusques secousses et les durs cahots qu'il rencontre inévitablement dans ce rude voyage, le renverseraient et le mettraient en pièces une douzaine de fois par jour — n'était, frère Toby, un ressort secret que nous avons au dedans de nous. —— Et ce ressort, dit mon oncle Toby, c'est la religion, je suppose. — Cela raccommodera-t-il le nez de mon fils ? s'écria mon père, laissant tomber son doigt, et frappant une main contre l'autre. —— Elle redresse tout, repartit mon oncle Toby. —— Métaphoriquement parlant, cher Toby, elle le peut autant que j'en sache, dit mon père ; mais le ressort dont je parle est cette grande et élastique faculté intérieure de contre-balancer le mal : faculté qui, comme un ressort secret dans une machine bien ordonnée, si elle ne peut pas prévenir le choc, — du moins nous trompe sur la sensation.

Or, mon cher frère, dit mon père, qui replaça son index en se rapprochant de la question, — si mon fils était arrivé au jour sain et sauf, sans avoir été martyrisé dans cette précieuse partie de lui-même, tout fantasque et extravagant que je puis paraître au monde avec mon opinion sur les noms de baptême, et sur cette tendance magique que les bons ou mauvais noms impriment irrésistiblement à notre caractère et à notre conduite, — le ciel m'est témoin que, dans les plus ardents transports de mes désirs pour la prospérité de mon enfant, je n'ai jamais désiré de couronner sa tête de plus de gloire et d'honneur que Georges ou Édouard n'en aurait jeté autour d'elle.

Mais, hélas! continua mon père, comme il lui arrive le plus grand des maux, — je dois combattre ce mal et l'annuler par le plus grand des biens.

Il sera baptisé sous le nom de Trismégiste, frère.

Je souhaite que cela réponde à vos vues, — repartit mon oncle Toby en se levant.

CHAPITRE XCV.

Quel chapitre de hasards! dit mon père en se retournant sur le premier palier, comme il descendait l'escalier avec mon oncle Toby, — quel long chapitre de hasards les événements de ce monde nous déroulent! Prenez une plume et de l'encre, frère Toby, et calculez loyalement. —————Je ne sais pas plus calculer que cette rampe, dit mon oncle Toby (la frappant de sa béquille, mais trop au bord, et donnant à mon père un coup terrible sur l'os de la jambe).—Il y avait cent à parier contre un,—s'écria mon oncle Toby. ——— Je croyais, dit mon père (en se frottant la jambe), que vous n'entendiez rien aux calculs, frère Toby. ——— C'est un pur hasard, dit mon oncle Toby. ——— Alors c'en est un de plus à ajouter au chapitre, — répliqua mon père.

Le bonheur de ces deux reparties dissipa à l'instant la douleur de jambe de mon père:—il est heureux que cela soit arrivé ainsi — (un hasard encore !) — sans cela, le monde jusqu'à ce jour n'aurait pas connu le sujet des calculs de mon père ; — quant à les deviner, — c'eût été plus qu'un hasard. — Quel heureux chapitre de hasards celui-ci se trouve être devenu ! car il m'a épargné la peine d'en écrire un exprès : et en vérité j'en ai déjà bien assez sur les bras. — N'ai-je pas promis au monde un chapitre sur les nœuds ? deux chapitres sur le bon et le mauvais côté d'une femme ? un chapitre sur les moustaches ? un chapitre sur les souhaits ? — un chapitre sur les nez ? — Non ; j'ai fait celui-là : — un chapitre sur la modestie de mon oncle Toby ? sans parler d'un chapitre sur les chapitres, que je veux terminer avant de dormir. — Par les moustaches de mon bisaïeul, jamais je n'en pourrai faire la moitié cette année.

Prenez une plume et de l'encre, et calculez au juste, frère Toby, dit mon père, et vous trouverez que c'était une chance contre un million que, de toutes les parties du corps, le tranchant du forceps eût précisément le malheur d'atteindre et de faire tomber la seule qui dût entraîner la fortune de notre maison dans sa chute.

Il aurait pu arriver pis, répliqua mon oncle Toby.
——— Je ne comprends pas, dit mon père. ——— Supposez que la hanche se fût présentée, comme l'avait pronostiqué le docteur Slop, repartit mon oncle Toby.

Mon père réfléchit une demi-minute, regarda à terre, — toucha légèrement du doigt le milieu de son front. ———

— C'est vrai, dit-il.

CHAPITRE XCVI.

N'est-ce pas une honte de faire deux chapitres de ce qui s'est passé à descendre un étage ? car nous ne sommes encore qu'au premier palier, et il y reste quinze marches jusqu'en bas : et, autant que j'en sache, comme mon père et mon oncle Toby sont en humeur de causer, il peut y avoir autant de chapitres que de marches. Qu'il en soit ce qu'il voudra, monsieur, je n'y puis rien, pas plus qu'à ma destinée. — Une impulsion soudaine me traverse l'esprit : — baisse le rideau, Shandy : — Je le baisse. — Tire ici une ligne en travers du papier, Tristram : — Je la tire. — Allons ! à un nouveau chapitre.

Du diable si j'ai aucune autre règle pour me diriger dans cette affaire ; — et si j'en avais une, — comme tout ce que je fais est déréglé, — je la tordrais et la mettrais en pièces, et la jetterais au feu quand j'aurais fini. — Suis-je échauffé ? Oui, et la cause le demande : — la belle histoire ! est-ce à un homme à suivre les règles, — ou aux règles à le suivre ?

Or ce chapitre-ci, il faut que vous le sachiez, étant mon chapitre des chapitres, que j'ai promis d'écrire avant d'aller dormir, j'ai jugé convenable de soulager entièrement ma conscience avant de me coucher, en racontant tout de suite au monde tout ce que je sais là-dessus. Cela ne vaut-il pas dix fois mieux que de débuter dogmatiquement par une sentencieuse parade de sagesse, et par dire au monde l'histoire d'un cheval rôti, — que les chapitres soulagent l'esprit — qu'ils assistent -- ou impressionnent l'imagination, — et que dans un ouvrage de cette trempe dramatique ils sont aussi nécessaires que les changements de scènes, avec cinquante autres froides idées, suffisantes pour éteindre le feu qui l'a rôti? — Oh! mais pour comprendre ceci, qui est souffler sur le feu du temple de Diane, — il vous faut lire Longin : — le lire jusqu'à la fin : — si vous n'êtes pas plus avancé d'un iota pour l'avoir lu la première fois, — ne craignez rien, — relisez-le. Avicenne et Licétus lurent quarante fois d'un bout à l'autre la Métaphysique d'Aristote, et n'en comprirent jamais un seul mot. — Mais écoutez ce qui arriva : Avicenne devint un terrible écrivain en tout genre d'écrits ; — car il écrivit des livres *de omni re scibili*, et quant à Licétus (Fortunio) — quoique tout le monde sache que quand il naquit, ce n'était qu'un fœtus [1] de cinq pouces et demi de long, il

---

[1] Ce fœtus n'était pas plus grand que la paume de la main; mais son père l'ayant examiné en qualité de médecin, et ayant trouvé que c'était quelque chose de plus qu'un embryon, le fit transporter tout vivant à Rapallo, où il le fit voir à Jérôme Bardi et à d'autres médecins du lieu. On trouva qu'il ne lui manquait rien d'essentiel à la vie; et son père, pour faire voir un essai de son expérience, entreprit d'achever l'ouvrage de la nature et de travailler à la formation de l'enfant avec le même artifice que celui dont on se sert pour faire éclore les poulets en Égypte. Il instruisit une nourrice de tout ce qu'elle avait à faire, et, ayant fait mettre son fils dans un four proprement accommodé, il réussit à l'élever et à lui faire prendre ses accroissements nécessaires, par l'uniformité d'une chaleur étrangère mesurée exactement sur les degrés d'un thermomètre ou d'un autre instrument équivalent. (Vide Misch. Giustin an. *negli Scritt. Liguri à Cart.* 223, 488.)

On aurait toujours été très-satisfait de l'industrie d'un père si expérimenté dans l'art de la génération, quand il n'aurait pu prolonger la vie à son fils que pour quelques mois, ou pour peu d'années.

Mais quand on se représente que l'enfant a vécu près de quatre-

ne s'en éleva pas moins en littérature à cette hauteur étonnante d'écrire un livre avec un titre aussi long que lui. Les gens instruits savent que je veux parler de sa *Gonopsychanthropologia*, sur l'origine de l'âme humaine

En voilà assez pour mon chapitre des chapitres, que je tiens pour le meilleur chapitre de tout mon ouvrage; et croyez-en ma parole, quiconque le lit, emploie tout aussi bien son temps qu'à ramasser des brins de paille [1].

CHAPITRE XCVII.

Nous remédierons à tout, dit mon père en posant le pied sur la première marche du palier. — Ce Trismégiste, continua mon père en retirant sa jambe et en se tournant vers mon oncle Toby, — était le plus grand (Toby) de tous les êtres terrestres; — c'était le plus grand roi, — le plus grand législateur, — le plus grand philosophe, — et le plus grand prêtre; —— et ingénieur, — dit mon oncle Toby.

—— Naturellement, dit mon père.

---

vingts ans, et qu'il a composé quatre-vingts ouvrages différents, tous fruits d'une longue lecture — il faut convenir que tout ce qui est incroyable n'est pas toujours faux, et que « la vraisemblance n'est pas « toujours du côté de la vérité. »

Il n'avait que dix-neuf ans lorsqu'il composa sa *Gonopsychanthropologia*, de origine animæ humanæ. (*Les enfants célèbres*, revus et corrigés par M. de la Monnoye de l'Académie française.)

(*Note de l'auteur.*)

[1] En français, on dirait qu'à enfiler des perles. (*Note du traducteur.*)

CHAPITRE XCVIII.

Et comment va votre maîtresse? s'écria mon père, redescendant la même marche, et appelant Susanne qu'il voyait passer au bas de l'escalier, une grosse pelote à la main, — comment va votre maîtresse? ——— Aussi bien qu'on peut s'y attendre, dit, mais sans lever la tête, Susanne, qui allait d'un bon pas. — Quel sot je suis! dit mon père en retirant de nouveau sa jambe — que les choses soient ce qu'elles veulent, frère Toby, c'est toujours infailliblement la réponse. — Et comment va l'enfant, je vous prie? — Pas de réponse. — Et où est le docteur Slop? ajouta mon père, élevant la voix et regardant pardessus la rampe. — Susanne n'était plus à portée d'entendre.

De toutes les énigmes de la vie conjugale, dit mon père en traversant le palier, afin de s'adosser au mur tandis qu'il exposerait son idée à mon oncle Toby, — de toutes les énigmes embarrassantes, dit-il, de l'état de mariage — et vous pouvez m'en croire, frère Toby, il y en a plus de charges d'âne que n'en auraient pu porter tous les ânes de Job, — il n'en est pas de plus embrouillée que celle-ci, à savoir — que dès l'instant où la maîtresse accouche, toutes les femmes de la maison, depuis la femme de chambre de milady jusqu'à la fille qui passe les cendres, en deviennent plus grandes d'un pouce, et se donnent plus d'airs pour ce seul pouce que pour tous les autres pouces ensemble.

Je crois plutôt, repartit mon oncle Toby, que c'est nous

qui rapetissons d'un pouce. Rien que de rencontrer une femme avec un enfant — je l'éprouve. — C'est une lourde taxe sur cette moitié de nos semblables, frère Shandy, dit mon oncle Toby. — C'est un cruel fardeau qu'elles ont là, continua-t-il en secouant la tête. —— Oui, oui, c'est une chose pénible, — dit mon père, secouant la tête aussi. — Mais certainement, depuis qu'il est de mode de secouer la tête, jamais têtes secouées de concert n'ont été mues par deux ressorts si différents.

Dieu les bénisse } toutes, — se disaient mon oncle Toby et mon père, chacun de son côté.
Le diable les emporte

CHAPITRE XCIX.

Holà ! — vous, porteur ! voici six pence : — entrez dans la boutique de ce libraire, et appelez-moi un critique, un des grands hommes de la journée. Je donnerai bien volontiers une couronne à n'importe lequel d'entre eux, s'il veut me donner un coup de main pour faire descendre mon père et mon oncle Toby, et pour les mettre au lit.

Il est grandement temps ; car, excepté un petit somme qu'ils ont fait pendant que Trim forait les bottes fortes, — et qui, par parenthèse, n'a fait aucun bien à mon père, à cause des mauvais gonds, — il y avait neuf heures qu'ils n'avaient fermé les yeux, lorsque le docteur Slop était entré dans l'arrière-parloir, introduit par Obadiah, et accommodé à la sauce que l'on sait.

Si chaque jour de ma vie devait être aussi chargé d'incidents que celui-ci — et prendre ——— Permettez.

Je ne veux pas finir cette phrase avant d'avoir fait une observation sur l'étrange état de mes affaires avec le lecteur, dans la circonstance présente : — observation qui auparavant n'a jamais été applicable à aucun autre biographe que moi, depuis la création du monde ; — et qui, je crois, ne sera bonne à aucun autre, jusqu'à la destruction finale : — aussi, rien que pour sa nouveauté, elle mérite l'attention de vos *Worships*.

Je suis plus âgé d'un an ce mois-ci que je ne l'étais l'année dernière à pareil jour ; et étant parvenu, comme vous voyez, presque au milieu de mon troisième volume, — et pas au delà du premier jour de ma vie, — il est évident que j'ai trois cent soixante-quatre jours de plus à écrire que je n'en avais quand j'ai commencé ma vie : en sorte qu'au lieu d'avoir, comme un écrivain ordinaire, avancé dans mon ouvrage en proportion de ce que j'en ai fait ; — au contraire, me voici justement d'autant de volumes en arrière. — Si chaque jour de ma vie devait être aussi chargé d'incidents que celui-ci, — Et pourquoi pas ? — et que les faits et opinions dussent prendre autant de description, — Et pour quelle raison les tronquer ? — comme de ce train-là je vivrais trois cent soixante-quatre fois plus vite que je n'écrirais, — il en résulte, sous le bon plaisir de vos *Worships*, que plus j'écris, plus j'aurai à écrire, — et par conséquent, que plus vos *Worships* lisent, plus vos *Worships* auront à lire.

Sera-ce bon pour les yeux de vos *Worships*?

Les miens s'en trouveront bien : et, n'était que mes *Opinions* seront ma mort, je vois que grâce à ma *Vie*, je mènerai une belle vie ; ou, en d'autres termes, que je mènerai de front deux belles vies.

Quant au projet de douze volumes par an, ou un volume par mois, cela ne change en rien mes vues : — que j'écrive comme je voudrai, et que je me lance comme je pourrai au beau milieu des choses, ainsi qu'Horace le conseille, — je ne me rattraperai jamais, quand je me fouetterais et me pousserais à en crever. Au pis aller, j'aurai un jour d'avance sur ma plume ; — et un jour suffit pour deux volumes ; — et ce sera assez de deux volumes par an.

Que le ciel fasse prospérer les fabricants de papier sous ce règne propice qui s'ouvre en ce moment pour nous ! — comme j'espère que sa providence fera prospérer toute autre chose qu'on y entreprendra. ———

Quant à la propagation des oies, — je ne m'en embarrasse pas, — la nature est si libérale ; — je ne manquerai jamais d'outils pour travailler.

— Ainsi donc, l'ami, vous avez fait descendre mon père et mon oncle Toby, et vous les avez vus au lit? — Et comment vous y êtes-vous pris ? — vous avez fait tomber un rideau au bas de l'escalier. — Je pensais bien que vous n'aviez pas d'autre moyen. — Voici une couronne pour votre peine.

CHAPITRE C.

— Alors donnez-moi ma culotte qui est sur la chaise, dit mon père à Susanne. ——— Vous n'avez pas le temps de vous habiller, monsieur, s'écria Susanne, l'enfant a la face aussi noire que mon——— Que votre quoi? dit mon père; car, comme tous les orateurs, il était grand approfondisseur de comparaisons. ——— Miséricorde, monsieur, dit Susanne, l'enfant est en pâmoison. — Et où est M. Yorick? ——— Jamais où il devrait être, dit Susanne; mais son curé est dans le cabinet de toilette, l'enfant sur les bras, et attendant le nom; — et ma maîtresse m'a dit de courir aussi vite que je pourrais, savoir si, comme le capitaine Shandy est le parrain, l'enfant ne doit pas être appelé comme lui.

Si l'on était sûr, se dit mon père en se grattant le sourcil, que l'enfant fût mourant, on pourrait aussi bien en faire la politesse à mon frère Toby, — et ce serait une pitié, en pareil cas, de lui donner un aussi grand nom que celui de Trismégiste; — mais il peut en revenir.

Non, non, — dit mon père à Susanne, je vais me lever. ——— Vous n'en avez pas le temps, cria Susanne, l'enfant est aussi noir que mon soulier. ——— Trismégiste, dit mon père. — Mais attends, — ta tête est un pot qui fuit, Susanne, ajouta mon père; pourras-tu y porter Trismégiste sans le répandre tout le long du corridor? ——— Si je pourrai? s'écria Susanne en refermant la porte avec colère. ——— Si elle le peut, je veux être fusillé, dit mon père sautant à bas du lit dans l'obscurité, et cherchant à tâtons sa culotte.

Susanne courait en toute hâte dans le corridor.

Mon père en toute hâte tâchait de trouver sa culotte.

Susanne avait l'avance, et la garda. — C'est Tris — quelque chose, cria Susanne. ——— Il n'y a pas, dit le curé, d'autre nom de baptême au monde commençant par Tris —, que Tristram. ——— Alors c'est Tristramgiste, dit Susanne.

—— Il n'y a pas là de giste, imbécile ! — c'est mon nom, répliqua le curé, tout en plongeant sa main dans le bassin : Tristram ! dit-il, etc., etc., etc. : — Tristram donc je fus appelé, et Tristram je serai jusqu'au jour de ma mort.

Mon père suivit Susanne, sa robe de chambre sur le bras, et n'ayant que sa culotte, attachée, dans sa précipitation, par un seul bouton ; et ce bouton, dans sa précipitation, seulement à moitié passé dans la boutonnière.

—— Elle n'a pas oublié le nom ? s'écria mon père en entr'ouvrant la porte. —— Non, non, dit le curé d'un ton d'intelligence. —— Et l'enfant est mieux, s'écria Susanne. —— Et comment va votre maîtresse ? — Aussi bien, dit Susanne, qu'on peut s'y attendre. —— Pouah ! dit mon père, le bouton de sa culotte s'échappant de la boutonnière ; — en sorte que sur la question de savoir si l'interjection fut dirigée contre Susanne ou contre la boutonnière ; — si pouah ! était une interjection de mépris, ou une interjection de pudeur, il y a doute ; et il y aura doute jusqu'à ce que j'aie le temps d'écrire les trois chapitres favoris suivants ; c'est-à-dire, mon chapitre des femmes de chambre, mon chapitre des Pouah ! et mon chapitre des boutonnières.

Tout ce que je puis dire en ce moment pour éclairer le lecteur, c'est que du moment où mon père eut crié pouah ! il fit volte-face, — et sa culotte retenue d'une main, et sa robe de chambre jetée sur le bras de l'autre, il retourna à son lit par le corridor, un peu plus lentement qu'il n'était venu.

CHAPITRE CI.

Je voudrais pouvoir écrire un chapitre sur le sommeil.
Il ne pouvait se présenter une occasion plus convenable que celle qui s'offre en ce moment, où tous les rideaux de la maison sont tirés, — les chandelles éteintes, — et où aucune créature n'a les yeux ouverts, à l'exception de la garde de ma mère, qui encore n'en a qu'un d'ouvert ; car voilà vingt ans que l'autre est fermé.
C'est un beau sujet.
Et cependant, tout beau qu'il est, je me chargerais d'écrire plus vite et avec plus de succès une douzaine de chapitres sur les boutonnières, qu'un seul chapitre là-dessus.
Les boutonnières ! leur idée seule a quelque chose de piquant ; — et croyez-moi, quand j'en serai là, — mes chers messieurs à la grande barbe, — ayez l'air aussi grave que vous voudrez, — je ferai une joyeuse besogne avec mes boutonnières, — je les aurai à moi tout seul, — c'est un sujet vierge, — pour celui-là je ne me heurterai ni à la sagesse ni aux belles phrases de personne !
Mais le sommeil ——— avant de commencer je sens que je n'en ferai rien ; — je ne suis pas expert en belles phrases, premièrement ; — et en second lieu, il m'est tout à fait impossible de donner à un mauvais fond une forme grave, et de dire au monde — que c'est le refuge de l'infortuné, — l'affranchissement du prisonnier, — le giron toujours ouvert au désespoir, à l'épuisement, au cœur brisé ; je ne pourrais pas non plus débuter, un

mensonge à la bouche, en affirmant que de toutes les douces et délicieuses fonctions de notre nature, par lesquelles il a plu au Créateur, dans sa bonté, de compenser les souffrances dont sa justice et son bon plaisir nous ont harassés, — c'est la principale (je connais des plaisirs qui valent dix fois autant) ; — ou quel bonheur c'est pour l'homme, quand il en a fini avec les anxiétés et les passions du jour, et qu'il est étendu sur le dos, d'avoir son âme placée en lui de telle sorte, que partout où elle tourne les yeux, le ciel paraisse calme et riant au-dessus d'elle, — sans désir, — ni crainte, — ni doute qui trouble l'air; sans aucune difficulté passée, présente ou future, que l'imagination ne puisse franchir sans se blesser, dans cette charmante retraite.

« Béni soit, » dit Sancho Pança, « l'homme qui le premier inventa ce qu'on appelle le sommeil : — cela vous couvre un homme de la tête aux pieds comme fait un manteau. ——— Or ceci a plus de valeur pour moi, et parle plus vivement à mon cœur que toutes les dissertations réunies que les savants ont exprimées de leur tête sur ce sujet.

— Non que je désapprouve entièrement ce que Montaigne avance à cet égard; — c'est admirable dans son genre — (je cite de mémoire.)

Le monde jouit des autres plaisirs, dit-il, comme il fait de celui du sommeil, sans le goûter ni le sentir au passage. — Nous devrions l'étudier et le ruminer, afin de rendre des actions de grâces convenables à celui qui nous l'accorde. ——— Dans ce but, je me fais déranger dans mon sommeil, pour le mieux savourer et avec plus de délices : — et cependant je vois peu de gens, dit-il encore, qui, au besoin, sachent mieux s'en passer : mon corps est capable d'une agitation soutenue, mais non pas violente et soudaine, — j'évite depuis peu tout exercice violent, — je ne suis jamais las de marcher, — mais dès ma jeunesse, je n'ai jamais aimé à aller en voiture sur le pavé. J'aime à coucher sur la dure et seul, et même sans ma femme. ——— Ce dernier mot peut ébranler la foi du monde ; — mais souvenez-vous, « la vraisemblance » (comme dit Bayle dans l'affaire de Licétus) « n'est pas toujours du côté de la vérité. » ——— Et en voilà assez pour le sommeil.

CHAPITRE CII.

Si ma femme veut en courir le risque, — frère Toby, on habillera Trismégiste et on nous le descendra, tandis que nous déjeunerons, vous et moi. —

Obadiah, va dire à Susanne de venir.

Elle vient, dit Obadiah, de monter quatre à quatre, à l'instant même, — sanglotant, criant et se tordant les mains comme si son cœur se brisait. ———

Nous aurons eu un joli mois à passer, dit mon père tournant le dos à Obadiah et regardant quelque temps d'un œil fixe mon oncle Toby en face ; — nous aurons eu un diabolique mois à passer, frère Toby, dit mon père mettant ses poings sur ses hanches et secouant la tête : le feu, l'eau, les femmes, le vent, — frère Toby ! ———
C'est quelque malheur, dit mon oncle Toby. ——— C'en est un, s'écria mon père, ——— d'avoir tant d'éléments discordants, déchaînés et triomphants dans chaque coin de sa maison. — Peu importe à la paix de la famille, frère

Toby, que vous et moi nous nous possédions, et que nous restions ici silencieux et immobiles, — tandis qu'une pareille tempête siffle sur nos têtes. —

Et qu'y a-t-il, Susanne ! ——— Ils ont appelé l'enfant Tristram ; — et ma maîtresse en l'apprenant vient de tomber en attaque de nerfs. ——— Non ! — ce n'est pas ma faute, dit Susanne, — je lui ai dit que c'était Tristramgiste.

——— Faites le thé pour vous, frère Toby, dit mon père en décrochant son chapeau ——— mais quelle différence avec ces emportements et agitations de voix et de membres, que le commun des lecteurs imaginerait !

— Car il parla avec la plus suave modulation, — et décrocha son chapeau avec le geste le plus doux dont jamais l'affliction ait combiné l'accord et l'harmonie.

——— Va au boulingrin chercher le caporal Trim, dit mon oncle Toby à Obadiah, aussitôt que mon père eut quitté la chambre.

CHAPITRE CIII.

Quand le malheur de mon NEZ tomba si pesamment sur la tête de mon père, — les lecteurs se souviennent qu'il monta aussitôt et se jeta sur son lit ; et d'après cela, à moins qu'ils n'aient une profonde connaissance de la nature humaine, ils seront disposés à attendre de lui les mêmes mouvements ascendants et descendants, à ce malheur de mon NOM. — Point du tout.

La différence du poids, cher monsieur, — et même la

différence de l'emballage dans deux vexations du même poids, — fait une immense différence dans notre manière de les supporter et de nous en tirer. — Il n'y a pas une demi-heure, que (dans toute l'impatience et la précipitation d'un pauvre diable qui écrit pour gagner le pain de la journée) j'ai jeté une belle feuille que je venais de finir et de copier soigneusement, droit dans le feu, au lieu du brouillon.

Aussitôt j'ai arraché ma perruque, et, avec toute la violence imaginable, je l'ai lancée perpendiculairement au plafond : — à la vérité je l'ai rattrapée comme elle retombait ; — mais cela a mis fin à l'affaire ; et je ne pense pas que rien dans la nature eût pu me procurer un soulagement si immédiat. C'est elle, cette chère déesse, qui, par une impulsion instantanée, dans tous les *cas irritants*, détermine l'action de tel ou tel membre, — ou qui nous met dans telle ou telle place, ou posture de corps, sans que nous sachions pourquoi ——— Mais observez, madame, que nous vivons au milieu d'énigmes et de mystères ——— les choses les plus claires qui se présentent devant nos pas ont leurs côtés obscurs, que la vue la plus perçante ne peut pénétrer ; et même les intelligences les plus nettes et les plus élevées parmi nous se trouvent embarrassées et en défaut devant presque chaque crevasse des œuvres de la nature : en sorte que ceci, comme mille autres choses, nous arrive d'une façon dont nous ne pouvons pas raisonner, mais dont nous tirons profit, sous le bon plaisir de vos Révérences et de vos *Worships*, — et cela nous suffit.

Or, mon père n'aurait pu pour rien au monde se coucher avec cette affliction, — il n'aurait pas pu davantage l'emporter en haut comme l'autre : — il l'alla promener posément au bord de l'étang.

Mon père aurait appuyé sa tête sur sa main, et réfléchi une heure au chemin qu'il devait prendre, — que la raison, avec toute sa force, n'aurait pu le diriger vers rien de comparable à cela : il y a quelque chose, monsieur, dans les étangs ——— ce que c'est, je laisse les faiseurs de systèmes et les cureurs d'étangs à le découvrir entre eux ; — mais il y a quelque chose, lors du premier transport désordonné des humeurs, de si étrangement calmant dans une marche sage et réglée vers l'un d'eux, que je me suis souvent étonné que ni Pythagore, ni Platon, ni Solon, ni Lycurgue, ni Mahomet, ni aucun de vos fameux législateurs, n'aient jamais rien prescrit à ce sujet.

CHAPITRE CIV.

Votre Honneur, dit Trim, fermant la porte du parloir avant de commencer à parler, a appris, j'imagine, ce malheureux accident. ——— Oh ! oui, Trim, dit mon oncle Toby, et il me fait bien de la peine. ——— J'en suis peiné aussi dans l'âme, répliqua Trim ; mais j'espère que votre Honneur me rend la justice de croire que ce n'a pas été ma faute le moins du monde. ——— Ta faute, — Trim ? — s'écria mon oncle Toby, le regardant en face avec bonté, — c'est une sottise de Susanne et du curé, à eux deux. ——— Que pouvaient-ils, sauf votre respect, avoir à faire dans le jardin ? ——— Dans le corridor veux, tu dire, repartit mon oncle Toby.

Trim sentit qu'il avait pris le change, et s'arrêta court en faisant un profond salut. ——— Deux malheurs, se dit le caporal, c'est un de plus au moins qu'il n'en faut parler en une fois ; le dégât que la vache a fait dans les fortifications peut être annoncé plus tard à son Honneur.

——— La science de casuiste et l'adresse de Trim, sous le couvert de son profond salut, prévinrent tout soupçon dans l'esprit de mon oncle Toby : il continua donc en ces termes ce qu'il avait à dire au caporal :

——— Pour ma part, Trim, quoique je voie peu ou point de différence pour mon neveu entre le nom de Tristram et celui de Trismégiste, — cependant mon frère prend la chose si fort à cœur, Trim, — que je donnerais bien volontiers cent livres pour qu'elle ne fût pas arrivée. ——— Cent livres! sauf votre respect, répliqua Trim, — je ne donnerais pas un noyau de cerise de retour. — Ni moi non plus, Trim, pour mon propre compte, dit mon oncle Toby; — mais mon frère, avec qui il n'y a pas moyen de raisonner là-dessus, — soutient que beaucoup plus de choses dépendent, Trim, du nom de baptême, que les ignorants ne se l'imaginent! — car il dit que depuis le commencement du monde il n'y a pas eu une seule grande et héroïque action accomplie par un homme appelé Tristram. — Il va même jusqu'à prétendre, Trim, qu'avec ce nom on ne peut être ni instruit, ni sage, ni brave. ——— C'est pure imagination, sauf votre respect; — je me suis battu tout aussi bien, repartit le caporal, quand le régiment m'appelait Trim, que quand il m'appelait James Butler. ——— Et pour ma part, dit mon oncle Toby, je rougirais de me vanter, Trim; — mais mon nom eût été Alexandre, que je n'aurais pu faire à Namur que mon devoir. ——— Béni soit votre Honneur! s'écria Trim en avançant de trois pas, est-ce qu'on pense à son nom de baptême quand on va à l'attaque? ——— Ou quand on se tient dans la tranchée, Trim? s'écria mon oncle Toby d'un air résolu. ——— Ou quand on entre dans la brèche? dit Trim en pénétrant entre deux chaises. ——— Ou qu'on force les lignes? cria mon oncle, se levant et poussant sa béquille en avant comme une pique. ——— Ou en face d'un peloton? cria Trim présentant sa canne en guise de fusil. ——— Ou quand on monte sur le glacis? cria mon oncle Toby d'un air animé et mettant son pied sur son tabouret. ———

CHAPITRE CV.

Mon père était revenu de sa promenade à l'étang, — et ouvrit la porte du parloir au plus fort de l'attaque, juste au moment où mon oncle Toby montait sur le glacis. — Trim remit son arme sur l'épaule. — De sa vie mon oncle Toby n'avait été surpris galopant d'un train si désespéré! Hélas! mon oncle Toby! si un sujet plus important n'eût réclamé toute la facile éloquence de mon père, — comme toi et ton pauvre *dada* vous auriez été insultés!

Mon père accrocha son chapeau du même air qu'il l'avait décroché; et après avoir jeté un coup d'œil sur le désordre de la chambre, il prit une des chaises qui avaient formé la brèche du caporal, et la plaçant vis-à-vis de mon oncle Toby, il s'assit dessus, et aussitôt que le thé eut été enlevé et la porte fermée, il se mit à se lamenter de la manière suivante :

LAMENTATION DE MON PÈRE.

Il est inutile, dit mon père s'adressant autant à la malédiction d'Ernulph, qui était posée sur le coin du manteau de la cheminée, — qu'à mon oncle Toby qui était assis dessous —— il est inutile, dit mon père, avec la plus plaintive monotonie qu'on puisse imaginer, de lutter plus longtemps que je n'ai fait contre cette persuasion, la plus désagréable des persuasions humaines. — Je vois clairement que, soit pour mes propres péchés, frère Toby, soit pour les péchés et folies de la famille Shandy, le ciel a jugé convenable de faire marcher contre moi sa plus grosse artillerie ; et que la prospérité de mon enfant est le point de mire sur lequel toutes les forces vont en être dirigées. —— Pareille canonnade, frère Shandy, nous ferait crouler tout l'univers sur la tête, dit mon oncle Toby. —— Malheureux Tristram ! enfant de la colère ! enfant de la décrépitude ! de l'interruption ! de la méprise ! et du mécontentement ! Est-il une infortune, un désastre dans le livre des maux embryoniques, capable de désorganiser ta structure, ou d'embrouiller tes ligaments, qui ne soit pas tombé sur ta tête avant ton arrivée au monde ? Que de maux à ton entrée ! — que de maux depuis ! — engendré au déclin des jours de ton père, — quand les forces de son imagination et de son corps s'affaiblissaient, — quand le chaud radical et l'humide radical, éléments qui auraient tempéré les tiens, se desséchaient ; et qu'il ne restait plus, pour jeter tes fondements, que des négations ! — C'est

déplorable — frère Toby, pour le moins, et cela réclamait tous les petits secours que le soin et l'attention pouvaient donner des deux côtés. — Mais quelle déconfiture! vous savez l'événement, frère Toby! — C'en est un trop triste pour être répété ici, — alors que le peu d'esprits animaux que je possédasse au monde, et qui auraient dû transporter la mémoire, l'imagination, et la vivacité et l'intelligence, — furent tous dispersés, emmêlés, confondus, éparpillés et envoyés au diable! —

C'était le moment alors de mettre fin à cette persécution contre lui, — et d'essayer au moins si du calme et de la sérénité dans l'esprit de votre sœur, avec une attention convenable, frère Toby, apportée à ses évacuations et réplétions, — et au reste de ses *antinaturels*, ne pourrait pas, dans le cours de neuf mois de grossesse, remettre toutes choses en ordre. Mon enfant fut privé de cette ressource! — Quelle vie tourmentée elle s'est imposée à elle-même, et, par conséquent, à son fœtus aussi, avec cette absurde envie d'accoucher à Londres! ——— Je pensais que ma sœur s'était résignée avec la plus grande patience, repartit mon oncle Toby; je ne lui ai jamais entendu proférer une parole d'humeur à ce sujet. ——— Elle bouillait intérieurement, s'écria mon père; et cela, permettez-moi de vous le dire, frère, était dix fois pis pour l'enfant; — et alors que de combats j'ai eu à soutenir contre elle! et quels orages perpétuels au sujet de la sage-femme! ——— Alors son humeur s'exhalait, dit mon oncle Toby. ——— S'exhalait! s'écria mon père en levant les yeux.

Mais qu'était tout cela, frère Toby, auprès du tort que nous a fait l'arrivée de mon enfant au monde la tête la première, quand tout ce que je désirais, dans son naufrage général, c'était de sauver cette petite cassette, avant qu'elle eût été brisée ou pillée ! —

Malgré toutes mes précautions, comme mon système a été retourné sens dessus dessous dans le sein de sa mère avec mon enfant ! sa tête en lutte à la main de la violence, et une pression de quatre cent soixante-dix livres de seize onces agissant si perpendiculairement sur le sommet, — qu'à cette heure l'assurance que le fin tissu de la toile intellectuelle n'est pas déchiré et mis tout en loques, est de quatre-vingt-dix pour cent.

———— Pourtant nous pouvions encore nous en tirer ! — Sot, fat, freluquet, — qu'on lui donne seulement un *nez* ; — estropié, nain, idiot, buse, — (tournez-le comme vous voudrez) la porte de la fortune reste ouverte. O Licétus ! Licétus ! si j'avais eu le bonheur d'avoir un fœtus de cinq pouces et demi de long, tel que toi, j'aurais pu braver le Destin.

Et après tout, frère Toby, il restait encore un coup de dés à notre enfant : — ô Tristram ! Tristram ! Tristram !

Nous allons envoyer chercher M. Yorick, dit mon oncle Toby.

———— Vous pouvez envoyer chercher qui vous voudrez, répliqua mon père.

LIVRE IV.

CHAPITRE CVI.

De quel train j'ai été, avec force courbettes et gambades, deux pas en avant et deux en arrière, pendant trois volumes de suite, sans regarder une seule fois derrière moi, ou même de côté, pour voir qui j'écrasais ! — Je n'écraserai personne, — me dis-je en mettant le pied à l'étrier ; — j'irai bon train ; mais je ne blesserai pas le plus pauvre baudet sur la route. — Je partis donc, — montant une ruelle, — descendant l'autre, — passant ce *turnpike*, — sautant celui-là, comme si l'archijockey des jockeys [1] était à mes trousses.

Or, courez de ce train avec les meilleures intentions et résolutions possibles, — il y a mille à parier contre un que vous ferez mal à quelqu'un, sinon à vous-même. — Il est démonté, — il est désarçonné, — il a perdu son assiette, — il est par terre, — il va se casser le cou ! —

---

[1] Le diable. (*Note du traducteur.*)

Voyez s'il n'a pas galopé au beau milieu de la tribune des entrepreneurs critiques ! — Il se brisera la cervelle contre un de leurs poteaux ! — Le voilà jeté bas ! — voyez, il court comme un fou, tête baissée, au milieu de toute une foule de peintres, de musiciens, de poëtes, de biographes, de médecins, d'hommes de loi, de logiciens, d'acteurs, de théologiens, d'ecclésiastiques, d'hommes d'État, de soldats, de casuistes, de connaisseurs, de prélats, de papes et d'ingénieurs. — N'ayez pas peur, dis-je. — Je ne blesserai pas le plus pauvre baudet sur le grand chemin du roi. ——— Mais votre cheval envoie de la crotte : voyez, vous avez éclaboussé un évêque ! — J'espère, pour Dieu, que ce n'était qu'Ernulph, dis-je. — Mais vous avez aspergé en plein la figure de mess. le Moyne, de Romigny et de Marcilly, docteurs de Sorbonne. — C'était l'année dernière, dis-je. — Mais vous venez à l'instant même d'écraser un roi. — Les rois jouent de malheur, dis-je, d'être écrasés par de pauvres gens tels que moi. Voyez ce que vous avez fait, répliqua mon accusateur.

Je le nie, dis-je, et là-dessus je me suis échappé, et me voici debout, ma bride dans une main, et ma casquette dans l'autre, prêt à raconter mon histoire. ——— Et quelle est-elle ? ——— Vous l'entendrez dans le prochain chapitre.

CHAPITRE CVII.

Un soir d'hiver que François I*er*, de France, était à se chauffer aux cendres d'un feu de bois, et à causer avec son premier ministre, de diverses choses pour le bien de l'État [1] : — Il ne serait pas mal, dit le roi en remuant les cendres avec sa canne, que la bonne intelligence qui existe entre nous et la Suisse fût un peu raffermie. ——— On n'en finit pas, sire, répliqua le ministre, de donner de l'argent à ces gens-là. — Ils dévoreraient le trésor de la France. ——— Bah ! bah ! répondit le roi, — il y a d'autres manières, mons. le Premier, de gagner les États, qu'en donnant de l'argent : — je ferai l'honneur à celui-ci de le prendre pour parrain de mon premier enfant. ——— Votre Majesté, dit le ministre, en faisant cela, aurait tous les grammairiens de l'Europe sur son dos ; — la Suisse, comme république et comme genre, étant femme, ne peut en aucun sens être parrain. ——— Elle peut être marraine, repartit François, vivement ; — ainsi, annoncez mes intentions par un courrier demain matin.

Je suis étonné, dit François I*er* (quinze jours après), parlant à son ministre qui entrait dans le cabinet, que nous n'ayons eu aucune réponse de la Suisse. ——— Sire, dit mons. le Premier, je viens précisément mettre sous vos yeux mes dépêches relatives à cette affaire. ——— Ils le prennent bien ? dit le roi. ——— Oui, sire, répliqua le ministre, et ils sont grandement sensibles à

---

[1] Voir *Ménagiana*, vol. 1. (*Note de l'auteur.*)

l'honneur que votre Majesté leur a fait ; — mais la république, comme marraine, réclame le droit de nommer l'enfant.

C'est trop juste, dit le roi ; — elle le baptisera François, ou Henry, ou Louis, ou tout autre nom qu'elle sait devoir nous être agréable. ———Votre Majesté est dans l'erreur, répliqua le ministre. — Je viens de recevoir sur l'heure une dépêche de notre résident, avec la détermination de la république sur ce point aussi. — Et à quel nom la république s'est-elle arrêtée pour le Dauphin ? ——— Schadrach, Mescheck, Abednego, repartit le ministre. ——— Par le ceinturon de saint Pierre, je ne veux rien avoir à faire avec les Suisses, s'écria François Ier, remontant sa culotte et marchant à grands pas par la chambre.

Votre Majesté, répliqua le ministre avec calme, ne peut pas se dégager.

Nous leur donnerons de l'argent, — dit le roi.

Sire, il n'y a pas soixante mille écus dans le trésor, répondit le ministre. ——— Je mettrai en gage le plus beau joyau de ma couronne, dit François Ier.

Votre honneur est déjà en gage dans cette affaire, répondit mons. le Premier.

Alors, mons. le Premier, dit le roi, par la mort Dieu ! nous leur ferons la guerre.

CHAPITRE CVIII.

Ami lecteur, quoique j'aie passionnément désiré et tâché soigneusement (dans la mesure des faibles talents que Dieu m'a départis, et autant que les autres occasions d'un profit nécessaire et d'un salutaire amusement m'en ont laissé le loisir) que ces petits livres que je mets ici dans tes mains, pussent tenir lieu de maint plus gros livre, — cependant je me suis comporté envers toi avec une si fantasque espèce d'insouciant badinage, que j'ai bien grandement honte à présent de solliciter sérieusement ton indulgence, — en te priant de croire de moi que dans l'histoire de mon père et de ses noms de baptême, — je n'ai aucune idée d'écraser François Ier, — ni, dans l'affaire du nez, — François IX, — ni dans le caractère de mon oncle Toby, de caractériser l'esprit guerroyant de mon pays ; — sa blessure à l'aine en serait une à toute comparaison de ce genre ; — et que par Trim, — je n'ai pas voulu parler du duc d'Ormond, — et que mon livre n'est pas écrit contre la prédestination, — ni contre le libre arbitre, ni contre les taxes. — S'il est écrit contre quelque chose, — il est écrit, sous le bon plaisir de vos *Worships*, contre le *spleen* ! afin que par une plus fréquente et plus convulsive élévation et dépression du diaphragme, et l'ébranlement des muscles intercostaux et abdominaux en rire, le *fiel* et autres *liqueurs amères* de la vésicule du fiel, foie et pancréas des sujets de sa Majesté, avec toutes les passions ennemies qui y ont rapport, soient précipités dans leur duodénum.

CHAPITRE CIX.

Mais peut-on revenir là-dessus, Yorick? dit mon père; — car, dans mon opinion, continua-t-il, cela ne se peut pas. Je suis un pauvre canoniste, repartit Yorick; — mais de tous les maux, l'incertitude étant, selon moi, le plus tourmentant, nous saurons au moins à quoi nous en tenir. — Je hais ces grands dîners, dit mon père. ——— Il ne s'agit pas de la taille du dîner, répondit Yorick, — nous avons besoin, monsieur Shandy, d'approfondir le doute que voici : le nom peut-il être changé ou non ? — et puisque les barbes de tant de commissaires, d'officiaux, d'avocats, de procureurs, de greffiers, et des plus éminents de nos théologiens scolastiques, et autres, doivent toutes se rencontrer au milieu d'une table, et que Didius vous a invité d'une manière si pressante, — qui, dans votre embarras, laisserait échapper une telle occasion ? Tout ce qu'il faut, continua Yorick, c'est de mettre Didius au fait, afin qu'après dîner il amène la conversation sur ce sujet. — Alors, s'écria mon père en frappant des mains, mon frère Toby viendra avec nous. ——— Que ma vieille perruque, dit mon oncle Toby, et mon uniforme galonné soient étendus devant le feu toute la nuit, Trim.

* * * * * * * * * * * * * * * * * * *
* * * * * * * * * * * * * * * * * * *
* * * * * * * * * * * * * * * * * * *
* * * * * * * * * * * * * * * * *

CHAPITRE CXI.

—— Sans doute, monsieur, — voilà tout un chapitre qui manque ici, — et cela fait dans le livre un vide de dix pages; mais le relieur n'est ni une bête, ni un coquin, ni un sot, — et le livre n'est pas d'un iota plus imparfait (du moins sous ce rapport); — au contraire, le livre est plus parfait et plus complet sans ce chapitre qu'avec, comme je le démontrerai à vos Révérences de cette manière. — Je me demande d'abord, soit dit en passant, si la même expérience ne pourrait pas être faite avec autant de succès sur divers autres chapitres; — mais on n'en finirait pas, sous le bon plaisir de vos Révérences, à faire des expériences sur les chapitres, — nous en avons eu assez : — la chose en restera donc là.

Mais avant que je commence ma démonstration, permettez-moi seulement de vous dire que le chapitre que j'ai arraché, et qu'autrement vous auriez tous été à lire en ce moment au lieu de celui-ci, — contenait la relation du départ et du voyage de mon père, de mon oncle Toby, de Trim et d'Obadiah en visite à ****.

Nous irons en carrosse, dit mon père. — Je te prie, les armes ont-elles été changées, Obadiah? — J'aurais rendu mon histoire bien meilleure en commençant par vous dire, qu'à l'époque où les armes de ma mère avaient été ajoutées à celles des Shandy lorsque le carrosse avait été repeint pour le mariage de mon père, il était arrivé que le peintre, soit qu'il exécutât tous ses ouvrages de la main gauche, comme Turpilius le Romain, ou Hans Holbein de Bâle — soit que la bévue vînt plus de sa tête que de sa main, — soit enfin la tendance que tout ce qui concernait notre famille avait à donner à gauche, — il était arrivé, quoi qu'il en soit, à notre honte, qu'au lieu de la *bande dextre* qui, depuis le règne de Henri VIII, nous était légitimement due, — une *bande senestre*, par quelqu'une de ces fatalités, avait été tirée tout en travers du champ des armes des Shandy. Il est à peine croyable que l'esprit d'un homme aussi sage que mon père pût être si fort incommodé d'une si petite chose. Le mot de carrosse, — n'importe à qui le carrosse fût, — ou de cocher, ou de cheval de carrosse, ou de louage de carrosse, ne pouvait être prononcé dans la famille, qu'il ne se plaignît aussitôt de porter cette avilissante marque d'illégitimité sur la portière du sien : il ne pouvait pas une seule fois se résoudre à monter dans son carrosse, sans tourner autour pour regarder les armes, et sans faire en même temps le vœu que c'était la dernière fois qu'il y remettrait le pied, jusqu'à ce que la *bande senestre* eût été enlevée ; — mais, comme l'affaire des gonds, c'était une des mille choses dont les destins avaient écrit dans leurs livres qu'on gronderait toujours (et cela se voit dans des familles plus sages que la nôtre) — mais auxquelles on ne remédierait jamais.

——— A-t-on passé la brosse sur la *bande senestre*, dis-moi? demanda mon père. ——— Il n'y a eu de brossé, monsieur, répondit Obadiah, que le drap. ——— Nous irons à cheval, dit mon père, se tournant vers Yorick. ——— De toutes les choses du monde, excepté la politique, celle où le clergé s'entend le moins, c'est le blason, dit Yorick. ——— Cela ne fait rien, s'écria mon père ; je serais fâché de paraître devant eux avec une tache sur mon écusson. —— Ne faites pas attention à la *bande senestre*, dit mon oncle Toby en mettant sa perruque. —— Si, vraiment, dit mon père ; vous pouvez accompagner ma tante Dinah en visite avec une *bande senestre*, si bon vous semble. —— Mon pauvre oncle Toby rougit. Mon père s'en voulut. —— Non, — mon cher frère Toby, dit mon père, changeant de ton ; mais l'humidité de la doublure du carrosse me tomberait sur les reins, et me redonnerait ma sciatique, comme elle a fait en décembre, janvier et février, l'hiver dernier : s'il vous plaît donc, vous monterez le cheval de ma femme ; — et comme vous devez prêcher, Yorick, vous ferez mieux de courir devant, et de me laisser prendre soin de mon frère Toby, et suivre du train que nous voudrons.

Or, le chapitre que j'ai été obligé de déchirer, était la description de cette cavalcade, dans laquelle le caporal Trim et Obadiah, de front sur deux chevaux de carrosse, ouvraient la marche aussi lentement qu'une patrouille, — tandis que mon oncle Toby, en uniforme galonné et en perruque, se tenait en rang avec mon père, s'enfonçant tour à tour dans des routes et des dissertations profondes sur l'avantage du savoir et des armes, selon qu'un sujet parvenait à prendre le pas sur l'autre.

—— Mais la peinture de ce voyage, examen fait, paraît tellement au-dessus du style et de la manière de tout ce que j'ai été capable de peindre dans ce livre, qu'elle n'aurait pu rester, sans déprécier toutes les autres scènes, et sans détruire en même temps cet équilibre et cette balance nécessaires (que ce soit de bien ou de mal) entre un chapitre et un chapitre, d'où résultent les justes proportions et l'harmonie de tout l'ouvrage. Pour ma part,

Je n'en suis qu'à mon début dans le métier, et je ne m'y connais guère ; mais, à mon avis, écrire un livre est pour tout le monde comme fredonner un air ; — pourvu que vous ne détonniez pas, madame, peu importe que vous le preniez haut ou bas.

— C'est la raison, sous le bon plaisir de vos Révérences, pour laquelle certaines compositions des plus basses et des plus plates passent très-bien — (comme Yorick le disait un soir à mon oncle Toby) d'assaut. ———— Mon oncle Toby dressa l'oreille au son du mot *assaut* ; mais cela n'eut pour lui ni queue ni tête.

Je dois prêcher à la cour dimanche prochain, dit Homenas ———— revoyez mes notes : ———— je me mis donc à fredonner les notes du docteur Homenas ; — la modulation en est très-bien : cela ira, Homenas, si cela se soutient de la sorte ; — je continuai donc de fredonner, — et je trouvai le morceau passable ; et jusqu'à cette heure, sous le bon plaisir de vos Révérences, je n'aurais pas découvert combien il était pauvre, plat, froid et vide, si, tout d'un coup, n'avait surgi au milieu une mélodie si belle, si riche, si céleste, — qu'elle emporta mon âme dans l'autre monde : or, si j'eusse (comme se plaignait Montaigne dans une circonstance pareille) — si j'eusse trouvé la pente facile, ou la montée accessible — certes, j'étais attrapé. — Vos notes, Homenas, aurais-je dit, sont de bonnes notes ; — mais c'était un précipice si perpendiculaire, — si complétement isolé du reste de l'ouvrage, que, dès la première note que j'ai fredonnée, je me suis trouvé volant dans l'autre monde, et de là j'ai aperçu la vallée d'où je venais si creuse, si basse et si sombre, que je n'aurai jamais le cœur d'y redescendre.

☞ Un nain qui donne la mesure de sa taille, — croyez-en ma parole, est un nain sous plus d'un rapport. — Et en voilà assez sur les chapitres qu'on déchire.

CHAPITRE CXII.

— Voyez s'il ne le coupe pas tout entier en bandes, et s'il ne les leur donne pas autour de lui pour allumer leurs pipes! — C'est abominable, répondit Didius. ——— Il ne faudrait pas laisser passer cela, dit le docteur Kysarcius : ——— ☞ il était des Kysarcii des Pays-Bas.

Il me semble, dit Didius se levant à demi pour écarter une bouteille et une grande carafe de vin qui se trouvaient en ligne directe entre lui et Yorick, — que vous auriez pu vous abstenir de ce trait sarcastique, et avoir trouvé un endroit plus convenable, monsieur Yorick, — ou au moins une occasion plus convenable de montrer votre mépris pour ce dont nous nous sommes occupés. Si le sermon n'est bon qu'à allumer des pipes, — assurément, monsieur, il ne l'était pas assez pour être prêché devant un corps si savant; et s'il était assez bon pour être prêché devant un corps si savant, — assurément, monsieur, il était trop bon pour allumer ensuite leurs pipes.

——— Je le tiens enferré, dit en lui-même Didius, sur l'une des deux cornes de mon dilemme ; — qu'il s'en tire comme il pourra.

J'ai souffert de si indicibles tourments en accouchant cette fois de ce sermon, dit Yorick, — que je déclare, Didius, que je subirais le martyre, — et, s'il était possible, je le ferais subir à mon cheval avec moi, mille fois de suite, avant de me mettre à en faire un pareil : j'en ai été délivré du mauvais côté ; — il est venu de la tête au lieu de venir du cœur ; — et c'est pour la peine qu'il m'a donnée, et à écrire et à prêcher, que je me venge de lui de cette manière. — Prêcher pour montrer l'étendue de notre érudition, ou les subtilités de notre esprit, — étaler aux yeux du vulgaire les misérables lambeaux d'un petit savoir, pailletés çà et là de mots qui brillent, mais qui donnent peu de lumière et encore moins de chaleur, — c'est faire un malhonnête usage de la pauvre et unique demi-heure que l'on nous met dans les mains par semaine : — ce n'est point prêcher l'Évangile — c'est nous prêcher nous-mêmes. — Pour ma part, continua Yorick, j'aimerais mieux lancer au cœur cinq mots de but en blanc.

Au mot de but en blanc prononcé par Yorick, mon oncle Toby se levait pour dire quelque chose sur les projectiles, — quand un seul mot, pas davantage, parti de l'autre côté de la table, attira à lui toutes les oreilles : — un mot qui de tous les mots du dictionnaire était le dernier auquel on dût s'attendre en cet endroit : — un mot que j'ai honte d'écrire, — qui pourtant doit être écrit, — doit être lu ; — illégal, — incanonique ——— faites dix mille suppositions multipliées par elles-mêmes, — mettez à la question, — à la torture votre imagination indéfiniment, vous en êtes juste où vous en étiez. — Bref, je le dirai dans le prochain chapitre.

CHAPITRE CXIII.

Sacrebleu ! ——————————————
————————————————————————

————— S ——— bleu ! s'écria Phutatorius, en partie à lui-même et pourtant assez haut pour être entendu——— et ce qui parut singulier, c'est que cela fut dit avec une expression de physionomie et d'un ton de voix qui tenaient à la fois de la stupéfaction et de la souffrance corporelle.

Un ou deux convives qui avaient l'oreille très-fine, et qui pouvaient distinguer l'expression et le mélange des deux tons aussi clairement qu'une *tierce* ou une *quinte*, ou toute autre corde en musique, — furent les plus embarrassés et les plus en peine. — L'harmonie était bonne en elle-même ; — mais elle était tout à fait hors du ton, et nullement applicable au sujet qui était sur le tapis : — en sorte qu'avec tout leur savoir il leur fut impossible d'en donner la clef.

D'autres, qui n'entendaient rien à l'expression musicale, et ne firent attention qu'à la simple valeur du mot, s'imaginèrent que Phutatorius, qui était tant soit peu colère, allait arracher le bâton des mains de Didius afin d'étriller Yorick comme il faut ; — et que le furieux monosyllabe s——— bleu, était l'exorde d'un discours qui, à en juger sur cet échantillon, lui présageait un rude traitement : de sorte que le bon cœur de mon oncle Toby ressentit une angoisse à l'idée de ce qu'Yorick allait souffrir. Mais voyant Phutatorius s'arrêter court sans tentative ni désir d'aller plus loin, — un troisième parti commença à supposer que ce n'était qu'une respiration involontaire, se transformant accidentellement en jugement d'un shilling [1], — sans en avoir ni le péché ni la substance.

D'autres, et particulièrement un ou deux assis à côté de lui, regardèrent au contraire, ce jurement comme réel et substantiel, dirigé avec préméditation contre Yorick, à qui on savait qu'il ne portait aucune bienveillance. — Ledit jurement, d'après le raisonnement de mon père, fermentait et bouillait précisément en ce moment-là dans les parties supérieures de la fressure de Phutatorius; et ainsi, naturellement et conformément au cours voulu des choses, avait été lancé par le flux soudain de sang qui avait été chassé dans le ventricule droit du cœur de Phutatorius, par l'effet de la surprise qu'une si étrange théorie de prédication avait excitée.

Quels beaux raisonnements nous faisons sur des faits erronés !

Il n'y avait pas une âme occupée à toutes ces argumentations différentes sur le monosyllabe prononcé par Phutatorius, — qui ne tînt pour accordé, partant de là comme d'un axiome, que l'esprit de Phutatorius était attentif au sujet du débat qui s'était élevé entre Didius et Yorick; et en effet, comme il regarda d'abord l'un et ensuite l'autre, de l'air d'un homme écoutant ce qui va survenir, — qui n'aurait pas pensé de même ? Mais la vérité est que Phutatorius ne savait pas un mot, pas une syllabe de ce qui se passait; — et que toutes ses pensées et toute son attention étaient absorbées par un événement qui avait lieu à l'instant même dans l'intérieur de sa culotte, et cela dans une partie où plus qu'en toute autre, il était intéressé

[1] Dont l'amende était d'un shilling. (*Note du traducteur.*)

à surveiller les accidents : en sorte que, bien qu'il regardât avec toute l'attention du monde et qu'il eût graduellement monté chacun des nerfs et des muscles de sa face au plus haut point que l'instrument pouvait supporter, afin, pensait-on, de faire une réplique mordante à Yorick, qui était assis vis-à-vis de lui, — cependant, dis-je, Yorick n'avait pas une seule fois été logé dans une des cases du cerveau de Phutatorius ; — mais la vraie cause de son exclamation gisait une verge au moins plus bas.

Ceci, je vais tâcher de vous l'expliquer avec toute la décence imaginable.

Il faut donc vous apprendre que Gastriphères, qui avait fait un tour à la cuisine un peu avant le dîner, pour voir comment les choses allaient, — remarquant sur le buffet un panier d'osier plein de beaux marrons, avait ordonné d'en rôtir un ou deux cents et de les servir aussitôt que le dîner serait fini ——— Gastriphères appuyant ses ordres sur ce que Didius et surtout Phutatorius en étaient particulièrement amateurs.

Environ deux minutes avant que mon oncle Toby interrompît la harangue d'Yorick, on avait apporté les marrons de Gastriphères ; — et comme le goût qu'avait pour eux Phutatorius préoccupait la tête du domestique, il les avait mis juste devant Phutatorius, enveloppés tout bouillants dans une blanche serviette damassée.

Or, était-ce que physiquement il était impossible qu'une demi-douzaine de mains se fourrant à la fois sous la serviette, — quelque marron, doué de plus de vie et de rotondité que le reste, ne fût mis en mouvement ? — Quoi qu'il en soit, il arriva qu'elles en firent rouler un hors de la table, et comme Phutatorius était assis au-dessous, les jambes écartées, — le marron tomba perpendiculairement dans cette ouverture particulière de la culotte de Phutatorius, pour laquelle, cela soit dit à la honte de notre indélicate langue, il n'y a pas un mot chaste dans tout le dictionnaire de Johnson : — qu'il suffise de dire — que c'était cette ouverture particulière que, dans toutes les bonnes sociétés, les lois du décorum exigent strictement que chacun ferme, comme le temple de Janus (en temps de paix du moins).

En négligeant cette petite formalité, Phutatorius (ce qui, par parenthèse), devrait être une leçon pour tout le genre humain) avait ouvert la porte à cet accident.

Je l'appelle accident, par condescendance pour le langage reçu ; — mais sans me mettre en opposition avec l'opinion soit d'Acrites, soit de Mythogeras sur cette matière, je sais qu'ils étaient pleinement et fermement persuadés — et qu'ils le sont encore à cette heure, qu'il n'y avait rien d'accidentel dans tout cet événement; mais que si le marron avait pris cette direction particulière, et en quelque sorte de son propre mouvement, — et puis était tombé tout bouillant à cette place particulière, et non à une autre,—c'était un jugement réel prononcé contre Phutatorius pour ce sale et obscène traité *De concubinis retinendis*, que Phutatorius avait publié environ vingt ans auparavant, — et dont, cette semaine même, il allait donner au monde une seconde édition.

Ce n'est point mon affaire de tremper ma plume dans cette controverse ——— il y a, sans contredit, beaucoup à écrire sur chaque côté de la question; — tout ce que j'ai à faire comme historien, c'est de présenter le fait et de le rendre croyable au lecteur, à savoir que l'hiatus de la culotte de Phutatorius était suffisamment grand pour recevoir le marron; — et que le marron, de manière ou d'autre, y tomba perpendiculairement, et tout chaud, tout bouillant, sans que Phutatorius s'en aperçût, ni personne autre sur le moment.

La chaleur naturelle que communiquait le marron ne fut pas désagréable pendant les vingt ou vingt-cinq premières secondes, — et ne fit que doucement appeler l'attention de Phutatorius vers cette partie; — mais la chaleur croissant par degrés, et, au bout de peu de secondes, dépassant les bornes d'un plaisir modéré, puis s'avançant en toute hâte dans les régions de la douleur, l'âme de Phutatorius, avec toutes ses idées, ses pensées, son attention, sa conception, son jugement, sa résolution, sa délibération, son raisonnement, sa mémoire, son imagination, et dix bataillons d'esprits animaux, se précipita tumultueusement à travers différents circuits au lieu du danger, laissant toutes les régions supérieures, comme vous pouvez imaginer, aussi vides que ma bourse.

Malgré ce que tous ces messagers purent lui rapporter de bons renseignements, du diable si Phutatorius fut capable de pénétrer le secret de ce qui se passait en bas, ni de conjecturer en aucune façon ce que c'était. Toutefois, ne sachant pas quelle en pouvait être la véritable cause, il jugea plus prudent dans sa situation présente — de supporter, s'il était possible, son mal en stoïcien : ce qu'à l'aide de quelques grimaces et froncements de bouche, il eût certainement accompli, si son imagination fût restée neutre; mais les emportements de l'imagination ne sont pas possibles à maîtriser dans les choses de ce genre. Tout à coup il lui vint à l'esprit que quoique sa souffrance fût une sensation de chaleur ardente, elle pouvait venir néanmoins tout aussi bien d'une morsure que d'une brûlure ; et dans ce cas-là, qu'un petit lézard, ou lézard d'eau, ou quelque affreux reptile de ce genre, s'était glissé là et y enfonçait les dents. Cette horrible idée, accompagnée d'un surcroît de douleur produit en ce moment par le marron, saisit Phutatorius d'une terreur panique, — et, dans le premier désordre de son effroi, lui fit perdre la tête, comme il est arrivé aux meilleurs généraux du monde ; — et le résultat en fut qu'il sauta incontinent en l'air, tout en proférant cette interjection de surprise, objet de tant de commentaires, suivie de l'aposiopèse, ainsi figurée : S ——— bleu ! — qui sans doute n'était pas canonique, mais qui pourtant était le moins qu'un homme pût dire dans la circonstance ; — et dont, par parenthèse, canonique ou non, Phutatorius ne pouvait pas plus se défendre que de la cause qui l'avait provoquée.

Quoique ceci ait pris assez de temps à raconter, le fait lui-même n'en prit pas plus qu'il n'en fallait à Phutatorius pour retirer le marron et le jeter à terre avec violence, — et à Yorick pour se lever et aller ramasser le marron.

Le triomphe des petits incidents sur l'esprit est curieux à observer. De quel poids incroyable ils sont dans la formation et la direction de nos opinions, tant sur les hommes que sur les choses ! — Dire que des riens aussi légers que l'air porteront une croyance à l'âme, et l'y planteront d'une façon si immuable — que les démonstrations d'Euclide, si on pouvait les amener à la battre en brèche, n'auraient pas à elles toute la force de le renverser !

Yorick, dis-je, ramassa le marron que la colère de Phutatorius avait jeté à terre — — l'action était insignifiante, — j'ai honte de l'expliquer : — sa seule raison pour le faire — avait été qu'il pensait que le marron n'en était pas moins bon pour cela, — et qu'il tenait qu'un bon marron valait la peine de se baisser. — Mais cet incident, tout insignifiant qu'il était, fit un effet très-différent dans la tête de Phutatorius : il considéra l'acte d'Yorick, d'avoir quitté sa chaise et ramassé le marron, comme un manifeste aveu que le marron était originairement à lui, — et par suite que ce devait être le propriétaire du marron, et personne autre, qui lui avait joué ce mauvais tour. Ce qui le confirma grandement dans cette opinion, c'est que la table formant un parallélogramme et étant très-étroite, cela fournissait à Yorick, qui était assis juste en face de Phutatorius, une belle occasion de lui glisser le marron; — et il en conclut qu'Yorick l'avait fait. Un regard de soupçon, pour ne pas dire plus, que Phutatorius lança en plein sur Yorick, quand ces pensées s'élevèrent en lui, révélait trop clairement son opinion ; — et comme on supposait naturellement que Phutatorius en savait là-dessus plus que tout autre, son opinion devint aussitôt l'opinion générale ; — et pour une raison très-différente d'aucune qu'on ait encore donnée, en peu de temps la chose fut tout à fait mise hors de question.

Quand il survient des événements importants ou inattendus sur le théâtre de ce monde sublunaire, — l'esprit de l'homme, espèce de substance inquisitive, prend naturellement son vol derrière la scène, pour en voir la cause et les premiers mobiles. — La recherche ne fut pas longue cette fois.

Il était bien connu qu'Yorick n'avait jamais eu bonne opinion du traité que Phutatorius avait écrit *De concubinis retinendis*, et qu'il le regardait comme ayant dû faire du mal dans le monde ; — et il fut aisément découvert qu'il y avait une intention allégorique dans le tour d'Yorick, — et que l'envoi du marron bouillant dans l*********** de Phutatorius était un trait sarcastique contre son livre, — dont les doctrines, disait-on, avaient enflammé plus d'un honnête homme au même endroit.

Cette idée réveilla Somnolentius, — fit sourire Agelastes ; — et si vous pouvez vous rappeler exactement le regard et l'air d'un homme qui s'évertue à deviner une énigme, — c'était l'aspect qu'elle donna à Gastriphères — bref, beaucoup y virent un chef-d'œuvre d'esprit et de malice.

Cette idée, comme le lecteur l'a vu d'un bout à l'autre, avait aussi peu de fondements que les rêves de la philosophie. Yorick, sans doute, comme l'a dit Shakspeare de son ancêtre, — « était un homme d'humeur badine, » mais elle était tempérée par quelque chose qui l'empêchait de jouer aucun de ces méchants tours, ni celui-ci, ni maint autre dont il avait injustement porté le blâme ; — mais ce fut son malheur, toute sa vie, de se voir imputer mille actions et paroles dont son cœur (ou mon estime pour lui m'aveugle) était incapable. Tout ce que je blâme en lui, — ou plutôt tout ce que je blâme et aime alternativement en lui, c'est cette singularité de caractère, qui ne lui permit jamais de prendre la peine de rétablir les faits aux yeux du monde, quelque aisément qu'il le pût. A tous les mauvais traitements de cette sorte, il agissait précisément comme dans l'affaire de son cheval maigre. — Il aurait pu s'expliquer à son honneur, mais c'était au-dessous de lui ; et d'ailleurs il regardait celui qui invente, celui qui propage et celui qui croit un bruit malveillant, comme si également injustes pour lui, — qu'il ne pouvait s'abaisser à leur conter son histoire ; — et il s'en rapportait au temps et à la vérité pour le faire.

Cette tournure héroïque d'idées eut pour lui des inconvénients dans bien des cas ; — dans celui-ci, elle lui attira le ressentiment durable de Phutatorius, qui, au moment où Yorick venait de finir son marron, se leva une seconde fois pour le prévenir, — ce qu'il fit, il est vrai, avec un sourire et en se bornant à dire, — qu'il tâcherait de ne pas oublier l'obligation qu'il lui avait.

Mais faites attention : vous devez séparer et distinguer soigneusement ces deux choses dans votre esprit : —

— Le sourire était pour la compagnie ;

—— La menace était pour Yorick.

CHAPITRE CXIV.

Pouvez-vous me dire, demanda Phutatorius à Gastriphères, qui était assis à côté de lui, — car on ne voudrait pas s'adresser à un chirurgien pour une affaire si ridicule, — pouvez-vous me dire, Gastriphères, ce qu'il y a de mieux contre la brûlure ? —— Demandez à Eugène, dit Gastriphères. —— Cela dépend grandement, dit Eugène feignant d'ignorer l'aventure, de la nature de la partie malade. ———— Si c'est une partie sensible et une partie qu'on puisse commodément envelopper ———— C'est l'un et l'autre, repartit Phutatorius, tout en mettant sa main, avec un emphatique signe de tête, sur la partie en question, et levant en même temps la jambe droite, pour se soulager et s'éventer. ———— Si c'est là le cas, dit Eugène, je vous conseillerais, Phutatorius, de ne faire aucune espèce de remèdes ; mais si vous voulez envoyer chez l'imprimeur le plus proche, et confier le soin de votre guérison à une chose aussi simple qu'une feuille de papier mou toute fraîche sortie de la presse, — vous n'avez besoin que de la tortiller autour. ———— Le papier humide, dit Yorick (qui était assis à côté de son ami Eugène), a, je le sais, une fraîcheur qui soulage, — mais pourtant il n'est, je présume, que le véhicule ; — et ce doivent être l'huile et le noir de fumée, dont le papier est si fortement imprégné, qui font l'affaire. — Tout juste, dit Eugène ; et c'est, de toutes les applications extérieures que je me hasarderais à recommander, la plus anodine et la plus sûre.

Si c'était moi, dit Gastriphères, puisque la principale chose c'est l'huile et le noir de fumée, j'en étalerais une couche épaisse sur un chiffon, et je la plaquerais dessus à l'instant même. ———— Cela en ferait un vrai diable, repartit Yorick. ———— Et d'ailleurs, ajouta Eugène, cela n'atteindrait pas le but, qui est l'extrême élégance et délicatesse de l'ordonnance : ce que la Faculté estime être la moitié de la besogne ———— car considérez, si le caractère est très-petit (ce qu'il doit être), les parcelles curatives qui entrent en contact sous cette forme, ont l'avantage d'être étalées si infiniment minces, et avec une égalité si mathématique (les alinéa et majuscules exceptés), qu'il n'est pas d'art, pas de maniement de la spatule qui puisse arriver là. —— Il se trouve fort heureusement, répliqua Phutatorius, que la seconde édition de mon traité *De concubinis retinendis* est en ce moment sous presse. —— Vous en pouvez prendre une feuille, dit Eugène; — n'importe laquelle. —— Pourvu, dit Yorick, qu'elle soit sans ordures. ——

On est en train, reprit Phutatorius, d'imprimer le neuvième chapitre, — qui est l'avant-dernier du livre. —— Je vous prie, quel est le titre de ce chapitre? dit Yorick, tout en faisant un salut respectueux à Phutatorius. —— Je crois, répondit Phutatorius, que c'est celui *De re concubinariâ*.

Pour l'amour du ciel, gardez-vous de ce chapitre, dit Yorick.

—— Oui, certes, — ajouta Eugène.

CHAPITRE CXV.

— Or, dit Didius, se levant et mettant sa main droite, les doigts écartés, sur sa poitrine, — si une telle méprise au sujet d'un nom de baptême était arrivée avant la Réforme —— [Elle est arrivée avant-hier, se dit mon oncle Toby] — et quand le baptême s'administrait en latin — [C'était en anglais, dit mon oncle] — bien des choses auraient pu coïncider avec et, sur l'autorité de divers arrêts précédents, faire prononcer le baptême nul, avec faculté de donner à l'enfant un nouveau nom. — Si, par exemple, un prêtre, ce qui n'était point une chose rare, par ignorance de la langue latine, avait baptisé un enfant de Tom O'Stiles, *in nomine Patriæ et Filia et Spiritum sanctos*, — le baptême était tenu pour nul. —— Je vous demande pardon, repartit Kysarcius ; — dans ce cas-là, comme la méprise ne portait que sur les terminaisons, le baptême était valide ; et pour l'avoir rendu nul, la bévue du prêtre aurait dû tomber sur la première syllabe de chaque nom ; — et non pas, comme dans votre cas, sur la dernière.

Mon père, qui se délectait à ces sortes de subtilités, écoutait avec une extrême attention.

Gastriphères, par exemple, continua Kysarcius, baptise un enfant de John Stradling *in gomine Gatris, etc., etc.,* au lieu de *in nomine Patris, etc.* — Est-ce là un baptême ? — Non, — disent les plus habiles canonistes ; attendu que par là la racine de chaque mot a été arrachée, et ses sens et signification détournés et changés entièrement en un autre sujet ; car *gomine* ne signifie pas nom, ni *gatris* père. —— Qu'est-ce qu'ils signifient ? demanda mon oncle Toby. — Rien du tout, — dit Yorick. —— Ergò, un tel baptême est nul, dit Kysarcius. ——

Naturellement, répondit Yorick, —— d'un ton deux tiers plaisanterie et un tiers sérieux. ——

Mais dans le cas cité, continua Kysarcius, où *patriæ* est mis pour *patris, filia* pour *filii*, et ainsi du reste ; — comme ce n'est qu'une faute de déclinaison, et que les racines des mots restent intactes, les inflexions de leurs branches de tel ou tel côté n'empêchent en aucune façon le baptême, attendu que les mots conservent le même sens qu'auparavant. —— Mais alors, dit Didius, l'intention qu'avait le prêtre de les prononcer grammaticalement aurait dû être prouvée. —————— D'accord, répondit Kysarcius ; et de ceci, confrère Didius, nous avons un exemple dans un décret des décrétales du pape Léon III. —————— Mais l'enfant de mon frère, s'écria mon oncle Toby, n'a rien à faire avec le pape —————— c'est tout bonnement l'enfant d'un protestant, baptisé Tristram contre les intentions et vœux de son père et de sa mère et de tout ce qu'il a de parents. ——————

Si les intentions et vœux, dit Kysarcius, interrompant mon oncle Toby, de ceux-là seuls qui tiennent par le sang à l'enfant de M. Shandy devaient avoir du poids dans cette matière, mistress Shandy serait la dernière qui aurait à y voir. —————— Mon oncle Toby posa sa pipe, et mon père rapprocha sa chaise de la table pour entendre la conclusion d'une introduction si étrange.

—————— Non-seulement ç'a été une question, capitaine Shandy, entre les meilleurs [1] jurisconsultes et docteurs en droit civil de ce pays, continua Kysarcius, de savoir « si la mère est parente de son enfant ; » — mais, après avoir bien examiné de sang-froid et débattu les arguments pour et contre, — on s'est décidé pour la négative ; — à savoir, « que la mère n'est point parente de son enfant [2]. » Mon père aussitôt plaqua sa main sur la bouche de mon oncle Toby, sous prétexte de lui parler à l'oreille ; — la vérité était qu'il redoutait le *Lillibullero* ; et qu'ayant un grand désir d'entendre la suite d'un argument si curieux, — il pria mon oncle Toby au nom du ciel de ne pas l'en frustrer. —————— Mon oncle Toby fit

---

[1] Voir Swinburn, *On Testaments*, part. VII, § 8. (*Note de l'auteur.*)

[2] Voir Brooke's *Abridg.*, tit. Administr., n. 47. (*Note de l'auteur.*)

un signe de tête, — reprit sa pipe, se contentant de siffler le Lillibullero intérieurement, — et Kysarcius, Didius et Triptolème continuèrent à discourir en ces termes : —

Cette décision, continua Kysarcius, quoiqu'elle puisse paraître aller en sens contraire des idées reçues, avait fortement la raison de son côté, et la chose a été mise tout à fait hors de question par le fameux procès connu vulgairement sous le nom de procès du duc de Suffolk. ——— Il est cité dans Brooke, dit Triptolème.

——Et mentionné par lord Coke, ajouta Didius.———
Et vous pouvez le trouver dans Swinburn, *Des testaments,* dit Kysarcius.

Le cas, M. Shandy, était celui-ci : —

Sous le règne d'Édouard VI, Charles, duc de Suffolk, ayant eu un fils d'un lit, et une fille d'un autre lit, fit son testament où il légua ses biens à son fils, et mourut. Après sa mort, son fils mourut aussi ; — mais sans testament, sans femme et sans enfant ; — et cela du vivant de sa mère et de sa sœur consanguine (car elle était du premier lit). La mère prit l'administration des biens de son fils, conformément au statut de la vingt-unième année du règne de Henri VIII, lequel porte que dans le cas où une personne meurt *intestat,* l'administration de ses biens devra être confiée au plus proche parent.

L'administration ayant été ainsi (subrepticement) accordée à la mère, — la sœur consanguine intenta un procès devant le juge ecclésiastique, alléguant, 1° qu'elle était elle-même le plus proche parent, et 2° que la mère n'était nullement parente de la partie décédée, et, en conséquence, elle priait la cour de révoquer la décision qui avait accordé l'administration à la mère, et de la lui confier à elle-même, comme au plus proche parent du défunt, en vertu dudit statut.

Là-dessus, comme c'était une cause capitale dont l'issue était de grande conséquence, — et que bien des causes pécuniairement fort importantes seraient vraisemblablement décidées dans les temps à venir, par le précédent qu'on allait faire — les hommes les plus instruits tant dans les lois de ce royaume que dans le droit civil, furent consultés ensemble, sur la question de savoir si la mère était ou non parente de son fils. — Sur ce point non-seulement les légistes temporels, — mais les légistes en droit canon, — les *jurisconsulti*, — les *jurisprudentes*, — les légistes en droit civil, — les avocats, les commissaires, — les juges du consistoire et des cours de prérogative de Cantebury et d'York, avec le maître des Facultés, furent unanimement d'avis que la mère n'était point [1] parente de son enfant. ——

Et que dit à cela la duchesse de Suffolk ? demanda mon oncle Toby.

L'inattendu de la question de mon oncle Toby confondit Kysarcius plus que n'aurait fait le plus habile avocat. — Il s'arrêta une grande minute, regardant mon oncle Toby en face sans répondre ; — et cette minute suffit à Triptolème pour le rattraper et prendre les devants de cette manière : —

C'est une base et un principe du droit, dit Triptolème, que les choses descendent et ne remontent pas ; et je ne fais pas de doute que c'est pour cette cause que, tout vrai qu'il est que l'enfant soit du sang et de la semence de ses

---

[1] Mater non numeratur inter consanguineos. Bald. in ult. c. *De verb. signific.* (*Note de l'auteur.*)

parents, — néanmoins les parents ne sont pas de son sang et de sa semence ; attendu que les parents ne sont point procréés par l'enfant, mais bien l'enfant par les parents ; — car c'est ainsi qu'il est écrit : *Liberi sunt de sanguine patris et matris, sed pater et mater non sunt de sanguine liberorum.*

— Mais ceci, Triptolème, s'écria Didius, prouve trop ; — car, d'après l'autorité que vous citez, il s'ensuivrait non-seulement, ce qui en effet est accordé de tous côtés, que la mère n'est pas parente de son enfant, — mais que le père ne l'est pas non plus. ——— Cette opinion-là, dit Triptolème, est tenue pour la meilleure ; parce que le père, la mère et l'enfant, quoique ce soient trois personnes, ne sont cependant que (*una caro*[1]) une seule chair ; et conséquemment n'ont aucun degré de parenté, — ni aucun moyen d'en acquérir *naturellement*. ——— Voilà encore que vous poussez l'argument trop loin ! s'écria Didius, — car c'est la loi lévitique, ce n'est pas la nature — qui interdit à un homme de faire un enfant à sa grand'mère ; — auquel cas, en supposant que l'enfant soit une fille, elle se trouverait parente à la fois de ——— Mais qui a jamais pensé, s'écria Kysarcius, à coucher avec sa grand'mère ? ——— Le jeune homme dont parle Selden, repartit Yorick, — qui non-seulement y pensa, mais justifia son intention auprès de son père par cet argument tiré de la loi du talion : — « Vous couchez bien, monsieur, avec ma mère, » dit le garçon ; « pourquoi ne puis-je pas coucher avec la vôtre ? » ——— C'est l'*argumentum commune*, ajouta Yorick. ——— Il est assez

---

[1] Voir Brooke's *Abridg.*, tit. Administr., n. 47. (*Note de l'auteur.*)

bon pour eux, répliqua Eugène en prenant son chapeau.
La compagnie se sépara.

CHAPITRE CXVI.

— Et je vous prie, dit mon oncle Toby s'appuyant sur Yorick, qui l'aidait avec mon père à descendre tout doucement l'escalier ——— Ne vous effrayez pas, madame ; cette conversation d'escalier n'est pas aussi longue que la dernière. ——— Et je vous prie, Yorick, dit mon oncle Toby, quelle décision ces savants ont-ils enfin rendue dans l'affaire de Tristram ? ——— Une décision très-satisfaisante, repartit Yorick ; l'affaire, monsieur, ne concerne personne ; car mistress Shandy, la mère, ne lui est pas du tout parente ; — et comme le côté maternel est le plus sûr, — M. Shandy, par conséquent, est moins que rien. — Bref, il ne lui est pas parent, monsieur, autant que moi. ———

——— Cela peut bien être, dit mon père en secouant la tête.

——— Que les savants disent ce qu'ils veulent, reprit mon oncle Toby, il devait certainement y avoir une sorte de consanguinité entre la duchesse de Suffolk et son fils.

Le vulgaire, dit Yorick, est de cette opinion jusqu'à cette heure.

CHAPITRE CXVII.

Quoique mon père eût pris un plaisir extrême aux subtilités de ces savants entretiens, — ce n'était après tout que frotter d'huile un os cassé. — Dès qu'il fut rentré, le poids de ses afflictions en retomba sur lui d'autant plus pesant, comme c'est toujours le cas quand le bâton sur lequel nous nous appuyons glisse sous nous. — Il devint pensif, — alla fréquemment se promener à l'étang, — abaissa une corne de son chapeau, — soupira souvent, — cessa de gronder ; — et comme les rapides étincelles de colère qui produisent la gronderie favorisent d'autant la transpiration et la digestion, à ce que nous dit Hippocrate, — il serait certainement tombé malade de leur extinction, si ses pensées n'eussent été détournées à temps, et sa santé préservée par une nouvelle série de tracas qui lui furent laissés, avec un legs de mille guinées, par ma tante Dinah.

Mon père eut à peine lu la lettre, que, prenant la chose du bon côté, il se mit aussitôt à se creuser et à se torturer la tête pour trouver quel serait l'emploi de cet argent le plus honorable pour sa famille.—Cent cinquante projets bizarres prirent tour à tour possession de son cerveau ; — il ferait ceci, et cela, et cela encore. — Il irait à Rome ; — il plaiderait ; — il achèterait des rentes ; — il achèterait la ferme de John Hobson ; il referait la façade de sa maison, et ajouterait une aile pour la rendre régulière. — Il y avait un beau moulin à eau en deçà de la rivière ; il bâtirait un moulin à vent de l'autre côté, bien en vue, pour faire pendant. — Mais par-dessus toutes choses au monde, il entourerait d'une clôture le grand Ox-moor, et enverrait immédiatement mon frère Bobby en voyage.

Mais comme la somme était *finie*, et conséquemment ne pouvait pas tout faire ; — que même elle ne pouvait faire avantageusement que fort peu de choses ; — de tous les projets qui s'offrirent en cette occasion, les deux derniers semblèrent avoir fait l'impression la plus profonde; et il se serait infailliblement déterminé pour tous deux à la fois, sans le petit inconvénient signalé plus haut, qui le mit dans la nécessité absolue de se décider en faveur de l'un ou de l'autre. Ceci n'était pas tout à fait si aisé à faire; car bien qu'il soit certain que mon père avait depuis longtemps à cœur cette partie nécessaire de l'éducation de mon frère, et, en homme prudent, avait positivement résolu de la mettre sans retard à exécution avec le premier argent qui lui rentrerait de la seconde création d'actions de l'affaire du Mississipi, où il avait un intérêt; — cependant l'Ox-moor, qui était une belle grande plaine, couverte de mauvaises herbes, attendant dessèchement et culture, et qui appartenait à la famille Shandy, avait sur lui des droits presque aussi anciens : il avait depuis longtemps et vivement à cœur d'en tirer également parti.

Mais n'ayant jusque-là jamais été pressé par un concours de choses qui lui rendît nécessaire d'établir ou la priorité ou la justice de leurs droits, — en homme sage, il s'était abstenu d'entrer à cet égard dans un examen détaillé et soigneux : en sorte que lors de cette crise et du rejet de tout autre plan, — les deux vieux projets, l'Ox-moor et mon frère, le partagèrent derechef; et les deux champions étaient de si égale force, qu'ils ne se livrèrent pas de médiocres assauts dans l'esprit du vieux gentleman, lorsqu'il s'agit de savoir qui aurait le pas.

——— On peut rire si l'on veut; — mais le fait était ainsi. —

Ç'avait toujours été la coutume dans la famille, et par la suite des temps, c'était presque devenu une chose de droit commun, que le fils aîné eût libre entrée, sortie et rentrée à l'étranger avant son mariage, — non-seulement pour les avantages personnels qu'il pouvait retirer de tout cet exercice et changement d'air, — mais simplement pour la pure satisfaction de sa fantaisie, pour la plume que cela mettrait à son chapeau d'avoir été au loin. — *Tantum valet*, disait mon père, *quantum sonat*.

Or, comme c'était une raisonnable, et par conséquent très-chrétienne tolérance, — lui en retirer le bénéfice, sans pourquoi ni comment, — et par là le faire citer comme le premier Shandy qui n'eût pas roulé par l'Europe en chaise de poste, et cela seulement parce que c'était un garçon lourd, — ce serait le traiter dix fois pis qu'un Turc.

D'un autre côté, le cas de l'Ox-moor était tout aussi difficile.

Outre les premiers frais d'acquisition, qui étaient de huit cents livres, — ce bien avait coûté à la famille huit cents livres de plus par suite d'un procès, environ quinze ans auparavant, — outre Dieu sait combien d'ennuis et de tracas.

Qui plus est, il avait été en la possession de la famille Shandy depuis le milieu du siècle dernier; et quoiqu'il fût situé en plein devant la maison, borné à une extrémité par le moulin à eau, et à l'autre par le moulin à vent projeté, dont il a été parlé ci-dessus; — et que pour toutes ces raisons il semblât avoir plus de titres qu'aucune autre partie du domaine aux soins et à la protection de la famille, cependant, par une fatalité inexplicable, et commune aux hommes aussi bien qu'au sol qu'ils foulent aux pieds, — il avait toujours été honteusement dédaigné;

et pour dire la vérité, il en avait tant souffert, que cela aurait fait saigner (disait Obadiah) le cœur de tout homme qui savait ce que vaut la terre, rien que de voir, en y passant à cheval, dans quel état il était.

Quoi qu'il en soit, comme ni l'achat de ce fonds de terre, — ni assurément le choix de la situation qu'il occupait, n'étaient, à proprement parler, ni l'un ni l'autre du fait de mon père, il ne s'était cru en aucune façon intéressé dans l'affaire, — jusqu'à la naissance quinze ans auparavant, de ce maudit procès mentionné ci-dessus (qui avait éclaté au sujet des limites), — lequel étant personnellement et entièrement du fait de mon père, éveilla naturellement tous les autres arguments en faveur de l'Ox-moor; et en les récapitulant tous ensemble, il vit qu'il était obligé, non pas simplement par intérêt, mais par honneur, de faire pour lui quelque chose; — et que c'était le temps ou jamais.

Je pense qu'il faut certainement avoir eu du guignon pour que ces raisons se soient trouvées si bien balancées de part et d'autre ; car mon père eut beau les peser dans toute espèce d'humeur et de conditions, passer mainte heure d'angoisse dans la plus profonde et la plus abstraite méditation sur ce qu'il y avait de mieux à faire; — lisant un jour des livres d'agriculture, — un autre des livres de voyages, — mettant de côté toute passion, — examinant les arguments de chaque partie sous toutes leurs faces et dans toutes leurs circonstances, conférant chaque jour avec mon oncle Toby, — discutant avec Yorick, et causant avec Obadiah de toute l'affaire de l'Ox-moor; — néanmoins il ne se présenta rien de si fort en faveur de l'une des deux causes qui ne fût ou strictement applicable à l'autre, ou du moins assez compensé par quelque considération d'un poids égal, pour maintenir les balances de niveau.

Car, à coup sûr, si avec l'assistance convenable et dans les mains de certaines gens l'Ox-moor eût indubitablement fait dans le monde une figure différente de celle qu'il y faisait, ou y pouvait jamais faire dans l'état où il était, — il n'y avait rien dans tout cela qui ne fût vrai, appliqué à mon frère Bobby, — qu'Obadiah dît ce qu'il voulait. ———

Sous le rapport de l'intérêt, la lutte, je l'avoue, ne paraissait pas à première vue si peu décisive ; car chaque fois que mon père prenait en main la plume, et se mettait à calculer la simple dépense qu'il aurait à faire pour faucher, brûler, et enclore dans l'Ox-moor, etc., etc., — avec le profit certain qu'il en retirerait, — ce profit grossissait si prodigieusement par sa manière de présenter le compte, que vous auriez juré que l'Ox-moor allait tout renverser devant lui ; car il était clair que mon père recueillerait une centaine de lasts de graine de colza, à vingt livres le last, dès la première année ; de plus, une excellente récolte de froment l'année suivante ; et l'année d'après, à ne rien exagérer, cent, — mais selon toute probabilité, cent cinquante, — sinon deux cents quarts de pois et de fèves, outre des pommes de terre sans fin. — Mais alors, l'idée qu'il élevait pendant tout ce temps-là mon frère, comme un pourceau, à les manger, — jeta bas de nouveau tout l'échafaudage, et laissait en général le vieillard dans un tel état d'indécision, que, comme il le déclarait souvent à mon oncle Toby, il ne savait non plus que ses talons ce qu'il devait faire.

Il faut l'avoir éprouvé pour comprendre quelle torture c'est d'avoir l'esprit déchiré par deux projets d'égale force, qui le tirent obstinément à la fois en sens contraire ; car, sans parler du ravage que, par une conséquence certaine, ils font inévitablement dans la plus fine partie du système des nerfs, qui, vous le savez, conduit les esprits animaux et les sucs les plus subtils du cœur à la tête, etc. — on ne saurait dire jusqu'à quel point une si capricieuse espèce de frottement agit sur les parties plus grossières et plus solides, détruisant l'embonpoint et diminuant la force d'un homme à chaque allée et venue.

Mon père aurait certainement plié sous ce malheur, aussi certainement qu'il avait fait sous celui de mon NOM DE BAPTÊME, s'il n'avait pas été tiré de l'un, comme il l'avait été de l'autre, par un nouveau malheur : — la mort de mon frère Bobby.

Qu'est-ce que la vie de l'homme ? n'est-ce point se tourner sur un côté et puis sur l'autre ? — passer d'un chagrin à un chagrin ? — boutonner une cause de vexation, — et en déboutonner une autre ?

CHAPITRE CXVIII.

A dater de ce moment, je dois être considéré comme l'héritier présomptif de la famille Shandy ; — et c'est ici proprement le point de départ de l'histoire de ma VIE et de mes OPINIONS. Malgré toute ma diligence et ma précipitation, je n'ai fait que déblayer le terrain pour élever l'édifice ; — et je prévois que ce sera un édifice tel qu'on n'en a jamais conçu, ni jamais exécuté depuis Adam. Dans moins de cinq minutes j'aurai jeté ma plume au feu, et à sa suite la petite goutte d'encre qui est restée au fond de mon écritoire : — je n'ai qu'une dizaine de choses à faire à la fois ; — j'ai une chose à nommer, — une chose à déplorer, — une chose à espérer, — une chose à promettre, — et une chose à faire craindre. — J'ai une chose à supposer, — une chose à déclarer, — une chose à cacher, — une chose à choisir, — et une chose à demander. — Ce chapitre, donc, je le *nomme* le chapitre des CHOSES, — et mon prochain chapitre, si je vis, sera mon chapitre sur les MOUSTACHES, afin de conserver quelque liaison dans mes ouvrages.

La chose que je déplore, c'est que les faits se soient tellement accumulés sur moi, que je n'ai pu aborder la partie de mon œuvre que j'ai tout le temps regardée d'un œil d'envie ; je veux parler des campagnes, et particulièrement des amours de mon oncle Toby, dont les incidents sont d'une nature si singulière et d'une trempe si cervantesque, que si je puis faire en sorte de produire sur tous les autres cerveaux les mêmes impressions seulement que les événements ont éveillées dans le mien, — je réponds que le livre fera son chemin dans le monde beaucoup mieux que son maître ne l'a fait avant lui. — O Tristram ! Tristram ! que ceci s'effectue seulement, — et la réputation dont tu jouiras comme auteur contre-balancera tous les maux que tu as subis comme homme ; — tu te régaleras de l'une, — quand tu auras perdu tout sentiment et tout souvenir des autres ! ———

Il n'est pas étonnant que j'aie tant de démangeaison d'arriver à ces amours : c'est le morceau le plus exquis de toute mon histoire ! et quand j'y serai, — soyez-en sûrs, bonnes gens — (et je m'embarrasse peu si cela offense quelque estomac dégoûté) je ne serai pas du tout scrupuleux sur le choix des mots ; — et c'est la chose que j'ai à *déclarer*. — Je n'en viendrai jamais à bout en cinq minutes, cela je le *crains* ; — et la chose que j'*espère*, c'est que vos *Worships* et Révérences ne sont pas offensés : — si vous l'êtes, comptez, mes bons messieurs, que je vous donnerai de quoi être offensés l'année prochaine ; — c'est la méthode de ma chère Jenny ; — mais qui est ma Jenny, et quel est le bon et quel est le mauvais côté d'une femme, — et la chose qui doit être *cachée* : — cela vous sera dit deux chapitres avant celui des Boutonnières ; — et pas un chapitre plus tôt.

Et maintenant que vous voici arrivés à la fin de ces quatre volumes, — la chose que j'ai à demander est, dans quel état sont vos têtes ? la mienne me fait horriblement mal ! — quant à vos santés, je sais qu'elles sont beaucoup meilleures. — Le vrai Shandéisme, qu'on en pense ce qu'on voudra, dilate le cœur et les poumons ; et, comme toutes les affections qui participent de sa nature, il force le sang et les autres fluides vitaux du corps à courir librement dans leurs canaux, et fait tourner longtemps et gaiement la roue de la vie.

Si on me laissait, comme à Sancho Pança, le choix de mon royaume, il ne serait pas maritime, — ni un royaume de nègres, pour en tirer deux sous ; — non, ce serait un royaume de sujets riant de tout cœur : et comme les passions bilieuses et mélancoliques, en créant des désordres dans le sang et les humeurs, ont une aussi mauvaise influence, à ce que je vois, sur le corps politique que sur le corps humain, — et que l'habitude de la vertu peut seule maîtriser pleinement ces passions et les soumettre à la raison, — j'ajouterais à ma prière, — que Dieu voulût faire à mes sujets la grâce d'être aussi SAGES qu'ils seraient GAIS ; et alors nous serions, moi le plus heureux monarque, et eux le plus heureux peuple qu'il y aurait sous le ciel.

Et restant sur cette morale pour le présent, sous le bon plaisir de vos *Worships* et de vos Révérences, je prends congé de vous jusqu'à un an d'ici, où alors (à moins que cette vilaine toux ne me tue dans l'intervalle) je viendrai de nouveau vous tirer par la barbe, et mettre sous les yeux du monde une histoire à laquelle vous songez peu.

LIVRE V

CHAPITRE CXIX.

Sans ces deux fougueux bidets, et cet écervelé de postillon qui les mena de Stilton à Stamford, l'idée ne m'en serait jamais venue. Il volait comme un éclair; — il y avait une descente de trois milles et demi; — nous touchions à peine la terre, — le mouvement était des plus rapides, — des plus impétueux; — il se communiqua à mon cerveau, — mon cœur en eut sa part. — « Par le grand Dieu du jour, » dis-je en regardant le soleil et passant le bras par le carreau de devant de la chaise, comme je faisais mon vœu, « je fermerai la porte de mon cabinet dès que je serai arrivé chez moi, et j'en jetterai la clef à quatre-vingt-dix pieds au-dessous de la surface de la terre, dans le puits qui est derrière ma maison. »

Le coche de Londres me confirma dans ma résolution; il gravissait en chancelant la montée, avançant à peine, tiré, — tiré en haut par huit *lourdes bêtes*,

— « à force de reins ! » — dis-je en secouant la tête ; « mais d'autres qui valent mieux que vous tirent de la même manière, — et quelque chose de chacun ! — la belle merveille ! »

Dites-moi, hommes savants, est-ce que nous ajouterons toujours autant au *volume*, — et aussi peu à la *valeur* ?

Ferons-nous toujours de nouveaux livres, comme les apothicaires font de nouvelles mixtions en versant simplement d'un vase dans un autre ?

— Devons-nous à jamais tordre et détordre la même corde ? — à jamais dans la même ornière, — à jamais du même pas [1] ?

Sommes-nous destinés jusqu'à l'éternité, les jours de fête aussi bien que les jours ouvrables, à montrer les reliques de la science, comme les moines montrent les reliques de leurs saints, — sans opérer un miracle, — un seul miracle avec ?

Qui donc fit l'homme avec des facultés qui en un instant l'enlèvent de la terre au ciel ; — la plus grande, la plus excellente, la plus noble créature du monde, — le *miracle* de la nature, comme l'a appelé Zoroastre, dans son Περὶ φύσεως ; — *shekinah* de la présence divine, selon Chrysostome ; — l'*image* de Dieu, selon Moïse ; — le *rayon* de la Divinité, selon Platon ; — la *merveille* des *merveilles*, selon Aristote, — pour ramper de ce

---

[1] Ces deux phrases sont mot pour mot dans l'*Anatomie de la mélancolie* de Burton, p. 9 et 10 de *Democritus junior to the reader*. Walter Scott, dans sa *Vie de Sterne*, nous semble avoir pris trop au sérieux ce plagiat d'un passage contre les plagiaires. Si, au lieu d'être le comble de l'impudence, c'était simplement un trait d'*humour !*

(*Note du traducteur.*)

pitoyable train d'entremetteur et d'écumeur d'affaires [1]?

Je dédaigne d'être aussi injurieux qu'Horace à cette occasion ; — mais s'il n'y a pas de catachrèse dans ce vœu, ni de péché non plus, je souhaite du fond de l'âme que tous les imitateurs de la Grande-Bretagne, de la France et de l'Irlande, aient le farcin pour leur peine, et qu'il y ait une bonne maison *farcinière*, assez grande pour les contenir, — oui, — et les sublimer tous ensemble, *pelés et tondus*, mâles et femelles : et ceci m'amène à l'affaire des *moustaches* ; — mais par quel enchaînement d'idées ? — je le laisse en legs de mainmorte aux prudes et aux tartufes, pour en jouir et en tirer le meilleur parti possible.

---

[1] L'homme, la plus excellente et la plus noble créature du monde, le *principal et puissant ouvrage de Dieu*; le *miracle de la nature*, comme l'appelle Zoroastre ; *audacis naturæ miraculum*; la *merveille des merveilles*, selon Platon ; l'*abrégé et l'epitome du monde*, selon Pline ; *microcosmus*, un petit monde, un modèle du monde, le souverain maître de la terre, le vice-roi du monde, le seul chef et gouverneur de toutes les créatures qui y sont. —— Créé à la propre image de Dieu... Burton, premières lignes de l'*Anatomie de la mélancolie*.

Il est inutile d'avertir le lecteur de ne pas confondre ce docteur Burton avec le docteur John Burton d'York, que Sterne a eu en vue dans le personnage du docteur Slop. Celui dont il est question ici et auquel Sterne a fait divers emprunts est le docteur Robert Burton, né le 8 février 1576, et mort en janvier 1639. C'est le Montaigne de l'Angleterre. Le docteur Ferriar de Manchester a écrit deux volumes intitulés *Illustrations de Sterne*, où il relève rigoureusement tous ces emprunts. Nous les citerons au fur et à mesure, afin que le lecteur, ayant sous les yeux les pièces du procès, juge si l'amour de la justice qui a dicté ce réquisitoire n'est pas un peu entaché d'esprit de dénigrement et de jalousie d'érudit contre un homme d'imagination.

(*Note du traducteur.*)

SUR LES MOUSTACHES.

Je suis fâché de l'avoir faite ; — c'est une des promesses les plus inconsidérées qui soit jamais entrée dans la tête d'un homme. — Un chapitre sur les moustaches ! Hélas ! le monde ne le supportera pas ! — C'est un monde délicat ; — mais je ne savais pas quelle était son humeur, — et je n'avais jamais vu le fragment ci-dessous ; autrement, aussi sûr que des nez sont des nez, et que des moustaches sont des moustaches (que le monde dise, s'il veut, le contraire), j'aurais gouverné loin de ce dangereux chapitre.

LE FRAGMENT.

* * * * * * * * * * * * * * * * * * *
* * * * * * * * * * * * * * * * * * *

——— Vous êtes à moitié endormie, ma bonne dame, dit le vieux monsieur, prenant la main de la vieille dame, et la serrant doucement comme il prononçait le mot *moustaches*. — Changerons-nous de sujet ? Nullement, repartit la vieille dame ; — j'aime le récit que vous me faites. Alors jetant un voile de gaze fine sur sa tête, qu'elle appuya en arrière sur sa chaise, le visage tourné vers lui, et allongeant ses deux pieds comme elle se penchait, — Je désire, reprit-elle, que vous continuiez.

Le vieux monsieur continua en ces termes : — Des moustaches ! s'écria la reine de Navarre, laissant tomber sa pelote de nœuds au moment où la Fosseuse prononça le mot. ——— Des moustaches, madame ! dit la Fosseuse, attachant avec une épingle la pelote au tablier de la reine, et faisant une révérence comme elle le répétait.

La voix de la Fosseuse était naturellement douce et basse ; pourtant c'était une voix articulée ; et chaque lettre du mot *moustaches* parvint distinctement à l'oreille de la reine de Navarre. ——— Des moustaches ! s'écria la reine appuyant davantage sur le mot, et comme si elle se défiait encore de ses oreilles. ——— Des moustaches ! répliqua la Fosseuse, répétant le mot une troisième fois. — Il n'y a pas, madame, en Navarre un cavalier de son âge, continua la fille d'honneur, prenant vivement les intérêts du page auprès de la reine, qui ait une si belle paire ——— De quoi ? s'écria Marguerite en souriant. ——— De moustaches, dit la Fosseuse, avec une modestie infinie.

Le mot *moustaches* tint bon, et on continua à s'en servir dans la plupart des meilleures compagnies du petit royaume de Navarre, malgré l'usage indiscret qu'en avait fait la Fosseuse : la vérité était, que la Fosseuse n'avait pas prononcé ce nom seulement devant la reine, mais en mainte autre occasion à la cour, avec un accent qui impliquait toujours une sorte de mystère. — Et comme à la cour de Marguerite, tout le monde le sait, régnait en ce temps-là un mélange de galanterie et de dévotion, — et que les moustaches s'appliquaient à l'une comme à l'autre, le mot naturellement tint bon, — il gagna tout autant qu'il perdit, c'est-à-dire le clergé fut pour lui, — les laïques furent contre, — et quant aux femmes, *elles* se partagèrent.

La beauté de la tournure et de la mine du jeune sieur

de Croix commençait à cette époque à attirer l'attention des filles d'honneur vers la terrasse située devant la porte du palais et où se montait la garde. La dame de Baussière tomba éperdument amoureuse de lui, — il en fut de même de la Battarelle ; — il faisait pour cela le plus beau temps dont on ait jamais eu souvenir en Navarre. — La Guyol, la Maronette, la Sabatière, s'amourachèrent aussi du sieur de Croix ; la Rebours et la Fosseuse furent plus avisées : — de Croix n'avait pas été heureux dans une tentative qu'il avait faite pour se recommander à la Rebours, et la Rebours et la Fosseuse étaient inséparables.

La reine de Navarre était assise avec ses dames à la fenêtre cintrée à vitraux coloriés, qui faisait face à la porte de la seconde cour, au moment où de Croix passait : — Il est beau, dit la dame de Baussière. ———— Il a bonne mine, dit la Battarelle. ———— Il est bien fait, dit la Guyol. — Je n'ai de ma vie vu, dit la Maronette, un officier des gardes à cheval avec de pareilles jambes. ———— Ou qui se tînt si bien dessus, dit la Sabatière. ———— Mais il n'a pas de moustaches, s'écria la Fosseuse. — Pas un poil, dit la Rebours.

La reine alla droit à son oratoire, rêvant sur ce sujet tout le long de la galerie, et le tournant en tous sens dans son imagination. — Ave Maria † — que peut vouloir dire la Fosseuse ? se demanda-t-elle en s'agenouillant sur le coussin.

La Guyol, la Battarelle, la Maronette, la Sabatière se retirèrent aussitôt dans leurs chambres. Des moustaches ! se dirent-elles toutes quatre en fermant leur porte au verrou.

La dame de Carnavalette comptait les grains de son chapelet, sans qu'on s'en doutât, sous son vertugadin. — De saint Antoine à sainte Ursule inclusivement, il ne lui passa pas sous les doigts un saint qui n'eût des moustaches ; saint François, saint Dominique, saint Benoît, saint Basile, sainte Brigitte, tous avaient des moustaches.

La dame de Baussière était tombée dans un égarement d'idées à force de commentaires embrouillés sur le texte de la Fosseuse : — elle monta son palefroi, son page la suivit, — le Saint-Sacrement vint à passer, — la dame de Baussière continua son chemin.

Un denier, cria l'ordre de la Merci, — un seul denier pour mille patients captifs, qui tournent les yeux vers le ciel et vous, implorant leur rachat.

——— La dame de Baussière continua son chemin.

Ayez pitié des malheureux, dit un pieux et vénérable homme à tête blanche, tendant humblement une boîte à cercles de fer dans ses mains desséchées. — Je quête pour les infortunés : — ma bonne dame, c'est pour une prison, — pour un hôpital, — c'est pour un vieillard, — pour de pauvres victimes d'un naufrage, d'un cautionnement, d'un incendie ; — j'en prends Dieu et tous ses anges à témoin, — c'est pour vêtir ceux qui sont nus, — nourrir ceux qui ont faim, — c'est pour soulager les malades et les affligés.

——— La dame de Baussière continua son chemin.

Un parent ruiné fit un salut jusqu'à terre.

——— La dame de Baussière continua son chemin.

Il courut tête nue à côté de son palefroi, l'implorant, la conjurant par les liens précédents de l'amitié, de l'alliance, de la parenté, etc., etc. ——— Ma cousine, ma tante, ma sœur, ma mère, — au nom de la vertu, pour l'amour de vous, pour l'amour de moi, pour l'amour du Christ, souvenez-vous de moi ! — ayez pitié de moi

———— La dame de Baussière continua son chemin[1].

Tenez *mes moustaches,* dit la dame de Baussière.

— Le page tint *son palefroi.* Elle mit pied à terre au bout de la terrasse.

Il est certains enchaînements d'idées qui laissent leur *impression* autour des yeux et des sourcils, et la conscience qu'on en a aux alentours du cœur ne sert qu'à en graver plus fortement les caractères. — Nous les voyons, nous les épelons, et nous les assemblons sans dictionnaire.

[1] ... Un pauvre diable de ses parents ruiné le rencontre qui va à ses plaisirs; il court à côté de lui tête nue, lui demandant l'aumône, le conjurant par leurs anciens liens d'amitié, d'alliance, de consanguinité, etc., oncle, cousin, frère, père..... de montrer quelque pitié pour l'amour du Christ; ayez pitié d'un malade, d'un vieillard, etc... il ne s'en inquiète pas; fouette, cocher. Allègue la maladie, une perte inévitable de membres, de biens ; parle de cautionnement, de naufrage, d'incendies, de calamités ordinaires; expose tes besoins et insuffisances... jure, proteste, prends Dieu et tous ses anges à témoin, — *quære peregrinum;* tu es un hypocrite, un imposteur; il n'en est pas touché : *pauper ubiquè jacet,* fouette, cocher, il n'y fait aucune attention. Adresse-lui une supplique au nom de mille orphelins, d'un hôpital, d'un hospice, d'une prison; comme il passe, ils lui crient au secours ; fouette, cocher ; *surdo narras;* il ne s'en inquiète pas; qu'ils mangent des pierres, qu'ils soient dévorés de vermine, qu'ils pourrissent dans leur propre fumier; il ne s'en inquiète pas. Montre-lui un port en ruine, ou un pont, ou une école, ou une fortification, etc., ou quelque édifice public ; fouette, cocher ; mon bon seigneur, votre Honneur, pour l'amour de Dieu, pour l'amour de votre pays; fouette, cocher. Burton, *Anatomie de la mélancolie,* (*Love Melancholy*) part. III, sect. I, mém. 3. (*Charity*). Ceci est le plus gros péché de Sterne. Il ne s'agit plus comme ailleurs de quelques lambeaux d'érudition grecque ou latine, ou d'un lieu commun de philosophie; il s'agit d'une page éloquente, pleine de chaleur et d'originalité. Cela passe la permission. (*Note du traducteur.*)

Ah! ah! eh! eh! hi! s'écrièrent la Guyol et la Sabatière, examinant mutuellement leurs *impressions*. — Oh! oh! s'écrièrent la Battarelle et la Maronette, faisant de même. — Silence! cria l'une; — St, st, dit une autre; — Chut! reprit une troisième; — Paix, paix! repartit une quatrième; — Grand merci! s'écria la dame de Carnavalette. — C'était elle qui avait emmoustaché sainte Brigitte.

La Fosseuse tira l'épingle de son chignon, et ayant avec le gros bout dessiné une petite moustache sur un des côtés de sa lèvre supérieure, elle mit l'épingle dans la main de la Rebours. — La Rebours secoua la tête.

La dame de Baussière toussa trois fois dans son manchon. —— La Guyol sourit. —— Fi! dit la dame de Baussière. La reine de Navarre se toucha l'œil du bout de l'index, — comme pour dire : Je vous comprends toutes.

Il était clair pour toute la cour que le mot ne s'en relèverait pas. La Fosseuse lui avait porté un coup, et il n'en était pas mieux pour avoir passé par tous ces défilés. — Pourtant il se soutint encore quelques mois, à l'expiration desquels le sieur de Croix s'étant aperçu qu'il était grandement temps de quitter la Navarre faute de moustaches, — le mot en conséquence devint indécent, et (après quelques efforts) absolument impossible à employer.

Le meilleur mot du meilleur langage du meilleur monde aurait été victime d'une pareille ligue. —— Le curé d'Estella écrivit un livre contre, exposant le danger des idées accessoires, et prémunissant les Navarrais contre elles.

Le monde entier ne sait-il pas, dit le curé d'Estella à la

fin de son ouvrage, que les nez ont eu, il y a quelques siècles, dans la plus grande partie de l'Europe, la même destinée que les moustaches ont maintenant dans le royaume de Navarre? — Le mal, il est vrai, ne s'étendit pas alors plus loin; mais les lits, et les traversins, et les bonnets de nuit, et les pots de chambre n'ont-ils pas toujours été depuis à la veille de leur ruine? Les chausses, et les fentes de jupe, et les manches de pompe, — et les robinets et les faussets, ne sont-ils pas toujours tenus en péril par cette même association?

La chasteté est, de sa nature, la plus douce des qualités; — mais lâchez-lui la bride, — c'est un lion bondissant et rugissant.

Le but de l'argument du curé d'Estella ne fut pas compris : — ils avaient perdu la piste. — Le monde brida son âne par la queue. — Et quand les *extrêmes de la délicatesse* et les *commencements* de la *concupiscence* tiendront ensemble leur premier chapitre provincial, ils pourront aussi décréter *celui-ci* obscène.

CHAPITRE CXX.

Quand mon père reçut la lettre qui lui donnait la triste nouvelle de la mort de mon frère Bobby, il était occupé à calculer les frais de poste de Calais à Paris, et de là à Lyon.

C'était un bien malencontreux voyage; mon père ayant u à le refaire depuis le premier jusqu'au dernier pas, et son calcul à recommencer, quand il en était presque à la fin, par la faute d'Obadiah, qui avait ouvert la porte pour l'informer qu'il n'y avait plus de levure à la maison, — et pour demander la permission de prendre le grand cheval de carrosse le lendemain de bonne heure et d'en aller chercher. ——— De tout mon cœur, Obadiah, dit mon père (continuant son voyage); — prenez le cheval de carrosse, je ne demande pas mieux. ——— Mais il lui manque un fer, pauvre créature! dit Obadiah. ——— Pauvre créature! dit mon oncle Toby, refaisant vibrer la note, comme une corde à l'unisson. ——— Alors montez le cheval écossais, dit brusquement mon père. ——— Il ne veut pas souffrir la selle, dit Obadiah, pour rien au monde. ——— Ce cheval a le diable au corps; eh bien! prenez le Patriote, s'écria mon père, et fermez la porte. — Le Patriote est vendu, dit Obadiah. ——— Voyez-vous! s'écria mon père, faisant une pause, et regardant mon oncle Toby en face, comme si ce n'était point un fait. ——— Votre Honneur m'a ordonné de le vendre au mois d'avril dernier, dit Obadiah. ——— Alors allez à pied pour votre peine. ——— J'aime mieux aller à pied qu'à cheval, dit Obadiah en fermant la porte.

Quel fléau! s'écria mon père en continuant son calcul. ——— Mais les eaux ont débordé, dit Obadiah, — rouvrant la porte.

Jusqu'à ce moment, mon père, qui avait devant lui une carte de Sansou et un livre de poste, avait gardé la main sur la tête de son compas, dont une des pointes était posée sur Nevers, le dernier relais où il eût payé, — se proposant de poursuivre à partir de là son voyage et son calcul, aussitôt qu'Obadiah aurait quitté la chambre; mais cette seconde attaque d'Obadiah rouvrant la porte et mettant tout le pays sous l'eau, c'en était trop. — Il laissa aller son compas, — ou plutôt, moitié accident moitié colère, il le jeta sur la table : et alors tout ce qui lui restait à faire, c'était de retourner à Calais (comme tant d'autres) aussi avancé qu'en partant.

Lorsqu'on apporta dans le parloir la lettre qui contenait la nouvelle de la mort de son frère, mon père s'était remis en voyage et était à une enjambée de compas de ce même relais de Nevers. — Avec votre permission, mons. Sanson, s'écria mon père, enfonçant au travers de Nevers la pointe de son compas dans la table, — et faisant signe à mon oncle Toby de voir ce qu'il y avait dans la lettre, — c'est trop, mons. Sanson, pour un gentleman anglais et son fils, d'être renvoyés deux fois en une soirée d'une sale bicoque telle que Nevers. Qu'en penses-tu, Toby ? ajouta mon père d'un ton animé. ——— A moins que ce ne soit une ville de garnison, dit mon oncle Toby, car alors——— Je serai un sot toute ma vie, dit mon père, souriant à part lui. — Là-dessus faisant un second signe de tête, dans une main son compas toujours sur Nevers, et son livre de poste dans l'autre, — moitié calculant et moitié écoutant, il se pencha en avant les deux coudes sur la table, tandis que mon oncle Toby lisait la lettre entre ses dents.

——— ——— ——— ———

——— ———

——— ——— ——— ——— Il est parti ! dit mon oncle Toby. — Où ? — Qui ? s'écria mon père. ——— Mon neveu, dit mon oncle Toby. — Quoi ! — sans permission, — sans argent, — sans gouverneur ? s'écria mon père stupéfait. ——— Non, — il est mort, mon cher frère, dit mon oncle Toby. ——— Sans avoir été malade ! s'écria de nouveau mon père. ——— Je présume que si, dit mon oncle Toby à voix basse, et tirant un gros soupir du fond de son cœur; il a été assez malade, pauvre enfant! J'en réponds, — puisqu'il est mort.

Quand Agrippine apprit la mort de son fils, Tacite nous informe que n'étant pas capable de modérer la violence de son émotion, elle interrompit brusquement son ouvrage [1]. ——— Mon père n'en enfonça que plus ferme son compas dans Nevers. — Quels effets contraires! Son geste à lui, assurément, était un geste de calcul! Celui d'Agrippine devait être tout autre chose, autrement qui pourrait prétendre à raisonner sur l'histoire?

Ce que fit ensuite mon père mérite, selon moi, un chapitre à part.

CHAPITRE CXXI.

——— Et un chapitre il aura, et un diable de chapitre qui plus est : — Ainsi, tenez-vous bien [2].

---

[1] L'excès de notre impartialité nous oblige à reconnaître, avec cet impitoyable docteur Ferriar, qui tient tant à prouver que Sterne n'était pas un homme d'érudition, *a man of learning*, que cette citation n'a pas été empruntée à Tacite même, mais bien à l'*Anatomie de la mélancolie*, part. II, sect. III, mém. 5. (*Note du traducteur.*)

[2] Le chapitre CXXI contient le plus long, mais peut-être aussi le plus excusable des plagiats de Sterne. Loin d'avoir autant de prétention à l'érudition que lui en suppose le docteur Ferriar, Sterne a écrit *Tristram Shandy* pour se moquer des érudits. Il est moraliste et homme d'imagination avant tout; il ne perd pas son temps à pâlir sur des manuscrits pour y chercher des arguments contre l'érudition: ce serait faire ce qu'il reproche aux autres. Toute celle dont il a besoin pour servir de texte à ses satires, il la prend toute faite dans Burton. Peut-être eût-il été mieux de citer les sources où il puisait; mais les notes alourdissent une œuvre d'imagination, et ici c'eût été détruire l'illusion. Le lecteur doit croire que M. Shandy est une sorte

C'est ou Platon, ou Plutarque, ou Sénèque, ou Xénophon, ou Épictète, ou Théophraste, ou Lucien, — ou bien quelqu'un de date plus récente, — soit Cardan, soit Budens, soit Pétrarque, soit Stella, — ou peut-être bien est-ce quelque théologien ou Père de l'Église, saint Augustin, saint Cyprien, ou saint Bernard, qui affirme que c'est un sentiment irrésistible et naturel, que de pleurer la perte de nos amis ou enfants : — et Sénèque (je suis sûr que c'est lui) nous dit quelque part que de tels chagrins s'écoulent mieux par ce canal particulier : aussi voyons-nous que David pleura son fils Absalon, Adrien son Antinoüs, Niobé ses enfants, et qu'Apollodore et Criton versèrent des larmes sur Socrate avant sa mort.

Mon père gouverna autrement son affliction, et même différemment de la plupart des hommes, tant anciens que modernes, car il ne la pleura pas, comme les Hébreux et les Romains, — il ne l'endormit pas, comme les Lapons, — il ne la pendit pas, comme les Anglais, — il ne la noya pas, comme les Allemands ; — il ne la maudit pas non plus, ni ne l'envoya au diable, ni ne l'excommunia, ni ne la versifia, ni ne la lillibullérisa. —

— Il s'en débarrassa, néanmoins.

---

de docteur Burton qui a beaucoup lu, et qui, lorsqu'il s'agit de montrer du cœur, ne sait faire preuve que de mémoire, tandis que le sensible caporal Trim, qui n'a lu que son contrôle, fait pleurer toute la cuisine. Remarquez d'ailleurs le début du chapitre : — « Et un chapitre il aura, et un diable de chapitre ! — Ainsi tenez-vous bien. » N'est-ce pas là une sorte d'avertissement ? Quoi qu'il en soit, et à défaut de l'auteur, nous prévenons qu'une bonne partie des lieux communs, qui font le comique de ce chapitre, sont puisés dans l'*Anatomie de la mélancolie*, part. II, sect. III, mém. 5 ; mais franchement nous ne croyons pas que cet aveu diminue en rien la gloire de Sterne.

(*Note du traducteur.*)

Vos *Worships* veulent-ils me permettre d'étrangler une histoire entre ces deux pages?

Quand Cicéron perdit sa chère fille Tullia, il prit d'abord la chose à cœur, — il écouta la voix de la nature, et régla dessus la sienne. — O ma Tullia! ma fille! mon enfant! — toujours, toujours, toujours — c'était ô ma Tullia! — ma Tullia! Je crois voir ma Tullia, entendre ma Tullia, parler à ma Tullia. — Mais dès qu'il eut commencé à examiner les ressources de la philosophie, et à considérer combien il y avait d'excellentes choses à dire sur la circonstance, — personne sur terre ne peut concevoir, dit le grand orateur, quel bonheur, quelle joie cela me procura.

Mon père était tout aussi fier de son éloquence que Marcus Tullius Cicéron pouvait l'être de la sienne, et avec autant de raison, je le crois jusqu'à ce qu'on me prouve le contraire; c'était, en vérité, son fort et son faible aussi. — Son fort, car il était naturellement éloquent; et son faible, car il en était la dupe à toute heure; et pourvu qu'une occasion dans la vie lui permît seulement de montrer ses talents ou de dire une chose sensée, spirituelle ou maligne — (sauf le cas d'une infortune *systématique*), — il n'en demandait pas davantage. — Un bonheur qui liait la langue de mon père, et un malheur qui la déliait de bonne grâce, valaient à ses yeux à peu près autant: quelquefois même il aimait mieux le malheur; par exemple, quand le plaisir de la harangue était comme *dix*, et le chagrin du malheur comme *cinq*, — mon père y gagnait cent pour cent, et, conséquemment, s'en tirait aussi bien que s'il ne lui était rien arrivé.

Ce fil servira à démêler ce qui autrement semblerait

fort contradictoire dans le caractère privé de mon père ; et c'est ce qui faisait que dans les irritations causées par les négligences et bévues des domestiques, ou autres petits malheurs inévitables dans une famille, sa colère, ou plutôt la durée de sa colère allait éternellement à l'encontre de toute conjecture.

Mon père avait une petite jument favorite qu'il avait donné à couvrir à un très-beau cheval arabe, afin d'avoir une monture agréable. Il était ardent dans tous ses projets, et il parlait chaque jour de son futur poulain avec une sécurité parfaite, comme s'il eût été élevé et dressé, — sellé et bridé à sa porte, prêt à être monté. Grâce à une négligence d'Obadiah, il advint que la jument ne répondit aux espérances de mon père que par un mulet, et encore une des plus laides bêtes de l'espèce.

Ma mère et mon oncle Toby s'attendaient que mon père exterminerait Obadiah, — et qu'on ne verrait jamais la fin de ce désastre. —— Regardez, coquin, s'écria mon père en montrant le mulet, regardez ce que vous avez fait ! —— Ce n'est pas moi, dit Obadiah. —— Qu'est-ce que j'en sais ? répliqua mon père. ——

La joie nagea dans les yeux de mon père à cette repartie, — le sel attique y avait attiré de l'eau ; — et Obadiah n'entendit plus parler de rien.

Maintenant revenons-en à la mort de mon frère.

La philosophie a une belle phrase pour chaque chose. — Pour la mort, elle a tout un assortiment de belles phrases ; le malheur était qu'elles se précipitèrent toutes à la fois dans la tête de mon père, en sorte qu'il était difficile de les coudre ensemble de façon à en faire quelque chose qui eût l'air de se tenir. — Il les prit comme elles vinrent. ———

« C'est une chance inévitable, — le premier statut de la grande Charte ; — c'est un acte éternel du parlement, mon cher frère, *nous devons tous mourir*.

« Si mon fils avait pu ne pas mourir, il y aurait eu de quoi s'étonner ; — mais non de ce qu'il est mort.

« Les monarques et les princes dansent le même branle que nous.

« *Mourir* est la grande dette, — le tribut de la nature : les tombes et les monuments, qui devraient perpétuer notre mémoire, le payent eux-mêmes, et la plus orgueilleuse des pyramides que la richesse et la science ont érigées, a perdu son sommet, et se dresse tronquée à l'horizon du voyageur. » ——— (Mon père trouva qu'il éprouvait un grand soulagement, et poursuivit.) — « Les royaumes et provinces, les villes et cités n'ont-ils pas eu leurs périodes ? et quand les principes et forces, qui d'abord les cimentaient et les unissaient, ont accompli leurs diverses évolutions, ils rétrogradent. » ——— Frère Shandy, dit mon oncle Toby, posant sa pipe au mot *évolutions* ——— Révolutions, voulais-je dire, reprit mon père ; — par le ciel ! je voulais dire révolutions, frère Toby ; — évolutions est un non-sens. ——— Ce n'est point un non-sens, — dit mon oncle Toby. ——— Mais y en a-t-il, du sens, à rompre le fil d'un tel discours dans une telle occasion ? s'écria mon père ; — de grâce, cher Toby, continuat-il en lui prenant la main, de grâce, — de grâce, je t'en conjure, ne m'interromps pas dans cette crise. ——— Mon oncle Toby mit sa pipe à sa bouche.

« Où sont Troie et Mycènes, et Thèbes et Délos, et Persépolis et Agrigente ? » — continua mon père prenant le livre de poste qu'il avait laissé sur la table. — « Qu'est-il advenu, frère Toby, de Ninive et de Babylone, de Cyzique et de Mitylène ? Les plus belles villes sur lesquelles le soleil se soit jamais levé ne sont plus maintenant ; il ne reste que leurs noms ; et ceux-ci (car beaucoup d'entre eux s'écrivent mal) tombent eux-mêmes pièce à pièce en ruine, et par la suite des temps seront oubliés, et enveloppés avec toutes choses dans une nuit perpétuelle. Le monde lui-même, frère Toby, doit — doit finir.

« A mon retour d'Asie, quand je fis voile d'Égine à Mégare » (Quand donc pouvait-ce être ? pensa mon oncle Toby), « je me mis à contempler le pays tout à l'entour. — Égine était derrière moi, Mégare était devant, le Pirée à droite, Corinthe à gauche. — Quelles villes florissantes maintenant couchées sur la terre ! Hélas ! hélas ! me disje, l'homme irait se troubler l'âme pour la perte d'un enfant, lorsqu'il a devant les yeux tous ces cadavres imposants ! — Souviens-toi, me dis-je encore, — souviens-toi que tu es homme. » ——

Or, mon oncle Toby ne savait pas que ce dernier paragraphe était un extrait d'une lettre de consolation de Servius Sulpicius à Cicéron : — il ne se connaissait pas plus, l'honnête homme, en fragments d'antiquité, qu'en pièces entières ; — et comme mon père, lorsqu'il faisait son commerce de Turquie, avait été à trois ou quatre reprises dans le Levant, et qu'une fois il était resté un an et demi à Zante, mon oncle Toby conclut naturellement qu'à une de ces époques il avait poussé par l'Archipel jusqu'en Asie, et que toute cette traversée, avec Égine derrière, et Mégare devant, et le Pirée à droite, etc., etc., n'était autre chose que le récit fidèle du voyage de mon père et de ses réflexions. — C'était bien certainement sa *manière*; et plus d'un entrepreneur critique aurait bâti deux étages de plus sur de pires fondements. —— Et je te prie, frère, dit mon oncle Toby, posant le bout de sa pipe sur la main de mon père, par voie aimable d'interruption, — mais attendant qu'il eût fini sa relation, — en quelle année de Notre-Seigneur était-ce? —— Ce n'était en aucune année de Notre-Seigneur, repartit mon père. —— C'est impossible! s'écria mon oncle Toby. —— Nigaud! dit mon père, — c'était quarante ans avant que le Christ fût né.

Mon oncle Toby n'avait que deux suppositions à faire : ou que mon père était le Juif errant, ou que ses malheurs lui avaient dérangé la cervelle. —— « Puisse le Seigneur Dieu du ciel et de la terre le protéger et le rétablir! » dit mon oncle Toby, priant silencieusement pour son frère, et les larmes aux yeux.

Mon père se donna une raison convenable de ces larmes, et reprit sa harangue avec chaleur. —

« Il n'y a pas, frère Toby, une si grande différence entre le bien et le mal, que le monde s'imagine. » — (Ce début, soit dit en passant, ne paraissait pas de nature à guérir les soupçons de mon oncle Toby.) —— « Le labeur, le chagrin, la peine, la maladie, le besoin et l'infortune sont les sauces de la vie. » —— Grand bien leur fasse, — dit en lui-même mon oncle Toby. ——

« Mon fils est mort! tant mieux; c'est une honte, dans une pareille tempête, de n'avoir qu'une ancre.

« Mais il est à jamais loin de nous! — Soit. — Il est sorti des mains de son barbier avant d'être chauve; — il s'est levé d'un festin avant l'indigestion ; — d'un banquet avant l'ivresse.

« Les Thraces pleuraient à la naissance d'un enfant, » ——— (Et nous en avons été bien près, dit mon oncle Toby) — « et donnaient des festins et se réjouissaient quand un homme partait de ce monde ; et avec raison. — La Mort ouvre la porte de la Renommée, et ferme sur elle celle de l'Envie ; — elle détache la chaîne du captif, — et met aux mains d'un autre la tâche de l'esclave.

« Montre-moi l'homme qui, sachant ce qu'est la vie, redoute la mort, — et je te montrerai le prisonnier qui redoute sa liberté. » ———

« Ne vaut-il pas mieux, mon cher frère Toby (car fais-y attention, — nos appétits ne sont que des maladies) — ne vaut-il pas mieux ne pas avoir faim du tout que de manger ? — ne pas avoir soif, que de prendre une médecine pour nous en guérir ?

« Ne vaut-il pas mieux être délivré des soucis et des fièvres, — de l'amour et de la mélancolie, et des autres affections froides ou chaudes de la vie, que, comme un malheureux voyageur qui arrive harassé à son auberge, d'être forcé de se remettre en route ?

« Son aspect, frère Toby, n'a de terreur que ce qu'il en emprunte aux gémissements et aux convulsions, aux nez qu'on mouche, et aux yeux qu'on essuie après les rideaux, dans la chambre d'un mourant. — Dépouillez-la de cet entourage, — qu'est-ce ? — Elle est meilleure au combat qu'au lit, dit mon oncle Toby. — Otez ses cercueils, ses muets et son deuil, — ses plumes, ses écussons, et autres secours mécaniques, qu'est-ce ? — *Meilleure au combat !* continua mon père en souriant, car il avait absolument oublié mon frère Bobby; elle n'est terrible d'aucune manière; car considère, frère Toby, — quand nous *sommes*, la mort n'est *pas*; — et quand la mort *est*, nous *ne* sommes *pas*. — Mon oncle Toby posa sa pipe pour examiner la proposition; l'éloquence de mon père était trop rapide pour s'arrêter à attendre qui que ce fût; — elle poursuivit — et entraîna avec elle les idées de mon oncle Toby.

Pour cette raison, continua mon père, il est bon de se rappeler le peu d'altération que les approches de la mort ont produit sur les grands hommes. — Vespasien mourut sur sa chaise percée, au milieu d'un bon mot; — Galba, d'une sentence; Septime Sévère, d'une dépêche; — Tibère, d'un acte de dissimulation; et César Auguste, d'un compliment [1]. ——— J'espère que c'en était un sincère, dit mon oncle Toby. ———

C'était à sa femme, — dit mon père.

CHAPITRE CXXII.

——— Et finalement, — car entre toutes les anecdotes de choix que l'histoire présente sur cette matière, continua mon père, celle-ci, comme le dôme doré qui recouvre le monument, — couronne le tout. ———

C'est celle de Cornélius Gallus, le préteur, que vous devez avoir lue, je présume, frère Toby. — Je crois bien que non, repartit mon oncle. ——— Il mourut, dit mon

---

[1] De par le docteur Ferriar, il est fait savoir au lecteur que ceci est emprunté à l'*Essai sur la mort*, par Bacon. Décidément, Sterne n'est pas un érudit, à moins que ce ne soit l'être que de si bien connaître Burton, lord Verulam, Rabelais, etc., etc.   (*Note du traducteur.*)

père, en **********. —— Et si c'était avec sa femme, dit mon oncle Toby, il n'y avait pas de mal à cela. ——
C'est plus que je n'en sais, répliqua mon père.

CHAPITRE CXXIII.

Ma mère suivait avec beaucoup de précaution dans l'obscurité le passage qui menait au parloir, comme mon oncle Toby prononçait le mot *femme*. — Ce mot [1] a par lui-même un son aigre et perçant, et Obadiah avait aidé à la chose en laissant la porte un peu entr'ouverte, de sorte que ma mère en entendit assez pour s'imaginer qu'elle était le sujet de la conversation : posant donc son doigt en travers de ses lèvres, — retenant sa respiration, et penchant un peu la tête, en se tordant le cou — (non pas vers la porte, mais à l'opposé, au moyen de quoi son oreille se rapprocha de la fente) — elle écouta de tout son pouvoir : — l'esclave qui écoute, ayant derrière lui la déesse du Silence, n'aurait pas fourni une meilleure idée pour une pierre gravée.

Je suis décidé à la laisser cinq minutes dans cette attitude, — jusqu'à ce que j'aie ramené les affaires de la cuisine (comme Rapin celle de l'Église) au même point.

[1] En anglais, *wife*. (*Note du traducteur.*)

CHAPITRE CXXIV.

Quoique, en un sens, notre maison fût assurément une machine simple, attendu qu'elle ne se composait que de peu de roues, il y avait à dire ceci pourtant, que ces roues étaient mises en mouvement par tant de ressorts différents, et agissaient l'une sur l'autre d'après une telle variété de principes et impulsions étranges, — que bien que ce fût une machine simple, elle avait tout l'honneur et tous les avantages d'une machine compliquée, — et nombre de mouvements aussi bizarres au dedans d'elle, qu'on en a jamais vu dans l'intérieur d'un moulin à soie hollandais.

Il y en avait un, dont je vais parler, et qui peut-être à tout prendre n'était pas aussi singulier que bien d'autres : c'était que, quelle que fût l'espèce de motion, débat, harangue, dialogue, projet ou dissertation qui s'élevât dans le parloir, il y en avait généralement un autre, au même instant et sur le même sujet, qui s'élevait parallèlement dans la cuisine.

Or, pour effectuer ceci, toutes les fois qu'une lettre ou message extraordinaire était apporté au parloir, — ou un entretien suspendu jusqu'à la sortie du domestique, — ou que l'on voyait des traces de mécontentement sur le front de mon père ou de ma mère ; — bref, quand on supposait sur le tapis aucune chose qui valût la peine d'être sue ou écoutée, c'était une règle de ne pas fermer tout à fait la porte, de la laisser tant soit peu entrebâillée, — comme elle l'est en ce moment ; ce qui, sous le couvert des mauvais gonds (et ce pouvait bien être une des nombreuses raisons pour lesquelles ils n'étaient jamais raccommodés), n'était pas difficile à exécuter. Par ce moyen, dans chacun de ces cas, on laissait en général un passage, non pas sans doute aussi large que les Dardanelles, mais assez large, après tout, pour faire autant de ce commerce, vent en poupe, qu'il en fallait pour épargner à mon père l'embarras de mener sa maison ; — ma mère est là en ce moment qui en profite. Obadiah avait fait de même, sitôt après avoir laissé sur la table la lettre qui apportait la nouvelle de la mort de mon frère : en sorte que mon père n'était pas bien revenu de sa surprise, et n'avait pas entamé sa harangue, — que déjà Trim s'était mis sur ses jambes, pour émettre son sentiment à ce sujet.

Un curieux observateur de la nature, eût-il eu à lui tout l'inventaire des richesses de Job, — quoique, soit dit en passant, *l'avoir de vos curieux observateurs vaille rarement quatre sous,* — en aurait donné la moitié pour entendre le caporal Trim et mon père, deux orateurs si opposés par leur nature et leur éducation, haranguant sur la même bière.

Mon père, — homme d'infiniment de lecture, — d'une mémoire prompte, — sachant Caton, et Sénèque, et Épictète sur le bout du doigt. —

Le caporal, — avec rien — à se rappeler ; — n'ayant jamais lu que son contrôle, — ne sachant pas de plus grands noms sur le bout du doigt, que ceux qu'il contenait.

L'un procédant de période en période par métaphore et allusion, et frappant l'imagination chemin faisant (comme font les gens d'imagination et d'esprit), par l'agrément et le charme de ses peintures et images.

L'autre, sans esprit ni antithèse, ni pointe, ni manière d'aucune espèce; mais laissant les images d'un côté, et les peintures de l'autre, et allant, comme la nature le menait, droit au cœur. — O Trim! plût au ciel que tu eusses un meilleur historien! — et que ton historien eût une meilleure culotte! ——— O vous, critiques! est-ce que rien ne vous attendrira?

CHAPITRE CXXV.

——— Mon jeune maître est mort à Londres! dit Obadiah.

——— Une robe de chambre de satin vert que ma mère avait fait dégraisser deux fois, fut la première idée que l'exclamation d'Obadiah éveilla dans la tête de Susanne. ——— Locke a eu raison d'écrire un chapitre sur les imperfections des mots. — Alors, dit Susanne, il nous va falloir être tous en deuil. ——— Mais remarquez-le une seconde fois : le mot *deuil*, quoique Susanne elle-même en eût fait usage, — ne sut pas faire son office; il n'éveilla pas une seule idée teinte de noir ou de gris : — tout était vert. — La robe de chambre de satin vert était toujours pendue là.

— Oh! ma pauvre maîtresse en mourra, s'écria Susanne. — Toute la garde-robe de ma mère défila. — Que avoir! son damas rouge, — son orange foncé, — ses lustrines blanc et jaune, — son taffetas brun, ses bonnets de blonde, ses robes de nuit, ses confortables jupes de dessous. — Pas un chiffon n'était oublié. — « *Non ;* — *elle ne s'en relèvera jamais !* » dit Susanne.

Nous avions une grosse idiote de laveuse de vaisselle ; mon père, je crois, la gardait à cause de sa bêtise ; — elle avait été aux prises, tout l'automne, avec une hydropisie. ——— Il est mort, dit Obadiah ; — il est certainement mort ! — Moi pas, dit l'idiote laveuse de vaisselle.

——— Voilà de tristes nouvelles, Trim, s'écria Susanne, s'essuyant les yeux comme Trim entrait dans la cuisine ; — notre jeune maître Bobby est mort et *enterré !* — les funérailles étaient une interpolation du fait de Susanne ; — il va falloir être tous en deuil, dit Susanne.

J'espère que non, dit Trim. ——— Vous espérez que non ! s'écria vivement Susanne. — Le deuil ne trottait pas dans la tête de Trim, n'importe ce qu'il fît dans celle de Susanne. — J'espère, — dit Trim, s'expliquant, j'espère, grand Dieu ! que la nouvelle n'est pas vraie. ——— J'ai entendu lire la lettre de mes propres oreilles, répondit Obadiah ; et nous aurons terriblement de besogne à défricher l'Ox-moor. ——— Oh ! il est mort, dit Susanne. ——— Aussi sûr que je suis en vie, dit la fille de cuisine.

Je le regrette de tout mon cœur et de toute mon âme, dit Trim en poussant un soupir. — Pauvre créature ! — pauvre garçon ! pauvre gentleman !

Il était en vie à la Pentecôte dernière ! dit le cocher. ——— La Pentecôte ! hélas ! s'écria Trim étendant le bras droit, et prenant aussitôt la même attitude qu'il avait en lisant le sermon, — que fait la Pentecôte, Jonathan (c'était le nom du cocher), ou le carnaval, ou toute autre époque ? Ne sommes-nous pas ici maintenant, continua le caporal (en frappant perpendiculairement le plancher du bout de sa canne, de façon à donner une idée de santé et de stabilité); — et ne sommes-nous pas — (laissant tomber son chapeau à terre) disparus! en un moment! C'était infiniment frappant! Susanne fondit en larmes. — Nous ne sommes pas des souches et des pierres. —— Jonathan, Obadiah, la fille de cuisine, tous s'attendrirent. — La grosse idiote de laveuse de vaisselle elle-même, qui écurait une poissonnière sur ses genoux, en fut émue. — Toute la cuisine se pressa autour du caporal.

Or, comme je vois clairement que le salut de notre constitution, tant dans l'Église que dans l'État, — et peut-être bien le salut du monde entier, — ou, ce qui revient au même, la distribution et la balance de sa propriété et de son pouvoir, peuvent, dans les temps à venir, grandement dépendre de la juste intelligence de ce trait d'éloquence du caporal, — je vous demande votre attention ; — vos *Worships* et vos Révérences pour cela dormiront à l'aise dix pages de suite, qu'ils prendront où ils voudront dans toute autre partie de l'ouvrage.

J'ai dit : « Nous ne sommes pas des souches et des pierres : » — C'est très-bien. J'aurais dû ajouter, nous ne sommes pas non plus des anges, — Je voudrais que nous en fussions — mais des hommes revêtus de corps et gouvernés par notre imagination; — et quelle ripaille entre eux deux et nos sept sens, quelques-uns surtout ; pour ma part, j'en conviens, je suis honteux de le confesser. Qu'il suffise d'affirmer que de tous les sens, l'œil (car je le nie absolument du toucher, quoique la plupart de vos *Barbati*, je le sais, soient pour lui) a le commerce le plus rapide avec l'âme, — lui donne un coup plus fort; et laisse dans l'imagination quelque chose de plus que les mots n'en peuvent transmettre, — ou quelquefois rejeter.

— J'ai fait un petit détour ; — n'importe, c'est pour ma santé ; — seulement revenons en esprit à la *mortalité* du chapeau de Trim. — « Ne sommes-nous pas ici maintenant, — et disparus en un moment ? » — Il n'y avait rien dans cette phrase ; — c'était une de ces vérités évidentes par elles-mêmes que nous avons l'avantage d'entendre tous les jours ; et si Trim ne s'était pas fié à son chapeau plus qu'à sa tête, — il n'aurait rien tiré de là.

———— « Ne sommes-nous pas ici maintenant ? » continua le caporal ; « et ne sommes-nous pas ———— » (laissant tomber tout d'un coup son chapeau par terre, — et s'arrêtant avant de prononcer le mot) — « disparus ! en un moment ! » La descente du chapeau se fit comme si on eût pétri dans le fond une lourde masse d'argile. — Rien n'aurait pu exprimer aussi bien le sentiment de mortalité dont il était le type et l'avant-coureur : — la main sembla s'évanouir sous lui ; — il tomba mort ; — l'œil du caporal se fixa sur lui comme sur un cadavre ; — et Susanne fondit en larmes.

Or, — il y a dix mille et dix mille fois dix mille manières (car la matière et le mouvement sont infinis) dont un chapeau peut tomber à terre sans produire aucun effet. — S'il l'avait poussé, ou jeté, ou lancé, ou fait sauter, ou dardé, ou laissé glisser, ou laissé tomber dans n'importe quelle direction possible sous le ciel ; — ou si dans la meilleure direction qui pût lui être donnée, — il l'avait lâché comme une oie, — comme un pataud, — comme un âne ; — ou, si, en le faisant et même après l'avoir fait, il avait eu l'air d'une bête, — d'un benêt, —

d'un nigaud, — le coup était manqué, et l'effet sur le cœur était perdu.

O vous qui gouvernez ce puissant univers et ses puissants intérêts avec les machines de l'éloquence ; — qui l'échauffez, le refroidissez, l'attendrissez, l'amollissez, — puis le redurcissez à votre gré ———

Vous qui tournez et virez les passions avec ce grand cabestan, et qui, l'ayant fait, conduisez ceux qui les ont où bon vous semble ———

Vous, enfin, qui menez ——— et pourquoi pas ? vous aussi qui êtes menés comme des dindons au marché, avec un bâton et une loque rouge, — méditez, — méditez, je vous en supplie, sur le chapeau de Trim.

CHAPITRE CXXVI.

Attendez, — j'ai un petit compte à régler avec le lecteur avant que Trim puisse continuer sa harangue. — Ce sera fait en deux minutes.

Entre autres nombreuses petites dettes que j'acquitterai en temps et lieu, — je me reconnais débiteur envers le monde de deux articles (un chapitre sur les femmes de chambre et les boutonnières), que dans la première partie de mon ouvrage, j'ai promis et j'ai eu pleine intention de payer cette année, mais quelques-uns de vos *Worships* et Révérences m'ayant dit que ces deux sujets, surtout réunis de la sorte, pourraient mettre en danger la morale du monde, — je les prie de me dispenser du chapitre sur les femmes de chambre et les boutonnières, — et d'accepter à la place le chapitre précédent, qui n'est, sous le bon plaisir de vos Révérences, qu'un chapitre de femmes de chambre, de robes vertes et de vieux chapeaux.

Trim ramassa le sien, le mit sur sa tête, — et puis il continua son oraison sur la mort, en la manière et forme suivante : —

CHAPITRE CXXVII.

— Pour nous, Jonathan, qui ne savons pas ce que c'est que le besoin et l'inquiétude, — qui vivons ici au service de deux des meilleurs maîtres — (j'en excepte, pour ce qui est de moi, sa Majesté le roi Guillaume III, que j'ai eu l'honneur de servir en Irlande et en Flandre) je conviens que de la Pentecôte à trois semaines avant Noël, — ce n'est pas long, — c'est comme rien ; — mais pour ceux, Jonathan, qui savent ce que c'est que la mort, et quel ravage, quelle destruction elle peut faire, avant qu'on ait le temps de se retourner, — c'est comme un siècle entier. — O Jonathan ! — il y a de quoi faire saigner un cœur sensible, de considérer, continua le caporal (se tenant perpendiculairement), combien de braves garçons et droits comme un I ont été mis à bas depuis cette époque ! — Et croyez-moi, Susy, ajouta le caporal en se tournant vers Susanne, dont les yeux nageaient dans l'eau, — avant que ce temps revienne, — plus d'un œil brillant sera terni. —— Susanne prit la chose du bon côté ; — elle pleura, — mais elle fit une révérence aussi.

— Ne sommes-nous pas, continua Trim regardant toujours Susanne, — ne sommes-nous pas comme la fleur des champs : — Une larme d'orgueil se glissa entre chaque deux larmes d'humiliation, — aucune langue n'aurait pu décrire autrement l'affliction de Susanne. —— Toute chair n'est-elle pas de l'herbe ? — c'est de la terre, — c'est de la boue. — Tous aussitôt regardèrent la laveuse de vaisselle ; — elle venait d'écurer une poissonnière : ce n'était pas loyal. —

— Qu'est-ce que la plus belle figure qu'on ait jamais vue ? —— Je passerais ma vie à entendre Trim parler ainsi, s'écria Susanne. — Qu'est-ce, (Susanne mit sa main sur l'épaule de Trim) — qu'est-ce, que corruption ? —— Susanne la retira.

Or je vous aime pour cela — et c'est ce délicieux mélange intérieur qui fait de vous les adorables créatures que vous êtes — et celui qui vous hait pour cela, —— tout ce que je puis dire à cet égard, c'est — qu'il a un potiron pour tête, ou une pomme de reinette pour cœur ; — et si jamais on le dissèque, on le verra [1].

CHAPITRE CXXVIII.

Ou Susanne en ôtant trop subitement sa main de dessus l'épaule du caporal (par ce revirement de ses passions) — rompit un peu le fil des réflexions de l'orateur, —

Ou le caporal commença à soupçonner qu'il était allé sur les brisées du docteur, et qu'il parlait plus comme le chapelain que comme lui-même, —

Ou bien, ——————————————————

---

[1] Il a une courge pour tête, une pomme de reinette pour cœur (*Anatomie de la mélancolie*). (*Note du traducteur.*)

Ou bien, car en pareil cas un homme d'esprit et d'invention peut, avec plaisir, remplir de suppositions une couple de pages ——— quelle fut la vraie de toutes ces causes, que le curieux physiologiste, ou le curieux n'importe qui le détermine, — ce qu'il y a de certain, du moins, c'est que le caporal reprit ainsi sa harangue : —

Pour ma part, je déclare que, hors du logis, je me soucie de la mort — comme de cela... ajouta le caporal, faisant claquer ses doigts, — mais d'un air que le caporal seul pouvait donner à ce sentiment. — En bataille je me soucie de la mort comme de cela... mais qu'elle ne me prenne pas en traître, comme le pauvre Joe Gibbins, qui était à nettoyer son fusil. — Qu'est-ce ? — une détente lâchée — un pouce de baïonnette qui entre ici ou là, — fait toute la différence. — Regardez le long de la ligne, — à droite, — voyez ! Jack est à bas ! Eh bien, — cela vaut pour lui un régiment de cavalerie. — Non ; — c'est Dick. — Alors Jack ne s'en porte que mieux. — N'importe qui c'est, — nous passons, — dans la chaleur de la poursuite : la blessure même qui donne la mort ne se sent pas, — le mieux est de lui tenir tête ; l'homme qui fuit est dix fois plus en danger que l'homme qui marche droit à elle. — Je l'ai vue, ajouta le caporal, cent fois en face, — et je sais ce que c'est. Ce n'est rien du tout, Obadiah, sur le champ de bataille. ——— Mais elle est très-effrayante dans une maison, dit Obadiah. ——— Jamais je n'y songe sur mon siége, dit Jonathan. ——— Elle doit, à mon avis, être plus naturelle au lit, repartit Susanne. ——— Là, si je pouvais lui échapper en me fourrant dans la plus misérable peau de veau dont on ait jamais fait un havre-sac, je le ferais, — dit Trim; — mais c'est dans la nature.

— La nature est la nature, dit Jonathan. —— Et c'est ce qui fait, s'écria Susanne, que je plains tant ma maîtresse. Elle ne s'en remettra jamais. — Moi, je plains le capitaine plus que tout autre de la famille, répondit Trim. — Madame se soulagera le cœur à pleurer, — et le squire à en parler, — mais mon pauvre maître gardera tout pour lui en silence. — Je l'entendrai soupirer dans son lit tout un mois, comme il a fait pour le lieutenant Le Fèvre. Sauf votre respect, ne soupirez pas si douloureusement, lui disais-je étant couché à côté de lui. — Je ne peux pas m'en empêcher, Trim, disait mon maître; — c'est un si triste accident, — je ne saurais me l'ôter du cœur. —— Votre Honneur ne craint pas la mort lui-même. —— J'espère, Trim, que je ne crains rien, disait-il, excepté de faire le mal. — Eh bien, ajoutait-il, quoi qu'il arrive, je prendrai soin du fils de Le Fèvre. — Et avec cela, comme avec une potion calmante, son Honneur s'endormait.

J'aime à entendre les histoires de Trim sur le capitaine, dit Susanne. —— C'est bien le gentleman le plus sensible qui ait jamais existé, dit Obadiah. —— Oui, et le plus brave qui ait jamais marché en tête d'un peloton, dit le caporal. — Il n'y a jamais eu de meilleur officier dans l'armée du roi, — ni de meilleur homme dans le monde du Créateur; car il marcherait à la bouche du canon, quand il verrait la mèche allumée sur la lumière; — et cependant, après tout, il a le cœur aussi tendre qu'un enfant hors de là. — Il ne ferait pas de mal à un poulet. —— J'aimerais mieux, dit Jonathan, mener un pareil gentleman pour sept livres par an, — que certains autres pour huit. —— Je te remercie, Jonathan, de tes vingt shillings, — oui, Jonathan, dit le caporal en lui secouant la main, autant que si tu m'avais mis l'argent dans ma poche. — Je le servirais pour rien jusqu'au jour de ma mort. C'est un ami, un frère pour moi —— et si je pouvais être sûr que mon pauvre frère Tom fût mort, — continua le caporal en tirant son mouchoir, — j'aurais à moi dix mille livres, que j'en laisserais jusqu'au dernier shilling au capitaine. — Trim ne put retenir ses larmes à cette preuve testamentaire d'affection qu'il donnait à son maître. Toute la cuisine fut affectée. —— Dites-nous donc l'histoire du pauvre lieutenant, dit Susanne. —— De tout mon cœur, répondit le caporal.

Susanne, la cuisinière, Jonathan, Obadiah et le caporal Trim formèrent un cercle autour du feu ; et dès que la laveuse de vaisselle eut fermé la porte de la cuisine, — le caporal commença. —

CHAPITRE CXXIX.

Que je sois un Turc, si je n'ai point oublié ma mère autant que si je n'en avais jamais eu, et que la nature m'eût coulé en plâtre et déposé nu sur les bords du Nil. — Votre très-humble serviteur, madame, — je vous ai coûté bien du mal, — je souhaite que vous n'en soyez pas pour votre peine ; — mais vous m'avez laissé une crevasse dans le dos ; — et voici devant un grand morceau de tombé : — et que faire avec ce pied-là ? — Jamais je n'arriverai en Angleterre avec.

Pour ma part, je ne m'étonne jamais de rien ; — et mon

jugement m'a si souvent trompé dans ma vie, que je m'en défie toujours, à tort ou à raison ; — du moins je m'échauffe rarement pour de froids sujets. Malgré tout cela, je respecte autant que qui que ce soit la vérité ; — et quand elle nous a échappé, si quelqu'un veut seulement me prendre par la main, et aller tranquillement en quête d'elle, comme d'une chose que nous avons perdue tous les deux, et dont nous ne pouvons nous passer ni l'un ni l'autre, — j'irai jusqu'au bout du monde avec lui. — Mais je hais les disputes ; — aussi (sauf les questions religieuses, et celles qui intéressent la société) plutôt que de me laisser entraîner à en avoir une, j'aimerais presque mieux souscrire à tout ce qui ne m'étranglerait pas tout d'abord au passage. — Mais je ne peux pas supporter la suffocation, — et encore moins les mauvaises odeurs. C'est pourquoi j'ai résolu dès le commencement que, si jamais on augmentait l'armée des martyrs, — ou qu'on en levât une nouvelle, — je ne m'en mêlerais ni d'une façon ni de l'autre.

CHAPITRE CXXX.

— Mais revenons à ma mère.

L'opinion de mon oncle Toby, madame, « qu'il ne pouvait pas y avoir de mal à ce que Cornélius Gallus, le préteur romain, couchât avec sa femme ; » — ou plutôt le dernier mot de cette opinion, — (car c'était tout ce que ma mère en avait entendu) la prit par le côté faible de tout son sexe ; — pas de méprise, — je parle de sa curiosité, — elle en conclut aussitôt qu'elle était le sujet de la conversation ; et cette préoccupation une fois dans son esprit, vous concevrez facilement qu'elle rapporta, soit à elle-même, soit à ses intérêts de famille, chaque mot que dit mon père.

— Je vous prie, madame, dans quelle rue demeure la femme qui n'aurait pas fait de même ?

De cette mort étrange de Cornélius, mon père avait passé à celle de Socrate, et donnait à mon oncle Toby un extrait de son plaidoyer devant ses juges ; — c'était irrésistible : non pas l'oraison de Socrate, — mais la tentation qu'elle donnait à mon père. — Il avait lui-même écrit une vie de Socrate[1], l'année avant celle où il se retira du commerce : ce qui, je le crains, le lui fit quitter plus tôt ; — de sorte que personne dans l'occasion n'était en état de voguer à si pleines voiles et sur une mer si grosse d'héroïque sublimité, que l'était mon père. Pas une période dans le discours de Socrate qui se terminât par un mot plus court que transmigration ou annihilation ; — pas une pensée au milieu qui fût au-dessous d'*être — ou ne pas être*[2], — de l'entrée dans un état de choses nouveau et inconnu, — ou dans un long, profond et paisible sommeil sans rêves, sans interruption ! ou de celle-ci *que nous et nos enfants étions nés pour mourir, — mais qu'aucun de nous n'était né pour être esclave.* — Non, ici, je me trompe, ceci faisait partie du discours d'Éléazar, tel que le rapporte Josèphe, *De bell. Judaic.* — Éléazar avoue le tenir des philoso-

---

[1] Ce livre, mon père ne voulut jamais consentir à le publier ; la famille en a le manuscrit avec quelques autres traités de lui, qui, tous, ou pour la plupart, seront imprimés en temps et lieu.
(*Note de l'auteur.*)

[2] *To be, or not to be* de Hamlet. (*Note du traducteur.*)

phes de l'Inde. Selon toute vraisemblance, Alexandre le Grand, lors de son irruption dans l'Inde, après avoir ravagé la Perse, entre autres choses qu'il vola, — vola aussi cette pensée; au moyen de quoi elle fut portée, sinon par lui jusqu'au bout (car nous savons tous qu'il mourut à Babylone), du moins par quelques-uns de ses maraudeurs, en Grèce, — de Grèce elle alla à Rome, — de Rome en France, — et de France en Angleterre. —— Ainsi vont les choses à la ronde. —

Par la voie de terre, je ne puis concevoir d'autre chemin. —

Par eau, la pensée a pu aisément descendre le Gange jusqu'au golfe du Gange, ou baie de Bengale, et de là dans la mer des Indes; et en suivant la voie du commerce (la route de l'Inde au cap de Bonne-Espérance étant alors inconnue) a pu être portée, avec d'autres drogues et épices, sur la mer Rouge à Jedda, le port de la Mecque, ou autrement à Tor ou à Suez, villes situées au fond du golfe; et de là par caravanes à Coptos, qui n'est qu'à trois journées de marche; puis, en descendant le Nil, droit à Alexandrie, où la *pensée* aura débarqué au pied même du grand escalier de la bibliothèque; — et c'est de ce magasin qu'on l'aura tirée. — Miséricorde! quel commerce faisaient les savants à cette époque-là!

CHAPITRE CXXXI.

— Or mon père avait une habitude un peu semblable à celle de Job (au cas qu'un tel homme ait jamais existé) — sinon, n'en parlons plus. —

Cependant, soit dit en passant, parce que vos érudits ont trouvé quelque difficulté à fixer l'ère précise dans laquelle a vécu un si grand homme; — si, par exemple, c'était avant ou après les patriarches, etc., — voter, en conséquence, qu'il n'a pas vécu du tout, est un peu cruel; — ce n'est pas faire ce qu'ils voudraient qu'on leur fît. — Qu'il en soit ce qu'il pourra, — mon père, dis-je, avait l'habitude, quand les choses tournaient extrêmement mal pour lui, particulièrement dans le premier mouvement de son impatience — de se demander pourquoi il avait été conçu ; — se souhaitant mort ; quelquefois pis : — et quand la cause de l'irritation était très-grave, et que le chagrin douait ses lèvres de facultés plus qu'ordinaires, — monsieur, vous auriez eu peine à le distinguer de Socrate lui-même. — Chaque parole respirait les sentiments d'une âme dédaigneuse de la vie, et indifférente sur tous les moyens d'en sortir : aussi, quoique ma mère eût fort peu lu, cependant l'extrait du discours de Socrate, que mon père donnait à mon oncle Toby, n'était pas tout à fait nouveau pour elle. — Elle l'écouta avec recueillement, et aurait continué jusqu'à la fin du chapitre, si mon père ne s'était enfoncé (ce qu'il n'avait aucun motif de faire) dans cette partie du plaidoyer où le grand philosophe récapitule ses liaisons, ses alliances et ses enfants; mais renonce à pourvoir à sa sûreté en s'adressant aux passions de ses juges. — « J'ai des amis, — j'ai des parents — j'ai trois enfants désolés, » — dit Socrate. —

— Alors, s'écria ma mère en ouvrant la porte, — vous en avez un de plus, monsieur Shandy, que je ne vous en connais.

—— Par le ciel ! j'en ai un de moins, — dit mon père, se levant et sortant de la chambre.

CHAPITRE CXXXII.

—— Ce sont les enfants de Socrate, dit mon oncle Toby. — Il y a cent ans qu'il est mort, répliqua ma mère.

Mon oncle Toby n'était pas chronologiste : — ne voulant donc mettre le pied que sur un terrain sûr, il posa prudemment sa pipe sur la table ; puis se levant, et prenant ma mère affectueusement par la main, sans ajouter un seul mot, bon ou mauvais, il la mena à la recherche de mon père, afin que celui-ci complétât lui-même l'éclaircissement.

CHAPITRE CXXXIII.

Si ce volume eût été une farce, ce que je n'ai aucune raison de supposer, à moins que la vie et les opinions de chacun ne doivent être regardées comme une farce aussi bien que les miennes, — le chapitre précédent, monsieur, en eût terminé le premier acte ; et alors ce chapitre-ci eût débuté ainsi : —

Ptr..r..ing, — twing, — twing, — prut, — trut ; — c'est un abominable violon. — Savez-vous si mon violon est d'accord ou non ? — trut... prut... — Ce devraient être des quintes. — Les méchantes cordes ! — tr.. a. e. i. o. u.. — twang. — Le chevalet est trop haut d'un mille, et la table d'harmonie tout à fait en bas, — autrement, — trut... prut. — Écoutez ! ce n'est pas un si mauvais ton. — Diddle diddle, diddle diddle, diddle diddle, dum. Ce n'est rien de jouer devant de bons juges ; — mais voilà un homme là, — non, pas celui qui tient un paquet sous le bras, — cet homme grave en noir. — Morbleu ! pas le gentleman qui a une épée. — Monsieur, j'aimerais mieux jouer un *capriccio* à Calliope en personne, que de donner un coup d'archet devant cet homme-là ; et pourtant je gagerais mon Crémone contre une guimbarde, ce qui est le plus grand avantage musical qu'on ait jamais fait, que je vais à l'instant même me tenir à trois cent cinquante lieues du ton sur mon violon, sans faire souffrir un seul des nerfs qui lui appartiennent. — Twaddle diddle, — tweddle diddle, — twiddle diddle, — twoddle diddle, — twuddle diddle ; ——— prut-trut, — krish, — krash, krush. — Je vous ai tué, monsieur, — mais vous voyez, il n'en est pas plus mal ; — et Apollon lui-même prendrait son violon après moi, qu'il n'en serait pas mieux.

Diddle diddle, diddle diddle, diddle diddle, — hum, — dum, — drum.

Vos *Worships* et vos Révérences aiment la musique, — et Dieu leur a donné à tous de bonnes oreilles, — et plusieurs d'entre eux jouent eux-mêmes délicieusement ; — trut-prut, — trut-prut.

Oh ! il y a un homme — que je pourrais rester des jours entiers à écouter, — dont le talent consiste à faire sentir ce qu'il joue ; — qui m'inspire ses joies et ses espérances, et met en mouvement les ressorts les plus cachés de mon cœur. — Si vous voulez m'emprunter cinq guinées, monsieur, — ce qui, en général, est dix guinées de plus que je n'en ai en réserve, — ou vous, messieurs l'apothicaire et le tailleur, si vous avez besoin que je paye vos mémoires, — voici le moment.

CHAPITRE CXXXIV.

La première chose qui entra dans la tête de mon père, après que le calme eut été un peu rétabli dans la maison, et que Susanne eut été mise en possession de la robe de chambre de satin vert, — fut d'écrire à tête reposée, à l'exemple de Xénophon, une *Tristrapédie*, ou système d'éducation pour moi ; commençant par rassembler à cet effet ses propres pensées, opinions et notions éparses, et les reliant ensemble de manière à en former des INSTITUTES pour la direction de mon enfance et de mon adolescence. — J'étais le dernier enjeu de mon père, — il avait perdu mon frère Bobby entièrement, — il avait perdu, d'après ses propres calculs, les trois quarts de moi, — c'est-à-dire, il avait été malheureux dans ses trois premiers grands coups de dés : — ma procréation, mon nez et mon nom ! — il ne lui restait que cette ressource : aussi mon père s'y abandonna avec autant de ferveur que mon oncle Toby en avait jamais mis à sa doctrine des projectiles. — La différence entre eux était que mon oncle Toby tirait toute sa science en fait de projectiles de Nicolas Tartaglia. — Mon père tirait la sienne, fil à fil, de son cerveau, — ou avait dévidé et embrouillé de telle sorte ce que tous les autres fileurs et fileuses avaient filé avant lui, que c'était presque la même torture pour lui.

Au bout d'environ trois ans, ou un peu plus, mon père

était parvenu presque à la moitié de son ouvrage. — Comme tous les autres écrivains, il avait rencontré des désappointements. — Il s'était imaginé pouvoir réduire à de si petites dimensions tout ce qu'il avait à dire, qu'une fois fini et cousu, le cahier pourrait tenir roulé dans le nécessaire de ma mère. — La matière croît sous nos mains. — Qu'aucun homme ne dise : — « Allons — j'écrirai un in-douze. »

Mon père se livra néanmoins à sa besogne avec la plus laborieuse activité, avançant pas à pas, de ligne en ligne, avec la même espèce de précaution et de circonspection (quoique je ne puisse dire que ce fût par un principe tout à fait aussi religieux) dont usait Jean de la Casse, l'archevêque de Bénévent, en élaborant sa Galatée, sur laquelle sa Seigneurie de Bénévent consuma près de quarante années de sa vie ; et quand le volume parut, il était moitié moins grand et moins épais que l'Almanach de Rider. — Comment le saint homme s'y prit, à moins qu'il ne passât la plus grande partie de son temps à peigner ses moustaches, ou à jouer à la prime avec son chapelain, — ce serait de quoi embarrasser tout mortel non initié dans le secret : aussi cela vaut la peine d'être expliqué au monde, ne fût-ce que pour l'encouragement du petit nombre d'auteurs qui n'écrivent pas tant pour vivre, — que pour s'illustrer.

J'avoue que si Jean de la Casse, l'archevêque de Bénévent, dont la mémoire (malgré sa Galatée) m'inspire toujours la plus haute vénération, — eût été un maigre clerc, — à esprit lourd, — à conception lente, — à cervelle dure, etc., — lui et sa Galatée auraient pu cahin caha arriver à l'âge de Mathusalem ; — le phénomène n'aurait pas été digne d'une parenthèse. —

Mais c'était tout le contraire : Jean de la Casse était un génie doué de belles facultés et d'une imagination fertile ; et pourtant, avec tous ces grands avantages naturels, qui auraient dû contribuer aux progrès de sa Galatée, il était en même temps dans l'impuissance d'avancer de plus d'une ligne et demie dans l'espace de tout un jour d'été. Cette incapacité de sa Seigneurie venait d'une opinion dont il était tourmenté : — cette opinion était — que toutes les fois qu'un chrétien écrivait un livre (non pour son amusement personnel, mais) avec l'intention et le dessein, *bonâ fide*, de l'imprimer et de le publier, — ses premières pensées étaient toujours des tentations du malin. — Ceci, c'était la condition des écrivains ordinaires ; mais, à l'en croire, une fois qu'un personnage d'un caractère vénérable et d'une haute position, soit dans l'Église, soit dans l'État, se faisait auteur, — dès l'instant où il prenait la plume, — tous les diables de l'enfer s'élançaient de leurs trous pour le cajoler. — C'est alors qu'ils tenaient leurs assises ; — chaque pensée, depuis la première jusqu'à la dernière, était captieuse ; — telle spécieuse, telle bonne qu'elle fût, — c'était tout un ; — sous quelque forme ou couleur qu'elle se présentât à l'imagination, — c'était toujours un coup dirigé contre lui par quelqu'un d'entre eux, et qu'il fallait parer. — De façon que la vie d'un écrivain, quelque différente qu'il pût se la figurer, n'était pas tant un état de *composition* [1] qu'un état de *guerre* ; et son épreuve, précisément celle de tout autre homme militant sur terre, — l'une et l'autre ne dépendant pas à moitié autant de son degré d'*esprit* — que de son degré de *résistance*.

[1] *Composition* en anglais veut dire aussi *calme*, de là une équivoque intraduisible. (*Note du traducteur.*)

Mon père était enchanté de cette théorie de Jean de la Casse, archevêque de Bénévent; et (n'était qu'elle le gênait un peu dans sa croyance) je pense qu'il aurait donné dix des meilleurs arpents de la terre de Shandy pour en avoir été l'inventeur. — Jusqu'à quel point mon père croyait réellement au diable, on le verra dans le cours de cet ouvrage, quand j'en viendrai à parler des idées religieuses de mon père: il suffit de dire ici que n'en pouvant avoir l'honneur, dans le sens littéral de la doctrine, — il se contenta d'en prendre l'allégorie; et il disait souvent, principalement quand sa plume était un peu rebelle, qu'il y avait autant de sens, de vérité et de savoir cachés sous le voile de la parabole de Jean de la Casse, — qu'on en pouvait trouver dans toutes les fictions poétiques ou annales mystérieuses de l'antiquité. — Le préjugé d'éducation, disait-il, *c'est le diable,* — et la multitude de préjugés que nous suçons avec le lait de notre mère, — *c'est le diable et son train.* — Nous sommes hantés par eux, frère Toby, dans toutes nos élucubrations et recherches ; et si un homme était assez sot pour se soumettre paisiblement à leurs exigences, — que deviendrait son livre ? Rien, — ajoutait-il en jetant sa plume avec violence, — rien qu'un ramassis de caquets de nourrices et d'absurdités des vieilles femmes (des deux sexes) de tout le royaume.

C'est la meilleure raison que je sois décidé à donner de la lenteur des progrès que faisait mon père dans sa *Tristrapédie*; il y travailla (comme j'ai dit) infatigablement trois ans et un peu plus, au bout desquels, d'après son propre calcul, il se trouva à peine à la moitié de sa tâche : le malheur était que pendant tout ce temps je fus totalement négligé et abandonné à ma mère ; et, ce qui était presque aussi fâcheux, grâce à ce délai même, la première partie de l'ouvrage, pour laquelle mon père s'était donné le plus de peine, devint entièrement inutile, — chaque jour, une ou deux pages de plus se trouvaient sans importance.

Certainement ce fut pour châtier l'orgueil de la sagesse humaine que Dieu voulut que les plus sages de nous tous fussent leurs propres dupes, et dépassassent éternellement leur but dans l'immodération de leur poursuite.

Bref, mon père fut si long dans tous ses actes de résistance, — ou, en d'autres termes, — il avança si lentement dans sa besogne, et je me mis à vivre et à croître si vite, que s'il n'était pas survenu un événement, — qui, lorsque nous y serons, s'il y a moyen de le raconter avec décence, ne sera pas caché un seul moment au lecteur, — je crois vraiment que j'aurais laissé mon père en arrière, occupé à tracer un cadran solaire, sans autre destination possible que d'être enterré sous le sol [1].

---

[1] *And all your graces no more use shall have*
Than a sun-dial in a grave.

« Et toutes vos grâces ne seront pas de plus d'usage qu'un cadran solaire dans un tombeau. » Ces deux vers se trouvent à la fin du poëme de Donne, intitulé *The Will*. (*Note du traducteur.*)

CHAPITRE CXXXV.

———— Ce n'était rien : — je ne perdis pas deux gouttes de sang ; — cela ne valait pas la peine d'appeler un chirurgien, eût-il demeuré la porte à côté. Des milliers d'hommes souffrent par choix ce que je souffris par accident. — Le docteur Slop en fit dix fois plus de bruit qu'il n'y avait lieu. — Certaines gens s'élèvent par leur art à suspendre de grands poids à de petits fils d'archal ; — et moi qui vous parle, aujourd'hui (10 août 1764) je paye ma part de la réputation de cet homme. — Oh ! il y aurait de quoi émouvoir une pierre de voir comment vont les choses dans ce monde ! La femme de chambre n'avait pas laissé de *** ** ******* sous le lit. ———— Ne pouvez-vous pas trouver moyen, dit Susanne tout en levant le châssis d'une main, et m'aidant de l'autre à monter sur l'avance de la fenêtre, — ne pouvez-vous faire en sorte, mon cher, pour une fois, de ****** *** ** ******* ? ————

J'avais cinq ans, — Susanne ne réfléchit pas que tout était démantibulé dans notre famille : — patatras ! le châssis s'abattit sur nous comme l'éclair. ———— Plus rien, — plus rien, — s'écria Susanne, — je n'ai plus rien à faire qu'à gagner les champs. ————

La maison de mon oncle Toby était un sanctuaire beaucoup plus propice, et Susanne y vola.

CHAPITRE CXXXVI.

Quand Susanne raconta au caporal la mésaventure du châssis, avec toutes les circonstances de mon *assassinat*, — (comme elle l'appelait) — le sang se retira des joues du caporal : — tous les fauteurs d'un meurtre en étant considérés comme auteurs, — sa conscience lui dit qu'il était autant à blâmer que Susanne ; — et si le principe eût été vrai, mon oncle Toby avait autant qu'aucun d'eux à répondre devant le ciel du sang versé : en sorte que ni la raison ni l'instinct, séparés ou réunis, n'auraient pu guider les pas de Susanne à un plus convenable asile. — Il est inutile de laisser ceci à l'imagination du lecteur : — pour former une hypothèse qui rendît ces propositions possibles, il faudrait qu'il se martyrisât la tête ; sinon — il faudrait qu'il eût un cerveau tel que n'en a jamais eu lecteur avant lui. — Pourquoi le mettrais-je à l'épreuve ou à la torture ? c'est mon affaire : je vais l'expliquer moi-même.

CHAPITRE CXXXVII.

C'est dommage, Trim, dit mon oncle Toby en s'appuyant de la main sur l'épaule du caporal, comme ils étaient à visiter leurs travaux, — que nous n'ayons pas deux pièces de campagne à monter dans la gorge de cette nouvelle redoute ; — cela assurerait les lignes tout du long par là, et rendrait de ce côté l'attaque tout à fait complète. — Fais m'en fondre une couple, Trim. ———

Votre Honneur, répliqua Trim, les aura avant demain matin. ———

C'était la joie du cœur de Trim (et jamais sa tête fertile n'était à court d'expédients pour cela) de satisfaire toutes les fantaisies de mon oncle Toby dans ses campagnes : il eût été à son dernier écu, qu'il eût fait de la fausse monnaie pour prévenir un seul des désirs de son maître. Déjà, — en coupant le bout des gargouilles de mon oncle Toby, en hachant et enlevant au ciseau le bord de ses gouttières de plomb, — en fondant son plat à barbe d'étain, et finissant par aller, comme Louis XIV, jusqu'au haut de l'église, pour trouver à rogner, etc. — le caporal, dans cette même campagne, n'avait pas établi moins de huit canons de batterie, outre trois demi-coulevrines. La demande faite par mon oncle Toby de deux pièces de plus pour la redoute avait remis le caporal à l'œuvre ; et faute de ressource meilleure, il avait pris les deux contre-poids en plomb de la fenêtre de ma chambre ; et comme les poulies du châssis, le plomb ôté, n'étaient d'aucun usage, il les avait prises aussi, pour faire une paire de roues à l'un des affûts.

Il avait depuis longtemps démantelé dans la maison de mon oncle Toby toutes les fenêtres à châssis, de la même manière, — quoique pas toujours dans le même ordre ; car quelquefois c'était des poulies qu'il avait eu besoin, et non du plomb ; — alors il avait commencé par les poulies ; et les poulies une fois enlevées, le plomb devenait inutile, — et le plomb les allait rejoindre.

——— Je pourrais fort bien tirer de là une grande MORALITÉ, mais je n'ai pas le temps : — il suffit de dire que n'importe par où commençât la démolition, elle était également fatale à la fenêtre.

CHAPITRE CXXXVIII.

Le caporal n'avait pas si mal pris ses mesures dans ce coup de maître d'artilleur, qu'il n'eût pu tenir la chose entièrement secrète, et laisser Susanne porter tout le poids de l'attaque comme elle pourrait ; — le vrai courage n'aime pas à se tirer d'affaire ainsi. — Le caporal, soit comme général, soit comme contrôleur de l'artillerie, — peu importe, — était l'auteur du fait sans lequel, à ce qu'il croyait, le malheur ne serait jamais arrivé, — *du moins par les mains de Susanne*. — Comment vos Honneurs se seraient-ils conduits ? — Il se détermina sur-le-champ à ne pas se mettre à l'abri derrière Susanne, — mais à lui en servir ; et cette résolution prise, il marcha tête levée au parloir, pour soumettre toute la manœuvre à mon oncle Toby.

Mon oncle Toby venait précisément alors de faire à Yorick le récit de la bataille de Steinkerque et de l'étrange conduite du comte Solmes, qui avait commandé à l'infanterie de faire halte, et à la cavalerie de marcher là où elle ne pouvait pas agir : ce qui était directement contraire aux ordres du roi, et fut cause de la perte de la journée.

Il y a dans quelques familles des incidents si bien en rapport avec ce qui va suivre, — que c'est à peine s'ils sont surpassés par les inventions d'un écrivain dramatique — d'autrefois, j'entends. —

Trim, à l'aide de son index posé à plat sur la table, et du coupant de sa main le frappant en travers à angles droits, trouva moyen de raconter son histoire de telle sorte que des prêtres et des vierges auraient pu l'écouter ; — et l'histoire étant racontée, le dialogue continua en ces termes.

CHAPITRE CXXXIX.

———— J'aimerais mieux mourir sous les baguettes, s'écria le caporal en finissant l'histoire de Susanne, que de souffrir que la pauvre femme en eût aucun mal, — c'était ma faute, sauf votre respect, — et non la sienne.

Caporal Trim, répliqua mon oncle Toby en mettant son chapeau qui était sur la table, si on peut appeler faute aucune chose que le service exige absolument, c'est à coup sûr moi qui mérite le blâme ; vous avez obéi à vos ordres.

Si le comte Solmes, Trim, avait fait de même à la bataille de Steinkerque, dit Yorick, se raillant un peu du caporal, qui avait été culbuté par un dragon dans la retraite, — il t'aurait sauvé — Sauvé ! s'écria le caporal, interrompant Yorick et finissant pour lui la phrase à sa manière, — il aurait sauvé cinq bataillons, et cela, sous le bon plaisir de Votre Révérence, jusqu'au dernier homme. — Il y avait celui de Cutts, continua le caporal appliquant l'index de sa main droite sur le pouce de la gauche, et comptant à la suite, — il y avait celui de Cutts, — celui de Mackai, — celui d'Angus, — celui de Graham, — et celui de Leven, tous taillés en pièces ; — et les gardes du corps l'auraient été aussi, sans quelques régiments de la droite qui marchèrent hardiment à leur secours, et reçurent le feu de l'ennemi au visage, avant qu'aucun de leurs pelotons tirât un coup de fusil. — Ils iront au ciel pour cela, ajouta Trim. ——— Trim a raison, dit mon oncle Toby en faisant à Yorick un signe de tête;—il a parfaitement raison. ——— Que signifiait, continua le caporal, de faire marcher la cavalerie dans un terrain si étroit et où les Français avaient une telle multitude de haies, et de taillis, et de fossés, et d'arbres abattus çà et là pour se couvrir (comme ils en ont toujours)? — Le comte Solmes aurait dû nous envoyer; — nous nous serions tirés aux yeux à mort. — Il n'y avait rien à faire là pour la cavalerie : — quoi qu'il en soit, continua le caporal, il eut pour sa peine le pied emporté dans la campagne suivante à Landen. ——— C'est là que le pauvre Trim a reçu sa blessure, dit mon oncle Toby. ——— Sauf votre respect, c'est bien la faute du comte Solmes. S'il les avait étrillés ferme à Steinkerque, ils ne nous auraient pas battus à Landen. ——— Peut-être bien que non, Trim, dit mon oncle Toby; quoique, s'ils ont l'avantage d'un bois, ou que vous leur laissiez une minute de temps pour se retrancher, ce soit une nation à vous harceler sans fin. Il n'y a d'autre moyen que de marcher à eux de sang-froid, — d'essuyer leur feu, et de tomber dessus pêle-mêle ——— Ding-dong, ajouta Trim ——— A pied et à cheval, dit mon oncle Toby, — A la débandade, dit Trim; ——— D'estoc et de taille, cria mon oncle Toby. ——— Mille tonnerres de Dieu! vociféra le caporal. — Le combat s'échauffait — pour se mettre en sûreté, Yorick rangea sa chaise un peu de côté, et après une pause d'un moment, mon oncle Toby, baissant sa voix d'un ton, reprit la conversation en ces termes : —

CHAPITRE CXL

Le roi Guillaume, dit mon oncle Toby en s'adressant à Yorick, fut si terriblement irrité contre le comte Solmes, de ce qu'il avait désobéi à ses ordres, qu'il fut plusieurs mois avant de lui permettre de paraître en sa présence. —————— Je crains, répondit Yorick, que le squire ne soit aussi irrité contre le caporal, que le roi contre le comte. — Mais ce serait singulièrement dur ici, continua-t-il, si le caporal Trim, dont la conduite a été si diamétralement opposée à celle du comte Solmes, se trouvait n'avoir pour récompense que la même disgrâce : — c'est là trop souvent le train des choses dans ce bas monde. —————— J'aimerais mieux faire jouer une mine, s'écria mon oncle Toby en se levant, et faire sauter mes fortifications et ma maison avec, et nous ensevelir sous leurs ruines, que d'assister à pareille chose. —————— Trim adressa à son maître un salut léger, mais reconnaissant, — et ainsi finit le chapitre.

CHAPITRE CXLI.

— Eh bien, Yorick, répliqua mon oncle Toby, vous et moi nous ouvrirons la marche de front, — et vous, caporal, suivez à quelques pas derrière nous. —————— Et Susanne, sauf votre respect, dit Trim, sera placée à l'arrière-garde. — C'était une excellente disposition ; et dans cet ordre, sans tambour battant ni enseignes déployées, ils marchèrent lentement de la maison de mon oncle Toby à Shandy-Hall.

Je voudrais bien, dit Trim, comme ils y entraient, au lieu des contre-poids du châssis, avoir coupé les gargouilles de l'église, ainsi qu'une fois j'en ai eu l'idée. —— Vous avez coupé assez de gargouilles, repartit Yorick.

CHAPITRE CXLII.

Quel que soit le nombre des portraits qui aient été donnés de mon père, quelque ressemblants qu'ils soient et variés dans leurs airs et attitudes, — ni un ni tous ne sauraient jamais aider le lecteur à prévoir en aucune façon ce que mon père aura pu penser, dire ou faire, à chaque nouvelle occasion ou occurrence de la vie. — Il y avait en lui une infinité de bizarreries, et avec cela de chances, dans sa manière de prendre une chose; — c'était, monsieur, à déjouer tous les calculs. — Le fait est que sa route d'un côté s'éloignait tellement de celle que suivent la plupart des hommes, — que chaque objet présentait à son œil une face et une section tout à fait différentes du plan et de l'élévation qu'il avait pour le reste du genre humain. — En d'autres termes, c'était un objet différent, et, par conséquent, différemment envisagé.

C'est la véritable raison pour laquelle ma chère Jenny et moi (et j'ajouterai, tout le monde ainsi que nous) nous avons d'éternelles disputes à propos de rien. — Elle regarde son extérieur; — et moi, son intérieur. — Comment est-il possible que nous soyons d'accord sur ce qu'elle vaut?

CHAPITRE CXLIII.

C'est un point réglé, — et j'en fais mention pour mettre à l'aise Confucius [1], qui est sujet à s'embrouiller en racontant une histoire fort simple, — pourvu qu'il garde le fil de son histoire, il peut aller en arrière et en avant tant qu'il veut, ce n'est pas considéré comme une digression.

Ceci étant bien convenu, je profite moi-même du bénéfice de *l'acte d'aller en arrière.*

CHAPITRE CXLIV.

Cinquante mille pannerées de diables [2], — (non pas ceux de l'archevêque de Bénévent, — je parle de ceux de Rabelais), la queue coupée au rasibus du croupion, n'auraient pu jeter un cri aussi diabolique que le mien — quand l'accident m'arriva : il attira aussitôt ma mère dans la chambre d'enfant : — de sorte que Susanne n'eut que tout juste le temps de s'échapper par l'escalier de derrière, tandis que ma mère montait par celui de devant.

Or, quoique je fusse assez âgé pour raconter l'histoire

---

[1] M. Shandy veut parler, on suppose, de **** ******, Esq., membre pour *****, et non du législateur chinois (*Note de l'auteur.*)

[2] Cent mille pannerées de beaulx dyables. Rabelais, prologue de Pantagruel, et ailleurs. (*Note du traducteur.*)

moi-même, — et assez jeune, j'espère, pour le faire sans malignité, — néanmoins Susanne, de crainte d'accidents, en passant par la cuisine, l'avait laissée en abrégé à la cuisinière ; — la cuisinière l'avait racontée, avec un commentaire, à Jonathan ; et Jonathan à Obadiah : si bien que lorsque mon père eut sonné une demi-douzaine de fois pour savoir ce qui se passait en haut, — Obadiah se trouva en état de lui faire un récit exact et détaillé de ce qui était arrivé. ———— Je m'y attendais, dit mon père en retroussant sa robe de chambre ; — et il monta en haut.

On s'imaginerait d'après ceci — (quoique, pour ma part, j'en doute un peu) — que mon père, avant cette époque, avait réellement écrit ce chapitre remarquable de la *Tristrapédie*, qui pour moi est le plus original et le plus divertissant de tout le livre, — à savoir le *chapitre sur les fenêtres à châssis*, suivi d'une *Philippique* amère sur la négligence des femmes de chambre. — Je n'ai que deux raisons de penser autrement.

La première, c'est que si la chose avait été prise en considération avant que l'événement eût lieu, mon père aurait certainement cloué la fenêtre une fois pour toutes ; ce qui, vu la difficulté avec laquelle il composait ses livres, lui aurait donné dix fois moins de mal à faire que d'écrire le chapitre. Cet argument, je le sens bien, combat l'idée qu'il en ait écrit un, même après l'événement ; mais l'objection est prévue dans la seconde raison que j'ai l'honneur d'offrir au monde à l'appui de l'opinion où je suis que mon père n'écrivit pas le chapitre sur les fenêtres à châssis et les pots de chambre à l'époque qu'on suppose, — et cette raison, c'est —

— Qu'afin de compléter la *Tristrapédie*, j'ai moi-même écrit le chapitre.

CHAPITRE CXLV.

Mon père mit ses lunettes, — regarda, — les ôta, — les remit dans l'étui, — le tout en moins d'une minute bien comptée ; et, sans ouvrir la bouche, il tourna les talons et descendit précipitamment l'escalier. Ma mère s'imagina qu'il était allé chercher de la charpie et du basilicon ; mais le voyant revenir avec une couple d'in-folio sous le bras, et suivi d'Obadiah chargé d'un grand pupitre, elle tint pour assuré que c'était un traité de botanique, et elle lui approcha une chaise à côté du lit, pour qu'il pût délibérer sur le cas à son aise.

———— Si seulement l'opération est bien faite, dit mon père, consultant la section — *De sede vel subjecto circumcisionis,* — car il avait apporté Spencer, *de Legibus Hebræorum ritualibus,* et Maimonides, afin de nous confronter et examiner ensemble ; ————

———— Si seulement l'opération est bien faite, dit-il,

—— Dites-nous simplement quelles herbes ! s'écria ma mère, — l'interrompant. — Pour cela, répliqua mon père, il faut envoyer chercher le docteur Slop.

Ma mère descendit, et mon père se remit à lire la section que voici :

* * * * * * * * * * * * * * * * * *
* * * * * * * * * * * * * * * * * *
* * * * * * * ———— Très-bien, — dit mon père,
* * * * * * * * * * * * * * * * *

* * * * * * * * * * * * * * * * *
* * * * * * — ma foi, si elle a cet avantage, — et sans s'arrêter un moment pour s'assurer d'abord si les Juifs la tenaient des Égyptiens, ou les Égyptiens des Juifs, il se leva, et se frottant deux ou trois le front en travers avec la paume de sa main, de la manière dont nous effaçons les traces du souci, quand le mal a passé sur nous plus légèrement que nous n'avions prévu, — il ferma le livre, et descendit. ———— Ma foi, dit-il, citant le nom d'une grande nation à chaque marche sur laquelle il mettait le pied, — si les Égyptiens, — les Syriens, — les Phéniciens, — les Arabes, les Cappadociens, — si les habitants de la Colchide et les Troglodytes la firent, — si Solon et Pythagore s'y soumirent, — qu'est-ce que Tristram ? qui suis-je, pour m'en tracasser?

CHAPITRE CXLVI.

Cher Yorick, dit mon père en souriant (car Yorick avait rompu les rangs en passant par l'entrée qui était étroite, et avait précédé mon oncle Toby dans le parloir), notre Tristram, à ce que je vois, accomplit bien péniblement tous ses rites religieux. Jamais fils de juif, de chrétien, de Turc ou d'infidèle, n'y fut initié d'une manière si oblique et si maussade. ———— Mais il n'en est pas plus mal, j'espère, dit Yorick. ———— Il faut certainement, continua mon père, qu'il y ait eu le diable et son train dans quelque partie de l'écliptique, quand cet enfant a été formé. ———— *Cela*, vous en êtes meilleur juge que moi, repartit

Yorick. —— Les astrologues, dit mon père, en savent plus long que nous deux : — le trine aspect et le sextile se sont mal rencontrés, — ou les opposés de leurs ascendants ne se sont pas présentés comme ils auraient dû, — ou les maîtres de la génération (comme ils les appellent) faisaient *coucou*, — ou quelque chose a été de travers au-dessous de nous.

C'est possible, répondit Yorick. — Mais l'enfant en est-il plus mal? s'écria mon oncle Toby. —— Les Troglodytes disent que non, répliqua mon père. — Et vos théologiens, Yorick, nous disent — Théologiquement? demanda Yorick; — ou en parlant à la manière des apothicaires[1]? — des hommes d'État[2]? — ou des blanchisseuses[3]?

—— Je ne suis pas sûr, repartit mon père ; — mais ils nous disent, frère Toby, qu'il n'en est que mieux. —— Pourvu, dit Yorick, que vous le fassiez voyager en Égypte. —— Cela, répondit mon père, il en aura le bénéfice, quand il verra les Pyramides.

—— Il n'y a pas un mot de tout ceci, dit mon oncle Toby, qui ne soit de l'arabe pour moi. —— Je voudrais, dit Yorick, que ce le fût aussi pour la moitié du monde.

Illus[4], continua mon père, fit circoncire un matin toute son armée. —— Pas sans une cour martiale? s'écria

---

[1] Χαλεπῆς νόσου, καὶ δυσιάτου ἀπαλλαγὴ, ἣν ἄνθρακα καλοῦσιν.   PHILO.

[2] Τὰ τεμνόμενα τῶν ἐθνῶν πολυγονώτατα, καὶ πολυανθρωπότατα εἶναι.

[3] Καθαριότητος εἵνεχεν.   BOCHART.

[4] ῾Ο ῏Ιλος τὰ αἰδοῖα περιτέμνεται · ταὐτὸ ποιῆσαι καὶ τοὺς ἅμα αὐτῷ συμμάχους καταναγκάσας.   SANCHONIATHO.

mon oncle Toby, —— Quoique les savants, continua mon père, sans faire attention à la remarque de mon oncle Toby et en se tournant vers Yorick, — soient toujours grandement divisés sur ce qu'était Ilus ; — selon les uns, c'était Saturne ; — selon d'autres, l'Être suprême ; — selon d'autres, tout simplement un brigadier général sous Pharaon Néco. —— Qu'il soit ce qu'il voudra, dit mon oncle Toby, je ne sais par quel article du code militaire il pourrait se justifier.

Les controversistes, répondit mon père, allèguent à l'appui vingt-deux raisons différentes : — d'autres, il est vrai, qui ont tiré la plume pour le côté opposé de la question, ont montré au monde la futilité de la plupart d'entre elles. — Mais aussi d'autre part, nos meilleurs théologiens polémiques. —— Je voudrais, dit Yorick, qu'il n'y eût pas un théologien polémique dans le royaume ; — une once de théologie pratique vaut une cargaison en peinture de tout ce que leurs Révérences ont importé depuis cinquante ans. —— Je vous prie, monsieur Yorick, reprit mon oncle Toby, — apprenez-moi ce que c'est qu'un théologien polémique. —— La meilleure description que j'en aie jamais lue, capitaine Shandy, repartit Yorick, c'est celle qui est faite de deux d'entre eux dans le récit du combat singulier entre Gymnaste et le capitaine Tripet : je l'ai là dans ma poche. —— Je voudrais bien l'entendre, dit vivement mon oncle Toby. —— Vous l'entendrez, dit Yorick. —— Et comme le caporal m'attend à la porte, — et que je sais que la description d'un combat fera plus de bien au pauvre garçon que son souper, — je vous prie, frère, de lui permettre d'entrer. —— De tout mon cœur, dit mon père. Trim entra, droit et heureux comme un empereur ; et lorsqu'il eut fermé la porte, Yorick tira un livre de la poche droite de son habit, et lut, ou fit semblant de lire ce qui suit : —

CHAPITRE CXLVII.

« Ces motz entenduz (de tous les soldats qui estoyent là), aulcuns d'entre eulz commencearent auoir frayeur et departoyent de la compaignie ; le tout notant et considerant Gymnaste. Pourtant feit semblant descendre de cheual, et quand feut pendent du cousté du montouer, feit soupplement le tour de lestriuiere, son espee bastarde on cousté, et, par dessoubz passé, se lancea en laer, et se tint des deux piedz sus la selle, le cul tourné vers la teste du cheual. Puys dist : Mon cas va on rebours. Adoncques, en tel poinct que il estoyt, feit la guambade sus ung pied, et tournant à senestre, ne faillit oncques de rencontrer sa propre assiette sans en rien varier. Dont dist Tripet, ha, ne feray pas cestuy la pour ceste heure, et pour cause. Bren, dist Gymnaste, j'ai failly, je voys deffaire cestuy sault. Lors, par grande force et agilité, feit en tournant à dextre la guambade, comme dauant. Ce faict, meit le poulce de la dextre sus larson de la selle, et leua tout le cors en laer, se soustenant tout le cors sus le muscle et nerf dudict poulce, et ainsi se tourna troys foys : à la quatriesme, se renuersant tout le cors sans *a rien toucher*, se guinda entre les deux aureilles du cheual, souldant tout le cors en laer sus le poulce de la senestre ; et, en cest estat, feit le tour du moulinet ; puys, frappant du plat de la main dextre sus le myllieu de la selle, se donna tel branle que il sassyt sus la croppe. — »

(Cela ne peut pas s'appeler se battre, dit mon oncle Toby, ———— Le caporal secoua ta tête. ———— Un peu de patience, dit Yorick.)

« Ce faict, tout a layse passa la jambe droicte par sus la selle, et se meit en estat de cheuaulcher sus la croppe. Mais, dist il, mieulx vault que ie me mette entre les arsons : adoncq, sappuyant sus les poulces des deux mains a la croppe deuant soy, se renversa cul sus teste en laer, et se troua entre les arsons en bon maintien ; puys, dung sobressault, leva tout le cors en laer, et ainsi se tint piedz ioinctz entre les arsons, et la tournoya plus de cent tours [1]. » ————

———— Mon Dieu ! s'écria Trim perdant toute patience, — un bon coup de baïonnette vaut mieux que tout cela. ———— Je le pense aussi, repartit Yorick. Je suis d'une opinion contraire, dit mon père.

CHAPITRE CXLVIII.

———— Non, — je pense que je n'ai rien avancé, répliqua mon père, en réponse à une question que Yorick avait pris la liberté de lui poser, — que je n'ai rien avancé dans la *Tristrapédie*, qui ne soit aussi clair qu'aucune des propositions d'Euclide. — Prends-moi, Trim, ce livre sur le secrétaire. — J'ai souvent eu le projet, continua mon père, de vous la lire à vous, Yorick, et à mon frère

[1] Rabelais, *Gargantua*, chap. XXXV. (*Note du traducteur.*)

Toby ; et je trouve que c'est peu amical à moi de ne l'avoir pas fait depuis longtemps. — En aurons-nous un ou deux courts chapitres à présent, — et un chapitre ou deux plus tard, quand l'occasion s'en trouvera ; et ainsi de suite, jusqu'à ce que nous arrivions au bout ?———Mon oncle Toby et Yorick firent l'inclination convenable ; et le caporal, quoiqu'il ne fût pas compris dans le compliment, mit sa main sur sa poitrine, et fit son salut en même temps qu'eux. — La compagnie sourit. ——— Trim, dit mon père, a pris un billet pour assister à toute la représentation. ——— Il n'a pas eu l'air satisfait de la pièce, repartit Yorick. ——— C'était une bataille pour rire, sauf votre respect, que celle du capitaine Tripet et de cet autre officier qui faisaient autant de sauts périlleux que de pas : — les Français de temps à autre avancent bien en cabriolant de cette manière, — mais pas tout à fait tant.

Mon oncle Toby n'éprouva jamais plus de satisfaction à se sentir vivre que ne lui en donnèrent en ce moment les réflexions du caporal et les siennes propres ; — il alluma sa pipe, — Yorick rapprocha sa chaise de la table, — Trim moucha la chandelle, — mon père attisa le feu, — prit le livre, — toussa deux fois et commença.

CHAPITRE CXLIX.

Les trente premières pages, dit mon père en tournant les feuillets, — sont un peu arides ; et comme elles ne sont pas étroitement liées au sujet, — nous les passerons pour le moment : c'est une introduction-préface, continua mon père, ou une préface-introduction (car je n'ai pas encore déterminé le nom que je lui donnerai) sur le gouvernement politique et civil ; et comme le fondement en a été jeté par la première association du mâle et de la femelle pour la procréation de l'espèce, — j'y ai été insensiblement amené. ———— C'était naturel, dit Yorick.

L'origine de la société, continua mon père, est, j'en suis convaincu, ce que Politien nous dit, c'est-à-dire purement conjugale ; et rien de plus que la réunion d'un homme et d'une femme ; auxquels un philosophe (Hésiode) ajoute un serviteur : — mais supposant que, tout au commencement, il n'était pas encore né de serviteur, — il en pose le fondement sur un homme, — une femme — et un taureau. ———— Je crois que c'est un bœuf, dit Yorick citant le passage οἶκον μὲν πρώτιστα, γυναῖκά τε, βοῦν τ' ἀροτῆρα, — un taureau aurait donné plus d'embarras qu'il ne valait. ———— Mais il y a encore une meilleure raison, dit mon père (en trempant sa plume dans l'encre) ; c'est que le bœuf étant le plus patient des animaux, et le plus propre en même temps à labourer la terre pour la nourriture du ménage, — était l'instrument et l'emblème aussi le plus convenable que la création eût pu associer au couple nouvellement uni. ———— Et il y a une raison plus forte que tout cela en faveur du bœuf, ajouta mon oncle Toby. — Mon père n'eut pas la force de retirer sa plume de l'encrier avant d'avoir entendu la raison de mon oncle Toby. ———— C'est que quand le sol fut labouré, dit mon oncle Toby, et valut la peine d'être enclos, alors on commença à le protéger par des murs et des fossés : ce qui fut l'origine des fortifications. ———— C'est juste, c'est juste, cher Toby, s'écria mon père effaçant le taureau, et mettant le bœuf à la place.

Mon père fit signe à Trim de moucher la chandelle, et reprit la parole.

— J'entre dans ces considérations, dit mon père négligemment et fermant à moitié le livre, simplement pour montrer le fondement de la relation naturelle entre un père et son enfant, sur lequel il acquiert son droit et sa juridiction des diverses manières suivantes, —

1° Par mariage ;
2° Par adoption ;
3° Par légitimation ;
Et 4° par procréation : lesquelles j'examine toutes dans leur ordre.

Il en est une, repartit Yorick, à laquelle j'attache peu d'importance ; — selon moi, ce dernier acte, surtout quand il finit là, n'impose pas plus d'obligations à l'enfant qu'il ne confère de pouvoir au père. ——— Vous avez tort, — dit mon père subtilement ; et par cette simple raison * * * * * * * * * * * * * * * *
* * * * * * * * * * * * * * * *
* * * * * * * * * * * * * * * *

— Je conviens, ajouta mon père, qu'à ce compte l'enfant n'est pas autant sous la puissance et juridiction de la mère. ——— Mais la raison, repartit Yorick, se trouve également bonne pour elle. ——— Elle est elle-même sous une autorité, dit mon père : — et d'ailleurs, continua mon père, secouant la tête et posant son doigt sur un des côtés de son nez comme il alléguait sa raison, — *elle n'est pas l'agent principal*, Yorick. ——— Dans quoi ? demanda mon oncle Toby quittant sa pipe. ——— Quoique sans contredit, ajouta mon père (sans prêter attention à mon oncle Toby), « *le fils lui doive du respect ;* » comme vous pouvez le lire, Yorick, tout au long, dans le premier livre des Institutes de Justinien, titre onze, section dix. —— Je puis aussi bien le lire dans le catéchisme, répliqua Yorick.

CHAPITRE CL.

Trim peut le réciter par cœur sans manquer d'un mot, dit mon oncle Toby. —— Bah ! dit mon père, ne se souciant pas que Trim l'interrompît en répétant le catéchisme. —— Il le peut, sur mon honneur, repartit mon oncle Toby. —— Faites-lui, monsieur Yorick, telle question que vous voudrez. ——

— Le cinquième commandement, Trim ? — dit Yorick, lui parlant d'un ton doux et avec un signe de tête bienveillant, comme à un modeste catéchumène. — Le caporal resta silencieux. — Vous ne le questionnez pas bien, dit mon oncle Toby, élevant la voix, et parlant bref, comme s'il commandait l'exercice : — Le cinquième ! — cria mon oncle Toby. —— Il faut que je commence par le premier, sauf votre respect, dit le caporal. ——

— Yorick ne put s'empêcher de sourire. — Votre Révérence ne considère pas, dit le caporal mettant sa canne sur l'épaule en guise de mousquet, et s'avançant au milieu de la chambre pour plus de clarté, — que c'est exactement la même chose que de faire l'exercice sur le terrain.

« *Attention au commandement !* » cria le caporal commandant et exécutant le mouvement. ——

« *Portez armes,* » cria le caporal, faisant à la fois l'office d'adjudant et de simple soldat.

Posez armes, » — Un mouvement, sauf votre respect, mène, comme elle voit, à un autre. — Si son Honneur veut seulement commencer par le premier. ———

Le premier ! — cria mon oncle Toby, mettant sa main sur sa hanche, — * * * * * * * * * * * * * * * *
* * * * * * * * *

Le second ! — cria mon oncle Toby, brandissant sa pipe, comme il aurait fait de son épée à la tête d'un régiment. — Le caporal se tira sans faute de son *manuel* ; et ayant *honoré ses père et mère,* fit un profond salut, et se remit à l'écart.

Toute chose dans ce monde, dit mon père, est grosse de plaisanterie, et a en elle de l'esprit, et de l'instruction aussi ; — il ne s'agit que de l'y découvrir.

— Ceci c'est l'*échafaudage* de l'*instruction*, son vrai point de folie, sans le *bâtiment* derrière.

— Ceci c'est le miroir où les pédagogues, précepteurs, professeurs, gouverneurs, émouleurs de gérondifs et meneurs d'ours, peuvent se voir dans leurs dimensions véritables. —

Oh ! il y a une cosse et une coque, Yorick, qui croît avec le savoir, et dont leur maladresse ne sait comment se débarrasser.

Les sciences peuvent s'apprendre par routine, mais non pas la sagesse.

Yorick crut mon père inspiré. — Je prends à l'instant même, dit mon père, l'engagement d'employer tout le legs de ma tante Dinah en œuvres charitables (dont, soit dit en passant, mon père n'avait pas une haute opinion), si le caporal attache une seule idée déterminée à aucun des mots qu'il vient de réciter. — Je te prie, Trim, dit

mon père en se tournant vers lui, — qu'entends-tu par
« honorer tes père et mère ? » ———

Leur donner, sauf votre respect, trois sous par jour sur
ma paye, quand ils vieillissent. ——— Et l'as-tu fait,
Trim ? dit Yorick. ——— Oui, vraiment, répliqua mon
oncle Toby. ——— Alors, Trim, dit Yorick, s'élançant
de sa chaise et prenant le caporal par la main, tu es le
meilleur commentateur de cet endroit du Décalogue ; et
je t'honore plus pour cela, caporal Trim, que si tu avais
mis la main au Talmud lui-même.

CHAPITRE CLI.

O bienheureuse santé ! s'écria mon père en tournant les
feuillets pour arriver au chapitre suivant, tu es au-dessus de
tout or et de tout trésor [1] ; c'est toi qui agrandis l'âme, —
et disposes toutes ses facultés à recevoir l'instruction et à
goûter la vertu. — Celui qui te possède n'a guère rien de
plus à désirer ; et celui qui est assez malheureux pour être
privé de toi, — est avec toi privé de tout.

J'ai concentré dans un très-petit espace tout ce qu'on
pouvait dire sur ce sujet important, dit mon père : ainsi
nous lirons le chapitre en entier.

Mon père lut ce qui suit :

« Tout le secret de la santé dépendant d'un juste équilibre dans la lutte entre le chaud et l'humide radical »

---

[1] Pris à Burton, qui lui-même l'avait pris à l'Ecclésiaste.
(*Note du traducteur.*)

—— Vous avez prouvé le fait plus haut, je suppose, dit Yorick. —— Suffisamment, reprit mon père.

En disant ceci, mon père ferma le livre, non pas comme s'il avait résolu de n'en plus rien lire, car il garda l'index dans le chapitre ; — ni avec humeur, — car il ferma le livre lentement, son pouce, ceci fait, reposant sur le dessus de la couverture, tandis que ses trois autres doigts en soutenaient le dessous, sans la moindre pression violente. —

J'ai démontré la vérité de ce point, dit mon père faisant à Yorick un signe de tête, plus que suffisamment dans le chapitre précédent.

Or, si l'on pouvait dire à l'homme de la lune qu'un homme sur la terre a écrit un chapitre qui démontre suffisamment que le secret de toute santé dépend d'un juste équilibre dans la lutte entre le chaud et l'humide radical ; — et qu'il a si bien traité ce point qu'il n'y a pas dans tout le chapitre un seul mot, sec ou mouillé, sur le chaud ou l'humide radical, — ni une seule syllabe pour ou contre, directement ou indirectement, sur la lutte entre ces deux puissances dans n'importe quelle partie de l'économie animale —

« O toi, éternel auteur de tous les êtres ! » — s'écrierait-il en se frappant la poitrine de sa main droite (en cas qu'il en eût une) — « toi dont la puissance et la bonté peuvent étendre les facultés de tes créatures à ce degré infini d'excellence et de perfection ! — que t'ont fait les *Luniens ?* »

CHAPITRE CLII.

En deux traités lancés, l'un contre Hippocrate, l'autre contre lord Verulam, mon père acheva l'affaire.

Le trait lancé au prince des médecins, par lequel il commença, n'était qu'une courte insulte à propos de sa plainte dolente de l'*ars longa* — et *vita brevis*. — La vie courte, s'écria mon père, et l'art de guérir long! Et qui devons-nous remercier de l'un et de l'autre, si ce n'est l'ignorance des charlatans eux-mêmes, — et leurs tréteaux chargés d'orviétan chimique, et de bagage péripatéticien, avec lequel, dans tous les temps, ils ont commencé par flatter le monde, et fini par le tromper.

— O my lord Verulam! s'écria mon père quittant Hippocrate, et dirigeant son second trait sur lui comme sur le principal des vendeurs d'orviétan, et le plus convenable pour faire un exemple, — que te dirai-je, mon grand lord Verulam? que dirai-je de ton souffle intérieur, — de ton opium, — de ton salpêtre, — de tes onctions grasses, — de tes purgatifs, le jour, de tes clystères, la nuit, et de tes *succedaneum*?

— Mon père n'était jamais embarrassé de savoir que dire à aucun homme sur quoi que ce fût, et il avait moins que personne besoin d'exorde. Comment il traita l'opinion de sa Seigneurie, — vous le verrez; — mais quand? — je ne le sais pas; — il faut d'abord que nous voyions ce que c'était que l'opinion de sa Seigneurie.

CHAPITRE CLIII.

« Les deux grandes causes qui conspirent ensemble à abréger la vie, dit lord Verulam, sont premièrement :
— Le souffle intérieur qui, comme un feu doux, mine et consume le corps ; — et, secondement, l'air extérieur, qui le grille et le réduit en cendres : — lesquels deux ennemis, nous attaquant des deux côtés à la fois, détruisent nos organes, et les mettent hors d'état de continuer les fonctions de la vie. »

L'état des choses étant tel, la voie qui mène à la longévité est simple : il n'est besoin, dit sa Seigneurie, que de réparer le dégât commis par le souffle intérieur, en rendant la substance du corps plus épaisse et plus dense, par un usage habituel d'opiats d'un côté, et en modérant sa chaleur de l'autre, par trois grains et demi de salpêtre pris chaque matin avant de se lever. —

Notre enveloppe n'en restait pas moins exposée aux assauts ennemis de l'air extérieur : — mais on s'en mettait à couvert par l'emploi d'onctions grasses qui saturaient si pleinement les pores de la peau, que pas une parcelle d'air n'y pouvait entrer ; — ni pas une en sortir. — Ceci supprimait toute transpiration, sensible et insensible, ce qui, étant la cause de tant de maladies affreuses, — rendait indispensable l'usage des clystères pour entraîner le superflu des humeurs et compléter le système.

Ce que mon père avait à dire des opinions de my lord de Verulam, de son salpêtre, de ses onctions grasses et de ses clystères, vous le lirez, — mais pas aujourd'hui,

— ni demain; le temps me presse, — mon lecteur est impatient, — il faut que j'avance. — Vous lirez le chapitre à votre loisir (si bon vous semble) aussitôt que la *Tristrapédie* sera publiée. —

Qu'il suffise pour le moment de dire — que mon père jeta bas l'hypothèse ; et en faisant cela, les érudits savent qu'il bâtit et établit la sienne. ———

CHAPITRE CLIV.

Tout le secret de la santé, dit mon père (recommençant sa phrase), — dépendant évidemment d'un juste équilibre dans la lutte entre le chaud et l'humide radical, au dedans de nous, — le moindre degré d'habileté aurait suffi pour la conserver, si les gens de l'école n'avaient pas tout embrouillé, uniquement (comme l'a prouvé Van Helmont, le fameux chimiste) en prenant, tout le temps, l'humide radical pour le suif et la graisse des corps animaux.

Or, l'humide radical n'est pas le suif et la graisse des animaux, mais une substance huileuse et balsamique; car la graisse et le suif, comme aussi le flegme ou parties aqueuses, sont froids, tandis que les parties huileuses et balsamiques sont pleines de vie, de chaleur et d'ardeur: ce qui explique l'observation d'Aristote, *quod omne animal post coitum est triste.*

Or il est certain que le chaud radical vit dans l'humide radical ; mais si c'est *vice versâ*, il y a doute; quoi qu'il en soit, quand l'un dépérit, l'autre dépérit aussi; et alors il en résulte, soit un chaud contre nature qui cause une secheresse contre nature, — soit un humide contre nature qui cause des hydropisies : — de sorte que si on peut enseigner à un enfant, quand il grandit, à éviter de se jeter dans le feu ou dans l'eau, qui, l'un et l'autre, le menacent de destruction, — on aura fait tout ce qui était nécessaire à cet égard.

CHAPITRE CLV.

La description du siége de Jéricho n'aurait pas captivé l'attention de mon oncle Toby plus puissamment que ne fit le dernier chapitre ; ses yeux restèrent tout le temps fixés sur mon père ; il n'entendit pas nommer une seule fois le chaud et l'humide radical sans ôter sa pipe de sa bouche et secouer la tête ; et dès que le chapitre fut terminé, il fit signe au caporal de venir près de sa chaise, afin de lui faire la question suivante, — *à part :* ——— **********. ——— C'était au siége de Limerick, sous le bon plaisir de votre Honneur, répliqua le caporal en faisant un salut. ———

Le pauvre garçon et moi, dit mon oncle Toby en s'adressant à mon père, nous étions à peine en état de nous traîner hors de nos tentes, à l'époque où fut levé le siége de Limerick, et cela pour la raison même dont vous parlez. ——— Bon ! que peut-il être entré dans ta précieuse caboche, mon cher frère Toby ? s'écria mon père, mentalement. ——— Par le Ciel ! continua-t-il se parlant toujours à lui-même, un OEdipe aurait de la peine à trouver le rapport de ces deux idées. ———

Je crois, sauf votre respect, dit le caporal, que sans la quantité d'eau-de-vie que nous faisions brûler tous les soirs, et sans le claret et la cannelle que je ne cessais de verser à votre Honneur — Et le genièvre, Trim, qui nous fit plus de bien que tout le reste, ajouta mon oncle Toby. —Je crois en vérité, continua le caporal, que nous aurions, sauf votre respect, perdu la vie dans la tranchée, et qu'on nous y aurait enterrés aussi. ——— C'est le plus noble tombeau, caporal, que puisse désirer un soldat! s'écria mon oncle Toby, les yeux étincelants. — Mais c'est une mort pitoyable! sauf votre respect, repartit le caporal. ———

Tout ceci était autant de l'arabe pour mon père que les rites des habitants de la Colchide et des Troglodytes l'avaient été précédemment pour mon oncle Toby; mon père ne sut s'il devait sourire ou froncer le sourcil. —

Mon oncle Toby, se tournant vers Yorick, reprit l'affaire de Limerick plus intelligiblement qu'il ne l'avait commencée, — et par là fixa en un instant les idées de mon père. ———

CHAPITRE CLVI.

Ce fut indubitablement, dit mon oncle Toby, un grand bonheur pour le caporal et pour moi, d'avoir eu tout le temps une fièvre brûlante, accompagnée d'une soif dévorante, pendant les vingt-cinq jours que la dyssenterie régna dans le camp; autrement, ce que mon frère appelle l'humide radical aurait, à ce que j'imagine, inévitablement pris le dessus. — Mon père aspira plein ses poumons d'air, et, regardant le plafond, il les vida aussi lentement qu'il pût. ———

C'est la miséricorde du ciel, continua mon oncle Toby, qui mit dans la tête du caporal de maintenir ce juste équilibre dans la lutte entre le chaud et l'humide radical, en renforçant la fièvre, comme il fit tout le temps avec du vin chaud et des épices : au moyen de quoi le caporal entretint (comme qui dirait) un feu continuel ; en sorte que le chaud radical tint bon depuis le commencement jusqu'à la fin, et ne fut pas un champion indigne de l'humide, tout terrible qu'il était. — Sur mon honneur, ajouta mon oncle Toby, vous auriez pu, frère Shandy, entendre à vingt toises la lutte qui avait lieu dans nos corps ——— Si le feu avait cessé, dit Yorick. ———

Eh bien ! dit mon père avec une forte aspiration, et s'arrêtant un peu après ce mot, — si j'étais juge, et que les lois du pays le permissent, je voudrais condamner quelques-uns des plus grands malfaiteurs, pourvu qu'il eussent été à même de recevoir une éducation religieuse. ———

——— Yorick, prévoyant que la phrase n'allait pas finir d'une manière miséricordieuse, mit sa main sur la poitrine de mon père, et lui demanda quelques instants de répit, jusqu'à ce qu'il eût fait une question au caporal.

——— Je te prie, Trim, dit Yorick, sans attendre la permission de mon père, — dis-nous franchement — quelle est ton opinion sur ce chaud et cet humide radical. ———

Avec l'humble soumission que je dois au jugement supérieur de son Honneur, dit le caporal en faisant un salut à mon oncle Toby ——— Émets ton opinion librement, caporal, dit mon oncle Toby. — Le pauvre garçon est mon serviteur, — et non pas mon esclave, — ajouta mon oncle Toby en se tournant vers mon père. —

Le caporal mit son chapeau sous son bras gauche; et, sa canne suspendue à son poignet par un cordon de cuir noir, terminé, près du nœud, par un gland, il revint à l'endroit où il avait récité son catéchisme; puis se touchant la mâchoire inférieure avec le pouce et les doigts de la main droite avant d'ouvrir la bouche, — il exposa son opinion en ces termes. —

CHAPITRE CLVII.

Juste comme le caporal toussait pour commencer, — le docteur Slop entra en se dandinant. —— Le mal n'est pas grand, — le caporal continuera dans le prochain chapitre, arrive qui voudra. ——

Eh bien, mon bon docteur, s'écria mon père d'un ton badin, car les transitions de son humeur étaient d'une brusquerie inconcevable, — que dit mon petit drôle ?

Mon père aurait demandé des nouvelles d'un petit chien à qui on aurait coupé la queue, — qu'il ne l'aurait pu faire d'un air plus insouciant; le système que le docteur Slop avait adopté pour traiter l'accident n'admettait en aucune façon un tel mode d'enquête. — Il s'assit.

Je vous prie, monsieur, dit mon oncle Toby d'un ton auquel il était impossible de refuser réponse, — dans quel état est l'enfant ? —— Cela finira par un *phimosis*, répliqua le docteur Slop.

Je n'en suis pas plus avancé, dit mon oncle Toby remettant sa pipe dans sa bouche. ———— Alors, dit mon père, que le caporal continue sa leçon de médecine. ———— Le caporal fit un salut à son vieil ami le docteur Slop, puis il exposa son opinion sur le chaud et l'humide radical, dans les termes suivants : —

CHAPITRE CLVIII.

La ville de Limerick, dont le siége fut commencé sous les ordres de Sa Majesté le roi Guillaume en personne, l'année d'après que je fus entré au service, — est située, sous le bon plaisir de vos Honneurs, au milieu d'une plaine diablement humide et marécageuse. ———— Elle est, dit mon oncle Toby, tout entourée par le Shannon, et sa situation en fait une des plus fortes places de l'Irlande. —

Je pense que c'est une nouvelle mode, dit le docteur Slop, de commencer ainsi une leçon de médecine. ———— Tout en est vrai, répondit Trim. ———— Alors je voudrais que la Faculté en adoptât la coupe, dit Yorick. ———— Elle est toute coupée, sous le bon plaisir de votre Révérence, dit le caporal, de rigoles et de fondrières; et en outre, il était tombé une telle quantité de pluie pendant le siége, que tout le pays était un vrai margouillis : — ce fut cela, et rien autre, qui amena la dyssenterie, et qui faillit nous tuer, son Honneur et moi. Or, il n'y avait pas, au bout des dix premiers jours, continua le caporal, un soldat qui pût coucher à sec dans sa tente, sans avoir creusé un fossé à l'entour pour faire écouler l'eau ; — et cela même n'était pas assez, et ceux qui, comme son Honneur, en avaient le moyen, brûlaient tous les soirs de l'eau-de-vie plein une écuelle d'étain, ce qui ôtait l'humidité de l'air, et rendait le dedans de la tente aussi chaud qu'une étuve. ———

Et quelle conclusion, caporal Trim, s'écria mon père, tires-tu de toutes ces prémisses ? —

J'en conclus, sauf votre respect, répliqua Trim, que l'humide radical n'est autre chose que de l'eau de fossé ; — et que le chaud radical de ceux qui en peuvent supporter la dépense, est de l'eau-de-vie brûlée : — le chaud et l'humide radical d'un simple soldat, sous le bon plaisir de vos Honneurs, n'est que de l'eau de fossé — et une goutte de genièvre : et donnez-nous-en assez, avec une pipe de tabac, pour ranimer nos esprits et chasser les vapeurs, — nous ne savons pas ce que c'est que de craindre la mort. ———

Je suis fort en peine, capitaine Shandy, dit le docteur Slop, de déterminer dans quelle branche de connaissances votre domestique brille davantage ; si c'est en physiologie ou en théologie. ——— Slop n'avait pas oublié le commentaire de Trim sur le sermon. ———

Il n'y a qu'une heure, répliqua Yorick, que le caporal a passé son examen de théologie, et qu'il s'en est tiré avec beaucoup d'honneur. ———

Le chaud et l'humide radical, dit le docteur Slop en se tournant vers mon père, sont, il faut que vous le sachiez, la base et le fondement de notre existence, comme la racine d'un arbre est la source et le principe de sa végétation. ——— Ils sont inhérents à la semence de tous les animaux, et peuvent se conserver par plusieurs moyens ;

mais principalement, à mon avis, par les *consubstantiels*, les *imprimants* et les *occludants*. — Or, ce pauvre garçon, continua le docteur Slop en désignant le caporal, a eu le malheur d'entendre quelque discours superficiel d'empirique sur ce point délicat. ——— Pour cela oui, — dit mon père. ——— Bien probablement, ——— dit mon oncle Toby. ——— J'en suis sûr, — dit Yorick.

CHAPITRE CLIX.

Le docteur Slop ayant été appelé pour voir un cataplasme qu'il avait ordonné, mon père profita de l'occasion pour lire un autre chapitre de la *Tristrapédie*. ——— Allons, courage, mes enfants; je vais vous faire voir la terre; — car lorsque nous serons venus à bout de ce chapitre, le livre ne sera pas rouvert d'ici à un an. — Huzza ! —

CHAPITRE CLX.

Cinq ans avec une bavette sous le menton;

Quatre ans à voyager de la croix de par Dieu à Malachie [1];

Un an et demi pour apprendre à écrire son nom;

Sept longues années et plus à le $\tau \acute{u}\pi\tau\omega$-er, en grec et en latin;

---

[1] De l'alphabet au dernier livre de l'Ancien Testament des protestants, qui n'admettent pas le livre des Machabées.

(*Note du traducteur.*)

Quatre années à ses *probations* et à ses *négations* ; — la belle statue restant toujours au milieu du bloc de marbre, — et rien de fait, que ses outils aiguisés pour l'en tirer ! — c'est un retard déplorable ! — Le grand Jules Scaliger ne fut-il pas sur le point de ne pas avoir ses outils aiguisés du tout ? — Ce n'est qu'à quarante-quatre ans qu'il put manier son grec ; — et Pierre Damièn, évêque d'Ostie, comme tout le monde sait, était à l'âge viril qu'il ne savait pas encore lire ; — et Baldus lui-même, tout éminent qu'il devint après, était si avancé dans la vie quand il entra au barreau, que chacun crut que son intention était de se faire avocat dans l'autre monde. Il n'est pas étonnant qu'Eudamidas, le fils d'Archidamus, entendant Xénocrate à soixante-quinze ans discuter sur la *sagesse*, — demandât gravement : — « Si ce vieillard en est encore à discuter et à faire des recherches sur la sagesse, — quel temps aura-t-il pour la mettre en pratique ? »

Yorick écoutait mon père avec une grande attention ; il y avait un assaisonnement de sagesse inconcevablement mêlé à ses plus étranges fantaisies ; et il avait quelquefois au plus profond de ses éclipses des illuminations qui les rachetaient presque. — Prenez bien garde, monsieur, quand vous l'imiterez.

Je suis convaincu, Yorick, continua mon père, moitié lisant et moitié discourant, qu'il existe un passage nord-ouest au monde intellectuel ; et que l'esprit de l'homme a des voies plus courtes pour aller en quête de savoir et d'instruction, que celles que nous prenons généralement. — Mais, hélas ! tous les champs n'ont pas une rivière ou une source qui coule à côté d'eux ; — chaque enfant, Yorick, n'a pas un père pour le guider.

Le tout dépend entièrement, ajouta mon père à voix basse, des *verbes auxiliaires*, monsieur Yorick.

Yorick eût marché sur le serpent de Virgile, qu'il n'eût pas eu l'air plus surpris. — Je suis surpris aussi, s'écria mon père qui s'en aperçut; — et je l'estime une des plus grandes calamités qui aient jamais affligé la république des lettres, que ceux qui ont été chargés de l'éducation de nos enfants, et dont c'était le devoir de leur ouvrir l'esprit, et de le garnir de bonne heure d'idées, afin de laisser l'imagination travailler dessus en liberté, aient tiré si peu de parti des verbes auxiliaires : — de façon qu'excepté Raymond Lullius et l'aîné des Pellegrin, surtout celui-ci qui en poussa l'usage à un tel degré de perfection, avec ses topiques, qu'en peu de leçons il pouvait enseigner à un jeune homme à discourir plausiblement sur toute espèce de sujet, pour et contre, et à dire et écrire tout ce qu'il était possible de dire ou d'écrire dessus, sans raturer un mot, à l'admiration de tous les spectateurs. —————— Je serais charmé, dit Yorick interrompant mon père, que vous me fissiez comprendre ceci. ———— Vous allez le comprendre, dit mon père.

La plus grande extension de sens dont un mot isolé soit susceptible, c'est une métaphore hardie; — selon moi, l'idée y perd en général plus qu'elle n'y gagne; — mais, quoi qu'il en soit, — quand l'esprit en a fait cela, — tout est dit; — l'esprit et l'idée se reposent jusqu'à ce qu'une seconde idée arrive; — et ainsi de suite.

Or, la fonction des *auxiliaires* est de remettre l'âme en action sur les matériaux à mesure qu'ils lui sont apportés; et, par la facilité à tourner de cette grande machine autour de laquelle ils sont entrelacés, d'ouvrir de nouvelles voies d'investigations, et de faire que chaque idée en engendre des millions.

Vous excitez grandement ma curiosité, dit Yorick.

Pour ma part, dit mon oncle Toby, j'y renonce.

—————Sauf votre respect, dit le caporal, les Danois, qui occupaient la gauche au siége de Limerick, étaient tous des auxiliaires. —————— Et de très-bons, dit mon oncle Toby. —————— Mais les auxiliaires, Trim, dont parle mon frère, — je crois que c'est autre chose.

— Vous croyez! dit mon père en se levant.

CHAPITRE CLXI.

Mon père fit un seul tour par la chambre, puis il se rassit et finit le chapitre.

Les verbes auxiliaires, dont nous nous occupons ici, continua mon père, sont *suis, étais, avais, fais, faisais, laisse, veux, voulais, peux, pouvais, dois, devais, a coutume* ou *est habitué*; —————— dans toutes leurs variétés de temps, *présent, passé, futur,* et conjugués avec le verbe *voir*; —————— ou avec ces questions à leur suite : — *Est-il? était-ce? sera-ce? serait-ce? se peut-il? se pourrait-il?* et les mêmes négativement, — *n'est-ce pas? n'était-ce pas? ne devrait-ce pas?* — ou affirmativement, — *c'est, c'était, ce devrait être:* —— ou chronologiquement, — *cela a-t-il toujours été? dernièrement? depuis combien de temps?* — ou hypothétiquement, — *si c'était, si ce n'était pas* — que s'ensuivrait-il? — si les Français battaient les Anglais? si le soleil sortait du zodiaque?

Or, par un emploi et application convenable de ces auxiliaires, sur lesquels on exercerait la mémoire d'un enfant, continua mon père, il n'entrerait pas une idée dans sa tête, telle stérile qu'elle fût, sans qu'il en pût tirer tout un magasin de conceptions et de conclusions. — As-tu jamais vu un ours blanc? s'écria mon père en retournant la tête du côté de Trim, qui était debout derrière sa chaise. — Non, sauf votre respect, repartit le caporal. — Mais tu pourrais en parler, Trim, dit mon père, en cas de besoin? — Comment est-ce possible, frère, dit mon oncle Toby, si le caporal n'en a jamais vu? — C'est ce qu'il me faut, répliqua mon père; — et en voici la possibilité:

Un OURS BLANC! Très-bien. En ai-je jamais vu? Aurais-je jamais pu en voir? Dois-je jamais en voir? Ai-je jamais dû en voir? Ou puis-je jamais en voir?

Que n'ai-je vu un ours blanc! (car comment m'en faire une idée?)

Si je voyais un ours blanc, que dirais-je? si je ne voyais jamais d'ours blanc, qu'en résulterait-il?

Si je n'ai jamais vu, si je ne puis ni ne dois jamais voir un ours blanc vivant, — en ai-je jamais vu la peau? en ai-je jamais vu un portrait? — une description? n'en ai-je jamais vu en rêve?

Mon père, ma mère, mon oncle, ma tante, mes frères ou mes sœurs ont-ils jamais vu un ours blanc? Que donneraient-ils pour en voir? Comment se comporteraient-ils? Comment se serait comporté l'ours blanc? Est-il sauvage? apprivoisé? terrible? a-t-il le poil rude? l'a-t-il doux?

— L'ours blanc vaut-il la peine d'être vu?
— N'y a-t-il point de péché à cela?
Vaut-il mieux qu'un *noir*?

FIN DU TOME PREMIER.

Paris. — Imp. E. Capiomont et V. Renault, rue des Poitevins, 6.

Original en couleur
NF Z 43-120-8

www.ingramcontent.com/pod-product-compliance
Lightning Source LLC
Chambersburg PA
CBHW060222230426
43664CB00011B/1521